本书获得中国社会科学院"登峰战略"拉美经济优势学科资助

拉　美　研　究　译　丛

巴西
经济社会史

［巴西］弗朗西斯科·维达尔·卢纳
（Francisco Vidal Luna）

［美国］赫伯特·S.克莱因　　　　　著
（Herbert S. Klein）

王飞　译
左晓园　校

CAMBRIDGE

中国社会科学出版社

图字：01－2018－7268 号

图书在版编目（CIP）数据

巴西经济社会史／（巴西）弗朗西斯科·维达尔·卢纳等著；王飞译. —北京：中国社会科学出版社，2020.7

（拉美研究译丛）

书名原文：The Economic and Social History of Brazil since 1889

ISBN 978－7－5203－6698－4

Ⅰ.①巴…　Ⅱ.①弗…②王…　Ⅲ.①经济史—巴西—近现代　Ⅳ.①F177.795

中国版本图书馆 CIP 数据核字（2020）第 103401 号

出 版 人	赵剑英
责任编辑	张　林
特约编辑	周维富
责任校对	闫　萃
责任印制	戴　宽

出　　　版	中国社会科学出版社
社　　　址	北京鼓楼西大街甲 158 号
邮　　　编	100720
网　　　址	http://www.csspw.cn
发 行 部	010－84083685
门 市 部	010－84029450
经　　　销	新华书店及其他书店

印　　　刷	北京明恒达印务有限公司
装　　　订	廊坊市广阳区广增装订厂
版　　　次	2020 年 7 月第 1 版
印　　　次	2020 年 7 月第 1 次印刷

开　　　本	710×1000　1/16
印　　　张	26.75
插　　　页	2
字　　　数	422 千字
定　　　价	148.00 元

前　　言

　　我们撰写这部自 1889 年共和国成立以来的巴西经济社会史，为了告诉读者现代巴西社会和经济发展的基本趋势。在此之前，已经有一些葡萄牙语或其他语种的文献，对这个世界主要经济体的经济发展进行了许多方面的研究，但很少有文献覆盖这一整段时期，或者研究伴随这些主要经济变化而产生的社会转型。

　　在本书中我们将看到，巴西现代化的发展不均衡，经常会落后于许多同类国家，于是不得不在突然变得更严峻的国际形势下苦苦挣扎。这些冲击使一些部门以传统形式保留下来，但同时以令人印象深刻的方式彻底改变了经济和社会的其他部门。总的来说，巴西从最初大多数是农村和文盲人口的欠发达社会转变成为一个有文化和城市化的现代社会。1889 年巴西农业非常落后，现在已经成为世界上农业生产强有力的竞争者。

　　现在，巴西不仅是一个识字的社会，大多数人住在现代城市中心，而且在科学生产和提供最好的高等教育方面，是六个领先国家之一。尽管与亚洲国家相比技术进步能力稍弱，但是巴西已经成为一个重要的工业国。通过积极地将劳动力逐步纳入正规的劳动力市场、扩大基础服务、大规模的转移支付等措施，巴西在国家卫生和养老金体系的普及方面成为发展中国家的典范。

　　此外，巴西在减贫，尤其是在减少赤贫方面稳步推进，贫困率和赤贫率都降到了历史低点。尽管在收入分配方面巴西仍然是世界上最不平等的国家之一，但在过去 20 年中工人阶层以及中产阶层在总人口中的比重显著提高，不平等程度实现了历史性的下降。

　　因此，本书的写作任务即研究世界大国之一——巴西的经济和社会变化，以及变化背后的原因及长期结果。鉴于经济和社会变化并不同步，我们发现按长期的政治变化划分章节是这项研究最合适的方式。最后，鉴于国家在经济和社会制度的发展变化中扮演了相当重要的角色，本书同样提供了一部巴西基本的政治发展史，使读者明确国家在发展中的作用。

在本书的撰写中，首次出现的专业术语将会给出对应的注解。对于机构的名称，在保留葡萄牙语的基础上，给出了对应的英语翻译。同时，在首次出现时给出完整的葡萄牙语引用。当涉及经济状况时，使用"外部"来作为"国际"的同义表达。

本书是两位作者多年合作研究的成果，我们感谢马蒂科·库米·维达尔（Matiko Kume Vidal）和茹迪特·C. 席夫纳（Judith C. Schiffner）多年以来的鼓励和帮助。

目　　录

第 一 章

旧共和国时期（1889—1930 年）

1500 年，葡萄牙人首次踏足巴西，最初吸引了一些商人用欧洲的商品与当地印第安人交换巴西木材，这些木材在欧洲被用作染料。当葡萄牙人决定永久定居在这片美洲土地上后，这种对等的交换关系发生了改变。永久定居的决定在葡萄牙帝国的扩张过程中并不常见，这主要出于保护自己对抗欧洲竞争对手的需要。北欧人利用葡萄牙在美洲未开发的领地作为基地，袭击葡萄牙人经过南大西洋的亚洲贸易航线。与其统治海外殖民地的任务相比，葡萄牙的人口规模很小，因此倾向于建立小型贸易定居点或者是工厂，配以边境贸易站来控制国际贸易，而不是依靠移民殖民地维持帝国体系。就巴西而言，葡萄牙不得不选择了第二种情况，采用了与穆斯林西班牙战争后遗留下来的封建机制，将其美洲殖民地分割成总督辖区，分给私人企业主①。但是，该体制最终失败，葡萄牙政府不得不把巴西转变成一个移民殖民地。

与西班牙人之后到达新大陆的所有欧洲殖民者一样，葡萄牙人需要找到一种可以出口到欧洲的产品以维系其殖民事业。葡萄牙人无法得到贵金属，有的只是印第安奴隶劳动力，他们必须开发一种能够打入欧洲市场的新产品。他们找到的解决办法是建立以奴隶为基础的种植园经济，生产蔗糖，这是 15 世纪葡萄牙人已经在大西洋群岛上开发出的产品。最初，巴西种植园使用的是抓获的印第安奴隶，到 1600 年的时候，已经大量使用葡萄牙奴隶贩子从西非带来的非洲奴隶。到 16 世纪中叶时，巴西已成为世界上最大的蔗糖生产国，蔗糖产业为葡萄牙人在新世界维系大

---

① 即大领地所有者，译者注。

陆领地提供了必要的资金支持。

葡萄牙人在巴西建立定居点分几个不同阶段。在第一阶段，经济和人口主要集中在东北部沿海区域。正是在这里，大规模的蔗糖种植园经济最早发展起来。该区域一直主导殖民地经济和世界蔗糖市场长达一个多世纪。第二个聚居中心很快在东南部地区发展起来，围绕里约热内卢港及其腹地，南部沿海港口以及（现在的圣保罗）周围的内陆区。这里形成了一种白人、混血人（caboclos）和印第安人交会的边疆文化，这些人延续了在未开发的西部和南部腹地进行掠夺式探险。正是这些被称为强盗（Bandeirantes）的进攻者，在17世纪后期以及18世纪早期在这块腹地上发现了黄金和钻石。巴西也因此进入了一个密集采矿期，包括今天属于戈亚斯州、马托格罗索州以及米纳斯吉拉斯州的部分区域。在后一地区，冲积金矿吸引了大量的非洲人和葡萄牙人，并迅速发展成为马赛克式的一些内陆城市中心，其中有一些矿业中心城市，包括欧鲁普雷图（Ouro Preto）、马里亚纳（Mariana）以及迪亚曼蒂纳（Diamantina）。18世纪中叶，采矿业达到顶峰，导致这个殖民地如今人口最多的地区陷入长期衰退。

但是，在里约热内卢的腹地以及圣保罗附近的高地上，蔗糖业迅速发展，弥补了采矿业衰退造成的不利影响。同时，人口和经济活动的中心也转移到了巴西东南部地区。葡萄牙王国意识到了这一转变，于是在1763年，巴西总督府从巴伊亚州的萨尔瓦多迁到了里约热内卢。18世纪末，在皇室的支持下，军事扩张到了拉普拉塔河沿岸，进一步加强了里约热内卢的地位。

18世纪，巴西蔗糖受到法国和英国在加勒比地区建立的大庄园经济的冲击，在国际市场上的相对重要性降低。但是，巴西仍然保持了对南欧的主要出口商地位，蔗糖业维系着巴西东北部和东南部的经济增长。在殖民地晚期和帝国早期，咖啡作为一种新的奴隶种植园作物开始盛行。此外，这种奴隶种植园经济正好集中在东南部地区，该地区也是1850年之前数以百万计的非洲奴隶抵达地。

殖民地时期的300多年里，巴西经历了蔗糖和黄金周期，最后是咖啡繁荣期，持续的活力导致了殖民地大量引进非洲奴隶。与此同时，葡萄牙移民持续迁入，在此基础上形成了由曾经的奴隶及其后裔、当地土著组成的混血人口群体，庞大而复杂。由于土地资源丰富、气候适宜，按欧洲标准衡量，巴西的死亡率稳定，婚姻和非婚姻生育率高。由于高移民率和高自然增长率，巴西的人口在 19 世纪显著增长并且在 19 世纪下半叶超过了墨西哥，成为拉丁美洲地区人口最多的国家（图1.1 和图1.2）。巴西城市中心发展迅速，人口以前所未有的速度增长，人口聚居地也扩展到全国的所有地区。截至 1850 年，巴西吸收非洲奴隶的数量超过美洲的任一区域。1888 年奴隶制废除后，巴西能够吸引相当数量的欧洲自由移民。19 世纪晚期和 20 世纪初期，在吸引大规模欧洲移民方面，巴西成为极少数能够与北美洲国家竞争的拉美国家之一。

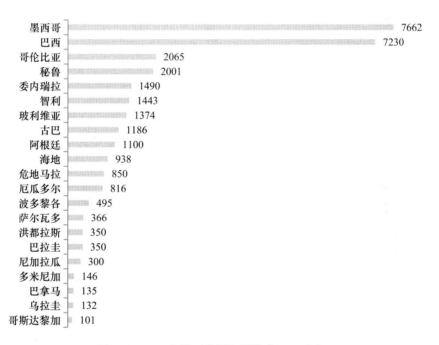

图 1.1　1850 年拉丁美洲各国的人口（千人）

资料来源：Sánchez-Albornoz（1986）。

但是，在生活质量和人力资本等诸多方面，巴西就像拉丁美洲地区不太活跃的社会一样。直到 19 世纪的最后 25 年，巴西人口还主要集中在农村地区，绝大多数是文盲。即使与一些南美洲的穷国相比，巴西居民的受教育比例也低得惊人。巴西人口死亡率高于拉普拉塔河流域的其他

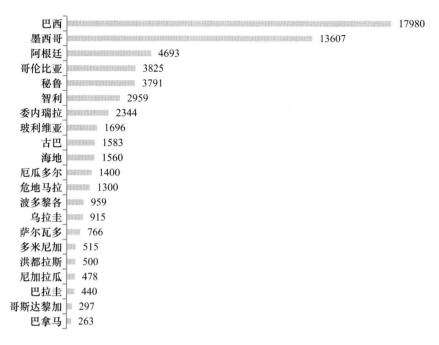

图 1.2　1900 年拉丁美洲各国的人口（千人）

资料来源：Sánchez-Albornoz（1986）。

国家，与拉美地区较不发达国家持平。由于人口死亡率高，巴西人出生时的预期寿命很短，与欧洲和美洲的最穷国相当，低于其南方邻国。只有在生育率特别高方面，巴西才得以超过其他拉美国家。由于受到殖民时期的奴隶制传统和大授地制的影响，巴西社会高度分层，这一点与南美洲其他国家并无二致。城市和农村之间，发达和欠发达地区之间，富人和穷人之间存在明显差异。但是，由于大量的非洲强制移民，巴西也出现了建立在种族基础上的社会分层，这是美国和美洲其他美洲—印第安混合社会（Amerindian societies）的典型现象，巴西以这种方式进入了共和国时期，从社会人口指数看，它是一个不断扩大但社会高度分层，并且仍然相当落后的国家。

　　表现最差的两个指标是出生率和识字率。由于贫困率高以及缺乏健康和卫生基础设施，1872 年，估计 39% 的新生儿寿命不超过 5 岁，人口（包括男女）的平均预期寿命只有二十几岁。1900 年，很可能平均预期寿命仍然如此，当时 37% 的新生儿寿命不超过 5 岁。① 巴西又用了 20 年的时间将婴幼儿的死亡率降到 33%，并将预期寿命最终提高至超过 30 岁，而这一标准在西半球一些最发达的国家早已实现。② 据估计，19 世纪末期巴西的人口粗死亡率为 31‰—32‰，到 1900 年为 29‰。③

巴西的高死亡率和高出生率推升了人口自然增长率。据估计，在 1903 年，14—49 岁女性平均生育 7 个孩子。④ 这意味着粗出生率为 46‰—47‰，远高于粗死亡率。⑤ 出生率和死亡率的差别保证了在 19 世纪最后 25 年巴西人口以 2.3% 的速度增长，令人印象深刻；1900—1910 年更是提高到年均 2.9%。⑥ 在 19 世纪，全球很少有国家像巴西这样，人口增长如此迅速。1870 年之后，巴西人口年均增长率为 2.3%，这意味着每 30 年巴西人口就会翻番。⑦

尽管巴西向西部和南部边疆的扩张从未停止，但直到 19 世纪巴西的人口依旧高度集中。绝大多数巴西人居住在大西洋沿岸，内地则人口稀少，主要由森林和草原组成。但是在 19 世纪最后 25 年中，随着铁路建设以及咖啡种植园向西部内陆地区延伸，内陆出现新的定居点。1826—1850 年期间，咖啡生产扩大，使巴西增加了新的出口商品。世界发达国

---

① 相反，1905 年，阿根廷的人均预期寿命为 39.4 岁（男性）和 40.7 岁（女性），可能是拉美地区预期寿命最高的国家，比巴西高 10—15 岁。Zulma Recchini de Lattes and Alfredo E. Lattes, eds., La Población de Argentina (Buenos Aires：C. I. C. R. E. D. Series, 1974), 49 CUADRO 2.7.

② Eduardo E. Arriaga, New Life Tables for Latin American Populations in the Nineteenth and Twentieth Centuries, Population Monograph Series, No. 3 (Berkeley：University of California, 1968), 29 – 35, Tables Ⅲ –3 – Ⅲ –6.

③ 第一个估计数据来自 Giorgio Mortara, "The Development and Structure of Brazil's Population", Population Studies 8, 2 (November 1954), 122, 第二个取自 Elza Berquó, "Demographic Evolution of the Brazilian Population during the Twentieth Century", in Population Change in Brazil：Contemporary Perspectives, ed. David Joseph Hogan (Campinas：UNICAMP, 2001), 15, Table 2。

④ Cláudia Júlia Guimarães Horta, José Alberto Magno de Carvalho, and Luís Armando de Medeiros Frias, "Recomposição da fecundidade por geração para Brasil e regiões：atualização e revisão". Paper presented at Anais do ABEP 2000, Table 6.

⑤ Mortara, "The Development and Structure of Brazil's Population", 122.

⑥ Mortara, "The Development and Structure of Brazil's Population", 122; and Berquó, "Demographic Evolution of the Brazilian Population", 13, Table 1.

⑦ Thomas W. Merrick and Douglas H Graham, Population and Economic Development in Brazil：1800 to the Present (Baltimore, MD：Johns Hopkins University Press, 1979), 30 –31.

家的人口不断增长，越来越城市化、越来越富裕，越来越多的人开始喝咖啡，对咖啡的需求系统性增长得益于得天独厚的咖啡种植条件，巴西迅速成为全球咖啡的首要供应国，并且能够很容易地增加产量来满足不断变化的需求。巴西咖啡的生产主要依靠奴隶劳动力，这种情形持续了60多年，但是在19世纪末期，欧洲和亚洲的移民也参与其中，咖啡生产出现向自由雇佣劳动的过渡。咖啡生产主要集中在里约热内卢、圣保罗和米纳斯吉拉斯三个州形成的轴心地带，给这些地区带来经济和政治上的优势，毫无疑问，这些优势一直持续到1930年。

随着1888年自由雇佣劳动力取代了奴隶，一年后，共和国取代了君主制，圣保罗州成为国家主要的经济中心。随着咖啡种植活动从帕拉伊巴河谷地区（横跨里约热内卢州和圣保罗州）向西移动至圣保罗州的内陆地区，这种活动将圣保罗推向国民经济的领导地位。最后，尽管是和平过渡，共和国的出现代表了国家权力中心的根本性重组，从中央集权向联邦制转变，新的政治参与者出现，他们将会在整个旧共和国时期巩固自己的地位。

许多变化伴随咖啡产量的变化而发生。咖啡种植的扩张首先发生在帕拉伊巴河谷地区里约热内卢州的瓦索拉斯地区。[①] 此后，咖啡种植园向北部和西部地区延伸至米纳斯吉拉斯州西南部的马塔地区（*zona de mata*）和圣保罗州东北部的阿雷亚斯和巴纳纳尔附近。在咖啡扩张的第一阶段，帕拉伊巴河谷地区是当时世界上最大的咖啡产区。1850年，巴西的咖啡产量占据全球产量的一半，咖啡出口也占到巴西出口总额的一半。此外，随着需求的增加，巴西咖啡产量以更快的速度增加，在19世纪的最后5年中巴西咖啡产量已占世界总产量的70%（图1.3和附表1）。

在帕拉伊巴河谷地区以及后来被称作"旧西部"或"传统西部"的圣保罗州的内陆地区，土地资源丰富，但劳动力稀缺，成为限制这些地区咖啡扩张最主要的因素。[②] 因此，1850年奴隶贸易的结束使咖啡产业扩

---

① 关于瓦索拉斯区域的咖啡历史，参见 Stanley J. Stein, Vassouras, a Brazilian Coffee County, 1850 – 1900 (Cambridge, MA：Harvard University Press, 1957)。

② 传统的西保利斯塔（West Paulista）地区包括以下城市：坎皮纳斯（Campinas）、容迪亚伊（Jundiaí）、皮拉西卡巴（Piracicaba）、伊图（Itu）、莫吉瓜苏（Mogi Guaçu）、莫吉米林（Mogi Mirim），1826—1850年之间，这些城市控制了圣保罗州的蔗糖产业。

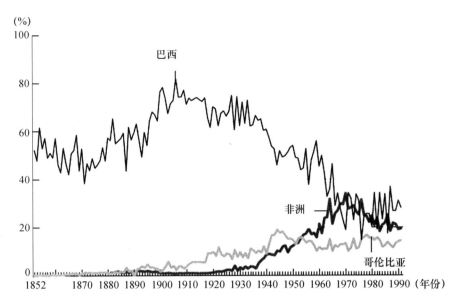

图 1.3　1852—1991 年世界和巴西咖啡产量

资料来源：Bacha，1992。

张面临风险。由于劳动力稀缺，奴隶很自然地流向了更有经济效益的经济耕作。结果是咖啡种植区内的奴隶比重在 1850 年之后持续提高。巴西北部和东北部的奴隶逐渐大规模地流向南部地区，尤其是圣保罗州的一些新生产区，促使该州对新进入的奴隶征税。人们担心，奴隶集中在少数的几个州会造成整个国家减少对奴隶制的政治支持。①

　　早在 19 世纪 50 年代，咖啡种植园主就开始尝试雇用欧洲的工薪劳动者。西部地区新的咖啡种植园面临劳动力不足的威胁最严峻，正是这一地区首先开始尝试使用欧洲移民工人。但是，这一尝试最终失败，因为

---

　　①　东北部地区是传统的蔗糖生产中心，与咖啡业相比，奴隶主要集中在经济链低端。关于巴西内部区域间奴隶的流动，可以参考 José Flavio Motta，"Escravos daqui, dali e de mais além：o tráfico interno de escravos em Constituição（Piracicaba），1861 – 1880"，Revista Brasileira de História 26，52（2006），15 – 47；José Flávio Motta and Renato L. Marcondes，"O comércio de escravos no Vale do Paraíba paulista：Guaratinguetá e Silveiras na década de 1870"，Estudos Econômicos 30，2（Abril-Junho 2000），267 – 299；Ana Rosa Cloclet da Silva，"Tráfico interprovincial de escravos e seus impactos na concentração da população da província de São Paulo：século XIX"（Ⅷ Encontro da ABEP，Associação Nacional de Estudos Populacionais，1992）。

自由雇佣工人无法接受种植园主开出的工资，也不愿意与奴隶一起工作。[①] 但是，圣保罗州政府慢慢地寻找永久解决劳动力不足的办法，因为很明显，奴隶制很快将会被废除。这意味着需要采取某种政府补贴的形式吸引自由劳动力。1871 年，圣保罗州通过了一项法律，授权发行债券帮助种植园主资助欧洲的农业移民工人来到巴西。[②] 同年，一帮来自保利斯塔的企业家成立了"殖民和移民援助协会"（*Associação Auxiliadora de Colonização e Imigração*），目的是吸引更多的移民到咖啡种植园工作。还是在 1871 年，巴西颁布了《生即自由法》（Law of Free Birth），规定自 1872 年起所有奴隶母亲生育的孩子将不再是奴隶，这标志着奴隶劳动力将会消亡。直到 19 世纪 80 年代，用移民取代奴隶的政策收效甚微，但是 1881 年圣保罗市建立了政府赞助的移民居住地和劳动力中介所——"移民之家"（*Hospedaria dos Imigrantes*），开始了把移民引向内陆种植园的新阶段。创建这个重要机构的法律规定，将返还每个移民从桑托斯港到首都的火车票，并且将补齐从欧洲至巴西和欧洲至美国之间旅费的差价。[③] 19 世纪 80 年代，越来越多的奴隶逃跑，各个社区纷纷宣布为出逃的奴隶提供庇护，随着奴隶制开始瓦解，劳动力问题变得尖锐。1884 年，在咖啡种植园主的压力下，圣保罗州政府为所有到圣保罗种植园的欧洲移民承担全部旅费。这笔财政补偿直接支付给移民家庭的户主。[④] 正是这条法令为大量欧洲移民进入圣保罗奠定了坚实的基础。1888 年，奴隶制被正

---

① 1852 年，西保利斯塔的一个种植园主，参议员韦尔盖罗（Vergueiro）将一些欧洲移民雇用到他的伊比卡巴庄园（Fazenda Ibicaba），与移民的冲突终结了这一尝试。关于移民主题的相关文献，可以参考 Pierre Monbeig, *Pioneiros e Fazendeiros de São Paulo*（São Paulo：Hucitec-Polis, 1984）；Thomas H. Holloway, *Immigrants on the Land：Coffee and Society in São Paulo*, *1886 – 1934*（Chapel Hill：University of North Carolina Press, 1980）；Thomaz Davatz, Memórias de um colono no Brasil（1850）（Belo Horizonte：Itatiaia；São Paulo：Ed. Universidade de São Paulo, 1980）；Warren Dean, Rio Claro：A Brazilian Plantation System, 1820 – 1920（Stanford, CA：Stanford University Press, 1976）；Pedro Carvalho de Mello, "The Economics of Labor in Brazilian Coffee Plantations, 1850 – 1888"（PhD thesis, Department of Economics, University of Chicago, 1977）。

② 1871 年 3 月 30 日的 42 号法令规定，州政府可以发行债券，"帮助当地种植园主吸引工人……"。这能够保证"每一个克罗诺在到达雇用他们的种植园之前所需差旅及其他支出费用支持"。这些费用可以在 11 年之后偿还。参见 http：//www. al. sp. gov. br/portal/site/Internet/。

③ 1881 年 7 月 16 日的第 123 号法令规定，移民者可以最多在客店停留 8 天。参见 http：//www. al. sp. gov. br/portal/site/Internet/。

④ 1884 年 3 月 29 日的第 28 条法令。参见 http：//www. al. sp. gov. br/portal/site/Internet/。

式废除，扫清了最后一道障碍。一直到19世纪80年代末期，奴隶制的存在限制了欧洲移民的集聚。两种劳动力制度并存，相互冲突，一些国家甚至禁止其国民向巴西移民，这一禁令一直持续至奴隶制结束。随着奴隶制的废除，以及圣保罗建立起支持移民的法制化和机制化的体系，在州财政支持下，大量欧洲移民进入圣保罗州。1827—1884年，移民圣保罗的外国人只有3.7万人，而在1884年之后的10年中，数量增加到50万人。1887—1928年间进入圣保罗的230万移民中，有一半受到了政府的资助。虽然同期其他州也有移民进入，但圣保罗是主要的移民目的地。① 因此，尽管整个19世纪80年代奴隶制逐渐瓦解并最终废除，咖啡的生产却并未间断。

在这个全新的自由劳动力时代，西保利斯塔地区控制了巴西咖啡种植的霸权。因帕拉伊巴河谷地区土地枯竭和不足，19世纪70年代巴西的咖啡种植业开始向西保利斯塔平原转移。保利斯塔的西部区域以及该州一些新开发的处女地十分肥沃，当地的种植园主对采取新的劳动力制度也更加开放。相比之下，帕拉伊巴河谷地区的咖啡种植园因生产效率低下而逐渐衰落，没有了奴隶劳动力，也变得不再有竞争力。

自由劳动力需要一种新的劳动组织方式。移民（colonos）并不参与新咖啡树的种植，这通常由承包商完成。反过来，这些承包商得到允许在新种植的咖啡树长成之前可以同时种植其他作物，以此作为部分报酬。② 对于这些移民来说，他们负责照管一定数量的咖啡树，报酬是成为分成佃农或雇佣工人。在第一种情况下，种植园主和移民对咖啡的生产和销售风险形成一定约定。在第二种情况下，移民获得部分固定报酬，根据其负责的咖啡树的数量决定，剩下的部分则与种植园的规模相挂钩。通常情况下，移民可以在咖啡树之间或空地种植粮食作物。种植粮食作物的权利对吸引移民劳动力至关重要。在西保利斯塔和其

---

① Anuário Estatístico do Brasil（hereafter cited as AEB）（1939-1940）：1307。1890年，圣保罗居民每千人中有57人是外国人所生；巴西平均水平只有25人。1920年，差距仍然存在，圣保罗每千人中的外国初生儿为259人，整个巴西则只有73人。（AEB, 1939-1940, 1302）。

② Rogério Naques Faleiros, Fronteiras do Café（São Paulo：Fapesp-Edusc, 2010）.

他新种植园地区，这是获得报酬最主要的形式。在帕拉伊巴河谷等旧咖啡种植区，由于对资本需求小以及风险较低，分成佃农成为基本的生产形式。

除了劳动力之外，另一个制约咖啡生产扩大的因素是交通运输。自19世纪中叶起，修建一条能将咖啡运到沿海地区的高效铁路就成为迫切且必须解决的问题。传统上用骡子运输谷物的做法成本高，限制了运输体系的扩大。① 巴西修建铁路网的首次尝试早于咖啡业的发展。1835年，政府计划修建从首都里约热内卢南下到南里奥格兰德州（*Rio Grande do Sul*）的铁路，但最终因缺乏私人资本而不了了之。第二个计划在1838年提出，试图将桑托斯港和蔗糖产区——坎皮纳斯（*Campinas*）及皮拉西卡巴（*Piracicaba*）通过铁路贯通，但也没有成功。② 这些最初受挫的项目还涉及政府对铁路沿线禁入区的特许权。但是这种专有权不足以保证企业存活下去。1853年，政府决定对投资于铁路建设的资金提供收益率保证，问题最终得到了解决。③ 从里约热内卢到圣保罗州卡舒埃拉（*Cachoeira*）的"佩德罗二世铁路"（*Estrada de Ferro D. Pedro* Ⅱ）是最早建成的铁路。除了对铁路线长度的独家控制权，政府为投资者提供了7%的收益率保证，其中2%来自里约热内卢州。1865年，该铁路修至瓦索拉斯（*Vassouras*），但直到10年之后才最终修至卡舒埃拉。④ 这条铁路为帕拉

① 关于巴西的骡运体系，可以参考 Herbert S. Klein，"The Supply of Mules to Central Brazil：The Sorocaba Market，1825 – 1880"，*Agricultural History* 64，4（Fall 1990），1 – 25。

② 桑托斯港距离圣保罗接近60公里。因此，圣保罗（海平面上700米）和桑托斯港之间的路线需要克服高原和海岸之间海拔的变化。从桑托斯港到圣保罗的铁路对圣保罗州的经济扩张至关重要，是一个复杂而昂贵的工程项目。

③ 由于私人金融家担心收益率不足，提供补贴非常必要。William R. Summerhill，*Order against Progress：Government，Foreign Investment，and Railroads in Brazil，1854 – 1913*（Stanford，CA：Stanford University Press，2003），40。根据安妮·汉利（Anne Hanley）的研究，"铁路和公用事业走上了第二条吸引投资者的路：政府担保。这些企业从政府那里可以得到防止亏损的明确或非明确收益。1870—1890年间参与修建铁路的资金都从政府获得了有保证的收益。"Anne G. Hanley，*Native Capital：Financial Institutions and Economic Development in São Paulo，Brazil，1850 – 1920*（Stanford，CA：Stanford University Press，2005），74.

④ Adolpho Augusto Pinto，*História da viação pública de São Paulo*（São Paulo：Governo do Estado de São Paulo，1977），21 – 31.

伊巴河谷地区的咖啡生产服务，将咖啡运到里约热内卢港。[①]

　　直到 19 世纪 60 年代，圣保罗的咖啡生产区仍旧依靠骡子将咖啡运输到其天然出口港——桑托斯港。1867 年，圣保罗铁路建成，将桑托斯港和容迪亚伊（Jundiaí）连接起来。容迪亚伊是进入西保利斯塔地区的传统入口。参与这条铁路修建的英国公司同样获得了 7% 的保证收益率。[②] 此后，随着圣保罗州的铁路线逐渐增多，巴西全国铁路建设速度加快。在当地种植园主和外国资本的支持下，一个铁路网在圣保罗州的内陆地区铺开，并且延伸到了尚未开发的偏远地区。[③] 铁路建设为开发高品质的土地，尤其是一些适合咖啡耕种的土地提供了保证。因此，19 世纪下半叶巴西解决了制约咖啡产业扩张的两大难题：劳动力不足和缺乏低廉的运输体系。[④]

　　逐渐布局的铁路网主要集中在圣保罗、里约热内卢和米纳斯吉拉斯三个咖啡主产区，这也是巴西最富裕的地区。[⑤] 虽然铁路建设的初衷是降低咖啡的运输成本，但也在港口和其他不同地区间运送其他商品（不论是本国产品还是进口品），促进了区域市场的一体化。[⑥] 铁路同样在客运方面发挥了重要作用。先前，货物和旅客的运送系统危险性极高，铁路的

[①]　根据萨默希尔（Summerhill）的研究，巴西和美国对修建铁路资金的补贴政策存在差别。在巴西，补贴中的相当大部分来自联邦政府，而美国则主要由州政府承担。详见 Summerhill, Order against Progress，39。

[②]　共和国建立之后，原来的省变成了州。

[③]　关于铁路，参见 Flávio A. M. Saes, As Ferrovias de São Paulo, 1870 – 1940（São Paulo：Hucitec-INL-MEC, 1981）；Monbeig, Pioneiros e Fazendeiros de São Paulo；Célia Regina Baider Stefani, O sistema ferroviário paulista：um estudo sobre a evolução do transporte de transporte de passageiros sobre trilhos（MA thesis, FFLCH-USP, Sção Paulo, 2007）；Odilon Nogueira deMatos, Café e ferrovias：a evolução ferroviária de São Paulo e o desenvolvimento da cultura cafeeira（São Paulo：Alfa-Omega, 1974）；Summerhill, Order against Progress；Robert H. Mattoon Jr.，"Railroads, Coffee, and the Growth of Big Business in Sao Paulo, Brazil"，The Hispanic American Historical Review 57，2（May 1977），273 – 295；Pinto, História da viação pública de São Paulo。

[④]　虽然铁路对于咖啡业来说非常重要，巴西也修了铁路网促进咖啡生产，但是与美国相比，巴西帝国时期的铁路建设仍不够。1893 年，美国的铁路网总长度达到 17.6 万公里，而巴西只有 1.1 万公里。Anuário Estatístico do Brasil, 1939 – 1940, 1336；and Statistics of Railways in the United States（Washington, D. C.：Government Printing Office, 1894）.

[⑤]　尽管大多数参与铁路建设的是私人资本，但有保证的收益为铁路系统形成重要补贴。由于部分铁路亏损运营，政府必须承担其支付股息义务，随着时间的流逝，政府逐渐控制了这些公司。

[⑥]　当一个新的产业兴起，大市场形成，促进大规模生产，但同时运输体系的低效率往往会阻碍小规模内陆企业从市场扩大中获利。

出现产生重要经济效应的同时，更给巴西的社会带来了现代化。但是，与其他国家在更高级的工业化阶段建设铁路不同，巴西铁路建设的"后向联动"效应不足，因为大多数铁路建设和运营的投入依靠进口。[①] 此外，虽然绝大多数铁路建设的资金是私人提供，但是政府对股份收益率的保证还是为铁路网的建设和运营提供了重要的补贴。由于铁路一直处于亏损运营，政府必须承担其支付股息的义务，渐渐地，政府控制了这些公司。

巴西广袤的农业用地储备和大量待开垦的处女地使其能够满足世界咖啡需求的增长。1852—1900 年间，世界咖啡消费量年均增长率为2.5%，从 460 万袋增加到 1810 万袋，其中 73% 产于巴西。[②] 这一时期，咖啡生产的区域基地也发生了重大变化。圣保罗州在 19 世纪 90 年代超过里约热内卢州，成为巴西乃至全球最大的咖啡生产基地。这一增长趋势一直延续到 20 世纪，20 世纪头十年，圣保罗州咖啡产量占巴西总产量的70%（图 1.4 和附表 1）。

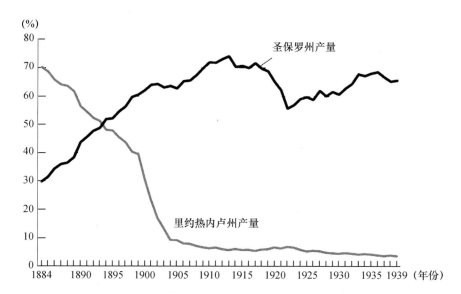

图 1.4　1884—1939 年圣保罗和里约热内卢咖啡产量

资料来源：Bacha，1992。

---

①　关于这一问题的论述，参见 Summerhill，*Order against Progress*，Chapter 6。

②　Edmar L. Bacha and Robert Greenhill，150 anos de café，2nd ed.，rev. ed.（Rio de Janeiro：Marcelino Martins & E. Johnston Exportadores，1993），Tables 1. 1 and 1. 2.

在咖啡生产州内部，移民也一直存在。最初，咖啡生产集中在圣保罗州的东北部，后来移至该州中部地区，即咖啡移民从传统的西保利斯塔地区转移到该州北部的莫吉安纳（Mogiana），最终移至圣保罗州的西北部地区（图 1.5 和地图 1.1）。20 世纪初，复杂和广阔的铁路网为咖啡生产区域扩张至新处女地提供了支持，而这些地区是尚未开垦的无主林地，特别适合种植咖啡。

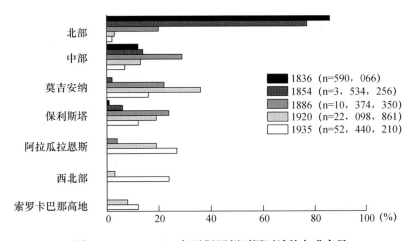

图 1.5　1836—1935 年圣保罗州不同区域的咖啡产量

资料来源：Milliet，1982。

咖啡种植区域向圣保罗州腹地西移在巴西历史上至关重要。咖啡深入地形条件和气候条件都特别适合咖啡种植的地区，更高的农业技术水平以及广袤的平原保证了土壤侵蚀不会像帕拉伊巴河谷地区那么严重。以上这些条件使圣保罗州西部地区成为 19 世纪末 20 世纪初全球最大的咖啡生产中心，同时也是巴西主要的财富生产区（地图 1.1）。

但是，由于咖啡供给和需求的特殊性，价格非常不稳定。世界总需求随着人口增长、城市化水平提高、消费国收入水平的提升而平稳增加，但同时也受到欧洲和美国周期性经济危机的冲击。危机暂时降低了咖啡消费国居民的收入和消费，因此影响了市场参与者的行为。[1] 虽然种植受

① 消费者价格的形成不仅受到咖啡世界价格的影响，还与特定国家的市场情况相关，包括汇率、产品生产过程、边际收益和税收。通常，消费者价格比国际市场价格更稳定。

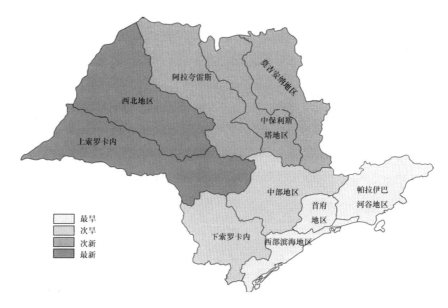

地图 1.1 圣保罗州根据开发顺序划分的各区域（1900）

到价格影响，但是其他外生因素也偶尔会在特定年份延迟价格形成冲击。例如，咖啡树种植后的第 4 年首次结果，并且一直可以持续结果 20—30 年，有时甚至能达到 50 年。同样，气候变化，尤其是严冬和冰冻会影响产量，造成收获不稳定，影响下一年的产量及销售。严重的冰暴和雪暴甚至会毁掉咖啡树，不得不重新种植。最后，还有一个重要的因素是汇率。咖啡以英镑计价，而相关的生产者价格则以本国货币计价。因此，汇率的变化会影响种植者的决策以及国际市场价格。以上这些因素对咖啡的供给和需求产生时滞效应，并且会造成咖啡市场价格偶尔剧烈波动。①

　　1857—1906 年，咖啡价格经历了三个周期，每个周期持续时间都不长。② 周期形成的原因类似，起始于消费者收入的提高或者是全球咖啡产

---

　　①　可以参考这一领域奠基性的研究，Antonio Delfim Netto，*O problema do café no Brasil*（São Paulo：IPE-USP，1981）.

　　②　Delfim Netto，*O problema do café no Brasil*，Chapter 1. 关于咖啡价格不存在长期趋势的观点，巴沙（Bacha）和德尔芬·内托（Delfim Netto）意见相左。用 1821—1901 年美国批发价格指数减去的每磅咖啡的美分价格，巴沙认为这一时期的咖啡价格确实存在一个长期上涨趋势。Edmar Lisboa Bacha，"Política Brasileira do Café. Uma avaliação centenária"，in Bacha and Greenhill，150 anos de café，15 – 121.

量的下降，结束于主要消费市场——欧洲或美国的经济危机。在这三个周期中，外部危机造成的影响使本国货币贬值，一定程度上弥补了以本国货币获得收入的生产者的损失。咖啡商根据危机的严重程度，利用价格下跌重新安排咖啡库存。虽然受经济危机冲击，但是咖啡的出口量实际上一直在增长，因此能够减少最终出口额的下降。如果巴西货币贬值有助于生产商，那么它会严重影响依赖进口的国内消费者。这些汇率波动通常由国际收支平衡中的问题引发，反映在国内价格变化、经济活动以及收入分配等方面。[①] 我们将看到，这一过程直到 19 世纪 80 年代末还在继续，但未能防止 20 世纪初期咖啡生产过剩危机（图 1.6a 和图 1.6b，附表 1）。

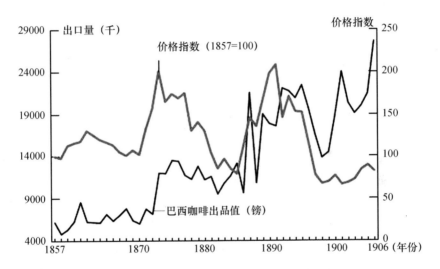

图 1.6a 1857—1906 年巴西咖啡出口价和出口值

资料来源：Bacha (1992)，Delfim Netto (1981)，and Ipeadata。

19 世纪 80 年代，引入雇佣工人使巴西经济发生深刻变革，影响了国内需求、货币政策甚至国际收支平衡。工薪劳动力取代了奴隶劳动力，使人口中的劳动力阶层需求结构和收入流动发生了变化。与消费受奴隶

---

① 塞尔索·富尔塔多对这一过程进行了详细论述，他称之为"损失社会化"。详见 Formação Econômica do Brasil（São Paulo：Cia Editora Nacional，1968a），Chapters 18 – 19.

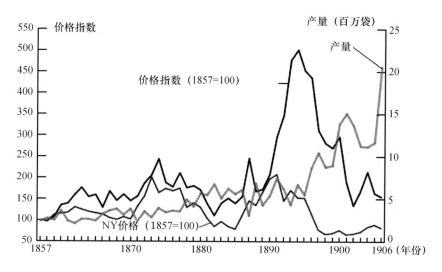

图 1.6b　1857—1906 年巴西咖啡价格和产量

说明：雷斯（réis）是巴西的流通货币，1857 年 1000 雷斯相当于 27 便士。

资料来源：Bacha（1992），Delfim Netto（1981），and Ipeadata。

主控制的奴隶劳动力相比，工薪劳动力可以直接进入劳动力市场。此外，移民带来了新的消费习惯，需求产品种类大大增加，这些需要国内生产或是从国外进口来满足。雇佣工人使制造业和服务业发展获得了契机。巴西制造业的出现正是劳动力结构转变的结果。[1]

这种新的劳动力体系对巴西经济还产生了其他影响，主要体现在信贷需求的增加。根据货币政策和汇率政策，巴西帝国的货币政策始终沿袭 1846 年建立的金本位制度，力求保证 1000 雷斯相当于 27 便士。国际收支危机偶尔会改变汇率平衡，政府也对此给予了极大的关注。因此，当局对货币供给严格管控，因为这是巴西货币贬值的最主要原因。

19 世纪 80 年代，尽管废除奴隶制看起来不可避免，但人们对于解放奴隶的速度还持怀疑态度。《生即自由法》规定，奴隶主可以选择继续保留他们奴隶的孩子直至 21 岁，或者立即解放新生奴隶获得国家补偿，这

---

[1]　Furtado, Formação Econômica do Brasil, Chapters 16 – 17.

相当于延长了奴隶制的寿命。① 该法律明确支持了奴隶主利益的两个主要关注点，即缓慢而有计划地向解放奴隶过渡，并提供了补偿选项，从而推迟了立即解放，令废奴主义者厌恶。甚至直到 19 世纪 80 年代后半期，依然出现保留奴隶更长时间作为学徒的建议，以及国家承诺对任何解放的奴隶做出补偿的提议。但是，不断推迟废除奴隶制削弱了奴隶主阶级的立场，强化了社会压力，并进一步促使奴隶进行反抗。逃跑的奴隶越来越多，而警察和军队拒绝阻止或重新抓获他们。最终的废奴法（*Lei Áurea*）只有两项条款。条款一宣布巴西完全废除奴隶制，条款二废除任何违背这一立场的其他法律。巴西没有过渡到半奴隶学徒制，也没有对奴隶主进行补偿。当时的政治生态不允许政府向奴隶主做出让步。奴隶主失去了机会。就像科特日皮男爵（Baron of Cotegipe）所宣称的那样，"这部法律结束了奴隶制，只不过是承认了现实而已"。② 此后不久，巴西的君主制也结束了。③

　　解放奴隶激怒了那些支持奴隶制和君主制的最保守群体。④ 但是在 19世纪 70 年代，还有一些其他问题削弱了帝国政府。当时，强大的共和运

---

　　① 法令 2040 第一段规定："在奴隶主授权下，奴隶的未成年子女应由母亲监护，直到 8 周岁。当男孩 8 周岁之后，奴隶母亲的奴隶主可以有两种选择，要么收政府的 60 万美元的补偿给其自由，要么支付相同数额以控制小奴隶直至其达到 21 周岁。针对第一种情形，政府获益最少，并根据现行法律给予最终裁定。"

　　② "奴隶制最终被废除，只不过是对现实的承认。法律的通过，将结束无政府状态，该行动不能有任何借口，同时也不能对财产和公共政策造成冲击。这是我认为该行动的优势……" Senado Federal, A Abolição no Parlamento: 65 anos de luta, 1823 – 1888, 2 vols. (Brasília: Subsecretaria de Arquivo, 1988), Ⅱ: 487. 科特日皮男爵（Baron of Cotegipe）是 1885—1888 年巴西帝国的部长理事会主席。

　　③ 关于巴西帝国的政治结构，可以参考 Sérgio Buarque de Holanda, ed., "O Brasil Monárquico", in História Geral da Civilização Brasileira, Ⅱ: 5 (Rio de Janeiro: Bertrand Brasil, 1997); Richard Graham, Patronage and Politics in Nineteenth-Century Brazil (Stanford, CA: Stanford University Press, 1990); Raymundo Faoro, Os donos do Poder. Formação do Patronato político brasileiro, 2 vols. (Porto Alegre: Ed. Globo; São Paulo: Ed. Universidade São Paulo, 1975), Chapters Ⅸ – Ⅻ; José Murilo de Carvalho, A construção da Ordem: a elite política imperial; Teatro das sombras: a política imperial (Rio de Janeiro: Civilização Brasileira, 2003).

　　④ 1808 年，葡萄牙皇室为躲避拿破仑对葡萄牙的侵略，逃到了巴西。1821 年，王室迁回葡萄牙，但是皇室继承人佩德罗一世（Pedro I）留在巴西，成为摄政王。1822 年，巴西独立，佩德罗成为首位君主。1831 年，他为保住王位，返回葡萄牙，并传位给他的儿子——佩德罗二世。佩德罗二世一直执政至 1888 年，被新成立的共和国罢免。

动正在兴起，君主与军队和罗马天主教会之间发生一系列冲突。共和运动源于城市中产阶级要求获得更大的政治代表性，并且与废奴运动密切相关。① 但是，共和运动甚至得到了一些保守群体的支持，例如有咖啡行业精英参加了创建圣保罗共和党（Partido Republicano Paulista）。虽然这些种植园主置身于废奴讨论之外，但是却致力于建立联邦制实现各省自治。② 与教会的冲突源于梵蒂冈宣布的教皇庇护九世敕令中的一些新政策。这些政策试图加强教会相对于民间社会的权威，并且谴责了在巴西拥有巨大声望的共济会（Masonry）。冲突的导火索是奥林达（Olinda）主教下令，禁止共济会成员参加宗教兄弟会。由于宪法授予国家批准教会法令的权利，内阁下令撤销了这项措施。主教坚持反对，最终锒铛入狱。1870 年巴拉圭战争结束之后，军队力量增强，军队问题也随之而来。而从战争时期开始，军队通过高级军官直接参与政党的方式扩大了政治参与。军官中的实证主义也强化了共和理想。但是在 19 世纪 80 年代，军队与君主发生冲突，军队的力量被削弱。军队在最重要的君主制机构——参议院和国务委员会的代表性都有所下降。这些冲突过后，军队感到被边缘化，不受重视。1887 年，军官们创建了"军人俱乐部"（Clube Militar），由德奥多罗·达·丰塞卡（Deodoro da Fonseca）领导，后来他也成了巴西共和国的首位总统。该俱乐部自视为军官阶层利益的捍卫者，是反对政权的核心。③ 佩德罗二世在世时，巴西帝国得以维持。但就像一位历史学家指出的那样，"似乎没有人愿意牺牲自己来捍卫政权。大多数人期待帝国随着第二任君主的自然死亡而自动灭亡，并且为不可避免的改变做好了准备"。④ 因此，1888 年之后的权力真空反映了君主制缺少政治

①　根据卡多佐（Cardoso）的研究，"帝国的最后 30 年标志着巴西经济的巨大变化：咖啡在中南部区域扩张，更确切地说是在圣保罗的东北部，19 世纪 70 年代和 80 年代商业和金融活动密集，为城市工业的繁荣提供了保证"。Fernando Henrique Cardoso, "Dos Governos Militares a Prudente-Campos Sales", in História Geral da Civilização Brasileira, III: 1, ed. Boris Fausto（Rio de Janeiro: Ed. Bertrand Brasil, 1989），17.

②　Faoro, Os donos do Poder, Vol. 2, Chapter 12.

③　关于该主题的论述，参见 Buarque de Holanda, "O Brasil Monárquico", 306 – 360.

④　Buarque de Holanda, "O Brasil Monárquico", 354. On the Second Empire, see Lilia Moritz Schwarcz, As Barbas do Imperador. D. Pedro II, um monarca nos trópicos（São Paulo: Cia. das Letras, 1999）.

支持。尽管推翻君主制没有受到有力的反对,但是却使民众很吃惊。即使是领导推翻君主制的德奥多罗(共和国的第一任总统)也一直忠于皇帝,并且曾一度对共和运动持批评态度。[①] 但是政治情势的恶化使传统的君主主义者参与到推翻君主制的运动中,德奥多罗就是如此。

在评价巴西的君主政体时,很明显,它的主要成就是带来国家政治和领土稳定。但同时,它受到集权、僵化和无法据经济和社会的需求变化而变化的制约。尽管 19 世纪下半叶咖啡在国际市场上是高价值的产品,咖啡业在巴西实现了扩张,但整个 19 世纪,尤其是在 1850 年之后,巴西人均收入增长水平却很低。1800 年巴西人均收入占美国人均收入的 91%;但是到了 1913 年下降到只有 14%。这反映出巴西人均收入的变化,即 19 世纪上半期只增长了 0.4%,而在 1850—1913 年之间的增长率为 - 0.4%。简而言之,在这一时期,巴西人均收入相对停滞,而美国则实现了年均 1.1% (19 世纪上半期) - 2% (1850—1913 年)的增长(图 1.7)。[②] 虽然经历了咖啡的发展,但这些数据表明 19 世纪巴西经济开始落后。巴西帝国的保守政策以及长期维护奴隶制,限制了咖啡产业向整个国家的扩散。

人均收入相对停滞不仅反映出国民收入增长缓慢,还受到 19 世纪末 20 世纪初人口自然增长率高以及国际移民的影响。人口自然增长率高是持续高出生率和缓慢降低的死亡率的共同结果。尽管 1900 年之后出生率开始下降,但直到 20 世纪仍很高(图 1.8)。死亡率的下降速度远远超过出生率,推高了人口的自然增长率(图 1.9)。这主要是由于 19 世纪 90 年代至 20 世纪前十年间疫苗接种和卫生运动发展的结果,这对于扩大中的城市地区死亡率的影响尤为重要。疫苗接种活动,干净水的提供,现代城市清洁设施在城市中心率先使用,以及巴氏杀菌技术的引入均是死亡率下降的原因。这也是整个拉丁美洲地区死亡率下降的原因,尽管

---

① 关于该主题的论述,参见 Buarque de Holanda, "O Brasil Monárquico", 306 - 360; and Faoro, Os donos do Poder, Chapters 11 - 12。

② Salomón Kalmanovitz, "Las conseqüências econômicas de la Independencia en América Latina", in Institucionalidade y desarrollo econômico en América Latina, ed. Luis Bértola and Pablo Gerchunoff (Santiago de Chile: Cepal, 2012), 62 - 63.

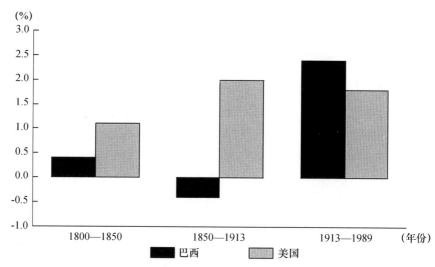

图1.7 1800—1989年人均收入增长率

资料来源：Kalmanovitz（2012）。

1930年之前富裕国家死亡率的下降大幅快于穷国。[1]

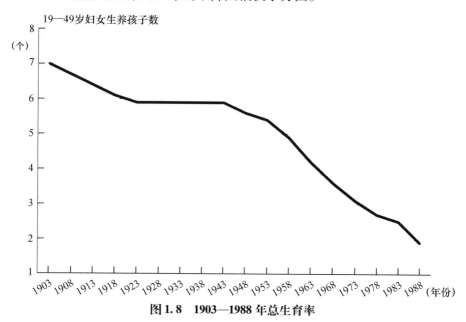

图1.8 1903—1988年总生育率

资料来源：Horta，Carvalho，and Frias（2000），Table 6。

---

[1] Eduardo E. Arriaga and Kingsley Davis，"The Pattern of Mortality Change in Latin America"，Demography 6，3（1969），226.

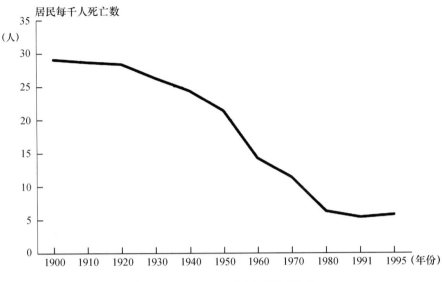

图1.9　1900—1995年巴西粗死亡率

资料来源: Berquó 2001, Table 3。

　　尽管奴隶贸易时期以及1888年之后的大规模移民带来的主要是劳动年龄的成年人,但巴西人口非常年轻,是由于非常高的人口自然增长率。在1890年的统计中,19岁以下人口占总人口的51%,这一比例在1900年提高到55%,1920年更是增加到57%。[1] 这意味着在整个旧共和国时期,巴西人口的平均年龄在20岁以下。与同时期的加拿大和阿根廷相比,由于人口自然出生率很高,尽管巴西的欧洲移民也非常多,但是对其人口增长的影响较为有限。据统计,1872—1890年间,移民对巴西人口增长的贡献率为14%,1890—1900年高峰期曾达到30%,而此后的40年降到了7%—8%。[2] 从这一点来看,巴西与美国类似,在1841—1940年一个世纪中移民对总人口增长率的贡献不足10%。[3]

　　但是移民对人口肤色的组成确实产生了很大的影响。在奴隶制被废

---

　　① 根据IBGE的数据统计, Estatísticas históricas do Brasil, Vol. 3, "Séries Econômicas, Demográficas e Sociais de 1550 a 1988" (2 edição revista e atualizada), 31, Table 1.6 "População presente. segundo o sexo e os grupos de idade – 1872 – 1920"。只统计了知晓自己年龄的人口。

　　② Merrick and Graham, Population and Economic Development, 37.

　　③ Merrick and Graham, Population and Economic Development, 38 – 39.

除之前，巴西人口主要由非洲—美洲裔人组成。巴西是美洲大陆上接收非洲奴隶最多的国家，在 16 世纪早期至 1850 年，490 万左右的奴隶到达巴西海岸。① 因此，1872 年人口普查的结果就不足为奇，在约 1000 万人口中，黑人（pretos）和黑白混血（pardos）的比例占到 58%，而外国出生的人口占帝国总人口的比重只有 3%。在废除奴隶制和大量欧洲工人到来之前，情况一直如此。在 1880 年之前，巴西只吸引了很小一部分外国农民至其农业地区，主要集中在南部较远的州。② 1888 年之后情况发生了很大的变化，大量来自欧洲和亚洲的自由移民取代了中南部咖啡种植园里的奴隶。1880—1930 年间，移民至巴西的欧洲和亚洲人总数达到 410 万人。③ 在 1900 年的人口普查中，白人和亚洲出生的人口占总人口的比重提高到 7%，同时，由于主要集中在咖啡生产区，他们在圣保罗州和当时作为联邦区的里约热内卢市人口中分别占 23% 和 25%。④ 这些人口缓慢而持续地影响了巴西人口肤色组成。从 19 世纪后期开始，白人在巴西的数量平稳增长，在总人口中的比例从 1872 年的 38% 增长到 1890 年的 44%。但是在 1940 年比重达到 64% 的峰值之后，开始逐渐下降。⑤

虽然大部分外来移民识字，但 19 世纪后期 20 世纪初巴西人口普查中总体识字率相当低。这主要是因为即使以拉丁美洲的标准来衡量，巴西在帝国时期和共和国早期在提供公立教育方面比较落后。在 1890 年的人

---

① Herbert S. Klein, The Atlantic Slave Trade, 2nd ed. , rev. ed. （New York and Cambridge: Cambridge University Press, 2010）, Appendix Table A. 2.

② CENSO 1872: Quadros do Império, Quadro 2 （população presente em relação à idade sexo, condição, cor, idades）as reproduced and recalculated by NEPO/UNICAMP.

③ Maria Stella Ferreira Levy, "O Papel da Migração Internacional na evolução da população brasileira （1872 a 1972）", Revista de Saúde Pública 8 （Suppl. ）（1974）, 71 – 73, Table 1.

④ Recenseamento do…1920. IV, Part 1 （população）, lxiii, Table 1 "População brasileira e estrangeira dos estados, 1872, 1890, 1900, 1920". 需要注意的是，巴西首都——联邦区在 1960 年从里约热内卢变成了巴西利亚。

⑤ IBGE, POP106, "População presente e residente, por cor ou raça （dados do universo e dados da amostra）Decenal 1872 – 2000", and IBGE, PD336, "População residente, por cor ou raça Anual 2001 – 2009", both available at http: //seriesestatisticas. ibge. gov. br/lista tema. aspx? op = 0&no = 10. 但是，大家公认巴西关于肤色的定义不稳定，尤其是在通常的计数方式是根据自我定义时。有意思的是，2005 年的时候，白人在巴西总人口中的比重不到一半，此后继续下降，2010 年人口普查中，这一比例只有 47%，但是白人仍然是巴西人口中最大的肤色群体。

口普查中, 具有读写能力的 4 岁以上人口占比只有 14.8%, ① 这几乎与 1872 年巴西帝国首次普查时的数字持平。巴西成为西半球中识字率最低的国家之一。但是在 1889 年之后, 教育成为国家的责任, 这意味着对学校进行了大量的、系统性的投资。1899—1933 年, 巴西是拉丁美洲国家中在读写能力方面提高最快的国家。② 到了 1920 年人口普查时, 巴西全国识字率翻倍, 为 28.8%。③ 所有这些转变都源于巴西各州在公共教育领域的投资, 出口最大的州投资最多。④ 但是, 即使增长率显著, 巴西的识字率仍然低于拉普拉塔河流域的其他国家, 甚至不及南美洲的一些其他国家。⑤

　　虽然早在 19 世纪 20 年代就已经明确了实行免费小学教育的目标, 但是政府并未努力贯彻这一基本任务。关于教育提供主要属于联邦政府还是州市政府职责的争论一直存在, 造成一些政府在教育方面的投入有限。此外, 独立之后的巴西帝国继承了殖民地时期的传统, 反对高等教育甚至反对书籍印刷。自 16 世纪起, 在西班牙属美洲殖民地, 从墨西哥城到利马, 所有主要的首都都建立了地方大学, 印刷宗教作品、印第安文法以及政府文件成为惯例。相反, 葡萄牙属殖民地当局拒绝了在殖民地建立大学的提议, 甚至不允许殖民地发展印刷业。葡萄牙皇室在殖民地主

---

　　① Directoria Geral de Estatística, Sexo, raça c cstado civil, nacionalidade, filiação culto e analfabetismo da população recensada em 31 em Dezembro de 1890 (Rio de Janeiro: Officina da Estatística, 1898), 373, Quadro "População recenseada na República dos Estados Unidos do Brasil quanto ao analfabetismo".

　　② André Martínez Fritscher, Aldo Musacchio, and Martina Viareng, "The Great Leap Forward: The Political Economy of Education in Brazil, 1889 – 1930", Working Papers No. 10 – 075 (Cambridge, MA: Harvard Business School, 2010), 2, available at http: //www. hbs. edu/research/pdf/10 – 075. pdf.

　　③ Alceu Ravanello Ferraro, "Analfabetismo e níveis de letramento no Brasil: o que dizem os censos?" Revista Educação & Sociedade (Campinas) 23, 81 (Dezembro 2002), 34, Table 1.

　　④ 所有这些都是因为各州在教育领域增加了投资, 平均到每个学生身上, 投资水平从 1900 年的 700 雷斯提高到 1925 年的 1200 雷斯。1899—1933 年, 小学数量从 8157 所增加到 28707 所, 小学生的入学人数则从 258804 人增加到 2218569 人。Martinez Fritscher et al., "The Great Leap Forward", 48, 52, Tables 2 and 8.

　　⑤ 阿根廷 1914 年人口普查时, 49% 的本地人和 43% 的移民具有识字能力。Noam Lupu and Susan C. Stokes, "The Social Bases of Political Parties in Argentina, 1912 – 2003", Latin American Research Review 44, 1 (2009), 71n14.

要鼓励宗教的初等和中等教育，迫使精英返回欧洲，在葡萄牙的大学获得高等学位。

随着 1822 年独立国家的建立，对公共教育的敌意得到改变。许多州和市级政府开始推动公立小学教育。19 世纪 30 年代和 40 年代，巴西出现了第一批为数不多的师范学校，并且到了 19 世纪中期，在公立小学数目不断增加的情况下，增加了一批优质的公立中学。当然，精英阶层继续将其子女送至传统的私立教会学校接受小学和中学教育。[①] 帝国政府还认识到建立先进职业技术教育学校的必要性，19 世纪中期，巴西建立了工程和医学学校。[②]

但是在 19 世纪末共和国成立之时，教育的形势依旧相当不稳定。巴西绝大多数人未能获得接受教育的机会，文盲率在整个美洲最高，并且整个巴西没有一所大学。情况慢慢得到改善，入学儿童的数量大幅增加。1871 年，巴西的学生数量为 13.4 万人，其中仅有 7% 是中学生，并且只有 28% 是女生，而总人数则超过了 1010 万人。这意味着每 1000 个居民中，只有 13 名儿童入学。[③] 到了 1889 年，这一比例提高到 18‰，1907 年为 29‰，1920 年则提高到 41‰。小学教育净入学率在所有州都提高了，尽管经济最发达的州提速最快（图 1.10）。显然，虽然到 1930 年巴西学生的小学入学总数在增加，但是小学阶段儿童仍然不足。同时，无论是公立还是私立，中等教育仍然只对精英开放。

巴西城市人口的增长同样缓慢。19 世纪 90 年代，只有 3 个城市的总人口超过 10 万人：里约热内卢联邦区 50 万人，萨尔瓦多 17.4 万人以及累西腓 11.1 万人。当时圣保罗市只有 6.5 万人。很显然，绝大多数的巴西人生活在农村。但进入 20 世纪之后，城市人口飞速增长。从 1910 年开始，主要城市的人口每十年便会翻倍。据估计，1910 年，圣保罗的人口达到 34.6 万人，联邦区为 87 万人，贝伦和阿雷格里港也成为总人口超过

---

① Manoel Bergstr öm Lourenço Filho, Tendências da educação brasileira, 2nd ed. （Brasilia：Inep/MEC, 2002）, 17 – 19.

② Simon Schwartzman, A Space for Science-The Development of the Scientific Community in Brazil（College Station：Pennsylvania State University Press, 1991）, Chapter 3.

③ 数据来源于 Relató rio do Ministério dos Negócios do Império 1871 Apresentado Em Maio De 1872, 27 – 36。

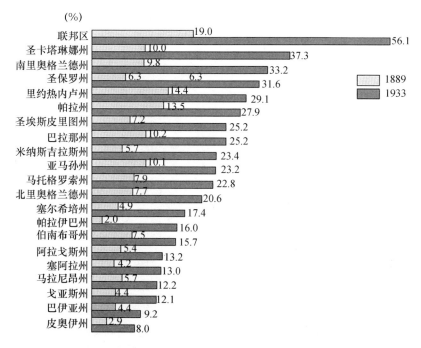

(%)

	1889	1933
联邦区	19.0	56.1
圣卡塔琳娜州	10.0	37.3
南里奥格兰德州	9.8	33.2
圣保罗州	16.3 / 6.3	31.6
里约热内卢州	14.4	29.1
帕拉州	13.5	27.9
圣埃斯皮里图州	17.2	25.2
巴拉那州	10.2	25.2
米纳斯吉拉斯州	15.7	23.4
亚马孙州	10.1	23.2
马托格罗索州	7.9	22.8
北里奥格兰德州	17.7	20.6
塞尔希培州	14.9	17.4
帕拉伊巴州	12.0	16.0
伯南布哥州	17.5	15.7
阿拉戈斯州	15.4	13.2
塞阿拉州	14.2	13.0
马拉尼昂州	15.7	12.2
戈亚斯州	4.4	12.1
巴伊亚州	14.4	9.2
皮奥伊州	12.9	8.0

图 1.10　1889—1933 年巴西各州小学净入学率

资料来源：Fritscher, Musacchio, and Viareng 2010, "The Great Leap", Table 3, p. 49。

10 万人的城市（图 1.11）。[1] 1920 年，两个城市的人口将其他城市甩在身后，里约热内卢的总人口达到 110 万，圣保罗经过快速增长之后则达到了 57.9 万人。有三个城市的总人口超过 20 万（贝伦、累西腓和萨尔瓦多），阿雷格里港达到 17.9 万，而贝洛奥里藏特则以年均 7%的增速成为新的人口大市。一些中心城市的人口快速增长并且贯穿了整个 20 世纪。但是与其他拉美地区国家相比，巴西的城市化水平相对有限。

　　1900 年，只有 10%的巴西人生活在超过 2 万人的城市，而同时期的阿根廷为 24%，智利为 19%。1920 年，巴西这一比例提高到 13%，而阿根廷和智利则分别达到了 37%和 28%。从这个方面来看，与其南部邻国相比，巴西更像墨西哥、秘鲁、哥伦比亚和委内瑞拉。[2] 即使直到 1970

---

　　[1]　AEB Anno 1 (1908 – 1912), 256, "População das Capitaes dos Estados do Brazil" (1872, 1890, 1900, and 1910).

　　[2]　Merrick and Graham, Population and Economic Development, 186, Table VIII – 1.

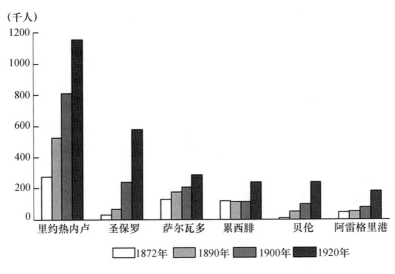

（千人）

图 1.11　1872—1920 年巴西主要城市人口

资料来源：IBGE。

年，巴西也只有 39% 的人生活在人口规模超过 2 万人的城市。[①]

　　但是，如果说这一时期城市人口在增加，那么新共和国内部最重要的人口流动主要来自农村之间的移民。20 世纪末期，巴西广袤的西部内陆地区及大多数州的许多区域无人居住。这意味着农民和工人不断涌入新开放的区域，原始土著居民逐步撤离，铁路也深入至内陆地区。同时，各地区之间的移民数量增加。18 世纪早期，巴西东北部传统省份是人口的主要聚集地，但是到了殖民时期末期，尤其是总督府在 1763 年迁到了里约热内卢之后，包括圣埃斯皮里图、里约热内卢、米纳斯吉拉斯和圣保罗等在内的中南部省份对原先的人口主要聚集地形成挑战。1872 年，帝国首次人口普查时，巴西东北部和东南部两个区域聚集着全国 87% 的人口。但是到了 1920 年，这一数字降到了 81%，同时两个地区之间的对比也发生了变化。东北部传统地区的人口逐渐流向了东南部。1890 年，东南部地区成为巴西人口最多的区域，1900 年东南部的人口比重增加到

---

　　① Merrick and Graham, Population and Economic Development, 188, Table Ⅷ - 2. IBGE 官方的数据更高。但是巴西对于城市的定义不以人口规模为准，而只与行政地位有关。具体可参见 Committee on Population and Demography, Levels and Recent Trends in Fertility and Mortality in Brazil, Report No. 21 (Washington, DC: National Academy Press, 1983), 15。

44%，而东北部则下降到 39%。这一趋势在此后得到了延续，1920 年人口普查数据显示，东南部人口比重为 45%，东北部则为 37%（地图 1.2 和地图 1.3，图 1.12）。

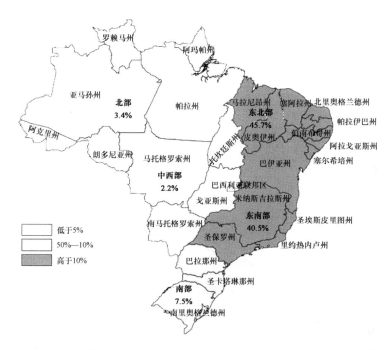

地图 1.2　1872 年巴西人口分布（n =990 万人）

　　人口结构和分布上的变化能够在一定程度上解释导致巴西联邦主义和共和运动的主要因素。虽然巴西实现帝国向共和国的和平过渡，但共和国需要在联邦政府结构及其权力组织上进行深刻的改革。1891 年共和国宪法取代了旧帝国时期的中央集权，联邦政府给各个州充分的自治权。尽管存在寡头势力和选举操控，巴西仍然实现了超过 30 年的定期且连续的总统选举。联邦主义思想起源于 19 世纪 70 年代，伴随着共和运动的兴起，并吸引了地区寡头集团，这些集团即使失去了对联邦政府的控制权，在各自的州内也仍然有可操纵的空间。1891 年宪法提供了一个古典自由主

地图 1.3　1920 年巴西人口分布（n = 3060 万人）

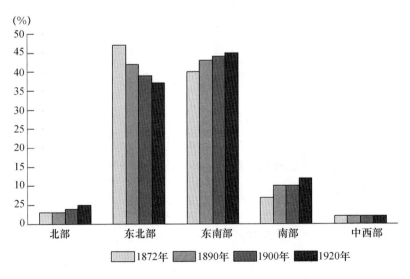

图 1.12　1872—1920 年各区域人口比重

资料来源：IBGE。

义联邦模式，州政府的权力得到扩大，甚至可以进行借贷。① 州政府拥有
在当地以及国际市场进行自由借贷的权力，这一点对圣保罗州自 1906 年
起能够维持咖啡价格至关重要。但是，联邦政府在货币政策以及军队权
力等方面仍然保留了绝对的权力。联邦政府同时还保留了征收进口关税
的权力，这是国家收入最主要的来源，而州政府能够对其出口征税。在
其他方面，1891 年宪法建立了古典自由民主模式，实现了行政、立法和
司法的三权分立。这部宪法还有其他一些特点。虽然确立了普选和直选
的方式，但是文盲没有选举权，这使选民的数量大幅减少。由于巴西宣
布共和国为世俗国家，宗教自由得到了保障，天主教会被剥夺了官方地
位，按大多数拉丁美洲其他共和国的标准衡量，这是个革命的举动。

　　共和国的首任临时政府由德奥多罗·达·丰塞卡（Deodoro da Fonse-
ca）元帅领导，他很快废除了省长、市议会和国务委员会。鉴于军人在
共和国新获得的政治权力，两位军人在首次选举中胜出便不足为奇。德
奥多罗·达·丰塞卡元帅当选为新共和国的总统，弗洛里亚努·佩绍图
（Floriano Peixoto）元帅出任副总统。② 共和国政府第一个时期的特点是政
治动荡和军事冲突频发。德奥多罗自 1889 年 11 月 15 日总统就职典礼起，
便踏入了与自由派和国会代表的冲突，于是他下令关闭了国会并宣布戒
严。冲突的问题在于他希望扩大联邦政府的权力，限制各个州的自治权。
双方的对峙最终引发了海军上将库斯托迪奥·德·梅洛（Custódio de Me-
lo）领导的武装叛乱，德奥多罗总统丧失了来自精英阶层的支持，1891
年 11 月递交了辞呈。副总统弗洛里亚努·佩绍图接任，虽然他也是中央
集权主义者，但是地区寡头为了巩固共和政体支持了他。1894 年，代表
圣保罗咖啡资产阶级的普鲁登特·德·莫拉伊斯（Prudente de Morais）成

---

　　①　在对该宪法的讨论中，出现了两种截然不同的观点。一种宣扬权力分立的自由民主体
制，另一种则相反，是实证主义者，受到军队支持，想要强有力的行政权。彼时，自由民主获
胜，因此 1891 年宪法规定了巴西的政体是民主共和，确立了行政、立法和司法分开的三权分立
政治体制。选举采用普选和直接选举的方式，但是文盲没有参与选举的权利，尽管当时文盲在巴
西总人口中占有相当大的比重。虽然宪法中没有规定，但是妇女在当时没有选举权利。

　　②　虽然宪法规定了直接选举的方式，但是第一任总统和副总统由间接选举产生。在总统选
举中存在争议，德奥多罗元帅以 129∶97 的微弱优势击败了保利斯塔地区的候选人普鲁登
特·德·莫拉伊斯（Prudente de Morais）。

为第一位民选总统，而他同样面临数不尽的地区冲突。① 他的继任者，同样来自圣保罗州的文人坎普斯·萨利斯（Campos Sales）最终得以保证各州的权力，并且建立了联邦政府与地区寡头和谐共存的体系。这是一种被称为"州长政治"（Politics of the Governors）的默契，联邦政府给予地方寡头一定权力以换取其对联邦政府的支持联，邦政府的权力可以用来承认最能代表当地精英阶层的候选。这种默契使得整个旧共和国时期的政治相对稳定。②

共和国早期的另一个特征是经济领域的不稳定。帝国时期，民众十分关注货币的可兑换性，这就造成长期货币供应短缺。银行体系不发达，并集中在里约热内卢，远离该城市地区，尤其是东北部地区的货币问题被扩大。但是，货币问题同样出现在首都，由于货币在丰收季节流向需求更高的地区而延迟回到里约热内卢，造成巴西最主要的城市中心和最大的商业中心——首都地区资金短缺，无法满足商业需求。③ 随着雇佣劳动力的增加、经济活动的扩张，以及帝国最后几年逐渐增加的国际收支盈余，货币短缺问题变得越来越严重。④

这些因素导致了关于货币改革的讨论。这场辩论突出了两种截然不同的货币体系改革建议。被称为"金属主义者"（metalist）的一派认为现行汇率应该保留在 1846 年购买力平价的水平制度，⑤ 如果可能的话，把

---

① 普鲁登特政府遇到了不计其数的起义和暴动，其中就包括最终导致内战的南里奥格兰德州的联邦主义者起义（Federalist Revolt in Rio Grande do Sul）。冲突的主要原因与州自治程度的极端立场有关。在其任期还发生了卡努多斯冲突。一场并不重要的地方宗教争端演变成了君主制派反扑的象征，必须不惜一切代价进行斗争。在政府部队数次失败后，卡努多斯连同安东尼奥律师的大部分追随者一起被征服。

② 关于旧共和国时期政治体制的论述，参见 Faoro, Os donos do poder, Chapter XIV。

③ 缺乏资金的过程从 19 世纪 60 年代起，就已发生，根据 Calógeras 所描述，其原因是"农作物要求周期性的回款，这就使货币出口地区变得匮乏，由于交通困难，资金回款较为缓慢。作为巴西最主要的政治和经济中心，在北方农作物丰收的季节，里约热内卢只能眼睁睁地看着货币向北方流动，承受货币短缺的结果：折现率提高、高利率，以及因资金短缺而无法进行商业活动……" João Pandiá Calógeras, A política monetária do Brasil（São Paulo：Cia Editora Nacional，1960），161.

④ "解放不仅意味着失去奴隶劳动力，还意味着需要大量投资为定居者建造新的房屋和住所，因为他们习惯于高于黑人的生活标准，并且需要更多的资金来支付工资。" Delfim Netto, O problema do café no Brasil, 23.

⑤ 兑换率是 27 便士 = 1000 雷斯。

雷斯（*réis*）变成可直接与黄金实现完全兑换的货币。他们认为现行购买力平价之下的波动是由于货币超发，没考虑到频繁的国际收支平衡危机引发的问题。① 另外一派则强调因货币供给不足造成的间歇性危机。他们希望扩张货币供给并保持更高的稳定性，因此坚持将银行体系扩展到所有省份。1885 年，政府获得了发行货币的权力。这是用来暂时解决货币极端不足的手段。但是在 1887 年为应对一次新的流动性冲击，一项货币改革提议获得批准，允许发行有债券和金属货币基础的货币。② 除了制定一部新的银行法，③ 帝国最后一任内阁还通过了一项为农业广泛贷款的计划，该计划被认为是对奴隶主无条件释放奴隶的一种补偿。④ 此外，信贷由银行体系安排，这就形成一种自然选择的过程，农业生产力最高的区域受益而农业生产困难的地区受损，尤其是受奴隶解放运动影响最大的

---

① 佛朗哥（Franco）关于这一主题有经典论述，他利用这一时期国际收支平衡的时间序列论证了汇率波动"无疑是由于巴西国际收支的不稳定"。贸易平衡表现糟糕、外国投资的变化，以及政府不定期的国外融资是造成国际收支不稳定的主要原因，因此使汇率波动过于频繁。此外，虽然巴西的外汇市场可以自由进入，但却高度集中且投机性十足，这使外部冲击的效应被扩大。Gustavo H. B. Franco, "Reforma Monetária e instabilidade durante a transição republicana" (MA thesis, Economics, Rio de Janeiro: PUC/Rio, 1982), 32.

② 该法令在 1889 年 1 月正式颁布，但是没有一个银行表现出兴趣。1889 年年中时，该法令的规定就发生了改变。

③ 欧鲁普雷图子爵（Viscount of Ouro Preto）是一个自由主义者，1889 年 6 月组建内阁，试图推动改革和达成保留君主制的政治协议。

④ 自由劳动力取代奴隶劳动力之后，咖啡生产部门需要更多的营运资金，这通常由该部门内部资源自行解决，主要由咖啡出口代理商提供。由于存在更高的营运资本需求，传统的信贷模式并不足以支持，这就使通常作为大型跨国公司代理的出口企业（export houses）开始参与其中。由于农民和储备方都没有能力利用其存货获得更高的价格，使这些出口企业获得了更高的议价权。Delfim Netto, *O Problema do café no Brasil*, 23. 关于咖啡生产者使用贷款系统的论述详见 Renato Leite Marcondes, "O Financiamento Hipotecário da Cafeicultura no Vale do Paraíba Paulista (1865 – 87)", *Revista Brasileira de Economia* 56, 1 (Janeiro-Março 2002), 147 – 170; Rodrigo Fontanari, "O problema do financiamento: uma análise histórica sobre o crédito no complexo cafeeiro paulista. Casa Branca (1874 – 1914)" (MA thesis, Franca, UNESP, 2011); Rodrigo da Silva Teodoro, "O crédito no mundo dos senhores do café. Franca 1885 – 1914" (MA thesis, Campinas, Instituto de Economia, UNICAMP, 2006); and Joseph Earl Sweigart, "Financing and Marketing Brazilian Export Agriculture: The Coffee Factors of Rio De Janeiro, 1850 – 1888" (PhD thesis, University of Texas at Austin, 1980). 出口企业权力的扩大使早已控制了巴西船运、保险和咖啡出口的英国资本的权力进一步扩大。详见 Richard Graham, *Britain and the Onset of Modernization in Brazil* 1850 – 1914 (London: Cambridge University Press, 1968)。

帕拉伊巴河谷（Paraíba Valley）地区的咖啡种植者。[1] 虽然该地区丧失了竞争力，但由于庞大的奴隶劳动力而得以幸存下来。奴隶解放运动对该地区形成了双重打击，种植园主失去了其重要的遗产——奴隶劳动力，其低下的生产率阻碍了他们雇佣自由劳动力。

当鲁伊·巴尔博萨（Rui Barbosa）入主巴西共和国临时政府财政部时，货币问题成为其关注的中心。[2] 尽管政权和平过渡，由于君主制和奴隶制几乎同时消失，新政府面临国际社会对巴西经济活力的担忧。虽然在 1888 年年底巴西面临的外部情况较为稳定，为政府保持预期汇率以及货币的可兑换性提供了坚实的基础，但是未来的不确定性还是导致了资本外逃、国际收支失衡以及货币贬值。为兑换可自由兑换的货币，银行遭遇了挤兑，造成货币流通量下降，银行体系受到冲击。[3] 1890 年 1 月，巴西发布了一项新的货币改革措施，解决了上述危机。新的改革建立在政府债券的担保下，发行不可兑换货币的多元化系统。[4] 商业需要以及扩大雇佣劳动力队伍被用来作为迅速增加货币供给的理由。[5] 1892 年，多

---

① 关于废除奴隶制导致的金融危机问题，详见 John Schulz, *The Financial Crisis of Abolition* (New Haven, CT, and London: Yale University Press, 2008), Chapter 5。

② 巴尔博萨是一个法学家，从旧帝国末期到共和国时期在巴西均享有盛名。他曾担任参议员、部长，并且两次成为共和国总统的候选人。他坚决反对只使用金属货币的主张，因此在就任财政部部长后，就按照自己的信念行事。

③ 关于这一时期的故事，详见 Franco, "Reforma Monetária"; Gail D. Triner, Banking and Economic Development: Brazil, 1889–1930 (New York: Palgrave, 2000); Annibal Villanova Villela and Wilson Suzigan, Política do Governo e crescimento da economia brasileira (Brasília: IPEA, 2001); Gustavo H. B. Franco, "A primeira década republicana", in A ordem do Progresso, ed. Marcelo de Paiva Abreu (Rio de Janeiro: Editora Campus, 1992); Raymond W. Goldsmith, Brasil 1850–1984. Desenvolvimento Financeiro Sob um Século de Inflação (São Paulo: Editora Harper & Row do Brasil, 1986), Chapters 2–3; John Schulz, A crise financeira da abolição (São Paulo: Ed. Universidade de São Paulo, Instituto Fernando Braudel, 1966); Dorival Teixeira Vieira, Evolução do Sistema Monetário Brasileira (São Paulo: IPE-USP, 1981), Parts 2–3。

④ 巴西在全国不同区域设立了 3 个货币发行银行。这些银行的经营活动包括向移民自由转让土地、建立工业企业，以及参与铁路、码头和港口建设的公开招投标具有优先权，等等。

⑤ 鲁伊·巴尔博萨认为，"当流通因缺乏而受到冲击，一国国内的黄金就是不可流动的，这就需要引入新内容以拯救已处在崩溃边缘的旧体系……一个民族持有货币的流通媒介不以绝对数量来评估。而是一方面以流通能力，即在该国国内流通的难易程度……另一方面是经济中体现和使用其价值的商业工具的能力。" Rui Barbosa, Finanças e política da República. Discursos e escritos (Rio de Janeiro: Cia. Impressora, 1892), 73.

元印钞系统被一个由主要银行垄断货币发行的新体系取代。①

正是这次银行业的改革，为农业提供的廉价信贷以及使创建公司更便利的法律变化推动了这一时期货币供给量激增。② 所有这些变革在巴西共和国成立的最初几年中创造了一种欢欣鼓舞的气氛，引起在证券交易所激烈的投机活动，导致数十家新公司成立，这些公司利用市场发行新股票为其经营活动融资。这些公司成立初期的资本往往有限，但是能够从投资者那里募集充足的资金。当这些股票的市值快速增加，就产生了市场泡沫（被称为 "*Encilhamento*"）。伴随着货币扩张和投机，关于工业对国家发展重要性的新思想出现了。③ 当时人们认为本质上是农业国的巴西应该效仿美国模式实现转型，这是财政部部长鲁伊·巴尔博萨所提倡的。④ 但是，产生这些主张的市场乐观情绪持续时间并不长。先是外国贷

---

① Vieira, Evolução do Sistema Monetário Brasileira, 189. 1896 年，财政部取消了当时属于巴西共和国银行（Bank of the Republic of Brazil）的发行垄断权，直接承担了这一角色。

② 1860 年，巴西通过了一项法律，对匿名社团实施了严格的国家控制。如果要建立一个公司，除了首先要获得帝国议会的（The State of Council）批准外，还需要获得政府行政部门的批准。建立一家有限责任公司，需要分析其社会目的和便利性，评估其资产，并且要证实是否以垄断主要产品为目标。被认为是自由主义的 1882 年宪法，对银行、一些具体的商业部门和外国公司在立法授权方面进行了限制。法律规定了经理人的义务和责任。此外，禁止在资本整合前向公众发行股票。这些公司开启经营活动以及在二级市场交易等方面也受到一定限制。但是，公司被允许按照资本的一定比率负债。虽然有以上这些改变，但是巴西的私人资本市场并未得到发展。1890 年新的公司法具有完全自由主义的特征。此外，成立一个公司只要求 10% 的注册资本金，并且其股份可以进行交易。Maria Bábara Levy, *A indústria do Rio de Janeiro através de suas sociedades anônimas*（Rio de Janeiro：Prefeitura do Município do Rio de Janeiro, 1994），127. 关于货币问题的公私利益，参见 Triner, *Banking and Economic Development：Brazil*, 1889 – 1930, Chapter 3。关于银行改革的具体论述，参见 Hanley, *Native Capital*。

③ Nícia Vilela Luz, *A luta pela industrialização do Brasil*（São Paulo：Editora Alfa Omega, 1978）.

④ Luz, *A luta pela industrialização do Brasil*, 113. See also Gisele Silva Araújo, "Tradição Liberal, positivismo e pedagogia. A síntese derrotada de Rui Barbosa", *Perspectivas*（São Paulo）37（Janeiro-Junho 2010），113 – 144. 巴西货币的贬值保护了生产部门。一些在经济泡沫时期成立的新公司，成为制造业部门的永久组成。根据斯坦利·斯特恩（Stanley Stein）首创性的研究，经济繁荣时期对于巴西工业的起源和发展至关重要。关于纺织工业，他指出："通过放开建立股份公司特许、扩大银行的经济活动范围以及增加票据发行，共和政府加速了资本形成的过程。事实上，纸币通货膨胀为纺织业提供了流动资金，否则可能需要更长的时间来积累。" Stanley J. Stein, *The Brazilian Cotton Manufacture：Textile Enterprise in an Underdeveloped Area*, 1850 – 1950（Cambridge, MA：Harvard University Press, 1957），96.

款和外国投资中断。接着，巴西的国际收支平衡遇到严重问题。1886—1889年，巴西贸易盈余为710万英镑，而在随后五年中，虽然巴西的出口实现了增加，但是出现了600万英镑的贸易赤字。有多个原因可以解释巴西在国际金融市场遇到的困难。首先，国际金融市场对巴西政治进程以及对经济的影响充满疑虑。其次，阿根廷发生了巴林兄弟银行（Baring Brothers bank）破产事件，使英国金融市场受到冲击，并对巴西产生了致命的影响（图1.13）。[①]

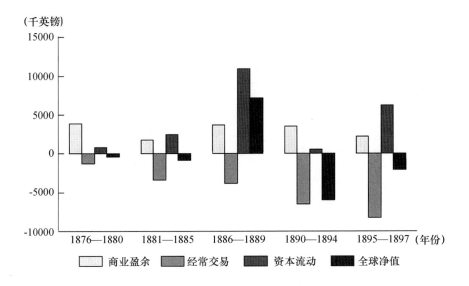

图1.13　1886—1897年国际收支平衡估计

资料来源：Franco（1982）。

---

①　19世纪80年代，阿根廷和巴西一样，发生了金融投机，并且以19世纪90年代初包括巴林兄弟银行在内的一些银行和企业的倒闭为高潮。在阿根廷金融市场，银行破产引起轩然大波，对伦敦市场造成严重影响。Felipe Amin Filomeno，"A crise Baring e a crise do Encilhamento nos quadros da economiamundo capitalista"，*Economia e Sociedade* 19, 1（Abril 2010），135 – 171；Kris James Mitchener and Marc D. Weidnmier，"The Baring Crises and the Great Latin American Meltdowns of the 1890s"，http：//emlab. berkeley. edu/~ webfac/eichengreen/e211 fa06/Mitchener. pdf；and Gail Triner and K. Wandschneider，"The Baring Crisis and the Brazilian Encilhamento, 1889 – 1891：An Early Example of Contagion among Emerging Capital Markets"，*Financial History Review* 12, 2（2005），199 – 225.

直到巴西帝国最后一年还保持平价的汇率，在 1890 年之后有一波系统性的贬值，一直到十年之后才出现逆转。一般价格水平在巴西帝国最后两年中下降，1889 年开始上升并且在 19 世纪 90 年代上涨了 240%（图 1.14）。

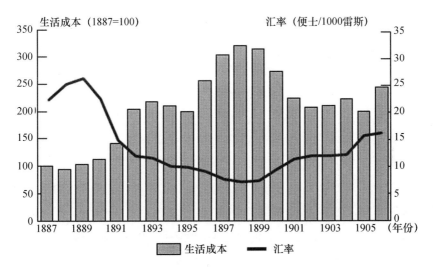

图 1.14　1887—1906 年汇率和累积生活成本指数

资料来源：Ipeadata。

普鲁登特·德·莫拉伊斯（Prudente de Morais）总统上台之后，采取了紧缩性的政策。由于认为货币超发是造成汇率极度贬值的主要原因，政府试图控制货币供给。1896 年，政府从银行体系手中收回了货币发行垄断权。但是在控制预算赤字方面却没有那么成功。政府被迫承担了一些非经常性开支，例如海军叛乱和发生在南里奥格兰德州（Rio Grande do Sul）的斗争[1]，同时还需要承担来自公共债务还本付息的巨大压力，这些债务中绝大部分是外国贷款。帝国政府为平衡外部和公共账户，进行了大量的海外借贷，这些债务给新共和政府的公共预算造成沉重的还本

---

[1]　最新关于海军叛乱的研究，参见 Joseph Love，*The Revolt of the Whip*（Stanford，CA：Stanford University Press，2012）。

付息压力。① 由于联邦政府的基本收入依赖于出口关税，出口价值危机使政府收入减少。如果雷斯同时贬值，这一效应将被放大，因为出口关税以本国货币计价而外债则需要以外币还本付息。② 巴西政府需要用英镑还债，因此巴西货币贬值是造成公共财政不稳定的因素之一。财政恶化、通货膨胀以及巴西货币的贬值使外国银行不愿意再给巴西提供新的信贷支持。更糟糕的是，巴西咖啡大丰收使全球咖啡价格在 1897 年大幅下降，这造成巴西出口价值的进一步萎缩。面对如此严重的危机，巴西政府不得不就其外部债务融资进行重新谈判。1898 年，坎波斯·塞勒斯（Campos Salles）政府获得了一项融资贷款（funding loan），政府在 13 年内无须偿还这笔外债。作为条件，巴西政府需保证削减预算赤字以及从流通中收回相当于贷款总额的货币量。③ 海关收入被用作这些贷款的担保。为了获得收入以履行偿还外债义务，政府还对其关税征收了一笔黄金费，这意味着它不需要在外汇市场上进行操作，以获得偿还外债所需的货币。政府最终达到了其目的，预算赤字下降，物价下降，巴西货币在国际市场升值（图 1. 14 和附表 3）。但是这些政策使大量近十年内创立的银行和企业破产。④

这种货币和汇率动荡对咖啡市场产生了直接影响。咖啡市场有自然波动，在过去很长一段时期内实现了供给与需求平衡，19 世纪后半期，

---

① 1889 年，巴西联邦政府的债务总额为 3000 万英镑，相当于 2.76 亿雷斯。1898 年建立贷款基金后，外债增加到 3600 万英镑，因巴西货币贬值，这一总额相当于 11.93 亿雷斯。*Anuário Estatístico do Brasil*，1939 - 1949，1424.

② 正如塞尔索·富尔塔多（Celso Furtado）所指，外债还本付息在公共预算中的比重不断提高使政府在萧条时期越来越难用当前收入支付开支。因此，外国贷款、预算赤字、纸币发行不平衡以及国际收支经常账户之间建立了相关性。Furtado，*Formação Econômica do Brasil*，171.

③ 根据马尔塞洛·德·派瓦·阿夫雷乌（Marcelo de Paiva Abreu）的研究，帝国统治下的巴西是一个优秀的债务国，一直在偿还外债。从 1824 年的第一笔外部贷款到 1898 年的第一笔融资贷款，它是唯一没有暂停偿还外债的拉丁美洲经济体。Marcelo de Paiva Abreu，"Os Funding Loans Brasileiros - 1898 - 1931"，*Pesquisa e Planejamento Econômico* 32，3（Dezembro 2002），515 - 540；Marcelo de Paiva Abreu，"A dívida externa do Brasil，1824 - 1931"，Estudos Econômicos 15，2（1985），168 - 189. 巴西帝国时期的货币政策可以参见 Paulo Roberto de Almeida，*Formação da diplomacia econômica no Brasil：as relações econômicas internacionais do Império*（São Paulo：Editora Senac-Funag，2001）。

④ 关于这一主题，详见 Hanley，*Native Capital*，Chapter 6。危机使外国银行业在保利斯塔地区实现了加强和扩张。

咖啡价格变动没有明显的趋势。① 爆发于咖啡市场的危机使咖啡价格急剧下降,并通过影响国际收支使巴西货币大幅贬值。尽管货币贬值弥补了以本国货币获得收入的咖啡种植者的部分损失,但是最终咖啡产业的盈利能力下降,阻碍了新的种植。咖啡需求重新恢复后,咖啡市场迅速做出反应,咖啡的国际价格提升,咖啡种植者获利增加,种植面积增加。

　　但是,这种自然的形式在19世纪90年代发生了改变。1892年,世界咖啡价格进入了一个长期下降周期,但由于本国货币大幅贬值使一些咖啡种植者的利润得以保持,反过来又刺激了新的种植,价格下降的影响减弱了。此外,咖啡生产者的收入以本国货币支付,因此即使国际市场上的咖啡价格下跌,只要同时期巴西货币大幅贬值,那么仍然可以保持收益。由于巴西是世界上主要的咖啡生产国,咖啡生产商的这种做法进一步侵蚀了国际市场上的咖啡价格。国际价格低,加上本国货币的贬值,也许能够保证生产者的收益,但是会造成巴西出口收入的缩水,使巴西对外经济部门恶化。此外,在这种情况下,国际市场价格下跌并不会造成国内产量以及新种植量的下降。这就造成咖啡产生结构性供给过剩,在其后10年尤为明显,导致国际咖啡价格进一步下降,在1891—1898年间下降了60%。坎波斯·塞勒斯(Campos Salles)推出的稳定性政策获得了成功,导致汇率回升,咖啡种植者收入大幅下降,他们的收入是以米尔雷斯支付的。虽然咖啡产业的利润下降影响了新增种植咖啡的积极性,但每年的咖啡总产量却不降反增。持续增加的产量与不断降低的价格和利润之间的矛盾是先前咖啡种植不断扩大,此时进入生产期,导致生产过剩的结果(图1.15a—1.15d,附表1)。

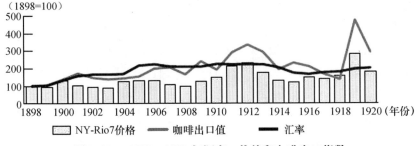

图1.15a　1898—1920年汇率、价格和咖啡出口指数

资料来源:Bacha(1992)and Ipeadata。

---

① 详见 Delfim Netto, *O problema do café no Brasil.*

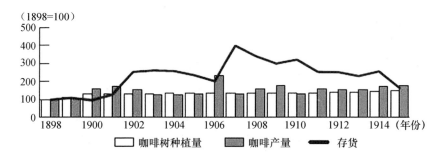

图 1.15b　1898—1920 年巴西咖啡树种植量、咖啡产量和存货指数

资料来源：Bacha（1992）and Ipeadata。

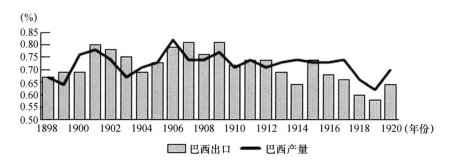

图 1.15c　1898—1920 年巴西咖啡产量和出口占世界的比重

资料来源：Bacha（1992）and Ipeadata。

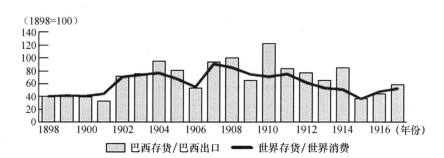

图 1.15d　1898—1920 年咖啡：世界存货、世界消费与巴西存货、巴西出口

资料来源：Bacha（1992）and Ipeadata。

　　自 19 世纪 90 年代末期起，尤其是考虑到以咖啡价格低和存货积累为特征的咖啡生产过剩危机，政府应干预市场的观点逐渐兴起。但是，曾促进了经济稳定并且相信市场具有再生力量的坎波斯·塞勒斯（Campos Salles）政府却反对任何形式的政府干预。正如时任财政部部长若阿金·穆尔蒂尼奥（Joaquim Murtinho）所言："政府坚信，官方干预只会增加我们的弊病，我们应该使咖啡产量通过自然选择减少，让无法生存的咖啡种植者被自然淘汰，留下那些最强的、组织最好的继续奋斗。"[1] 但是，危机却变得越来越严重，国际咖啡存量达到了惊人的高位，因而要求政府干预的压力越来越大。彼时流入市场的咖啡产自 19 世纪 90 年代大量种植的咖啡树，到了 1902 年，圣保罗州不得不规定未来 5 年内禁止种植新的咖啡树。咖啡对于圣保罗经济来说相当重要，[2] 该州是巴西应对咖啡生产过剩危机最为积极的一个州。[3]

　　尽管咖啡经济危机仍未解除，1904—1905 年咖啡产量相对稳定，减轻了政府干预的压力。干预政策在国会的讨论并未获得成功，反对者无法接受政府单独对咖啡价格的支持（物价稳定措施，valorization）。然而，1906 年下半年危机越发严重，咖啡存量达到了相当高的水平，并且根据预测，1906—1907 年咖啡将再次获得丰收。[4] 当时，巴西一年的咖啡产量

　　① 若阿金·穆尔蒂尼奥（Joaquim Murtinho）是坎波斯·塞勒斯（Campos Salles）政府时期的财政部部长，同时也是稳定性政策的主要执行官。*Relató rio apresentado ao Presidente dos Estados Unidos do Brazil pelo Ministério de Estado dos Negocios da no anno de 1900*（Rio de Janeiro：Imprensa Nacional），iv.

　　② 咖啡在圣保罗经济中的重要性在一些领域非常明显。例如，20 世纪头十年中，该州超过一半的铁路收入来自咖啡运输（Saes, *As ferrovias de São Paulo*, 92 - 93）；1905 年该州农业生产的 64% 是咖啡。Maria Sílvia C. Beozzo Bassanezi and Priscila M. S. Bergamo Francisco, eds. , *Estado de São Paulo*：*estatística agrícola e zootécnica*, 1904 - 1905（Campinas：NEPO/UNICAMP, 2003），CD-ROM；同样是 1905 年，保利斯塔政府征收的出口税入中，咖啡出口贡献了 60%。*Anuário Estatístico de São Paulo* 1905, 148 - 153, 190.

　　③ Delfim Netto 指出，相较于其他咖啡生产州，圣保罗州的开垦制度建立在雇佣移民工人制度（colonato）基础上，使咖啡危机的冲击变得更为强烈。Delfim Netto, *O problema do café no Brasil*, 44 - 45.

　　④ 咖啡的储存量为 1100 万袋，消费量为 1600 万袋。最初对 1906—1907 年咖啡收获的预测为 1600 万袋，但是最终产量达到了 2000 万袋。当时没有地方能消化这么大产量。正如之前所指出的，咖啡树在成活后的在第四年开始产果，可连续生产 20—30 年，有的则可以生产 50 年。因此，虽然危机显而易见，但是产量不取决于当前的政策，而是至少 5 年前的种植。

就超过了全世界当年的咖啡消费量。在1906年召开的咖啡生产者会议上签署了陶巴特公约（Taubaté Convention），建议政府按照预先设定的最低价格购买过剩的咖啡；同时政府需要严格限制低质量咖啡的生产，刺激国内消费，并且在国外推广咖啡。[①]

虽然政府相信自由市场，但不得不在1906年咖啡特大丰收时执行第一次市场干预。[②] 作为巴西主要的经济活动以及占据其一半以上出口的部门，咖啡对巴西至关重要。对咖啡经济的支持始于联邦政府设立了货币局制度（Currency Board），将以1米尔雷斯兑换15便士的价格购买外币，并且政府将发行可兑换货币。在市场外国货币充足的情况下，由于实行固定汇率，货币局制度可以控制巴西本币的升值。但是如果市场外汇短缺，则存在潜在的严重风险，无论是国际危机或者是咖啡危机，都会使风险变为事实，造成米尔雷斯贬值。由于货币局制度以固定汇率购买米尔雷斯，危机袭来之时，可能会出现挤兑，把米尔雷斯兑换成英镑，这就会耗尽外汇储备。[③] 国会授权总统与各州建立对话机制，来规范咖啡贸易、稳定咖啡价格，能够赞成实现这一目标所需的信贷业务。

因形势严峻、联邦政府迟缓的行动以及其他咖啡生产州相对冷淡的

---

① Delfim Netto，*O problema do café no Brasil*，Chapters 2 – 3. 在这一部分关于咖啡市场上的干预，全部来自德尔芬·内图（Delfim Netto）的研究。

② 在对第一共和国的一项重要的研究中，史蒂文·托比克（Steven Topik）指出，尽管自由主义思想在政治和经济环境中占据主导地位，但是政府的经济参与度却很高。他认为干预可能超出了领导人想要的程度，但这却被认为是促进巴西出口的必要条件。Steven Topik，*The Political Economy of the Brazilian State*，1889 – 1930（Austin：University of Texas Press，1987）. 作者证实，"正是因为外国资本主义力量强大以及国内资产阶级的弱小使得巴西政府参与经济。为了弥补巴西资本不足，政府通过免税、保证利润、补贴、直接投资于私人企业以及允许特许经营权垄断等方式，创造有利的环境吸引外国资本进入巴西，充实农业经济。"Steven Topik，"The Evolution of the Economy Role of the Brazilian State，1889 – 1930"，*Latin American Studies* 11，2（November 1979），329. 在一篇有趣的文章中，马里沙尔和托比克（Marichal and Topik）指出，虽然在自由主义理论的指导下，巴西和墨西哥与国际经济联系紧密，但却被迫在商品市场、关税以及铁路等领域进行干预政策. Carlos Marichal and Steven Topik，"The State and Economic Growth in Latin America：Brazil and Mexico，Nineteenth and Early Twentieth Centuries"，in *Nation，State and the Economy in History*，ed. Alice Teichova and Herbert Matis（Cambridge：Cambridge University Press，2003），349 – 372.

③ Vieira，*Evolução do Sistema Monetário Brasileiro*，238 – 274.

态度，圣保罗州政府决定独自展开行动。① 圣保罗州在海外筹集资金，购买了 200 万袋咖啡。但是，当得知 1906—1907 年的咖啡大丰收产量将达到 2000 万袋时，这一政策已无法只在圣保罗州的层面持续，为保证偿还债务，国家根据先前签订的陶巴特公约（Taubaté Convention），对每袋出口的咖啡征收 3 法郎的税，该条约规定咖啡生产者和政府在征收咖啡出口税上采取协调一致的行动。在 1906—1907 年咖啡丰收季末期，全球咖啡库存达到了 1640 万袋，其中圣保罗州生产的咖啡占了一半。② 1907 年，联邦政府获得了新的外部贷款，并且转移给了圣保罗州；1908 年实施了相同的举措，这一次获得了更多的资金，达到了 1500 万英镑。这一行动向市场表明了圣保罗州领导的这一行动切实可行。圣保罗州现在有足够的财力在平衡市场供求所需的时间内保留咖啡库存。这些贷款协议还涉及了国际咖啡市场上的代理商，咖啡经营成败与他们利益相关，他们对此项措施的成功表现出一定的兴趣。此外，这些咖啡存货存放在海外，市场能见度高。③ 咖啡的价格下降到历史最低点。50 年之后，国际市场上的咖啡价格才得以恢复。在咖啡大丰收之后的若干年，咖啡产量变小，市场上的咖啡存货才逐渐售出。

第一次价格稳定措施，或称价格支持计划的结果令人印象深刻。首先，1902 年颁布的限制种植令保证了未来几年咖啡产量保持在相对稳定的水平，大幅低于 1906—1907 年丰收时产量，咖啡价格持续上涨，直到 1912 年。咖啡价格上涨以及出口的增加，再加上国外贷款产生的收入，使大量外国货币在这一时期流入巴西。结果是雷斯的升值，但由于实行固定汇率的货币局制度，雷斯的汇率保持稳定。相应地，汇率稳定使出口商获益，否则他们会因汇率的变化而遭受利润损失。对于新种植咖啡

---

① 根据 Sérgio Silva 的研究，联邦政府的态度较为犹豫，主要是罗思柴尔德勋爵（Lord Rothschild）的态度，他公开反对，理由是害怕一旦采取措施之后会影响 1898 年贷款基金的运行和承担的义务。Sérgio Silva, *Expansão cafeeira e origens da indústria no Brasil*（São Paulo：Editora Alfa-Omega, 1995），60.

② 由于购买咖啡产生了大量存货，并且基本都是短期融资，圣保罗州政府不得不将索罗卡巴那铁路有限公司（Sorocabana Railway Co. Ltd.）出租，保证获得新贷款。

③ 圣保罗州购买的大量咖啡存放在美国和欧洲这两大咖啡进口地的港口，并且委托给国际咖啡市场上的大商人，他们反过来为这一购买行为提供资金。Delfim Netto, O problema do café no Brasil, 72.

的限制以及咖啡库存逐渐售出，保证了咖啡市场及国际价格的稳定。至1915年时，巴西咖啡存量占其出口的比重被纠正过来，与20世纪初经济泡沫（Encilhamento）之前的水平相当。虽然这一时期咖啡的储存和生产产生了一定的积极影响，但是在国际市场上，巴西却丢失了一定的份额。在咖啡国际市场中，巴西产量所占比重从20世纪第一个十年中期的74.3%下降到第二个十年的71.1%；巴西咖啡出口占世界咖啡总出口的比重降幅更明显，从76.2%下降到67.7%。造成这一结果的原因在于巴西将其一部分产量变成了存货，这给国际市场上的其他生产者腾出了销售空间。在圣保罗州执行了干预计划的十年后，巴西储存了世界咖啡存货的80%（图1.15d和附表1）。

值得注意的是，干预是对产量过剩的反应。限制种植、将超额供给存储起来、对出口征税来偿还因支付存储咖啡费用所借债务、建立货币局制度，这些措施在第一次世界大战爆发之前均起到了保护咖啡市场的作用。尽管咖啡出口良好及由此产生国际收支顺差，实行货币局制度避免雷斯升值，因此有利于出口商。但是，1913年欧洲爆发冲突，后来导致了第一次世界大战。全球市场不稳定，以及随之而来的咖啡价格下降，资本流出，在货币局制度下为保证雷斯币值稳定，巴西外汇储备耗尽。1914年8月，货币局制度被废弃。由于大量雷斯被换成黄金，造成货币供给减少，对商业活动产生了负面影响。国际危机同样使国际市场上的咖啡价格下降（图1.15a）。当未售出的咖啡库存增加时，咖啡的国际价格进一步承压，于是种植者要求政府采取新的干预措施。第一次干预获得成功的圣保罗州获得了联邦政府的资金并且承诺购买和保留咖啡。1918年和1919年连续两年的咖啡歉收以及第一次世界大战的结束使咖啡市场重新实现均衡。咖啡价格回升，存货减少。

但这一新常态只持续了很短一段时间。1920年的大丰收正值消费市场（尤其是美国）遭遇经济危机。信贷在国际金融市场受限，资本回流到中心国家，这是对国际危机的典型反应，也是造成像巴西这样的外围国家经济周期性失衡的主要原因之一。咖啡的消费量下降，价格和存货上升。这形成了政府对咖啡产业进行第三次干预的背景。与前两次由圣保罗州政府进行干预不同，此次干预由联邦政府进行。正是由于前两次干预获得了成功，使联邦政府做出了干预决定。联邦政府购入400万袋咖啡，并且对运抵港口的咖啡实行了管制。第三次价格稳定措施获得了成功，1922—1923 年咖啡产量较低，再加上中心国家经济危机的结束，市场迅速恢复。

应当指出，这三次干预均为临时性措施，与短期市场危机和年度生产过剩相关。部分存货从市场上收回。同时，还有一些临时性措施控制咖啡种植和咖啡产量自然波动，保证咖啡市场再平衡。在这之后，政府可以出售积累的咖啡存货。尽管政府前后三次进行干预，但没有永久性的结构保证咖啡价格维持高位。只要危机过去，市场便可自由实现其功能。但是这三次措施的政策都帮助了巴西的竞争对手，使其可以享受国际咖啡价格的稳定，而没有囤积咖啡的责任。

干预计划的成功引发了建立长期保护咖啡产业机制的提议。1921 年，该提议首次出现，当时国会批准建立包括咖啡在内的所有巴西产品的长期保护措施。但是，联邦政府决定不建立这一机构或将其限制在咖啡市场。第三次干预措施中的咖啡存货销售完毕之后，联邦政府将干预权力下放至圣保罗州政府，该州创立了长期咖啡保护研究所（Institute for the Permanent Defense of Coffee），后来成为圣保罗州的咖啡研究机构。

该机构的目的是规范咖啡流向装运港。将咖啡存储在仓库里以减轻市场压力。目的是向市场供给但要同时避免供给过剩。为了保证这一操作可行，必须向购买咖啡存货的政府提供融资。该体系使咖啡商（也被称为 comissário）的重要性下降，尤其是其贷款给生产商的作用被减弱。同样，港口的投机活动也消失不见。为了给此项活动融资，圣保罗州政府以咖啡在州内流通税作为还本付息的基础，贷款 1000 万英镑。1927 年，其他咖啡生产州也遵循了这一计划，建立了特殊的标准控制咖啡装船，规定日装船量不得超过前一个月出口量的 1/25。在之前的计划中还建立了货币局制度（Caixa de Estabilização），与过去的货币兑换局（Caixa de Conversão）作用相似。1924—1928 年，货币供给增加，但是通货膨胀得到了控制并且汇率保持稳定，这都得益于货币局制度。

从短期视角看，长期保护计划获得了成功。① 咖啡价格上涨和出口数量提高使咖啡出口收入增长达到了 60%。但是，长期结果却是灾难性的。首先，长期保护计划降低了巴西咖啡生产者面临的风险，其产量和价格被保持在过高的水平，刺激了新种植的增加，造成每 4—5 年就会出现一个咖啡产量高峰，此时收成超过 3000 万袋。这一模式在 1929 年后强化为两年周期。长期保护计划实施之前 4 年里的咖啡年均产量不到 1500 万袋。考虑到巴西的竞争对手，该计划的负面影响则更大。巴西提供了平衡国际市场所需的咖啡。也就是说，巴西以剩余供应商的角色进入国际市场，而其竞争对手则能够将其所有产品均投向市场。巴西为其竞争者提供了一个超高价格的咖啡市场，而这些竞争者的生产能力并没有巴西强。这样的结果是巴西以牺牲自身为代价帮助其竞争者扩大了咖啡的产量，增加了咖啡出口（图 1.16a—1.16d 以及附表 1）。

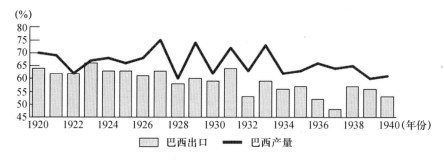

图1.16a 1920—1940 年巴西咖啡生产和出口占全球的比重

资料来源：Ipeadata。

1929 年的经济危机在当地生产过剩时冲击了咖啡市场，这是之前选择的长期保护政策带来的自然结果。其实在 1929 年之前，咖啡市场经历了一个微妙的时刻——1927 年巴西咖啡收成超过 3000 万袋，使全球咖啡产量达到 4000 万袋，而当时的全球消费量仅为 2300 万袋。但是，20 世纪 20 年代末国际咖啡价格高昂，刺激了新咖啡树的种植，使当时的咖啡

---

① 托比克（Topik）研究了包括长期保护计划在内的一系列咖啡价值项目。他发现，从咖啡价格上涨以及受益者主要是咖啡种植者这个角度来讲，所有的措施均获得了成功，尤其是在长期保护阶段。Topik, *The Political Economy of the Brazilian State*, *1889 – 1930*, Chapter 3.

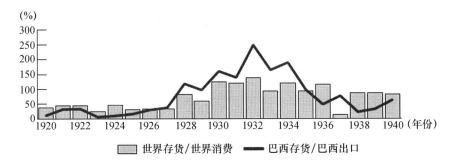

图 1.16b 1920—1940 年世界消费和巴西出口的比重

资料来源：Ipeadata。

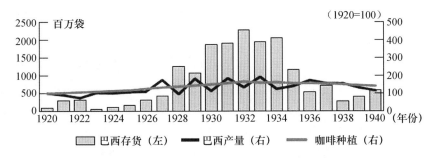

图 1.16c 1920—1940 年咖啡种植、产量和存货指数

资料来源：Ipeadata。

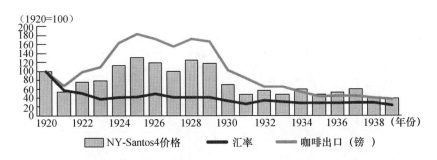

图 1.16d 1920—1939 年汇率、咖啡价格和咖啡出口指数

资料来源：Ipeadata。

产量不断创出新高。由于保持对运往港口的咖啡总量进行控制的政策，特大丰收的咖啡造成仓库中咖啡库存不断扩大，这同时造成为购买库存和支付仓储期间的费用的贷款需求增加。考虑到当时的可兑换体系，信贷增加必须以金融体系中黄金储备为基础。但是，国际经济危机稍露端倪，国际信贷市场立刻收紧。同所有危机一样，资本大量流回中心国家。这一信贷危机刺激了对外汇需求的同时造成货币局和银行体系内黄金储备减少，因此也使货币供应量显著下降。在当时的情况下，扩大信贷以及维持货币可兑换性几乎不可能。这不仅导致维持长期保护咖啡政策所需的资金不足，而且还导致货币局制度陷入瘫痪。

虽然咖啡生产在旧共和国时期一直占据国民经济的重要地位，但是其他商品也进入了国际和国内市场。蔗糖是仅次于咖啡的主要出口农作物。黄金和钻石出口在18世纪后期逐渐衰落后，像在16—17世纪那样，蔗糖再次主导了巴西的出口。直到19世纪20年代，蔗糖占巴西出口总值的三分之一，同期棉花出口占四分之一，而咖啡出口则只占五分之一。但是，咖啡在19世纪中期及后期迅速成为帝国最主要的出口产品，在整个旧共和国时期，占巴西总出口的比重平均为65%左右（图1.17和附表4）。

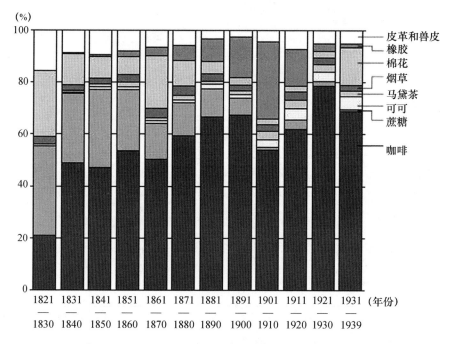

图1.17　1821—1939年主要商品在巴西总出口中的比重

资料来源：*Anuário Estatístico do Brasil*（*1939 – 1940*）。

　　虽然蔗糖在 19 世纪 30 年代不再是巴西第一大出口产品，但直到 19 世纪 90 年代仍然是巴西第二大出口农产品，仅在美国内战时期被棉花短暂地取代过。直到 19 世纪 70 年代，巴西蔗糖一直由传统作坊生产。当其他竞争者引入新的榨汁技术，即所谓的"中央工厂"（central mills）之后，尽管巴西蔗糖产量在增加，但在世界市场中的影响力却下降了。从 19 世纪 80 年代开始，巴西蔗糖出口系统性减少，仅在 20 世纪 20 年代有短暂的恢复。但总的来说，旧共和国时期巴西蔗糖在国际市场上的影响力并不大（图 1.18）。[1] 最关键的原因是与较早采用现代蔗糖榨汁技术的竞争者相比，巴西现代蔗糖工业发展较晚。[2]

　　自 19 世纪 70 年代起，巴西政府也试图引入中央工厂使蔗糖产业现代化。传统上生产者种植甘蔗并进行榨汁。相反，蒸汽驱动的中央工厂规模大且生产率高，需要外部农民提供甘蔗原料。正常的模式是传统作坊在种植者专注于收割甘蔗时停产，这就产生了两个不同的部门：同时种植甘蔗的作坊主以及将其收获甘蔗完全运往中央作坊进行生产的甘蔗种植户。但是，政府虽然做出各种努力，中央工厂体系仍无法牢固建立。这种早期的失败背后有多种原因。第一，即使得到外国资本的支持，现代化且昂贵的机器鲜有使用，因此生产能力受限。第二，由于运输成本高昂，再加上传统作坊主（senhores de engenho）拒绝废弃他们的作坊，因为这代表他们在当地的政治势力，蔗糖工厂的供应商没有得到协调发展。[3] 直到 20 世纪最初几年，第一批"乌西纳"（usinas，即蔗糖工厂）才在政府的支持下建立起来。这些是现代化生产工厂，自己有大面积甘

---

　　① Noel Deerr, *The History of Sugar* (London: Chapman and Hall, 1949).

　　② 彼得·艾森伯格（Peter Eisenberg）研究了伯南布哥（Pernambuco，累西腓的旧称）地区生产的技术落后。他强调，"廉价土地和廉价且受教育程度低的劳动力使生产相对保守，在技术创新的态度上墨守成规……资金成本和市场不稳定同样影响了创新。传统设备使用的留存收益积累缓慢，获取新机器成本高，都阻碍了采用现代技术生产的进步。" Peter Eisenberg, *The Sugar Industry in Pernambuco: Modernization without Change*, 1840 – 1910 (Berkeley: University of California Press, 1974), 42 –43.

　　③ 关于这方面的论述，可参考 Gileno de Carli, O açúcar na formação econômica do Brasil (Rio de Janeiro: Annúario Açucareiro, 1937); Eisenberg, The Sugar Industry in Pernambuco; Alice P. Canabrava, "A grande Lavoura", in História da civilização brasileira, II: 4, ed. Sérgio Buarque de Holanda (São Paulo: Difusão Europeia do Livro, 1971), 85 – 140.

蔗生产田。① 产业变革一旦开始，速度就很快。1917 年，巴西一共有215
个"乌西纳"，它们的蔗糖产量占全国总产量的一半②。1917 年，伯南布
哥（Pernambuco，累西腓旧称）蔗糖产量占全国的40%，里约热内卢占
20%，阿拉戈斯占10%。仅占全国蔗糖总产量8%的圣保罗州只能满足其
40%的需求，剩余需求则依靠从国内其他地区进口。③ 1939 年，巴西共有
345 个"乌西纳"和18000 个传统作坊，其中"乌西纳"的蔗糖产量占
70%。尽管现代工厂飞速发展，老式作坊依旧存在，这说明向新技术的
过渡多么迟缓，尤其与当时已经完成向新体系转型的古巴和其他蔗糖生
产国相比。但是，"乌西纳"的兴起的确影响了巴西蔗糖生产，老蔗糖产
区的重要性下降，使用新工厂的区域重要性提升。在旧共和国末期，东
北部地区蔗糖生产的重要性下降，东南部各州的重要性提升，圣保罗州
（15%）、米纳斯吉拉斯州（13%）和里约热内卢州（13%）蔗糖生产占
全国比重赶上了伯南布哥地区（只占28%）（图 1.18a—1.18d）。④

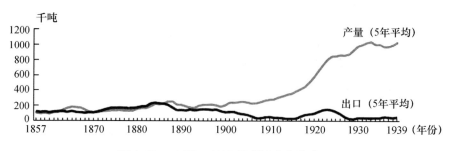

图1.18a　1858—1939 年蔗糖生产和出口

资料来源：*Anuário Estatístico do Brasil*（*1939 - 1940*）and Deerr（1949）。

在巴西历史上，棉花出口曾有过两段重要时期。第一个时期发生在
19 世纪初，欧洲战争有利于出口；第二个时期则是美国内战"棉荒"时

① Eisenberg, The Sugar Industry in Pernambuco, Chapter 5.

② Carli, O açúcar na formação econômica do Brasil, 32 - 33.

③ Ministério da Agricultura, Indústria e Comércio, Indústria assucareira no Brazil（Rio de Janei-
ro：Directoria Geral de Estatística, 1919）, 44, 68.

④ Anúario Estatístico do Brasil, 1939 - 40, 198 - 203. 这项经济活动解决了13.4 万人的就
业，其中农业9.8 万人，工厂2.5 万人，还有0.3 万人和0.8 万人分别从事专业化生产和铁路建
设。

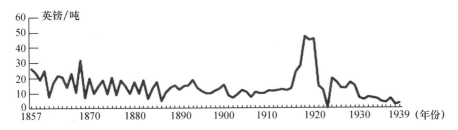

图 1.18b　1857—1939 年蔗糖出口平均价格

资料来源：*Anuário Estatístico do Brasil*（*1939 – 1940*）。

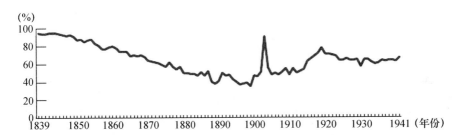

图 1.18c　1839—1941 年世界甘蔗产量在甘蔗和甜菜总产量的比重

资料来源：Deerr（1949）。

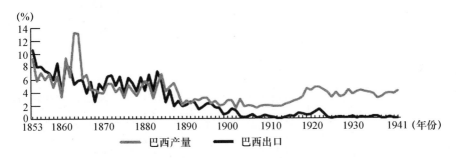

图 1.18d　1853—1941 年巴西蔗糖生产和出口在世界的比重

资料来源：Deerr（1949）。

期，美国棉花出口骤减，为巴西棉花生产腾出了空间。但是战争一结束，巴西棉花在国际上的销售量下降，棉花在旧共和国时期是相对次要的出口商品。[1]

———————

① 关于这一主题的论述，详见 Alice P. Canabrava, O algodão no Brasil, 1861 – 1875 （São Paulo：T. A. Queiróz Editor, 1984）。

旧共和国及其建立之前的一段时期，橡胶成为巴西重要的出口产品。橡胶树原产于亚马孙地区，19 世纪下半叶，随着橡胶加工工艺的发展以及在工业活动中的应用，橡胶在世界经济中获得重要地位。但主要的增长得益于 19 世纪末新的汽车产业使用橡胶生产轮胎。随着汽车生产的扩张，橡胶的需求呈指数增长。在巴西，橡胶树分散生长在森林中，需要大量工人进行橡胶收集。橡胶工人在恶劣的环境中工作，生产效率极低。此外，这些工人需要从其他地区引进。据统计，亚马孙橡胶生产区吸收了东北部各州近 26 万劳动力。这些工人抵达之前就背负着巨额债务，并受制于残酷的劳动制度。[1]

政府刺激了亚马孙地区的生产，巴西一度垄断了世界生产，包括从玻利维亚等亚马孙地区运来的橡胶。但是，在 20 世纪头十年橡胶树新品种的开发使亚洲橡胶生产者能够开发大橡胶种植园，与巴西生产形成竞争。[2] 到了 20 世纪第一个十年的后期，东亚橡胶生产国开始出口橡胶，其产量迅速超过巴西。国际橡胶市场价格下降后，巴西非种植园橡胶种植因高成本而失去了市场份额。20 世纪 20 年代，亨利·福特（Henry Ford）尝试在亚马孙地区建立橡胶种植园，希望能够摆脱英属亚洲殖民地对橡胶生产的垄断。[3] 尽管投入巨大，但这一计划以失败告终。只要巴西的橡胶树密集种植，就会被寄生虫毁掉。结果是到了 20 世纪末，巴西成为天然橡胶的进口国（图 1.19）。

这一时期，另一种原产地为巴西的农产品是可可，产于亚马孙地区。与橡胶一样，可可最初也是自然采集，由于生长在森林环境中，生产率低。20 世纪下半叶，可可被从亚马孙地区带到巴伊亚南部，开始了集约

① Furtado, Formação Econômica do Brasil, Chapter 23. 在这章中，作者进行了权威的分析，他称之为"亚马孙游牧"（Transumância Amazônica）。关于这一主题，还可以参考 Barbara Weinstein, The Amazon Rubber Boom, 1850 – 1920 (Stanford, CA: Stanford University Press, 1983); Maria Lígia Prado and Maria Helena Rolim Capelato, "A borracha na economia brasileira na primeira república", in História geral da civilização brasileira, III: 1, ed. Boris Fausto (Rio de Janeiro: Bertran Brasil, 1989), 285 – 307; Zephyr Frank and Aldo Musacchio, "Overview of the Rubber Market, 1870 – 1930", available at http://eh.net/encyclopedia/article/frank.international.rubber.market.

② 尽管合成橡胶在巴西之外开发，但最初它并不是天然橡胶的合适替代品。

③ Greg Grandin, Fordlandia: The Rise and Fall of Henry Ford's Forgotten Jungle City (New York: Metropolitan Books, 2009).

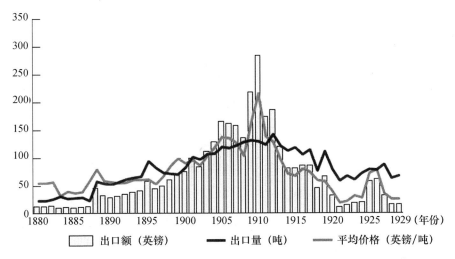

图 1.19　1880—1929 年巴西橡胶出口指数（数量、价值和价格），
1900—1904 年平均价格 = 100

资料来源：IBGE Séries Históricas（1990）。

化经营并获得丰收，巴西成为世界可可市场的主要参与者。巴伊亚南部
可可产业的发展使该地区发生了重要的社会变革，当地地主和农民之间
产生了重大的土地纠纷，正如若热·亚马多（Jorge Amado）小说中描述
的一样。1890—1930 年，巴西可可产量年均增速超过 6% 。反过来，可可
价格一直保持稳定直到 1929 年开始下降，到 1939 年降幅已达 75% （图
1.20），可可产业遭遇严重危机。[①]

　　在本地、区域和全国市场上还有其他重要的初级产品。1920 年和
1930 年，以产值计算，玉米是除咖啡外巴西第二大农产品。鉴于玉米是
人畜主要食物来源，1920 年普查中，玉米种植面积（240 万公顷）超过
咖啡（220 万公顷）便不足为奇。其他在国内市场上重要的产品包括大
米、豆类、木薯和蔗糖。此外，养牛业占巴西农业产值的 47% 。尽管对
于新生纺织业至关重要，但是棉花并不在巴西最重要的 12 种农产品之列

---

　　① 　为应对危机，巴伊亚可可协会于 1931 年成立，进行市场干预。1957 年又建立了可可种
植农村经济复苏执行委员会（Executive Commission for Rural Economic-Recovery of Cocoa Farming,
CEPLAC）。20 世纪 80 年代，一场植物瘟疫摧毁了巴伊亚南部的可可生产，巴西从可可出口国变
成进口国。

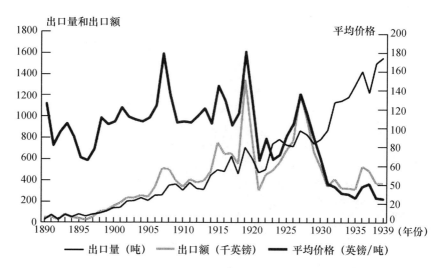

图 1. 20   1890—1939 年巴西可可产量、产值和出口量

资料来源：IBGE Séries Históricas（1990）。

（图 1. 21a 和图 1. 21b）。与种植园雇佣工人进行咖啡和蔗糖生产不同，大多数这些农产品以国内市场为主，依靠农业家庭劳动力，有时雇佣少量

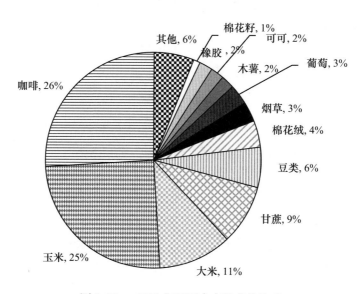

图 1. 21a   1920 年巴西农产品产值比重

资料来源：Recenseamento Geral（1920）。

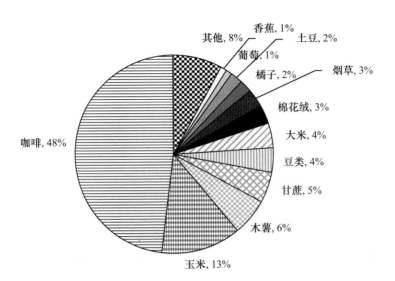

图 1. 21b 1930 年巴西农产品产值比重

资料来源: Recenseamento Geral (1930)。

帮工进行生产。此外，与咖啡产业不同，这些农产品生产对经济没有多
方面的影响。[1]

到了 1920 年，除咖啡外，巴西在全球农产品市场上还是次要角色。
巴西是全球最大的咖啡生产国，占全球总产量的 75%；巴西是全球第二
大可可生产国，但占全球总产量的比重只有 16%。尽管其他农作物种植
面积很大，但在全球生产中的影响力非常小。巴西玉米、烟草和棉花产
量的全球占比分别只有 6%、7% 和 3%。包括水稻、土豆和小麦在内的其
他农产品生产方面，巴西的影响力更小（图 1.22）。以世界标准衡量，这
一时期巴西农产品产量低的原因在于很少使用哪怕是最低限度的技术。
1920 年，22.4 万户农业普查调查对象中，只有 1652 户有耕犁。[2] 如此低

---

① 在对 1905 年圣保罗州农业普查所做的一项研究中，我们发现大部分的谷物产自咖啡庄
园，这些咖啡庄园并不是单一品种生产单位。因此，与巴西其他区域和时期的通常情况相反，很
大一部分谷物产自集中使用雇佣工人（或定居者）的中型和大型生产单位。See Francisco Vidal
Luna, Herbert S. Klein, and William R. Summerhill, "A agricultura paulista em 1905", Revista Estu-
dos Econômicos (São Paulo), forthcoming.

② *Recenseamento Geral do Brasil*, 1920. IBGE, Vol. 3, Part 3, vii, xiv; and the *Censo Agrícola
de* 1905, available in digital format from the Núcleo de Estudos de População (NEPO), of the Univer-
sidade de Campinas.

的使用率就解释了在 1920 年农业总价值中农机工具只占 3% 的原因。即使在圣保罗，这一比率也仅有 4%，土地占比 79%，其他因素占比为 18%。[1] 因此，自 1905 年圣保罗农业普查以来，几乎未发生任何变化，咖啡生产地区耕犁的使用率也非常低。[2]

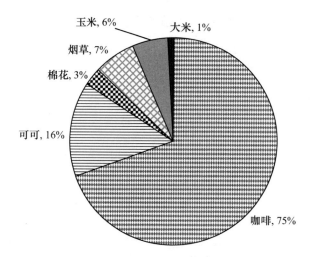

图 1.22　1920 年巴西农产品占世界总产量的比重

资料来源：Recenseamento Geral （1920）。

巴西畜牧业也非常重要，大约有 7000 万只牲畜，其中大部分是牛和猪。米纳斯吉拉斯州和南里奥格兰德州的牲畜数量最多。南里奥格兰德州曾经是殖民地后期和巴西帝国时期牛肉干的主要供应者，主要供应给奴隶。随着奴隶制废除也停止了供应。到了 19 世纪末 20 世纪初，南里奥格兰德州建立起现代屠宰场并生产冷冻牛肉和其他肉类，但主要供应当地市场。

　　尽管巴西农业部门实力薄弱，不可否认的是，19 世纪巴西农业扩张对国内经济产生了重大影响，并且对大量经济部门的现代化至关重要。农产品出口部门的集约化发展要求机械设备投资以及运输系统的扩张和

---

①　*Recenseamento Geral do Brasil*, 1920. IBGE, Vol. 3, Part 3, lx.

②　关于圣保罗 1905 年农业普查的分析，可参见 Vidal Luna, Klein, and Summerhill, "A agricultura paulista em 1905"。

现代化。19 世纪最后 25 年以及 20 世纪初，巴西铁路系统在本国和外国资本的支持下得到发展，作物产区和港口之间通过铁路相连促进了咖啡和其农产品的生产。[①] 根据图 1.23，巴西铁路投资经历了两段重要时期——19 世纪 80 年代和 1908—1914 年。例如，圣保罗州 1938 年的铁路总长度中有 40% 建成于 1908—1914 年时期。此外，根据圣保罗州铁路交通资料数据显示，该州铁路建设于 1916—1938 年实现了快速增长，尽管在 1930—1934 年短暂下降。货物和客流运输量在这 33 年中增长了 3 倍。

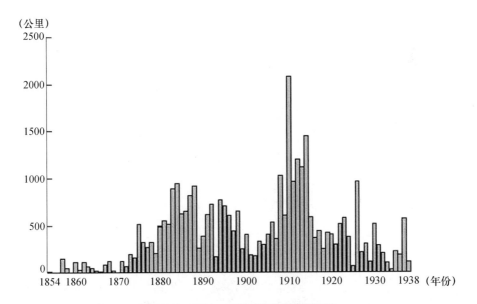

（公里）

图1.23　1854—1938 年巴西铁路扩张

资料来源：Pinto（1977）and *Anuário Estatístico de SP*。

但是，农产品并不是这一时期唯一扩张的市场部门，巴西工业也开始萌芽。交通运输革命使巴西商品运输成本降低的同时为农业扩张开辟了新区域，国内大部分区域农村劳动力向雇佣劳动力转型同样促进了巴

---

① 在这一时期，流入巴西的外资，尤其是来自英国的资金，主要进入铁路部门。"巴西资本市场发展不足以及市场分割，无论是来自英国的债务融资还是权益融资对巴西铁路部门的扩张都不可或缺。"Summerhill, *Order against Progress*, 44.

西国内市场的增长。① 随着奴隶制被废除和大量国外移民进入巴西，雇佣劳动力数量实现了飞速增长，并产生多重效应：扩大了消费市场的规模和多样性，促进了货币流通，创建了现代劳动力市场。雇佣劳动力数量增长为巴西工业转型奠定了基础。巴西工业发展始于咖啡出口部门赚取的收入，并因雇佣劳动力数量的增长实现扩张。② 农产品出口部门尽管不如 19 世纪末期和 20 世纪初期其他农业社会现代化水平高，但却创造了基础设施投资和内部生产结构现代化所需的资源。③

从巴西工厂生产的最早的产品和工业活动与出口经济周期的联系中可以看出，农业出口部门是工业活动起步的基础。1929 年危机之前，巴西工业部门扩张与农产品出口部门的活跃同周期。因此，巴西棉纺织工业应运而生，为奴隶生产服装或者为出口物资生产包装袋。

不幸的是，巴西早期工业活动的数据非常有限。但是，经济史学家威尔逊·苏齐根（Wilson Suzigan）在一个原创性研究中核算了巴西机械设备的早期进口值。④ 巴西首次对工业的投资发生在 1890—1896 年，即

---

① 正如塞尔索·富尔塔多（Celso Furtado）在其经典经济史中描述的一样，"毫无疑问，19世纪最后 25 年巴西经济中最重要的因素就是雇佣劳动部门重要性增加"。Furtado, *Formação Econômica do Brasil*, Chapter XXVII, 159.

② 尽管与联合国拉美经委会（CEPAL）的观点存在联系，富尔塔多关于巴西工业化有其自己创造性的观点。CEPAL 的模式认为，国际分工使外围国家专业化生产初级产品，而中心国家专业化生产制成品，中心国家和外围国家之间的贸易是造成外围国家不发达的根源。外围国家的增长模式是外向的（facing out），其经济决策权在国外。外围国家的经济存在依附性。改变这一增长模式的唯一可能就是工业化，第一次世界大战、1929 年危机和第二次世界大战引起的外部冲击造成的不平衡是实现工业化的契机。在新发展模式下，工业投资取代外部需求成为经济增长的动力。CEPAL 的观点刺激了所谓的不利冲击理论对巴西工业化的解释。劳尔·普雷维什（Raúl Prebisch）创立的 CEPAL 理论代表了拉丁美洲地区经济思想的革命，提出了多数拉美国家选择的进口替代工业化战略。Raúl Prebisch, "O desenvolvimento econômico da América Latina e seus principaisproblemas", *Revista Brasileira de Economia* 3 (1949), 49 – 111.

③ 尼克尔（Nicol）提出一个有趣的观点，他试图分析发达国家农业革命与工业化进程之间的关系，认为工业化的道路是农业技术革命。他对巴西的研究同样强调了 19 世纪农业在工业发展中的动力。尽管巴西农业部门在 19 世纪实现了大幅增长，但并未出现欧洲和日本式的农业革命。巴西农业的技术进步非常有限，这就限制了巴西工业的发展模式。Robert N. V. C. Nicol, "A agricultura e a Industrialização no Brasil (1850/1930)" (PhD thesis, Economics, Universidade de São Paulo, FFLCH-USP, 1974).

④ 这一研究记录了 1855—1939 年巴西从英国、美国、德国和法国的进口，Wilson Suzigan, *Indústria Brasileira*. Origens e Desenvolvimento (São Paulo: Brasiliense, 1986)。

经济泡沫（Encilhamento）时期，对经济产生明显影响。这一时期货币供应量快速增加，出口也保持了高速平稳增长。巴西棉纺织业也实现了扩张，巴西许多大公司成立于这段信贷便利和资本充足的时期。[①]

巴西 1896 年实现的出口纪录直到 1906 年才被打破，此后直到 1913 年巴西工业投资加速扩张，这与第一次物价稳定措施计划（first valorization scheme）刺激下产生的咖啡大量出口的新周期一致。第一次世界大战期间，巴西工业投资骤减。但是，在 20 世纪 20 年代早期，得益于咖啡出口和销售，巴西工业投资得到了恢复。1929 年爆发的危机造成了经济急速衰退（图 1.24a—1.24d）。源自苏齐根（Suzigan）研究中的几张图很好地跟踪了工业发展变化，这可以从机器设备总体进口和纺织机器设备进口的对应关系中体现出来。[②] 水泥和钢铁的消费量变动与资本货进口高度相关，这体现在旧共和国时期 1901—1913 年和 1921—1929 年两段周期中（图 1.24a—1.24d）。

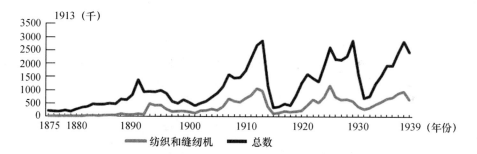

图 1.24a 1875—1939 年出口到巴西的机器设备

资料来源：Suzigan（1986）。

① Stein, The Brazilian Cotton Manufacture, 88. 斯坦（Stein）在书中写到，"……作坊已经出现，资本存量扩大，尽管一些资本以股息形式存在。纺织作坊在里约热内卢证券交易所名义资本量从 1889 年的 13500 contos（合 729 万美元）增加到 18 个月后的 54100 contos，1891 年 8 月增长至 72550 contos，1892 年 1 月 1 日则增长至 84210 contos（合 2526.3 万美元）。此外，棉纺织作坊主（以及其他产业的企业家）在 1889 年、1890 年和 1891 年早期在海外又下了新的机器订单。"还可以参考 Albert Fishlow, "Origens e consequências da substituição de importaçõesno Brasil", in Formação Econômica do Brasil. A experiência da industrialização, ed. Flávio Rabelo Versiani and José Roberto Mendonça de Barros（São Paulo：Saraiva, 1977），7 – 41.

② 纺织业进口数据对苏齐根（Suzigan）的数据进行了修订，将缝纫机包含在内。

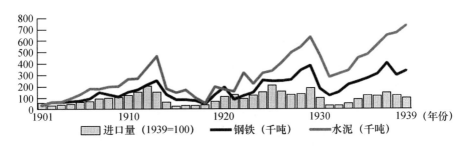

图 1.24b 1902—1939 年投资指标

资料来源: Suzigan (1986)。

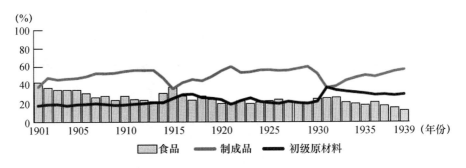

图 1.24c 1901—1939 年进口组成

资料来源: *Anuário Estatístico do Brasil* (*1939 – 1940*)。

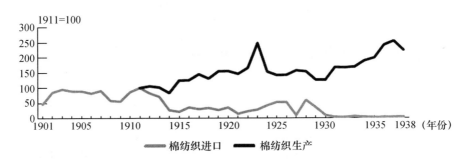

图 1.24d 1901—1938 年巴西棉纺织生产和进口

资料来源: Stein (1979), Annex III。

    尽管出口周期和工厂投资看上去存在周期协同, 实际产出却似乎呈反向变动趋势。巴西纺织工业产量自 19 世纪末开始增长直至 1923 年, 20

世纪 20 年代的其余时间则出现下降。因此，与投资不同，纺织工业产量与咖啡出口反周期变动。纺织业产量在出口下降期增加，且在出口部门遇不利冲击时上升（图 1.24a~图 1.24d）。[①] 纺织品进口在巴西进口中始终占据重要地位（1870—1875 年占比为 29.2%），但是自 1910 年开始，随着进口纺织品逐渐被国产货代替，纺织品进口开始缓慢下降。1911年，纺织品进口只占巴西总进口的 18%，1914 年就已经降至 7%，这一水平一直保持至 1929 年危机爆发。出口经济危机时期，进口组成呈现出原材料增加而制成品减少的特点。这一转变意味着巴西工业生产能力在咖啡出口危机期间得到了提高，正如国家纺织业制成品所经历的那样（图 1.24）。[②]

1906 年巴西进行了第一次工业普查。彼时，联邦区（里约热内卢市）是最重要的制造业生产区域，在资本存量、产值和工人数量方面占全国工厂的 25%—30%；圣保罗位居第二，占比为所有地区的一半。其他重要的地区还包括南里奥格兰德州、里约热内卢州和伯南布哥州。米纳斯吉拉斯州尽管工厂数量较多，但在产量上影响较小。

1906 年，巴西有 15 万工厂工人，其中有 5.2 万人受雇于 194 个纺织工厂。此外，受雇于纺织工厂的工人平均数显著高于在其他工厂的受雇工人平均数。联邦区在纺织业方面，如同在所有的制造业中是领先者，这体现在作坊平均产量、平均雇佣工人数量方面，均显著高于其他地区（图 1.25a—图 1.25d）。在这一时期，巴西实现了鞋、帽子、啤酒、意大利面、家具以及所有烟草制品等产品的自给自足。尽管纺织业是巴西最大的制造业部门，但巴西仍然进口棉、丝、毛织物。这些仍然是巴西重要的进口产品，进口占其自身消费品市场的三分之一。

---

① 不利冲击对工业化的影响方面，弗拉维沃·拉贝罗·韦尔夏尼（Flávio Rabelo Versiani）和玛利亚·特蕾斯·韦尔夏尼（Maria Tereza R. O. Versiani）认为咖啡大量出口时期投资增长；不利冲击虽使投资率降低，却提高了生产能力。Flávio Rabelo Versiani and Maria Tereza R. O. Versiani, "A industrialização brasileira antes de 1930: uma contribuição", in Formação Econômica do Brasil, ed. Flávio Rabelo Versiani and José RobertoMendonçã de Barros (São Paulo: Saraiva, 1977), 121 – 142.

② Villela and Suzigan, Política do Governo e Crescimento da Economia Brasileira, 441.

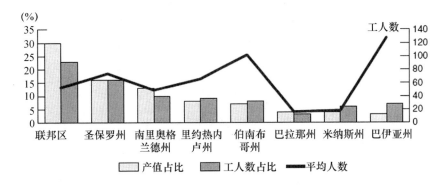

图1.25a 各州工业生产和工人数——1907年经济普查

资料来源：IBGE, Estatísticas Retrospectivas 1990。

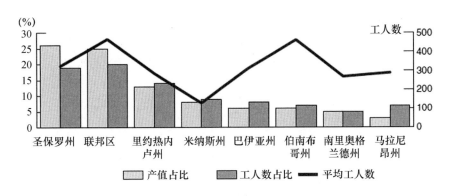

图1.25b 纺织业——1907年经济普查

资料来源：IBGE, Estatísticas Retrospectivas 1990。

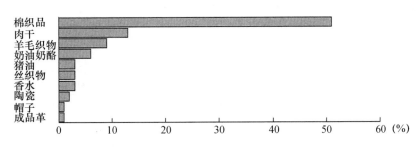

图1.25c 消费品进口占比——1907年经济普查

资料来源：IBGE, Estatísticas Retrospectivas 1990。

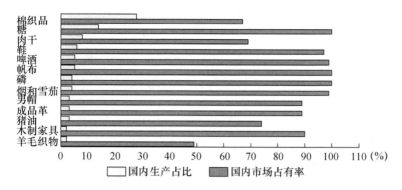

图 1. 25d　消费品市场生产和占有率——1907 年经济普查

资料来源：IBGE, Estatísticas Retrospectivas 1990。

1920 年经济普查时，这个工业基地的大部分发生了显著变化。1920 年巴西工业企业总数为 13336 个，其中 30% 是食品行业，15% 是服装，12% 是陶瓷，其余主要是木材和纺织品。如果以产值计算，食品业产值占比 41%，纺织为 27%。相比之下，雇佣工人最多以及使用机器动力最多的工业部门是纺织业（41%），食品和服装业紧随其后。纺织业在工厂规模方面优势明显，平均每个工厂雇佣员工数量达 93 人，而在所有行业平均数则只有 21 人。有趣的是，虽然工业部门整体雇佣人数急剧增加，但是按行业划分的平均工人数却减少，这可能是由于工业部门日益多样化的缘故。[1]

尽管有大型工厂，巴西工业部门以中小型企业居多。1920 年，9450 个被征收"消费税"[2] 的企业中，绝大多数企业（89%）的雇员数量在 9 人及以下，而这些企业雇员总数占比仅为 15%。另外一端则包含雇员数均超过 500 人的 61 个企业，这些企业占比不到 1%，但是却拥有全国 42% 的雇员数。这些公司平均雇员数为 1000 人。尽管这表明工业部门的相对集中，但大规模企业数量较少还是反映出巴西

---

① 由于 1907 年经济普查并不完整，因此 1907 年和 1920 年经济普查不具备可比性。与直接比较两次普查相比，更多的是有利于了解当时的生产结构。

② 消费税于 1899 年 11 月设立（Lei 641）。该项税种最初针对烟草制品、饮料、火柴、盐、鞋、蜡烛、香水、医药产品、醋、水果罐头、扑克牌、帽子、藤条、棉布和亚麻织物等国内消费品，后来扩大到除以上产品之外的其他产品上。此项税种以印花税形式征收。

工业部门竞争力不足。直至 20 世纪 20 年代，巴西工业生产基本上是
附加值低的大宗消费品，但同时也生产大批量、难以进口的产品（图
1. 26）。[1]

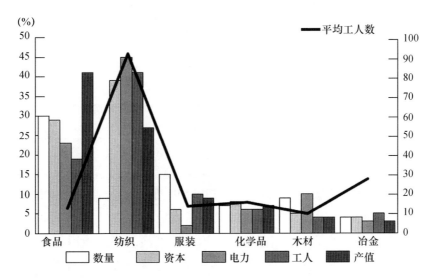

图 1. 26 1920 年经济普查主要行业企业数和占比及平均工人数

资料来源：IBGE, Séries Históricas Retrospectivas。

1907—1920 年工业的增长伴随着圣保罗的惊人崛起，圣保罗在这一
时期超过里约热内卢联邦区和里约热内卢州成为巴西制造业的主要领导
者，圣保罗的制造业发展比其他任何州都快。[2] 截至 1928 年，圣保罗独
占全国所有工业企业的 38%，并且这种主导优势在 20 世纪 30 年代得到
强化（图 1. 27 和附表 8）。

关于圣保罗地位崛起原因的研究较多，均认为与咖啡经济和咖啡资
产阶级兴起存在本质联系。咖啡业迅速发展产生了重要的后向影响，交
通运输、制造业、进口、出口和服务业均获得了发展。此外，咖啡出口

---

[1] Warren Dean, The Industrialization of São Paulo (Austin: University of Texas Press,
1969), 9.

[2] 我们可以使用 1920 年经济普查数据证明这一点，圣保罗电力装机容量占全国的 43%。
Recenseamento de 1920, Vol. 5, Part 1, p. lxxxix.

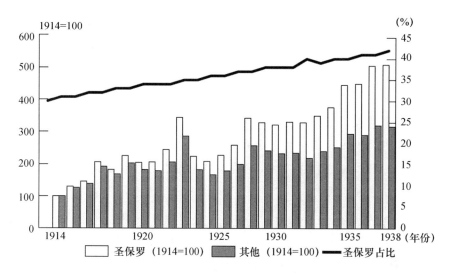

图1.27　1907—1938 年工业实际产值变化和圣保罗占比

资料来源：IBGE, *Anuário Estatistico do Brasil* (1939 - 1940)。

收入为该产业基础设施建设和出口商提供了充足的资金。① 正是奴隶制被废除之后在咖啡业中新生的雇佣劳动力促使圣保罗成为巴西首屈一指的咖啡生产州。在此之后，圣保罗的发展令人瞩目。1880—1929 年间，圣保罗咖啡生产从 100 万袋增加到 2000 万袋，占巴西咖啡总产量的三分之二。如此巨大的咖啡生产量的基础是 100 多万公顷土地上种植的 8.24 亿棵咖啡树。种植、加工和运输这些咖啡需要大量劳动力、运力、能源、商业和银行等基础设施。② 圣保罗拥有巴西最完整的铁路网，连接咖啡生

---

① 关于其他基础性研究可参考 Dean, The Industrialization of São Paulo；Wilson Cano, Raízes da Concentração Industrial em São Paulo (São Paulo：Difel, 1977)；Silva, Expansão cafeeira e origens da indu´stria no Brasil；Joseph Love, São Paulo in the Brazilian Federation, 1889 - 1937 (Stanford, CA：Stanford University Press, 1980)；Flávio A. M. Saes, A grande empresa de serviços públicos (São Paulo：Hucitec, 1986)；Fernando Henrique Cardoso, Mudanças Sociais na América Latina (São Paulo：Difusão Européia do Livro, 1969), Chapter 8；Renato Monseff Perissinotto, Estado e Capital Cafeeiro em São Paulo (1889 - 1930) (São Paulo：Fapesp；Campinas：UNICAMP, 1999)。除了私人资本外，通过直接投资或为国有资本项目提供融资的外国资本，尤其是英国资本在巴西基础设施部门发挥了重要作用。Richard Graham, *Britain and the Onset of Modernization in Brazil 1850 - 1914* (London：Cambridge University Press, 1968) and Hanley, *Native Capital.*

② 关于圣保罗公共服务的研究，参见 Flávio A. M. Saes, A grande empresa de serviços públicos (São Paulo：Hucitec, 1986)。

产区域与桑托斯港。到 1920 年，铁路网总长 6937 千米，相当于巴西铁路总长度的五分之一。保利斯塔地区铁路雇佣工人达 47473 人。[1] 保利斯塔地区铁路总收入的三分之一来自咖啡运输。[2] 劳动力方面，圣保罗州咖啡产业不仅吸引巴西人，对外国人也充满吸引力。1897—1939 年间，80 万其他州的巴西人和 230 万外国人来到圣保罗州。圣保罗州接收的外国移民占比达到巴西吸收移民总数的 55%。

这些雇佣工人受雇于经济中最有活力的部门。相应地，最富有的咖啡种植园主成为各种商业企业家，尤其是那些源自或依赖咖啡的企业。这些商业包括铁路、发电、进口商行、金融服务、咖啡经纪人，以及满足国内市场扩张的新兴产业。因此，咖啡以及相关经济活动产生的收入允许建立一个比奴隶制时期大得多的内部市场。[3] 商业经济得到广泛扩张。大多数无法获得土地的外来移民（colonos）转移至其他经济活动，成为工人甚至企业家。此外，作为外来移民，他们有权利在咖啡种植园（fazendas）耕种其自己的农作物，借此可以开始加上工资进行资本积累。[4]

大量研究表明，众多工厂的起始资金产生于咖啡部门积累的资本。实际上，保利斯塔地区咖啡巨头可以被视为资本企业家，他们以股权所有的形式参与到众多其他经营中。两条主要的铁路线——蒙吉安纳和保利斯塔——就源自咖啡资本，股东里有咖啡种植园主。[5] 沃伦·迪安

---

① 1920 年，圣保罗铁路总长度 6937 千米，雇佣员工 47473 人。铁路网有 693 个车站，507 个货仓，759 个机头，10435 个车厢。Anuário do Estado de São Paulo, 1920, Vol. 2, 88.

② Saes, As ferrovias de São Paulo, 1870 - 1940, 92 - 93. 根据作者的论述，铁路部门最基本的考量是咖啡运输量，这一变量与公司盈利直接关联（86）。

③ 正如社会学家及巴西前总统费尔南多·恩里克·卡多佐（Fernando Henrique Cardoso）所提到的那样："咖啡经济繁荣扩大了外汇流动，这是由于农民消费能力的提高，以及较小程度上殖民者消费能力的提高。殖民者的消费能力无法与奴隶的消费习惯相比。" Cardoso, Mudanças Sociais na América Latina, 192 - 193. 作者还强调，这种影响主要发生在圣保罗市、港口和咖啡产区沿线以及移入劳动力市场的中心。这有助于强化圣保罗的地理、政治和行政地位。

④ 关于殖民者财富积累的可能性，可参见 Zuleika Alvim, Brava Gente! Os Italianos em São Paulo 1870 - 1920 (São Paulo: Brasiliense, 1986)。

⑤ Silva, Expansão cafeeira e origens da indústria no Brasil; Saes, A grande empresa de serviços públicos; João Manoel Cardoso de Mello, O capitalismo tardio (São Paulo: Brasiliense, 1982); Perissinotto, Estado e Capital Cafeeiro em São Paulo (1889 - 1930).

(Warren Dean) 在一部论述圣保罗工业化先驱的经典著作中强调了三组不同企业家的存在。首先是进口商，通过进口本地无法生产的商品满足国内需要。[1] 这些进口商在国内有多种业务，甚至包括进口机器设备的组装和维护。一些进口产品仍然需要最终加工，甚至需要添加在当地市场生产的非进口零件，这就导致当地工厂的创建。此外，这些进口商了解国内生产商，也是这些新工厂的原材料、制造零件和设备的供应商，并有机会获得外国资本。在许多情况下，这允许他们从一个特定产品的分销商转变成该产品的国内制造商。因此，在进口过程中，这些进口商主导了一部分巴西工业工厂的建立。

咖啡种植园主代表了巴西工业化进程中另一组重要的企业家。早期蔗糖生产者促进农业产业的故事同样发生在咖啡上。种植者需要的机器和农业机械在早期需要进口，此后在巴西实现组装、调试和修理，并最终实现了部分在巴西建造。因此，咖啡种植者参与了包括纺织品在内的所有制造业活动，并且是铁路公司的投资者及管理者。[2]

圣保罗工业化进程中第三组重要先驱是移民。移民可分为两类。一类是在农村工作并成为咖啡种植园主的雇佣工人，通过其努力成为中小型甚至是大农场或工厂的所有者。另一类是迪安所强调的，本身在欧洲具有较高地位的移民者，他们成为特殊技能工人或者拥有资本并在巴西建立起自有产业。这些精英移民在早期大工厂中占有重要份额。根据迪安的研究，这些企业家移民以及大进口商充分利用了"农村和城市欧洲人所提供的熟悉的口味和习惯的现成市场"。[3]

1920 年经济普查显示，工业中的外国企业家几乎与国内企业家同等重要。巴西出生的制造商雇佣了 28466 名工人，而外国工厂的雇佣员工人数也达 25071 人。在电机使用、产值和资本投入方面，这两类企业也大致

---

[1]　Dean, *The Industrialization of São Paulo*, 19.

[2]　Dean, The Industrialization of São Paulo; Saes, A grande empresa de serviços públicos; Perissinotto, Estado e Capital Cafeeiro em São Paulo. 安东尼奥·达·席尔瓦·普拉多（Antonio da Silva Prado）被视为这种企业家的代表，他参与了多家制造业公司。例如，他是 Cia. Paulista 的股东和董事长。

[3]　Dean, *The Industrialization of São Paulo*, 52. 在拥有丰富资源的外国人中，迪安重点分析了弗朗西斯科·马塔拉佐（Francisco Matarazzo）的案例，他是巴西最大的实业家。在这一领域最初进行耕耘的大商人中，作者提及了两个案例：帽子制造商丹特·拉门佐尼（Dante Ramenzoni）与作坊和纺织工厂老板尼古拉斯·斯卡帕（Nicholas Scarpa）。

相当。① 在外国出生的工厂主中，意大利人占主导地位，他们控制了40%
的资本、劳动力、电机和产值。绝大多数外国企业聚集在圣保罗。在圣
保罗州，意大利、西班牙和叙利亚实业家居多，而葡萄牙企业主和德国
企业主则主要分别聚集于联邦区和南里奥格兰德州。②

　　最后需要强调的是，圣保罗一直是强大的咖啡种植者群体所在地。从
该州咖啡经济发端，便出现了一群真正的现代企业家，他们愿意承担商业
风险，捍卫自己的权益，包括利用州政府来保护自己。③ 他们是居住在城市
中的地主，在城里，个人或者团体活动更方便。他们参与政党政治并行使
公职。从19世纪中叶开始，他们一直忙于现代交通和劳工问题，率先在咖
啡行业中尝试使用自由劳动力，并动员国家机器为移民提供资金。共和国
的建立对他们有利，因为他们能对国家政治施加更大的影响，并且能使州
政府偏袒他们的利益。共和派推动分权有利于他们的利益，因为各州获得
了财政自主权和贷款能力，这是咖啡保护政策的基础。④

　　需要强调的是，尽管工业、商业和交通运输业很重要，农业仍然是圣保
罗和巴西最重要的经济活动。直到1929年，农业仍然占巴西GDP的37%，工
业只有20%（图1.28）。甚至直到1940年经济普查时，巴西五分之四的人口
生活在农村。甚至在20世纪20年代，出现关于实施保护性关税以促进工业发
展的争论，人们认为，这样做对巴西消费者而言。成本太高。⑤

　　尽管存在这些抨击，第一共和国时期农业和工业之间的关系相对风

---

① "巴西制造商与外国工厂在动力使用（分别为33774 HP. 和30201 HP.）、年产值（分别
为278394598 $ 000 和251479256 $ 000）与资本投入（分别为126858.497 $ 000 和123385437
$ 000）方面也相当。"Recenseamento Geral do Brasil, 1920, Vol. V, Part 1a, Indústria, Rio de Ja-
neiro, Typ. Da Estatística, 1927, p. LXI.

② Recenseamento Geral do Brasil, 1920. IBGE, Vol. V, Part 1a, p. LXI – LXIV.

③ Furtado, Formação Econômica do Brasil, Chapter XX.

④ 共和国宪法赋予中央政府征收进口税的权力，州政府则获得了征收出口税的权力。

⑤ 这一观点的代表是1928年一家顶级报纸上发表的社论，"有必要重复一千遍，巴西本质
上是一个农业国。发展农业、牧业和采矿业是重中之重。巴西850万平方公里的土地仍有
80%—90%未得到开发。以牺牲农业为代价发展里约热内卢和圣保罗地区的六类工业非常荒谬。
工厂雇佣的30万工人如果在土地上工作会更好，对巴西的发展更加重要。我们的农业政策应该
与关税政策相联系。关税保护主义政策增加了农业消费品的成本，这是对农业最大的损害"。
Diário Nacional, 7 – 6 – 28, cited in Boris Fausto, A revolução de 1930（São Paulo：Brasiliense,
1975）, 33.

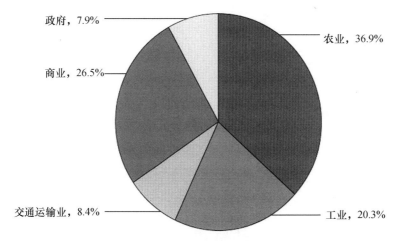

图 1.28　1929 年 GDP 组成

资料来源：Goldsmith，p. 148。

平浪静，并没有极端立场主导这场辩论。工业部门增长或收缩取决于咖啡出口的波动。充沛的海外销售和汇率高估允许扩大投资。旨在提高国家收入的进口税提高代表了一种有效保护。不断下降的汇率使进口更加昂贵并且刺激了本地工农业产品的生产。除此之外，咖啡种植园的资本被分配到工业活动中。因此，总的来说，农业和工业之间实现了相对协调。这种关系只有在特定公司或产业寻求关税保护时才会变成冲突。这种对本地工业的保护意味着国内消费者和农业生产部门面临额外成本。根据苏齐根（Suzigan）的研究，关税保护在第一次世界大战前并不重。

　　……并且考虑到关税变动对汇率和相对价格变动的累积效应，由于这些变量的各种补偿因素使保护主义并不会增加。此外，保护不平衡且不稳定，不仅因为进口权的自然差异，而且由于每个行业对进口货物的依赖程度不同，进口关税也关注这一点。[1]

根据苏齐根的研究，尽管从未实行过系统的产业政策，巴西政府在1914年之后才开始促进个体工业发展。因此，奖励和补贴的发放很随意，

---

[1]　Suzigan，Indústria Brasileira，349.

且并非总是有效。如果说第一次世界大战促进了国内生产，那么保护就是进口不足或进口成本高的结果。战后是一个重要的投资时期，出口获得的资源扩大刺激了经济活动的扩张。这一时期巴西工业以国内市场为导向，从属于农产品出口经济。

　　整个旧共和国时期，GDP 实现了系统性增长，年均增长率为 3.7%。但是考虑到同一时期人口的强劲增长（2.3%），人均 GDP 增速每年仅有 1.4%。但是如果我们把人均 GDP 增长分为较短时期看，会有一些不同。巴西帝国最后一段时期（1850—1889 年）人均 GDP 年均增速只有 0.34%。共和国建立的最初几年直到第一次世界大战爆发，人均 GDP 年均增速提高至 0.7%。但是，旧共和国第二阶段（1913—1929 年），人均 GDP 年增长率大幅提高至 2.6%（图 1.29）。不过，如果同美国相比，巴西在这一时期的经济增长率仍然稍逊。1820 年，这两个国家的人均财富差距（人均 GDP）还不到一倍，而在 1929 年已经扩大至五倍。[①]

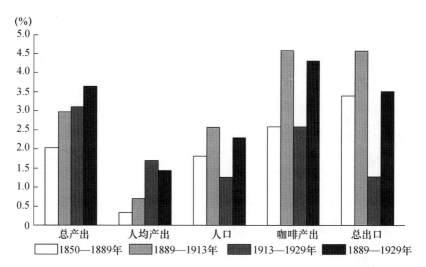

图 1.29　1850—1929 年 GDP、人口、总出口和咖啡产出年增长率

资料来源：Ipeadata and Goldsmith（1986）。

---

　　① GDP 和人均 GDP 统计差异是因为我们使用了两种不同的统计口径。在第一个案例，我们经分析巴西数据来源，源自 Goldsmith, Brasil 1850—1984, 82—83, 147。巴西与美国比较的数据来自 Angus Maddison, The World Economy: A Millennial Perspective（Geneva, Switzerland: OCDE, 2001），74。

尽管增长缓慢，旧共和国时期还是发生了深刻变化。随着大量欧洲移民劳工涌入，关于工人阶级在国家经济和政治中角色的新思想也从欧洲传入。在经历了19世纪末和20世纪初雇佣工人市场增长的所有美洲国家，伴随着无政府主义、社会主义和共产主义的联合运动，现代工人运动得到发展。在巴西，这导致了工人阶级新的政治运动——有组织的工会、地方和全国罢工以及城乡政治煽动。尤其是随着奴隶制问题的解决，从19世纪90年代到20世纪20年代，工人与管理层、精英与工人阶级之间的对抗日益加剧。

起初，里约热内卢和圣保罗等工业最为发达的城市和最重要的港口桑托斯港是发生罢工活动的主要中心。无政府—工团主义者、社会主义者和"面包和黄油"联合主义（也被称为工会主义或工会改革主义）从一开始就在争夺对萌芽期劳工运动的控制权。尽管相较于其他美洲地区的劳工运动，巴西劳工联合会形成的速度较慢，但巴西劳工运动还是沿袭了传统轨迹——从互助社团、多职业和地区协会发展到手工业工会，然后是工业工会，最后形成劳工联合会。由于联邦首都（里约热内卢）地区本地工人比例高，其劳工运动趋于温和，而劳工中外国移民占大多数的圣保罗地区的劳工运动更为激进。从1900年开始，对每天8小时工作时长的要求是劳工运动的基本问题，再加上工资、工作环境和罢工权，组成了劳工运动的永恒主题。地方工会变得越来越强大，他们与社会主义、无政府主义和天主教运动中的中产阶级知识分子联合，在第一次世界大战后还同新共产主义运动联合起来。1905—1913年的繁荣期产生了全国大罢工的第一次浪潮。1907年1月，政府颁布了一项镇压性法律作为回应，驱逐那些"危害国家安全和公共安宁"的外国人。该法律在1913年得到修订，赋予政府不受限制驱逐外国出生工人的权力。据估计，1907—1922年被驱逐的外国出生的人数为556人。早期罢工运动的领袖是技术行业工人、铁路和港口工人以及印刷工人——他们都是劳工运动中的精英或者是在主要交通基础设施中工作的人。1910年，在马雷查尔·埃梅斯·达·丰塞卡（Marechal Hermes da Fonseca）政府控制劳工运动的有限尝试之后，政府采取镇压手段，再加上19世纪20年代的经济危机，罢工活动大为减少。但是，1917年5月圣保罗发生的一次大罢工打破了这一时期的平静。1917—1920年是第一批主要工业工会成立时期，随之而来的是大规模罢工次数增多。这些罢工涉及了纺织和冶金工人——巴西最大的产业工人群体。1917 年 7 月一位工人领袖被暗杀引发了圣保罗市所有行业工人的大罢工。在这一时期，罢工和抗议遍及全国。这一时期是 20 世纪 40 年代之前巴西历史上罢工最为激烈的时期。这一罢工活跃期以 1920 年里约热内卢大罢工为结束标志，政府关押了 2000 名罢工者并且接管了许多工会。旧共和国的最后十年是暴力镇压时期，政府拼命地试图摧毁劳工运动。在这十年间的大部分时间里，政府处于被围困的状态，而"社会问题"和"危险阶级"成为政治精英的主要主题。[①]

回顾旧共和国的演变及其经济和政治发展，很明显，到 20 世纪 20 年代末，巴西已经经历自共和国早期以来的重要变革。尽管咖啡占据主导并且巴西本质上仍然是农业国，巴西的生产结构实现了扩张和多样化，尤其是在工业领域。工业在国家资本、生产能力和劳动力等方面均占据相当大的比例。各州首府城市的人口也有所增长，并且在交通运输和服务业部门扩大后，新兴城市中产阶级随之出现。

尽管如此，无论是在共和国成立之初还是末期，咖啡始终是推动经济发展的动力，为进口融资，成为大多数政府外汇和外债偿还来源。相应地，咖啡生产受气候和国际环境的影响，影响出口和资本流动，从而造成国际收支不稳定并限制国家的政治经济行为。由于共和国早年咖啡生产波动明显以及受第一次世界大战的影响，政府将其主要关注点放在保护咖啡产业上。20 世纪最初几年，政府尝试以严重衰退、金融危机和本币高估为代价实现经济稳定。所有这些导致咖啡生产者的收入下降。1906 年咖啡超级大丰收迫使政府首次进行直接市场干预。1908—1913 年，出口增长，国际收支盈余，这些都得益于咖啡出口和橡胶出口的增加。尽管盈余增加，货币局仍然保持稳定汇率，允许货币供应充足，刺激经济活动。国内产品像工业产量一样不断增长，1906—1913 年，巴西机械进口增加了三倍。[②]

---

① 这一时期的编年可以参考 Vito Giannotti, *Historia das lutas dos trabalhadores no Brasil*（Rio de Janeiro：Mauad X, 2007）。鲍里斯·福斯托（Boris Fausto）对这些运动进行了标准的分析，*Trabalho urbano e conflito social*（São Paulo：DIFEL, 1997），还可参见 Claudio Batalha, *O movimento Operário na Primeira República*（Rio de Janeiro：Jorge Zahar Editor, 2000）。

② Suzigan, *Indústria Brasileira*, 354 – 364.

1913 年危机以及战争爆发改变了经济形势。战争造成咖啡出口以及国内总进口困境。[①] 咖啡价格大幅下跌,贸易条件恶化。可兑换性中断,货币供给大幅增加。现在大多数经济学家和历史学家认为,这次危机唯一利好是刺激了国内工业的发展,补充或替代进口不足。但是即使在工业领域,投资也在下降,这可能延缓了工业部门在未来的扩张。尽管战后巴西工业活动达到了一个新高度,但战争催生的许多工业种类还是没能在欧洲冲突结束后存活下来。

随着战争结束以及 1918 年的寒冷天气导致咖啡产量急剧下降,咖啡价格迅速上涨,政府可以轻易地出售其在第一次干预时期储存的咖啡。但是美国经济衰退引发的 1920 年经济危机再次使咖啡价格下降,并且导致巴西政府再次进行市场干预,建立货币局制度控制汇率以及保证本国货币价值稳定。从 1924 年起到 1929 年危机爆发,由于新种植的咖啡树成熟,咖啡产量超过了全球咖啡需求量,巴西出现咖啡生产过剩。这引发了一场危机。1929 年的"大萧条"加剧了这场危机。资本外逃,由于黄金储备受损,货币局制度被迫停止活动,结果造成国际收支出现严重危机。

从许多方面看,1889 年后向共和国过渡是一个深刻的政治变革时期。以咖啡生产为基础的传统农业精英可以直接影响国家政策,而不需要像帝国时期一样,受到自治行政长官的干预。此外,他们的地方利益可以主导州政策,并且由于圣保罗的重要性,他们能够影响联邦政府。这种权力结构和咖啡在巴西经济中的重要性导致巴西的经济政策实质上将经济和政治权力赋予一些强大的州,而中央政府完全依赖于这些地方寡头。这样的结果是国家持续干预,以保证咖啡经济的盈利能力。与此同时,工业终于首次成为国民经济的重要组成部分,在国内棉花生产的基础上出现了一个新兴的纺织业部门。所有这些意味着一个全新的、更复杂的城市经济正在兴起。政府还致力于通过进一步下放税收和预算限制等权力,以促进地方经济精英发展,这些权力在共和国成立之前由强大的中央集权政府行使。

政治舞台上的这种转变伴随着内部市场和阶级组织结构的根本变革,

---

① 随着潜艇战的加剧,形势变得更加严峻,这实际上阻碍了货物的国际流动。这种状况导致政府通过购买存货的方式对咖啡市场进行第二次干预,咖啡存货增长迅速。

从明显以奴隶制为基础的劳动力结构向完全基于自由劳动力的结构转变。甚至在 1888 年最终废除奴隶制之前，劳动力问题就是巴西帝国经济精英的主要关切之一，特别是对咖啡种植园主而言。随着 1850 年大西洋奴隶贸易画上句号以及巴西奴隶人口的逐渐减少，经济活动的扩张，尤其是咖啡生产，需要增加额外的人力供给。这一问题在 19 世纪 50 年代到 1888 年之间得益于奴隶被转移到经济生产力较高的地区而得到暂时性缓解。但是在奴隶制被废除以及奴隶转变成自由劳动力之后，这一问题只能由大量欧洲移民来解决。自由雇佣劳动力对国内市场上产生了有利和不利影响。彼时，由于对雇佣劳动力有影响，国际咖啡价格对国民经济造成的不稳定影响加大，这反过来又会对经济的其他部门产生乘数效应冲击。咖啡价格下降造成工资下降，反过来又会影响国内商品和服务的消费。但是，建立在雇佣劳动力和大量欧洲移民基础上的经济对国内经济活动扩张产生了刺激，尤其是在咖啡生产高度集中和移民大量聚集的圣保罗地区。尽管这一转变仅从巴西帝国末期开始，但是影响从共和国时期一直延续至今，国内经济持续扩张并且越来越复杂。此外，正是来自这些新雇佣工人和移民的需求推动了进口增加以及国家工业和服务业的发展。

尽管有这些经济方面的变化，然则在新共和政体下，巴西民众的社会和政治状况最初与在巴西帝国时期几乎没有什么不同。通过逐渐引入巴氏杀菌技术和现代环境卫生的改善，提供过滤水供应和进行污水处理，非常高的城市死亡率开始下降。巴西仍然是西半球生育率最高的国家之一，而且人口主要集中在农村地区。公共教育的改善在缓慢地减少文盲率，但是仍然仅有一小部分人能够阅读和写作。地方寡头利用这些条件，剥夺了文盲的投票权，降低了帝国时期更为民主的方面，选民数量减少，进一步保证了传统寡头政权的主导地位。①

咖啡集中在东南部地区，尽管它的增长速度令人印象深刻，但是农业几乎没有变化。土地所有权高度集中，贫穷的农民主要是"占地者

---

① 关于帝国时期相对高的选民参与率，可以参见 Herbert S. Klein, "A participação política no Brasil do século XIX: Os votantes de São Paulo em 1880", Dados. *Revista de Ciências Sociais* (Rio de Janeiro) 38, 3 (1995), 527 – 544.

(squatters)"①,并且机械和肥料的使用极其有限。传统农业生产力水平依旧保持不变,以单位农产品生产力衡量,巴西甚至无法与阿根廷、加拿大和美国等先进农业地区相比。在移民咖啡工人结束劳动契约后,他们开始购买小型农场进行生产供应城市需求,基于新欧洲移民的现代机械农业开始在一些主要城市周边的移民聚集区出现。但是从各方面看,新共和国时期的巴西农业与19世纪帝国时期的农业相比,几乎没有改变。

我们将会看到,旧共和国的灭亡将最终为经济各领域的进步创造条件,并且导致国内社会状况的显著变化。巴西将需要一场政治变革和由世界性经济危机的大萧条引发严重的国际贸易危机的影响,才能最终迫使更大变革的产生。

---

① 擅自占用房屋或土地的人——译者注

第 二 章

瓦加斯时期（1930—1945 年）

旧共和国时期产生的社会问题能够解释 1930 年之后的诸多发展问题。城市中产阶级和工业劳动力的逐渐崛起引起新的社会紧张局势，旧寡头政府无法通过简单镇压来解决。将这些新群体融合至国内社会中，需要一场政治革命和一个全新的愿景。

因此，瓦加斯革命的核心关切之一便是国家参与处理日益复杂的社会新现实。在瓦加斯时期，巴西开始建立一系列处理劳资关系、公共卫生、养老金和经济发展的基本制度，旨在将一个传统寡头控制的农业社会转变成一个现代社会。这些通过一个非民主政府完成，这个政府可以同日益发展壮大的工业部门建立新的联盟，使新兴的城市中产阶级和不断进行的劳工运动通过长期支持新体制换取劳工保护和国家支持的福利制度。独裁使它能够削弱旧寡头的权力，在建立新联盟时，阻止旧势力反对这些变革。

1930 年革命最初是一场政治革命，它推翻了旧共和国时期的政治体制。但是，一个将持续 15 年的新独裁政权的建立，将对巴西经济和社会发展产生根本性影响。旧共和国建立在各州地方寡头合作及咖啡资产阶级控制中央政府的基础上。巴西人口最多的两个州——圣保罗州和米纳斯吉拉斯州的代表交替担任共和国总统。选举制度彻底腐败，总是支持当权的寡头。必要时，各州进行干预，以解决中央权力与区域寡头政治之间的冲突。新政权恢复了帝国时期的中央集权制，地方寡头政权在国家中的权力大大削弱。同时，正式的自由政治体制被一个专制的干涉政权所取代，该政权拒绝给予广大民众政治自主权，也不为广大人民群众提供新服务。

但是，瓦加斯政府时期并未发生社会革命。收入分配格局或农村土地精英在农业中的经济支配地位没有产生显著变化。鉴于咖啡在巴西出口中的绝对优势，瓦加斯被迫接受了咖啡生产者的利益占主导地位。此外，初生的工业部门在很大程度上依赖于农业出口商，因此几乎不会同咖啡部门产生利益冲突或产生对立。但随着时间的推移，在寡头政治的霸权联盟中，一些社会部门出现了冲突和分裂。农产品出口经济的活力扩大了巴西内部市场，并使其多样化，创造了新的社会主体，尤其是城市中产阶级。他们有自己的需要和愿望，旧共和国政权很少关注这些需要和愿望。

早在 20 世纪 20 年代，旧共和国就开始出现严重的分裂迹象。对寡头共和国最初的反抗发生在军队内部，即所谓的"尉官运动"(tenentismo)，这是由下层军官领导的反对旧共和国政策的叛乱，尤其在阿图尔·贝尔纳德斯（Artur Bernardes）赢得选举后，他们试图在 1924 年推翻其政权。[1] 巴西的各个地区都爆发了起义，其中特别重要的一次发生在圣保罗市。起义失败后，这些保利斯塔叛军移至边境地区并最终落脚于巴拉那州西部地区。另一群在南里奥格兰德州对抗保皇派军队的尉官（lieutenants）最终加入到保利斯塔叛军中。1925 年 4 月，他们决定穿越整个巴西，宣扬自己的主张，以引发对中央政府和寡头集团的抗议。所谓的"普雷斯特斯纵队"（Prestes column），[2] 覆盖巴西内陆地区 2.4 万平方公里，避免与保皇派军队发生冲突。最终，他们于 1927 年解散，大部分领导人流亡至玻利维亚和巴拉圭。如果说这场运动在动员民众反抗政权方面收效甚微的话，那么至少对不满政府的城市人口产生了一定的影响。在历史学家鲍里斯·福斯托（Boris Fausto）看来，"尉官运动"代表了一种"以军事性为主要特征的政治和意识形态运动，威权改革的思想萌芽于其中"。除了与公民社会几乎没有身份认同之外，这些尉官"自认为肩负着救国重

---

① 阿图尔·贝尔纳德斯（Artur Bernardes）代表米纳斯吉拉斯州参加选举，其胜选得到了圣保罗州的支持。但是，里约热内卢州、南里奥格兰德州、巴伊亚州和伯南布哥州均支持另一位候选人，这显示出区域寡头集团的分裂。1922 年，在选举期间，科帕卡巴纳堡（Copacabana fort）发生了起义，标志着尉官运动的开始。

② 普雷斯特斯纵队由路易斯·卡洛斯·普雷斯特斯（Luis Carlos Prestes）领导，起源于尉官运动中。普雷斯特斯后来加入共产党（Communist Party），在 1990 年去世之前，他一直是共产党最高领导人之一。

任，以一个有惰性人民的名义捍卫共和制度的纯洁性"①。他们直接对抗使国家四分五裂的寡头来捍卫威权，作为国家改革之路。需要强调的是，"尉官运动"反映了军队内部的分裂，并且代表了军队等级制度出现了裂缝。

20 世纪 20 年代还显露出旧共和国政治精英脆弱性的其他迹象。除"尉官"反叛外，巴西还爆发了大规模的民众抗议，尤其在里约热内卢州。阿图尔·贝尔纳德斯（Artur Bernardes）总统任期内（1922—1926年），政府大多数情况下处于被围困状态。货币大幅贬值，反映在进口商品成本不断增加上，是这种城市骚乱的部分原因。② 1926 年，自由派专业人士和一些咖啡资产阶级代表成立了圣保罗民主党（Partido Democrático de São Paulo）。③ 该党反对控制保利斯塔地区政治的寡头集团，并提出建立由法院控制的无记名强制投票制度，以防止选举结果被操纵。④

在代表保利斯塔资产阶级利益的华盛顿·路易斯（Washington Luís）总统的继任问题上（1926—1930 年），主导政治结构的分裂显而易见。传统上，巴西总统在保利斯塔和米纳斯两个地区轮流产生。因此，为维护政权均衡，下一任总统本应由米纳斯吉拉斯州的精英提名。但是，华盛顿·路易斯坚持总统候选人应该出自保利斯塔地区。这造成来自米纳斯吉拉斯州和南里奥格兰德州的反对派领导人之间的联合，在圣保罗民主党的支持下，热图利奥·瓦加斯成为下一任总统候选人。选举期间，咖啡市场经历了有史以来最严重的危机——咖啡产量过剩伴随着 1929 年爆发的大萧条。在这场危机期间，时任圣保罗州州长的儒利奥·普列斯特斯（Julio Prestes）最终赢得总统选举。

选举结果似乎表明，传统的寡头联盟将得以维持，地区分裂将在主导权力结构中得到解决。但是老尉官们同米纳斯吉拉斯州和南里奥格兰德州寡头集团中的少壮派结成新的联盟，这些少壮派积极参与了总统竞选。他们的目标是推翻传统政权。如果瓦加斯的副总统候选人若昂·佩索阿（João Pessoa）没有被暗杀，也许这一阴谋就不可能成功。尽管这是

---

① Boris Fausto, A Revolução de 1930 (São Paulo：Brasiliense, 1975), 57.

② 由于通货膨胀率在 1922—1925 年达到 70% 以上，这一时期民怨很深。

③ 关于这一主题的论述，参见 Maria Ligia Coelho Prado, A democracia ilustrada. O Partido Democrá tico de São Paulo, 1926 – 1934 (São Paulo：Ática, 1986)。

④ 确认当选者的机制取决于其自身立法，保证了大多数原则的永续性。

一次激情犯罪，与政治无关，但却成功推翻了华盛顿·路易斯总统，将热图利奥·瓦加斯（Getúlio Vargas）推上了共和国总统的宝座。[①]

尽管巴西旧共和国建立在地区寡头和咖啡精英联盟的基础之上，但是新政权的结构却更加复杂和多样化，由一群军人、技术人员和年轻政治家控制。[②] 他们中的许多人，像瓦加斯一样，参加过旧政权。[③] 后来，实业家被纳入这一新权力结构中。旧自由主义被威权的、中央集权和现代化政权所取代。由于 20 世纪 30 年代的大萧条，许多拉丁美洲国家发生了这种形式的转型。根据大多数学者的研究，这种新威权主义标志着一种转变，由建立在地主精英阶级上的寡头国家转变成一种新的政治结构，建立在竞争的集团之间相互妥协的基础上。但最初，没有一个新权力集团提供国家所需的合法性和承诺：中产阶级困于在传统利益中没有政治自主权；咖啡阶级受制于丧失了政治权力；内部市场参与者与基本的经济中心没有联系。在这些情况下，特定的社会和经济利益都不能作为表达普遍政治利益的基础。正如政治学家弗朗西斯科·维弗特（Francisco Weffort）所述，正是"在这样的情况下，巴西历史展现出一个新角色：城市群众（urban masses）。这是巴西新政府合法性的唯一可能源泉"。使该机制成为可能的政治条件已经存在于 20 世纪 30 年代产生的制度性危机

---

① 根据何塞·玛利亚·贝略（José Maria Bello）的研究，"1930 年革命爆发于民事或政治因素，但毫无疑问，这类革命的成功取决于军队的态度。通过直接干涉其中的一小部分，或者通过无所作为或缺乏热情，参与到终于合法性的斗争中。从起义和先前的声明宣言来看，革命先驱士兵中的优秀年轻尉官几乎均为流亡者或难民"。José Maria Bello, História da República（São Paulo：Cia Editora Nacional, 1976），296 – 297。至于瓦加斯时期，参见 Affonso Henriques, Ascensão e queda de Getú lio Vargas, 3 vols. （São Paulo：Record, 1966）。

② 这些尉官在推翻旧政府的武装运动中发挥了根本性作用。在新政府成立初期，他们作为一个团体在政治领导和行政管理方面同样功不可没。但是渐渐地，受激进主义和不能质疑政府的影响，作为有组织的团体，他们的力量被削弱，最终被逐渐成长起来的新寡头集团所吸收。一些单个的尉官在整个瓦加斯时期仍保持了一定的影响力。Fausto, A Revolução de 1930, 70 – 82.

③ 瓦加斯曾经是华盛顿·路易斯（Washington Luís）总统时期的财政部部长，还曾担任过南里奥格兰德州州长。关于热图利奥·瓦加斯的相关研究，可参见 Richard Bourn, Getúlio Vargas of Brazil, 1883 – 1954：Sphinx of the Pampas （London：Knight, 1974）；John W. F. Dulles, Vargas of Brazil：A Political Biography （Austin：University of Texas Press, 1967）；Lira Neto, Getúlio 1882 – 1830. Dos anos de formação à conquista do poder （S ão Paulo：Cia. das Letras, 2012）；Pedro Paulo Zahluth Bastos and Pedro Cezar Dutra, eds. , A Era Vargas. Desenvolvimento, economia e sociadade （São Paulo：Editora UNESP, 2012）。

中。① 瓦加斯开创的政府风格被一些人认为是民粹主义，另一些人则认为是大众政治——试图通过操纵民众愿望来领导，这只能在随着 1930 年革命开始的政治和经济危机背景下才能理解。为了建立起城市工人阶级对新政体的支持，20 世纪 30 年代改革运动的领导人认为，只有"制度性的威权主义，或大众民主政体下'克里斯玛式'领导人主导的家长式威权主义"才能实现各自社会的工业化和现代化。②

瓦加斯执政后，随即解散了国家、州及市立法机构，任命代理长官（interventors）取代州长。他也重视联邦政府权力，削弱州政府权力。③1934 年新宪法通过后，瓦加斯通过间接选举当选总统，正式的宪法任期将持续至 1938 年。瓦加斯与诸如法西斯（fascists）（所谓的整合主义者integralistas）和共产主义（communists）等新政治运动的对抗，被用作证明破坏民主政府有正当性的因素之一。④ 1935 年，政府通过了一项国家安

① Francisco Weffort, *O populismo na política brasileira* (Rio de Janeiro: Paz e terra S/A, 1980), 49－50.

② Weffort, *O populismo na política brasileira*, 61. 自 20 世纪 60 年代以来，巴西的民粹主义得到了广泛研究。最近关于这一主题的研究包括：Jorge Ferreira, "O nome e as coisas: o populismo na política brasileira", in *O populismo e sua história*, ed. Jorge Ferreira (Rio de Janeiro: E. Civilização Brasileira, 2000); Angela de Castro Gomes, "O populismo e as ciências sociais no Brasil: notas sobre a trajetória de um conceito", in *O populismo e sua história*, ed. Jorge Ferreira (Rio de Janeiro: Civilização Brasileira, 2000); Angela de Castro Gomes, *A invenção do Trabalhismo* (São Paulo: Vértice, 1988); and Boris Fausto, "Populismo in the Past and Its Resurgence", Paper presented at the Conference in Honor of Boris Fausto, Stanford, CA, May 21, 2010。

③ 在许多州，针对代理长官的选择爆发了抵抗，这些人大多是局外人。最严重的案例发生在圣保罗州。圣保罗拒绝承认中央政府任命的代理长官（intervenor）。1932 年，爆发了寻求更大的州自主权且回归法制的运动："这场开始的运动……除了重新整合国家的法律秩序，且将标志巴西文明的选举权归还巴西人民外，没有别的目的。"这一运动本该得到米纳斯吉拉斯州和南里奥格兰德州的加入，但在最后一分钟这两个州选择了忠于中央政府，圣保罗州只得在没有任何其他盟军的情况下独自面对联邦政府军队。尽管该运动失败了，却警示了联邦政府，联邦政府任命圣保罗的资产阶级为临时长官，并且开始对来自地方州的要求给予关注。在 1932 年所谓的宪政革命（Constitutionalist Revolution）后，联邦政府对保利斯塔地区咖啡种植者的帮助仍然较大。Edgard Carone, A segunda Repu'blica (São Paulo: Difusão Européia do Livro, 1973), 53.

④ 民族主义是瓦加斯第一届任期的基本内容。详见 Robert M. Levine, *Father of the Poor? Vargas and His Era* (New York: Cambridge University Press, 1998); Thomas E. Skidmore, *Politics in Brazil, 1930－1964: An Experiment in Democracy* (New York: Oxford University Press, 1967), Chapter I; and John D. Wirth, *The Politics of Brazilian Development* 1930－1954 (Stanford, CA: Stanford University Press, 1970)。

全法，强化了政治体制的威权性。同一年，左翼同盟——民族解放联盟（*Aliança Nacional Libertadora*）创立，由共产党员、尉官运动领袖和一些新的社会群体如工会等参加。1937 年 11 月，选举进程全面展开，瓦加斯作为总统候选人参与竞争，他决定发动政变，迫使国会实施一部新宪法并废除选举。① 直到 1945 年被推翻，瓦加斯政府统治下的巴西始终没有国家立法机构。如果说瓦加斯执政初期是威权主义，那么随着 1937 年新国家（*Estado Novo*）被创立，其执政更为专制，公民自由被中止，随意监禁，对新闻全面审查，并建立了全面的宣传机器。②

尽管采取了专制和镇压行动，1930—1945 年的瓦加斯政权在劳工和福利方面以及支持巴西工业化方面做出了积极贡献。瓦加斯政府将通过实行进口替代工业化战略和国家直接干预，完成工业化目标。它还采取了重要的政治变革，建立了强有力的中央政府，并且从州政府手中收回权力制衡，把它归还给联邦政府。此外，新的政治团体也进入到国家政治中。相应地，城市工人阶级和城市中产阶级从此成为国家政治生活中的主要参与者。但是，瓦加斯政权没有对旧精英阶层的经济权力发起严重挑战。

尽管随着瓦加斯的崛起，咖啡资产阶级失去了政治权力，但由于咖啡经济在为巴西提供进口资金方面的根本性地位，瓦加斯并不能抛弃它。咖啡生产过量加之全球市场的恶化使咖啡部门发生深刻危机，并产生了深远影响。正如前文所述，对咖啡产业的长期保护导致了 20 世纪 20 年代

---

① "1937 年宪法……没有任何旧自由主义的延续，却成了共和国总体完全的政治独裁……。" Bello, *História da República*, 315 – 317. 关于这一主题，参考 Karl Loewenstein, *Brazil under Vargas* (New York：The Macmillian Company, 1942), Chapter II and Levine, *Father of the Poor? Vargas and His Era*。

② 尽管当时的政权类似于法西斯主义，一些成员表现出对此类政府极大的支持，其在巴西的政治代表性在 1938 年总统官邸遭到袭击之后也被置于法律之外。那些希望被纳入政府中的整合主义者（integralistas）同样被排挤在新国家的政治进程中。国会被关闭后，政治团体被解散，左派受到镇压，政府消灭了法西斯整合主义者，这是最后一支有组织的政治参与力量。关于这一问题，参见 Eli Diniz, "O Estado novo：estutura de poder e relações de classe", in *História Geral da Civilização Brasileira*, ed. Boris Fausto (São Paulo：Difel, 1981. Tomo 3：O Brasil Republica-no. Vol. 3：Sociedade e política [1930 – 1964]), 77 – 119；Lourdes Sola, "O golpe de 37 e o Estado Novo", in *Brasil em perspectiva*, ed. Carlos Guilherme Mota (São Paulo：Difusão Européia do Livro, 1969), 257 – 284；and Levine, *Father of the Poor? Vargas and His Era*。

的咖啡过量生产，彼时的世界市场无法吸收过量供给。到了 20 世纪 20 年代晚期，巴西咖啡收成达到了 3000 万袋，但全球消费量只有 23 万袋。负责咖啡长期保护计划的圣保罗州获得了一笔 2000 万英镑的贷款以偿还短期债务，同时还向联邦政府提出救助申请，但却遭到了拒绝。由于在 20 世纪 20 年代末期无法获得国外信贷，当时的总统华盛顿·路易斯（Washington Luís）拒绝了通过增加货币供给救助咖啡产业的选择，因为这样做会造成汇率不稳定。但是咖啡出口骤降造成出口收入严重下滑，引发了资本外逃，并使货币局制度崩溃，这正是当初其担心因救助咖啡种植者而产生的不利后果。

新建立的瓦加斯政府面临同样的危机，不得不支持咖啡产业，以避免更严重的危机。首先，瓦加斯政府建立了新机制，赦免了咖啡种植者的部分债务。其次，限制咖啡种植。1929 年咖啡超级大丰收在其后两年延续，并在 1933 年达到了最高水平。瓦加斯面临两种选择：一是任由咖啡价格下降而迫使咖啡种植面积减小，直至达到供需平衡点；二是使咖啡价格保持在种植者可获利水平上。第二种选择需要将所存但卖不掉的咖啡全部销毁，从而减轻对国际价格的压力。最终，政府选择了后者，保护了咖啡产业，更为重要的是减轻了咖啡市场危机对咖啡种植者收入的不利影响，这样做的确也刺激了咖啡种植。[1]

---

[1] 提出这一解决办法的塞尔索·富尔塔多（Celso Furtado）遭到了佩雷兹（Peláez）等修正主义者的批评，但是后来的一些研究，如西尔伯（Silber），证明了其观点的正确性。Celso Furtado, *Formação Econômica do Brasil* (São Paulo: Cia Editora Nacional, 1968a), Capítulos XXXI, XXXII, and XXXIII; Carlos Manuel Peláez, *História da Industrialização Brasileira. Crítica à Teoria Estruturalista no Brasil* (Rio de Janeiro: Apec, 1972); and Simão Silber, "Política econômica. Defesa no nivel de renda e industrialização no período 1929 – 1939" (MA thesis, São Paulo, FEAUSP, 1973). 此外，正如菲什洛（Fishlow）、比耶拉（Villela）和苏齐根（Suzigan）所论述，尽管尝试维持正统的货币和预算政策，许多诸如外部危机、干旱、国内暴动的事件导致了扩张性的、尽管不受欢迎的政策，但帮助了恢复国内收入。Albert Fishlow, "Origens e conseqüências da substituição de importações no Brasil", in *Formação Econômica do Brasil. A experiência da industrialização*, ed. Flavio Rabelo Versiani and José Roberto Mendonça de Barros (São Paulo: Saraiva, 1977); Annibal Villanova Villela and Wilson Suzigan, *Política do governo e crescimento da econômica brasileira - 1889 - 1945* (Brasília: IPEA, 2001), Chapter 6; Wilson Cano, "Crise de 1929, soberania na política econômica e industrialização", in Bastos and Dutra, *A Era Vargas. Desenvolvimento, economia e sociadade*, 121 – 158; and Flávio A. M. Saes, "A controvérsia sobre a Industrialização na Primeira Republica", *Estudos Avançados* 3, 7 (Setembro-Dezembro 1989), 20 – 39.

　　为了实施新的咖啡救助项目，联邦政府接管了经营。尽管咖啡产量在 1931 年小幅下降，但很明显仍然是特大丰收，并且在未来几年，产量过剩将是常态。联邦政府从圣保罗州购买了储存的咖啡，并且宣布了两项新税种：一项针对新种植的咖啡树，从而防止咖啡生产继续扩张；另一项针对出口，为购买和保留咖啡等保护措施提供的融资。① 政府收购的一部分咖啡最终被销毁。为实施这些项目，瓦加斯政府先后新创了国家咖啡理事会（National Coffee Council）和国家咖啡部（National Department of Coffee），② 这两个部门负责执行联邦政府的项目。1933 年，咖啡种植者的债务减少一半，剩余债务则实现了十年长期融资。③ 同一年，咖啡收成创历史新高，政府不得不采取一项新的严格限制措施。政府不但禁止种植新咖啡树，而且禁止重种老咖啡树。并且颁布了一项新计划，将所有运至港口的咖啡分成三部分：30% 用于出口，30% 储存，40% 被销毁。④ 通过定期调整，该计划一直持续到 1944 年，期间有 7820 万袋咖啡被焚烧，相当于全球年消费量的 3 倍。⑤ 这一减产计划获得了成功，巴西咖啡产量逐渐降低。咖啡的世界价格直到 20 世纪 30 年代末仍然低位徘徊，在第二次世界大战爆发后得到恢复。对咖啡的限制帮助了巴西的竞争对手，它们在非常低的价格水平保持咖啡出口，而巴西在 20 世纪 30 年代末丢失了 10% 的全球咖啡市场份额（图 2.1 和附表 1）。

　　正如我们所见，学者对 1930 年后咖啡保护政策的有效性进行了讨论。

---

　　① 针对新种植咖啡树的税并未奏效，因为新种植咖啡树的吸引力并不大。针对出口的税在为咖啡保护措施融资方面则起到了关键作用，但成本超过了收入并且咖啡保护计划需要从巴西银行和国库获得信贷补充。关于这一主题，参见 Silber，"Política econômica. Defesa no nível de renda e industrialização no período 1929—1939"，第二章。此外，根据菲什洛（Fishlow）的研究，出口税并不是简单的咖啡部门内部安排。从某种程度上说，出口税由外国买家造成，因此咖啡部门的收入保持在高位。有一种假设认为，巴西在国际市场拥有对咖啡的控制权，造成需求无弹性，多数税收从国外转移而来。Fishlow，"Origens e conseqüências da substituição de importações no Brasil"，28.

　　② Conselho Nacional de Café and Departamento Nacional do Café.

　　③ 这是 1932 年宪法革命后巴西旧保利斯塔地区精英需求最终得以解决的案例。

　　④ Antonio Delfim Netto，O problema do café no Brasil（São Paulo：IPE-USP, 1981），142 - 157.

　　⑤ Delfim Netto，*O problema do café no Brasil*，151. 关于咖啡保护机制如何运行，参见 Peláez，*História da Industrialização Brasileira. Crítica à Teoria Estruturalista no Brasil*，Chapter 1。

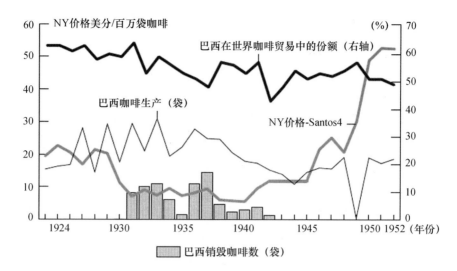

图 2.1 1924—1952 年价格、产量和被毁咖啡量以及巴西在世界市场中的参与度

资料来源：Bacha et al. , table 1.1, 1.2, 1.5 and 1.8。

咖啡经济方面的著名学者塞尔索·富尔塔多（Celso Furtado）强调逆周期政策的特性，能够保持就业水平并且对巴西经济相对快地恢复至关重要，即使与发达经济体相比也是如此："通过保证使绝大多数生产者获得利润的最低购买价格，政府政策实际上保持了出口经济部门以及与国内生产商有间接联系部门的就业水平。当避免出口部门的货币收入出现大幅减少时，失业对其他经济部门产生影响的乘数效应将同比例降低。"① 尽管有些学者对此存在争议，但这一观点是危机时期盛行的对经济政策最一致的解释。②

---

① Furtado, *Formação Econômica do Brasil*, 200.

② "大萧条爆发时，巴西已经具备广阔的国内市场，尽管仍处于萌芽状态，但是产业结构相对多样化，这对该地区所处的经济空间产生了强大的扩散效应。因此，在初级出口模式下，伴随着基本服务业的建立和食品、饮料、家具、纺织等一系列'传统'产业的发展，城市化进程蓬勃发展。甚至是冶金这种仍然属于手工业活动的工业部门在巴西国内也相当发达。因此，可以理解的是，巴西政府为解决外部失衡而采取的保护性措施同样对国内需求起到了支持作用，从而刺激了国内经济中未被充分利用的产能。外部失衡持续了很长时间，保护与出口部门相关阶层的收入水平，是国内经济活动多样化的刺激因素，因为这些阶层所产生的需求是维持这些经济活动的基础。" Maria da Conceição Tavares, "Auge e Declínio do processo de substituição de importações no Brasil", in *Da substituição de importações ao capitalismo financeiro*, ed. Maria da Conceição Tavares (Rio de Janeiro: Zahar, 1972), 59 – 60.

严重的国际经济危机直接影响了国际收支，政府不得不长期管制外汇市场，它在这方面的行为有利于面向国内市场的经济活动。危机使巴西出口大幅下降，贸易条件恶化，外部贷款和资本流入瘫痪，巴西货币大幅贬值。[1] 1931 年，政府通过谈判对国际债务进行重组，将外汇市场的垄断权授予巴西银行（Banco do Brasil），并且确立了获得外汇的优先次序，官方购买以支付公共债务，为国内市场购买重要产品以及返还外国人在巴西投资所获股息和红利。[2] 尽管有这些限制政策，但多年来，外部危机的影响仍然十分严重，特别是贸易条件恶化和债务偿还占了国际收支盈余的很大份额。[3] 尽管发生了一些变化，由于外部压力，一些经济部门获得了自由准入，但外汇管制的结构一直未发生改变，直到 20 世纪 30 年代末。

尽管巴西货币大幅贬值使国内生产商和出口商获利，但政府寻求避免出现更大的贬值。由于巴西是国际咖啡市场上的主要生产国，其咖啡种植者行为会直接影响市场行为。如果出现更为严重的贬值，以本国货币获得收入的咖啡生产商愿意接受更低的国际咖啡价格，因为国际价格的下降将抵消贬值的影响，从而使出口收入下降。但是政府成本因汇率连续贬值而增加，因为其主要收入以本币计价，但需要以外币偿还外债。[4] 货币贬值对进口外国商品的消费者产生严重的影响（图 2.2 和附表 2）。

尽管国际经济形势严峻，咖啡危机持续了整整十年，但 GDP 只是在

---

① 1930—1931 年，克鲁塞罗（cruzeiro）兑换美元汇率贬值 55%。

② 根据比耶拉（Villela）和苏齐根（Suzigan）在 1931—1934 年间进行的调查，还本付息额相当于这些年贸易盈余的一半。关于 1889—1945 年之间汇率政策的研究，详见 Villela and Suzigan, *Política do governo e crescimento da econômica brasileira* – 1889 – 1945, 317 – 339。

③ Marcelo de Paiva Abreu, "Crise, crescimento e modernização autoritária: 1930 – 1945", in *A ordem do Progresso*, ed. Marcelo Paiva Abreu (Rio de Janeiro: Editora Campus, 1992), 73 – 104.

④ 由于存在咖啡超额供给，而其需求的价格弹性低，政府试图将克鲁塞罗的币值保持在相对高位，一旦发生进一步贬值，这将给那些愿意以更低价格向国外市场出售咖啡的出口商以补偿，这将会降低巴西出口额，因为出口的数量不会得到补偿。关于这一内容的论述，参见 Abreu, "Crise, crescimento e modernização autoritária", 73 – 104。

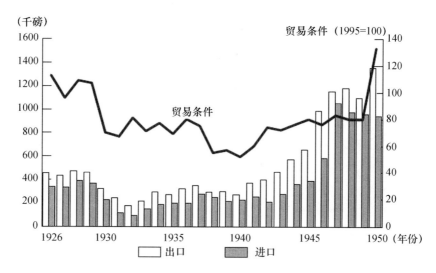

图2.2　1926—1950年出口、进口和贸易条件

资料来源：Ipeadata。

危机的前两年中略有下降，随后的几年保持了持续增长。① 这反映出一个事实，即殖民地开始时期以来一直是巴西经济增长动力的农产品出口经济被国内市场所取代。鉴于贸易和信贷受到外部限制以及经济新方向，巴西存在着明显的支持工业化的趋向，这一政策在整个瓦加斯政府时期得以延续。瓦加斯对国家结构也进行了深刻变革，从保守和专制的角度对其进行了现代化。

结构性改革的步伐只有在新国家（*Estado Novo*）时期得以加快。鉴于国会被关闭、反对党被镇压，瓦加斯能够不受反对地进行变革。他废除了联邦主义模式，把更大的权力收归中央政府。这些改革在20世纪40年代初得到加强，彼时，他建立了强大的机构，培养了一批能够管理这

---

① 根据维尔纳·贝尔（Werner Baer）的研究，20世纪30年代前半段巴西的工业生产形成于20世纪20年代，且未被完全利用的现存产能得到了充分利用。Werner Baer, *A economia brasil-eira*（São Paulo：Nobel，2002），57. 非常有意思的是，根据斯蒂芬·哈伯（Stephen Haber）的研究，早在1929年危机前，巴西国内纺织业生产已经表现出活力，而正是这一原因，纺织业成为20世纪30年代恢复最慢的产业之一。Stephen H. Haber, "Business Enterprise and the Great Depression in Brazil：A Study of Profits and Losses in Textile Manufacturing", *The Business History Review* 66，2（Summer 1992），335－363.

些机构的公务员，所有这些都赋予了中央政府新的权力。① 在这些改革中，创立于 1938 年的公共管理部（DASP，或 *Departamento Administrativo do Serviço Público*）是改组国家结构、帮助形成专业技术政府官僚机构的基本部门。② 同时，它制定和控制公共预算，并发挥为政府提供咨询的重要作用。DASP 还在各州设有分支机构，并与代理长官（interventor）一起负责各州的行政事务，这促进了国家政治和行政进程的集权化。③

与此同时，瓦加斯政权建立了许多行政和咨询机构来支持联邦政府的行政行动。除了建立国家咖啡部（National Department of Coffee），蔗糖、橡胶、盐和可可产业的联邦机构也收到了资助。④ 除此之外，农业部门还得到了基本的信贷和价格机构的支持，如农业和工业信贷处（*Carteira de Crédito Agrícola e Industrial*），巴西银行一个分支（1937 年）以及负责设定最低价格的生产融资委员会（*Comissão de Financiamento da Produção*）。在矿产资源领域，巴西建立了国家矿产部（National Department of Mineral Production）、国家石油委员会（National Council of Petroleum）、水电能源委员会（Council of Water & Electric Energy）、国家矿冶委员会（National Council of Mines & Metallurgy）。⑤ 在工业领域，巴西建立了一些促进工业化的委员会，例如纺织业执行委员会（Executive Commission on Textiles）、国家易燃物和润滑剂委员会（National Commission of Combustibles and Lubricants），另一个促进军火工业的国家委员会以及一个重要的开发铁矿石储备的淡水河谷委员会（Commission for Vale do Rio Doce）。⑥ 1937 年，巴西还建立了促进对外贸易的机构——联邦对外贸易委员会（Federal Foreign Trade Council，CFCE），该机构不仅在对外贸易

---

① Sola, "O Golpe de 37 e o Estado Novo", 269.

② 除了建立具有招聘规则的职业公务员制度外，DASP 还制定了简化行政流程的标准。

③ 关于这一主题，参见 Beatriz M. de Souza Wahrlich, *Reforma administrativa da era de Vargas* (Rio de Janeiro: Fundação Getúlio Vargas, 1983)。

④ 这些机构是 Instituto do Açúcar e do Álcool, the Instituto do Mate, the Instituto do Pinho, the Instituto Nacional do Sal, and the Instituto Nacional do Cacau da Bahia。

⑤ Departamento Nacional da Produção Mineral, the Conselho Nacional do Petróleo, the Conselho de Águas e Energia Elétrica, and the Conselho Nacional de Minas e Metalurgia.

⑥ Comissão Executiva Têxtil, Comissão Nacional de Combustíveis e Lubrificantes, Comissão Nacional de Ferrovias, Comissão Vale do Rio Doce, and the Comissão Nacional do Material Bélico.

领域，而且对整个经济的规划和研究均起到了重要作用。[①] 巴西还颁布了新的基础法律，以规范经济、社会和政治关系，例如对水、矿产、空气、工业、森林的管理法，[②] 以及新的公司法和商法。

值得强调的是巴西银行在经济领域发挥的重要作用，其在进行汇率管控并且在促进工农业发展的信贷业务中发挥着最重要作用。[③] 1945 年，随着货币和信贷监管局（*Superintendência da Moedae do Crédito*）的建立，巴西银行获得了更多的权力。[④] 该机构代表了国家货币政策的一大进步，发挥了传统意义上中央银行的部分功能，而巴西的中央银行直到 1964 年才建立。[⑤]

直到第二次世界大战开始之前，全球危机要求严格控制进口。由于经济恢复相对较快，之前由进口供给的国内需求因国际收支被限制而无法获得满足。巴西政府通过施行复杂的关税制度，鼓励进口基本货物、初级原材料和资本货，并对制成品课以重税，推行进口替代政策。这些关税，再加上昂贵的且被管制的外汇准入，为国内生产提供了保护，对无论是农业还是工业等国内生产投资有利。[⑥] 尽管在 20 世纪 30 年代下半

---

① Sonia Miriam Draibe, *Rumos e Metamorfoses. Estado e Industrialização no Brasil*：1930 - 1960（Rio de Janeiro：Paz e Terra, 1985），Chapter 1.

② The Código de Águas, Código de Minas, Código Brasileiro do Ar, Código de Propriedades Industriais, and Código de Florestas.

③ 作为主要的商业信贷实体和财政机构，巴西银行在经济中发挥了基础性作用，该行还集中管理政府机构的收入和支出。Draibe, *Rumos e Metamorfoses.* 关于巴西银行在整个旧共和国时期的作用，可以参见 Steven Topik, "State Enterprise in a Liberal Regime：The Banco do Brasil, 1905 - 1930", *Journal of Interamerican Studies and World Affairs*（Special Issue）22, 4（November 1980），401 - 422。

④ 巴西银行的 SUMOC 部门确立了商业银行储备金率、再贴现率和金融救助的流动性，以及银行存款的利率。此外，它还负责监管商业银行，指导汇率政策，并且作为巴西的代表参与国际机构。Banco Central do Brasil, http：//www. bcb. gov. br/？HISTORIABC.

⑤ 根据巴西中央银行，建立 SUMOC 的目的是进行货币管控，并且为建立中央银行做准备。其承担了确立商业银行存款准备金率、再贴现率、金融救助流动性，以及银行储蓄利率的功能。此外，它还负责监管商业银行，指导汇率政策，并且作为巴西的代表参与到国际机构中。http：//www. bcb. gov. br/？HISTORIABC.

⑥ 我们可以得出这样的结论，即大萧条期间巴西实行的进口替代政策与第一次世界大战期间及其后进行的进口替代存在差异，刺激了巴西出现更为复杂的生产结构。与这一转变相对应，进口结构发生了改变，巴西短期内无法生产的更专业化的产品获得了更多的进口。受政策和价格机制的引导，巴西可以获得必要的补充进口品，支持工业发展进程。Fishlow, "Origens e conseqüências da substituição de importações no Brasil", 34. 根据同一作者的研究，1920 年，总供给中进口成分的相对价格从 34% 降至 15%；而在 1939 年则从 50% 下降至 25%。

期巴西出口增加，但由于需要偿还外债、进口石油等必需品以及为新工业部门进口初级原材料和机器设备等带来的国际收支压力，外汇控制仍未放松。尽管发达经济体向巴西施压，要求其汇率更为灵活，但巴西在整个时期保持了汇率控制，仅进行了些许调整。[①] 第二次世界大战使这一形势更为复杂。某些巴西特殊产品获得了强劲的外部需求，其价格和出口量均得到了提升，从而提高了巴西的进口能力。但是欧洲和亚洲地区的战争同样意味着进口产品的缺乏，这进一步刺激了巴西本地工业。与此同时，机械设备、多种初级原材料和汽油的进口受到限制。尽管一些国内产业受到了国外零部件无法供给的冲击，但巴西整体生产因战争获得了提高。然而，缺乏进口产品以及国内生产的替代引发了严重的通货膨胀。[②]

在采取行动解决基础设施中的具体障碍以及提供基础原材料等方面，政府认真地为工业部门提供了帮助。[③] 随着国有制造业和基础设施公司的建立，如国家钢铁公司、生产铁矿石的淡水河谷公司、生产盐和纯碱的国家盐业公司、生产发动机的国有公司，以及圣弗朗西斯科水电公司，[④]联邦政府建立了一种直接干预经济的新模式，在这种模式中，由于风险

---

① 1935 年，由于允许自由汇回利润，巴西货币发生严重危机，几乎暂停了债务支付。美国持续向巴西施压，要求采取更灵活的外汇管制。Abreu，"Crise，crescimento e modernização autoritária"，83；Maria Antonieta Parahyba Leopoldi，"A economia política do primeiro governo Vargas（1930 – 1945）：a política econômica em tempos de turbulência"，in *O tempo do nacional-estadismo：do iníco da década de* 1930 *ao apogeu do Estado Novo*，2 vols.，ed. Jorge Ferreira and Luc′ılia de Almeida Neves（Rio de Janeiro：Civilização Brasileira，2003），2：241 – 285.

② "生产结构的扩张和变化，逐渐成为实业家的咖啡业巨头们和大企业家的敏感源。这种转变只是支持巴西工业化发展的因素之一，而且在拉丁美洲较为独特。我们将两种发展模式中最具活力部门的重合认为是一种巧合。这种巧合最初起源于里约—圣保罗轴心地区相对富裕的外部经济环境，通过进口替代积累的发展动力，使巴西从以中—南部为中心变成多极化的地区，尽管这也造成了地区间越来越严重的不平衡。"Tavares，"Auge e Declínio do processo de substituição de importações no Brasil"，60.

③ "早在 1939 年便开始计划，1940 年标志着经济成就创新的开始。当时，瓦加斯和财政部部长索萨·科斯塔（Souza Costa）计划推行一个五年计划，主要内容包括：钢铁厂、飞机厂、圣保罗阿方索水电站、圣弗朗西斯科河排水系统、铁路，以及从德国购买驱逐舰、飞机和船只。这些计划只进行了一部分，但实施的创新对国民生活的重要性不容小觑。"Sola，"O Golpe de 37 e o Estado Novo"，275.

④ Companhia Siderúrgica Nacional，Companhia Vale do Rio Doce，Companhia Nacional de Álcalis，Fábrica Nacional de Motores，and Companhia Hidroelétrica de São Francisco.

或低利润，私人没有增加资本的兴趣。这就需要巴西政府做出经济上的巨大努力，利用财政资源和外部贷款为这些新产业提供融资，并利用其大量出口收入进口这些国有企业生产所需的产品。

国家钢铁公司的案例特别值得一提。1942 年之前，尽管有无数建厂提议，但巴西仍没有大型钢铁厂。[①] 当时人们认为，钢铁厂是正在发展中的工业整合计划的关键，建钢铁厂得到军方的大力支持，军方认为这事关国家安全。鉴于巴西在第二次世界大战中对盟军的支持，美国政府通过进出口银行（Export-Import Bank）为巴西提供了融资。起初，私人合作资本与美国钢铁公司计划合资经营，但没有达成任何协议，于是政府决定单独承担起该企业的全部责任。[②]

政府还花费了相当大的努力制订计划并建立新部门处理教育和卫生问题。作为一个受法西斯意识形态和天主教复兴影响的政府，人们很关注公立和私立教育方向的改变。尽管在共和国时期，天主教不再是官方宗教，但它却得到了瓦加斯政权的支持，1931 年瓦加斯将宗教教育引入公立学校教育中。在新国家的更亲法西斯主义和亲天主教的思想家，教育部部长古斯塔沃·卡帕内马（Gustavo Capanema）任期内，巴西国内就需要建立新的道德和公民文化进行了大量讨论，私立和教会控制的中等教育也大幅增加，但初等教育的增幅有限。

此外，发展高等教育的努力微乎其微，主要原因是担心自由派的反对势力在这些学校中根深蒂固。20 世纪 30 年代初，在里约热内卢联邦区建立一所重要大学的努力在卡帕内马（Capanema）的控制下夭折，事实

---

① 尽管巴西有大量铁矿石，但其煤炭质量差，限制了钢铁产业的发展。此外，由于钢铁重要的战略地位，对于国家钢铁公司的控制权存在争论。许多人认为该项目不能由外国资本控制。最终，国家掌握了国家钢铁厂的控制权，并且进口煤炭用于炼钢。关于这一内容，参见 Wirth, *The Politics of Brazilian Development* 1930 – 1954, Part 2。当时运营的小型钢铁厂，如贝尔戈－米内拉（Belgo Mineira），使用的是植物燃料。

② 据称，瓦加斯本可以同美国和德国同时就该项目展开谈判。美国的帮助原本是对巴西支持同盟国的一种补偿。众所周知，瓦加斯政府中许多人表达了对纳粹政权的支持。巴西的地理位置对同盟国具有重大的战略意义。但是，美国是巴西出口最重要的目的地市场。关于这一论题，参见 Wirth, *The Politics of Brazilian Development*; Sérgio H. Abranches, "Governo, empresa estatal e política siderúrgica: 1930 – 1975", *As origens da crise: Estado autoritário e planejamento no Brasil*, ed. in Olavo Brasil de Lima Jr. and Sérgio H. Abranches（São Paulo: Vértice, Revista dos Tribunais, 1987）, 155 – 213。

上，严格意义上的巴西第一所大学是在私人倡议和圣保罗州地方政府的
支持下创立的。尽管早在 19 世纪，巴西就拥有医学、法学和工程类院
校，但并未建立一所大学。但是在 1933 年，圣保罗的主要政治领袖和实
业家通过整合各种学院和一个新的科学系和文学系，建立了圣保罗大学。
这是巴西的第一所大学。它是一所自由的、世俗的公立大学，最初按照
法国大学的基本标准设计。法国派出一支由法国著名学者组成的代表团，
帮助建立这所大学，其中包括克洛德·列维·斯特劳斯（Claude Levi
Straus）和费尔南德·布罗代尔（Fernand Braudel）。在第一个教学年中，
哲学系只有来自法国、意大利和德国等欧洲的学者，他们承担了所有自
然科学和社会科学的教学任务。这是巴西高等教育中一个革命性的概念，
这个核心学院花费几年时间成为大学的重要组成部分，工程、采矿、法
律和医学院最终独立出来。最终，新建立的圣保罗大学（*Universidade de
São Paulo*）和里约热内卢的奥斯瓦尔多·克鲁兹研究所（*Instituto Osvaldo
Cruz*）发展成为现代巴西科学的真正先驱。[1]

　　但是最初，巴西首所大学规模很小，只能培养数量有限的学生，在
接下来的几十年里，高等教育只面向巴西少数的精英阶层，且仍然由对
科学或研究几乎没有兴趣的专业学校主导。如果说在高等教育领域收效
甚微，那么瓦加斯政府确实开创了教育方面一个巨大的新局面，有趣的
是，这来自劳工部。这就是首个现代意义上的工业和商业培训项目的建
立。1939 年，政府颁布法令，规定拥有 500 名（含）工人以上的大公司
必须提供员工便利设施，还要求为员工开展"专业技能培训课程"。[2] 在
罗伯托·西蒙森（Roberto Simonsen）的领导下，新建立的劳工部和圣保
罗工业联合会（*Federação das Indústrias do Estado de São Paulo*）推行由私
营工业赞助的教育，而这在很大程度上违背了教育部的意愿。[3] 受德国现

──────────

　　① 关于这段历史的论述请参见 Simon Schwartzman，*A Space for Science-The Development of the Scientific Community in Brazil*（College Park：Pennsylvania State University Press，1991），Chapter 5。

　　② Simon Schwartzman，Helena M. B. Bomeny，and Vanda M. R. Costa，*Nos tempo de Capanema*（São Paulo：Editora da Universidade de São Paulo and Ed. Paz e Terra，1984），Chapter 8。

　　③ 西蒙森（Simonsen）同圣保罗州的州长小儒利奥·德梅斯基塔（Júlio de Mesquita Filho）和政治领袖阿曼多·德萨莱斯·奥利维拉（Armando de Sales Oliveira）一样，也是建立圣保罗大学的关键人物之一。Schwartzman，*A Space for Science*，Chapter 5.

代工业学徒制思想的影响，实业家们努力控制一个在此前完全被国家忽视的领域。结果是在1942年建立的世界上最大的现代私营的工业教育体系之一——最初被称为国家工业学徒服务（*Serviço Nacional de Aprendizagem Industrial*，SENAI），之后在1946年成为国家商业学徒服务（*Serviço Nacional de Aprendizagem Comercial*，SENAC）。这些实业家说服联邦政府设立工资税，以发展由各州私营工业协会管理的学校系统。SENAI很快便建立了培训课程并且将通过短期和长期项目录取成千上万的学生，甚至将培养出一名未来的共和国总统。[①]

SENAI的成功在许多方面与瓦加斯政府进行一项根本性变革有关。与旧共和国的意识形态和活动形成鲜明对比的是，瓦加斯政府在劳工关系方面进行了深刻变革。尽管在以暴力镇压左翼运动方面与之前政权保持了一致，但政府通过现代劳工立法实行了一项吸收城市工人的新政策。这些法律涉及组织工会的权利、工人基本的讨价还价权利以及社会保障权利。虽然该项立法来自政府的主动行为而非工人阶级施加的压力，但它却反映了政府部门的看法，即城市，尤其是来自工业部门的工人阶级及其组织，已经成为国家舞台上的重要成员。这是同旧共和国时期相比一个根本性的变化。[②]虽然这种合作削弱了工会组织的自主权，导致政府控制的工会并催生了从属的工会领导人，但这些组织已经成为瓦加斯政治基础的重要组成部分。[③]瓦加斯富有魅力的形象很大程度上来自他对国

---

① 关于SENAI起源的研究，参见Barbara Weinstein，"The Industrialists, the State, and the Issues of Worker Training and Social Services in Brazil, 1930 – 50"，*Hispanic American Historical Review* 70, 3（August 1990），379 – 404；and her book-length study：*For Social Peace in Brazil：Industrialists and the Remaking of the Working Class in São Paulo, 1920 – 1964*（Chapel Hill：University of North Carolina Press, 1996）。

② 华盛顿·路易斯（Washington Luís）强调"社会问题是警察的事"尽管经常被引用，但还是有一些学者对这一表述的正确性提出质疑。参见John D. French，"Proclamando leis, metendo o pau e lutando por direitos"，in *Direitos e Justiças no Brasil, Ensaios de História Social*，ed. Silva Hunold Lara and JoseliM. N. Mendonça（Campinas：Ed. UNICAMP, 2006），379 – 416。

③ "诞生于1930年革命中的国家，坚持在政治上削弱工人阶级，严厉镇压工人阶级的先锋队及其党组织，但同时又试图同全体工人阶级建立一种新的关系。旧统治阶级所推行的简单纯洁的政治失去了维持其自身发展的条件。在自由联盟的平台上，已经有迹象表明人们对所谓的社会问题有了更大的兴趣。20世纪30年代初期的工人骚乱，最终使政府对这个问题变得'敏感起来'。" Fausto, *A Revolução de* 1930, 107 – 108.

家控制的劳工运动的利用和操纵。

瓦加斯颁布的劳工法很全面，代表了巴西劳工关系的进步。随着
1930 年劳工部的成立，一系列的法律规范得以发展，这些法律规范与政
府一道规定了与政府合作时工会与资方之间的关系，并得到政府批准的
保障。此外，政府采取了所谓的团结工会政策（*unicidade sindical*），为每
个行业和每个城市建立了一个单一的联盟。① 这一立法对每个企业的外国
雇员人数进行了限定（法律规定巴西雇员数需占 2/3），规定了工作日、
保证假期，并且对妇女和童工进行限制。此外还有集体劳动合同与由职
工代表和管理人员组成的劳动调解委员会（Boards of Labor Conciliation），
处理劳动合同和劳动纠纷。② 劳动节（5 月 1 日）成为一项重大的公共活
动，被称为"工人的节日"。最终，在里约热内卢的瓦斯科·达·伽马
（Vasco da Gama）体育场举行了仪式，瓦加斯签署了巴西历史上第一项最
低工资法令。1940 年，他建立了工会税（工人支付，但由政府分配给各
个工会），为工会提供收入来源，成为国家和工会合作的基本工具。③ 工
会会费和每个行业的单一工会模式被用来巩固劳工对政府的支持。1941
年，劳工司法体系建立，对与工作有关的纠纷进行裁决。1943 年，所有
的工会法律被合并成一部统一的法典，保障了工人的权利。瓦加斯社会
政策中的另一项重要内容是建立了社会福利制度。同西方大多数国家的
规范一样，巴西最早的正式退休计划（*caixas de pensões*）始于 20 世纪 20
年代至 30 年代，经济中特定部门的一小部分工人参与其中。巴西的情况
与许多拉丁美洲国家一样，公务员从殖民地时期起就有覆盖范围极为有
限的退休计划（称为"*montepios*"）。但是，有效的现代养老金计划直到
20 世纪 20 年代才开始。首批私营员工计划设立于 1923 年，铁路工人获
得了医疗救助、退休和依照埃洛伊·查韦斯法（Elói Chaves law）领取的

---

① 1939 年，按地域单位划分的工会"独特性"或垄断地位得以建立，即禁止一个工作类
别建立多个工会组织。尽管宪法规定了工人结社的自由，但这条与工会税相结合的规定，代表着
国家对工会权力的利用，一直持续到今天。即使是反对贸易联盟统一规则和工会税的劳工党
（Partido dos Trabalhadores，PT）在其执政时也没有修改这一立法。

② Convenções Coletivas de Trabalho and Juntas de Conciliação e Julgamento.

③ 对于所有工人来说，无论是否加入工会，工会税代表了其工作日的贡献。筹集到的资金
被分配给工会，工会依靠这笔可自由支配的收入。工会收入依赖于这项税收，使其可以依附于国
家，而不仅仅是其工会工人的贡献。这项税收一直持续到今天。

寡妇抚恤金。1926 年，这些权利扩展至港口工人，并在此后的几十年中惠及各行各业的工人。1931 年，这些被称为 Caixa de Aposentadoria e Pensões（CAPs）的养老基金惠及公务员群体并在 1932 年将矿工纳入其中。每个部门有其各自的养老基金（CAP），由工人、雇员和政府通过强制性缴费积累而成。① 另一方面，政府通过将地方养老基金合并至退休和养老金机构（*Institutos de Aposentadoria e Pensões*，IAP）中，使该体系制度化，从而确保整个经济部门的养老金。正如许多人注意到的一样，IAPs 代表了社会保险制度的重大转变，从私营转向公共，从个体公司转向整个工人阶级。② 此外，政府于 1936 年接管了 CAPs 和 IAPs 的盈余基金，并将其投资于各种各样的政府证券，从而为这些养老金项目创造资本收益。③ 这些证券大部分涉及政府开发的工业投资项目以及新首都巴西利亚的建设。在这一方面，巴西和其他许多国家一样，盈余资金用于国家工业化建设。④

巴西第一个退休机构于 1934 年为所有海事工人设立，其后在 1936 年为商业和银行员工也设立了退休机构。1938 年，运输工人有了自己的退休机构，到了 1939 年，巴西有 98 个 CAPs 和 5 个 IAPs，覆盖了 180 万工人，这些都由劳工部管辖。

① James Malloy, *The Politics of Social Security in Brazil* (Pittsburgh, PA: University of Pittsburgh Press, 1979), 40 – 50; Celso Barroso Leite, "Da lei Elói Chaves ao Sinpas", in *Um século de previdência social: balanço e perspectivas no Brasil e no mundo*, ed. Celso Barroso Leite (Rio de Janeiro: Zahar, 1983), 39 – 44.

② Amélia Cohn, *Previdência social e processor político no Brasil* (São Paulo: Editora Moderna, 1981), 8.

③ Eli Iôla Gurgel Andrade, "Estado e previdência no Brasil: uma breve história", in *A previdência social no Brasil*, ed. RosaMaría Marques et al. (São Paulo: Editora Fundação Perseu Abramo, 2003), 71 – 74.

④ Francisco Eduardo Barreto de Oliveira, Kaizô Iwakami Beltrão, and Antonio Carlos de Albuquerque David, *Dívida da União com a Previdência Social: uma perspectiva histórica*, Texto para Discussão No. 638 (Rio de Janeiro: IPEA, 1999). 这种利用养老金支持公共项目甚至私营产业的行为并不罕见，20 世纪 40 年代的墨西哥阿莱曼（Aleman）政府建立福利国家以及 20 世纪 30 年代墨索里尼（Mussolini）统治下的法西斯政权都采取了这种做法。可参见 Rose J. Spalding, "Welfare Policymaking: Theoretical Implications of a Mexican Case Study", *Comparative Politics* 12, 4 (July 1980), 419 – 438; and Maria Sophia Quine, *Italy's Social Revolution: Charity and Welfare from Liberalism to Fascism* (New York: Palgrave, 2002), 115。

政府在卫生政策方面也采取了重要举措。与在 19 世纪和 20 世纪从分散的走向更为集中的联邦体制的教育政策不同，巴西的公共卫生呈现出反向变动趋势。从一开始，公共卫生是中央政府关注的内容，首先是港口和首都，其次是各个地区，最后才是州和市。卫生运动的早期领导人关注污水和清洁用水，这些人是巴西主要的科学家，他们与政治精英有密切联系，将公共卫生议题推到联邦政府关注的最前沿。19 世纪下半叶，巴西遭遇了席卷全国的流行病灾害。1849 年爆发的黄热病和 1855—1856 年的霍乱流行使巴西帝国和巴西共和国政府均愿意积极处理公共卫生和清洁问题。

1851 年，巴西政府成立了帝国公共卫生委员会（Imperial Council of Public Hygiene），1886 年，更有权力的卫生总检查机构（General Inspectorship of Hygiene）成立，控制港口巡检员和政府重要的统计。尽管建立了新共和国，大部分中央政府的职能被下放到各州，联邦政府还是加强了国家公共卫生机构的建设。1902 年，当时知名的科学家奥斯瓦尔多·克鲁兹（Oswaldo Cruz）在里约热内卢州组织了一场抗击黄热病的运动，1904 年，他被任命为国家公共卫生总局局长。[1] 不久之后，全国开展了防治黄热病、黑死病和天花的运动，并制定了一项法律，强制所有人必须接种疫苗，以预防这些传统疾病。此后在 20 世纪前十年和 20 世纪 20 年代，政府支持在全国范围内进行疾病登记和采取其他一系列公共卫生措施。1923 年，另一位知名科学家卡洛斯·沙加斯（Carlos Chagas）帮助建立了新的国家卫生处（National Public Health Department，DNSP）。[2] 在他的指导下，国家政府促进母婴保健发展；就工业事故和农村卫生开展工作；并且鼓励药品注册和其他一系列公共卫生活动。随着第一批养老金和退休计划在 20 世纪 20 年代建立，一项系统性的转变发生，即建立了地方诊所，开展与 IAPs 和 CAPs 有关的预防医学实践。许多养老基金中有医院和诊所，并且经常为其成员提供比地方市政当局或其他政府机构更好的医疗服务。

瓦加斯推翻了旧共和国，仅仅加强了中央政府的公共卫生能力。

[1] Directoria Geral de Saúde Publica.
[2] Departamento Nacional de Saúde Pública.

1930 年，独立的教育和卫生部（Ministry of Education and Health）成立，下辖卫生处（Department of Health）。1934 年，卫生局处改组为规模更大的国家卫生和社会医疗援助部（National Health and Social Medicine Assistance Department），在它的支持下汇集了与医院、港口和联邦区有关的各种类别和服务，以及针对特定地区特定疾病而开展的正式活动。这些在1930—1934 年之间似乎处于沉寂状态，但是在 1935 年之后，得到了洛克菲勒基金会（Rockefeller Foundation）的帮助，重新焕发生机。1937 年，联邦卫生部下属部门担任了所有州卫生部门的协调员，在联邦政府引导下，所有城市都设立了公共卫生特别基金。还首次系统性尝试资助和发展农村卫生诊所。

瓦加斯领导下的联邦政府于整个 20 世纪 30 年代和 40 年代在国家公共卫生领域发挥着主导性的作用，1953 年，所有这些努力最终被重组成一个单独的卫生部。从卫生统计到卫生保健工作者教育，从创建护理学校到资助研究机构，再到评估国产药品的质量，新卫生部控制了一切。[①]

政府所有这些社会层面和经济层面的举措为建立现代社会福利国家奠定了基础，尽管覆盖面相对局限在现代都市部门的有限部分，但这是对前任政府自由主义意识形态的重大改变，瓦加斯创立的思想及制度将对 1950 年之后建立现代福利国家产生深远影响。

在经济改革和方案上，瓦加斯政府成功地刺激了经济发展。尽管国际经济复苏缓慢，但巴西在 1930—1945 年之间实现了令人印象深刻的经济增速，GDP 年均增速达到 4%。其中，农业增速为 2.1%，服务业3.9%，工业的年均增速达到 6.2%。[②] 这意味着工业在国民经济中的比重实现了提升，从 1929 年的 20.3% 提高到 1945 年的 28.6%。反过来，同

---

① 关于卫生改革和这一时期的具体实践，请参见 Cristina M. Oliveira Fonseca, *Saúde no Governo Vargas*（1930 – 1945）: *dualidade institucional de um bem público*（Rio de Janeiro: Editora Fiocruz, 2007）。关于瓦加斯积极参与国际卫生关系领域的论述，请参见 André Luiz Vieira de Campos, *Políticas internacionais de saúde na era Vargas*: *O Serviço Especial de Saúde Pública*, 1942 – 1960（Rio de Janeiro: Editora Fiocruz; 2006）; and Lina Faria, *Saúde e Política*: *a Fundação Rcokefeller e seus parceiros em São Paulo*（Rio de Janeiro: Editora Fiocruz, 2007）。

② Ipeadata: available at http://www.ipeadata.gov.br/.

一时期农业在经济中的占比则从 36.9% 降至 28% （图 2.3 和附表 3）。[①]

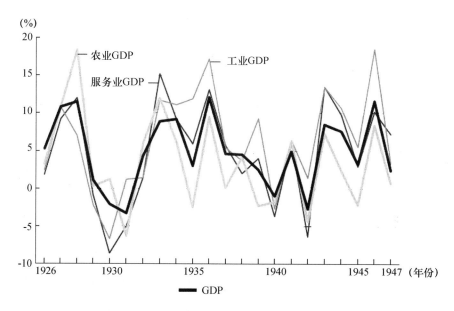

图 2.3　1926—1947 年各经济部门实际 GDP 变化

资料来源：Ipeadata。

　　这种工业超速增长可以从 1920 年和 1950 年工业普查对比中看出端倪：在这一时期，工业企业的数量是原来的 7 倍，工人数量是原来的 4 倍，工业耗能（当时被称为电机力）则为初始值的 8 倍。尽管整个国家快速增长，但毫无疑问，东南部地区是经济增长的领跑者。在这一时期，东南部地区的工业领导地位得到巩固，吸收了全国三分之二的产业工人和工业生产所需的动力。在东南部地区中，圣保罗州获益最大。圣保罗州产业工人数量和能源消费量占全国的比重均从 30% 上升至 40%。圣保罗工业增长发生在1920—1940 年之间，这保证了圣保罗在巴西工业结构中的首要位置。尽管米纳斯吉拉斯和南里奥格兰德州也保持了其相对地位，联邦区（含里约热内卢市）的增速更为缓慢使其丢失了在全国生产中的相对份额。[②] 在圣保

────────────

　　① Raymond W. Goldsmith，*Brasil 1850 – 1984. Desenvolvimento Financeiro Sob um Século de Inflação*（São Paulo：Editora Harper & Row do Brasil，1986），148. 巴西的 GDP 统计序列数据从 1947 年开始。

　　② 联邦区产业工人的全国占比从 19% 下降至 13%，工厂装机动力降幅更大，从 19% 降至 10%。

罗，工人人数增加了5倍，工业生产耗电量增加了11倍，但是在联邦区，工人人数和工业生产耗电量分别只增长了3倍和4倍。

1920—1940年，电力使用和工人数增速相同。但是在1940—1950年，工业生产耗电量年均增速为9.1%，而工人数增速为6.1%，后一时期耗电量增速快于工人数量增加，这意味着劳动生产率提高。这也可以从单位企业平均雇佣员工数的下降和平均耗电量的增加看出（图2.4a和图2.4b）。

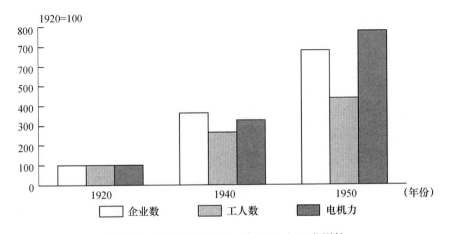

图2.4a 1920年、1940年和1950年工业增长

资料来源：*Anuário Estatítica Brasil*，1957，v.18。

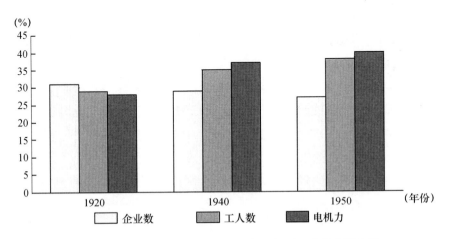

图2.4b 1920年、1940年和1950年圣保罗工业的全国占比

资料来源：Anuário Estatítica Brasil，1957，v.18。

　　由于圣保罗的超级地位，东南部地区在 1940 年工业普查中成为巴西
工业的领头羊。东南部地区的工业生产总值，以及公司、机器、资本和
劳动力的总价值占全国的四分之三。相反，南部和东北部地区在以上这
些要素中均只占 10%。单单一个圣保罗就占巴西工业生产总值的 45%，
机器设备产值的 54% 以及工业产品价值的 39%。相反，联邦区只占货物
生产的 22%，南里奥格兰德州仅为 9%，米纳斯吉拉斯州占比为 8% （图
2.5）。[①]

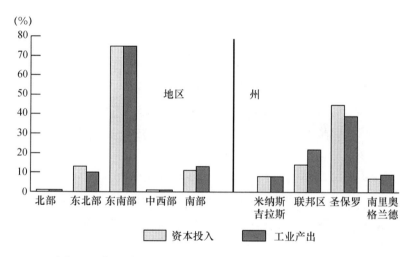

图 2.5　各区域和主要州的工业参与——1940 年工业普查

资料来源：Recenseamento Geral, 1940, v. Ⅲ。

　　圣保罗在工业经济中重要性的另一个明确指标是能源的生产，这是
对制造过程的基本投入。1947 年，全国水电装机容量 150 千瓦，占全国
发电量的 84%。在这些水力发电量中，有一半以上产自圣保罗，只有四
分之一来自第二大水力发电州——里约热内卢州。[②]

----

　　① 关于圣保罗州在工业进程中的参与，可参见 Wilson Cano, Raízes da Concentração industri-
al em São Paulo （São Paulo：Difel, 1977）。

　　② Anúario Estatístico do Brasil de 1948, Rio de Janeiro, IBGE, 1949, 157. 关于巴西电力发
展历史，请参见 José Luiz Lima, "Estado e desenvolvimento do setor elétrico no Brasil：das origens à
criação da Eletrobrás" （MA thesis, São Paulo, Faculdade de Economia e Administracção, USP,
1983）。

在不同的州和不同区域，投资于工业生产的国内资本的作用也有很大差别。巴西所有资本中，进行工业生产的资本占比为59%。在联邦区，巴西国民拥有少数工业控制权，而在米纳斯吉拉斯州和南里奥格兰德州，巴西人控制了约85%的工厂。在圣保罗，巴西国民控制率为56%。① 即使所有权涉及大量外国资本，工业过程中使用的原材料也主要来自巴西（约占所有产品的80%），劳动力主要是男性（80%）。

1940年，在4万家工业公司中，食品加工类企业占比最大（约30%），其次是木材加工业和非金属矿业。② 食品生产商在总产量中的占比最大（20%），其次是纺织业（18%）、化工和制药、能源。食品和纺织业企业的重要性还体现在，无论是资本、劳动力、工资还是能源消耗，这些企业均占全国的一半。在1940年的普查中，发电企业资本最密集，使用机器和设备的价值占全国的一半。但纺织业平均每个公司雇员数量最高，为145人，巴西平均水平则为24人/公司。正如可预料的那样，发电行业的外国所有者的比率最高（85%），而纺织业只有26%的公司由外国资本家控制。③

但是在1940年，巴西的整体工业发展相当传统，资本货物产业规模小，绝大多数工厂生产消费品。消费品工业在公司价值、就业、资本和商品生产等方面均占全国的一半，而资本货物产业（冶金和机械公司）在以上内容中的占比只有6%。这意味着尽管巴西工业部门高速增长，但多样化程度低，多集中在传统工业部门（图2.6）。④ 在1940年普查所列公司中，有三分之二成立于1920年之后，这说明巴西的工业部门还相当新。

这一时期的公司规模仍然有限。一半以上的公司雇员数少于5人，

---

① 数据不包括匿名团体，只考虑单个公司和合作伙伴。在外国投资者中，葡萄牙人居首，占全部外国工业投资的33%，其次是意大利人，占28%，然后是德国人和西班牙人。在某种程度上，这种构成符合抵达巴西的移民的起源模式，尽管西班牙人的代表人数不足，而德国人的代表人数过多。

② 在非金属矿产加工领域，盐和水的提取以及石材和建筑材料占主导地位。

③ 机械行业有57%的外资，包括水泥和平板玻璃行业在内的非金属矿产加工行业的外资比例为49%。

④ 在这两组工业类型中，巴西人控制的实收资本接近75%。

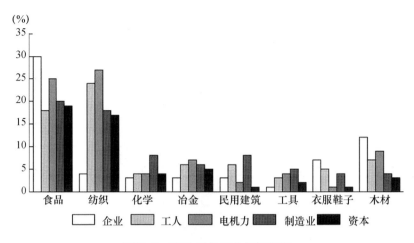

图2.6　1940 年各工业部门指标

资料来源: Recenseamento Geral Brasil, 1940, v. Ⅲ。

89%的公司雇员少于 25 人。① 雇佣 250 人以上的企业只占企业总数的 1%，它们却控制了 40% 的工人（图 2.7a 和图 2.7b）。

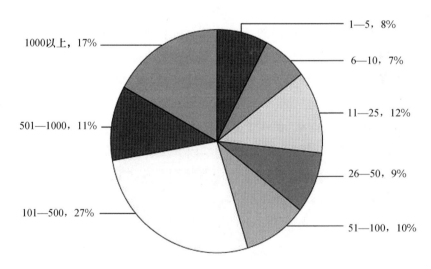

图2.7a　1940 年根据员工数量的企业分类

资料来源: Recenseamento Geral 1940。

① 1940 年的人口普查对企业和机构进行了区分，企业和机构是一个司法单位。一个机构代表一个生产单位，可以有一个以上的企业。

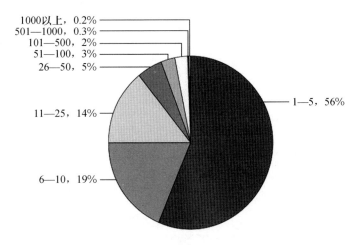

图2.7b 1940年根据企业规模分类的工人数占比

资料来源：Recenseamento Geral 1940。

在就业方面，纺织业是一个特殊案例。在这个行业，雇用多达25名工人的公司数占所有纺织厂总数的64%，但其总雇员数却只占工人总数的11%。鉴于每个工厂的平均工人数非常高——每个公司平均有106个雇员——是所有行业中最高的，因此该行业实际上由大公司主导。拥有至少250名员工的公司数量为218家（占纺织厂总数的10%），这些企业却雇佣了四分之三的纺织工人。在85家拥有超过1000名工人的公司中，超过一半（48家）是纺织厂（图2.8）。此外，相较于男性雇员为主的资本货物和其他工业部门，纺织业是女性员工最为集中的部门（52%）。

到了1948年，制造业占GDP的比重为21%。圣保罗州和里约热内卢州再次超过了平均水平，东北部的一些州制造业占比相对较高是因为其蔗糖工业发达（图2.8）。[①]

同工业一样，农业在国际经济危机期间也实现了增长。农业具有多

---

① 这些数据来自国民经济核算，这一序列从1947年开始进行统计，对巴西工业转型进行刻画。根据国民经济核算数据，当年工业总产值占GDP的比重为24.5%。这一数值与国民经济核算建立之前的统计数据可能存在不一致，Goldsmith, *Brasil* 1850 – 1984, 148。同样可以参见IBGE, available at http://seriesestatisticas. ibge. gov. br/lista tema. aspx? op = 0&no = 12, and Conjuntura Econômica, Setembro 1971, available at http://www. docpro. com. br/BibliotecaVirtual/Conjuntura/Pesquisalivre. html。

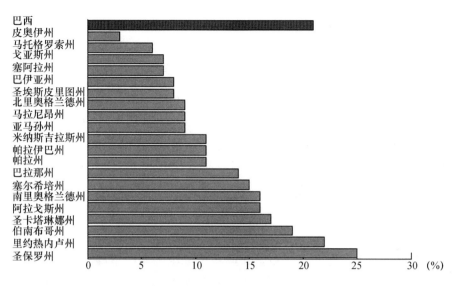

图 2.8 1948 年巴西各州制造业占 GDP 的比重

资料来源：FGV, Conjuntura Econômica, 25, Sep. 1971。

面性，不但为国内市场生产食品和工业原材料，还为国际市场供给咖啡和其他农产品。因此，越来越多的产品进入市场，而不再仅仅是维持生活所需。农业创造出口盈余，为国内市场提供食品和原材料以取代进口。[①] 因此，巴西建立了一些国家机构来促进产品生产，如 1937 年建立的农业组合贷款（Agricultural Portfolio Loan）和巴西工业银行（Industrial Bank of Brazil），这两个机构的成立使农业首次获得了充足的贷款工具支持。[②] 这种增长和多样化是 1920—1950 年这段时期内的常态。此外，由于农村工人被吸引到城市中心和不断扩张的工业部门中，这些变化在劳

① 根据佩德罗·丰塞卡的研究，"通过工业或农业使经济重新转移至国内市场，这似乎并不是一种巧合。即使没有严格意义上的政府规划，政府的计划和行动也代表了这一方向。国内市场的发掘并不意味着放弃了经济政策的外部调整。相反，进口替代和多样化出口正式实现国际收支顺差并且保证国家履行国际承诺"。Pedro Cezar Dutra Fonseca, *Vargas: o capitalismo em construção* (1906 – 1954) (São Paulo: Brasiliense, 1989), 219. Vargas affirmed in speeches the necessity of increasing agricultural production and exports and diversifying its products. Getúlio Vargas, *A Nova política do Brasil: O Estado Novo* (10 de novembro de 1937 a 15 de julho de 1938) (Rio de Janeiro: José Olympio, 1944), 305.

② Iliane Jesuina da Silva, "Estado e agricultura no primeiro governo Vargas (1930 – 1945)" (PhD thesis, Campinas, Universidade Estadual de Campinas, 2010), Chapter 4.

动力下降的背景下实现。① 但是，尽管在这一关键转型期发生了变化，农业部门仍然保持着传统的生产结构，土地所有权高度集中。

在这一时期，农业仍然由历史上的地主精英统治，农村劳动力制度安排几无变化。瓦加斯颁布的一系列劳工立法并未惠及农村工人，他们仍然被传统的劳工制度安排束缚在土地上。直到 20 世纪 40 年代末，在一些地区，传统的殖民统治依然占主导地位。② 在其他领域，缓慢的现代化进程已经开始，在 20 世纪 70 年代以后，这一进程加快并将在 20 世纪末期完成。鉴于瓦加斯依赖传统农村精英阶层的支持，以便能够在城市地区取得突破，因此他避免在农村地区推行社会改革。③

尽管直到 1950 年，农业仍然吸收了全国 60% 的劳动力，但是在 1920 年之后随着劳动力流入工业和服务业，这一比例逐渐下降。从传统农业部门解放出来的劳动力对城市工业部门的发展起到了至关重要的作用。1920—1940 年期间，尽管农村人口在不断增长，但其增速落后于城市人口增加的速度，而服务业部门的经济活动人口增速更快（图 2.9）。④ 由于工业和农业部门之间的巨大差异，工业部门重要性的增强使整个经济的生产率得到了显著提高。到了 1948 年，农业在 GDP 中的比重为 28%，但是这一数据在各州之间差异很大。在圣保罗州，农业约占国内收入的三分之一，但是在大多数州，这一比重接近 50%。鉴于服务业部门的重要性，里约热内卢州和其他州不同，农业占比更低，服务业占比则较高（图 2.9）。

---

① 1920—1950 年，制造业中的经济活动人口比重从 5% 提高到 8%。同期，农业活动人口占比保持在 37% 的水平上。Thomas Merrick and Douglas Graham， "População e desenvolvimento no Brasil：Uma perspectiva histórica"，in *Economia Brasileira：Uma Visaõ Histórica*，ed. Paulo Nauhaus（Rio de Janeiro：Editora Campus，1980），200–201.

② Maria Isaura Pereira de Queiroz，*O mandonismo local na vida política brasileira*（São Paulo：Alfa-Omega，1976），Parts 1–2. 总的来说，1940 年，农村地区仍然由大庄园主和无薪劳工之间的劳工关系所主导，此外，农场工人没有任何社会保障。瓦加斯政府时期劳工关系的改革并未惠及广大农村地区。

③ 需要强调的是，瓦加斯执政基础是工业部门和城市工人，而传统的农村精英阶层在农村地区并不接受任何形式的农业结构或劳工关系的变革。城市和工业领域进行现代化转型的可能性需要农村方面相对保守的立场给予支持。

④ 服务业部门的比例是 134%，工业为 86%，农业则为 61%。Merrick and Graham，"População e desenvolvimento no Brasil：Uma perspectiva histórica"，45–88.

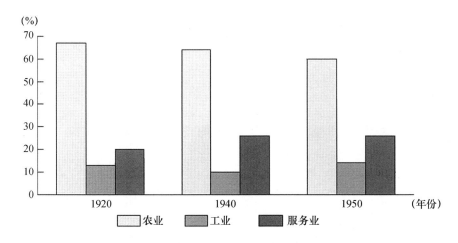

图 2.9 1920—1950 年各产业部门的经济活动人口

资料来源：Merrick and Graham（1980）。

　　但是在出口中，农产品仍占据主导地位。1945 年，巴西出口产品中有 90％ 是农牧产品，而单是咖啡这一种商品就占其出口总值的三分之二以上。除了咖啡之外，棉花成为重要作物，为国内市场和国内纺织业，以及国际市场提供供给。原棉出口约占总出口额的 11％，纺织制成品出口则占到 13％。显然，纺织品是这一时期最重要的单一出口制成品，但在 1945 年，制成品占巴西总出口的比重仅为 5％。此外，棉花种植也随着国家制造业的发展而实现了扩张，在满足国内工业市场的同时甚至能够远销海外。同时，巴西还生产棉籽油，成为国内市场重要的消费品。[①] 直到瓦加斯时期，巴西的棉花主要集中在东北部地区，而且仍采用传统方法生产。但是在 20 世纪 40 年代，圣保罗成为主要的棉花产区，其棉花产量占全国的三分之二，东北部地区（塞阿拉州、北里奥格兰德州、伯南布哥州和帕拉伊巴州）则占三分之

──────────

　　① 从历史来看，由于棉花生产为满足国外市场需求，深受国际市场变化的影响。当国际需求增加，例如在美国内战期间，巴西的棉花产量会增加，以满足国际市场需求。由于巴西是低质量、高成本的生产国，一旦国际市场回到常态，其棉花产量和出口量都会下降。这种形势在 20 世纪初开始发生变化，巴西建立了民族纺织业，催生了新的且不断增长的国内棉花市场。Alice P. Canabrava, *O algodão no Brasil*, 1861 - 1875（São Paulo: T. A. Queiróz Editor, 1984）；Alexandre Bragança Coelho, "A cultura do Algodão e a questão da integração entre preços internos e externos"（MA thesis, Universidad de São Paulo, 2002）.

一。相反，其他传统的农业出口产品，例如蔗糖、橡胶、可可、马黛茶和烟草在 1945 年的出口占比只为 8%，与 1920 年的比例持平（图2.10 和附表 4）。

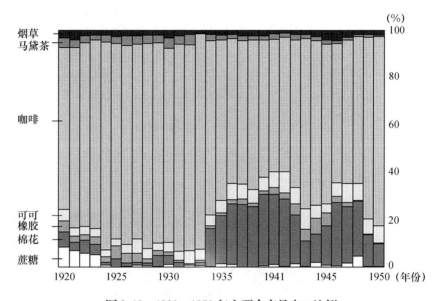

图 2.10　1920—1950 年主要农产品出口比例

资料来源：IBGE Séries Históricas Retrospectivas。

　　尽管农业部门失去了一部分劳动力，在 GDP 中所占的比重也有所下降，但这一时期农业生产却大幅增加。农业产量的提高得益于人口增长以及工业发展带来的需求增加。1930—1945 年间，农业产量增长了250%，年均增速为 9%。除了用于工业生产的棉花之外，全国人民食品消费中必不可少的大米和木薯也以年均 6% 的惊人速度增长。但是糖和豆类的生产比木薯和大米的生产速度慢得多，在同一时期年均增速只有2.4%。玉米作为任何动物的基本粮食作物，在整个时期内的产量稳定。咖啡在 20 世纪 30 年代和 40 年代经历了严重的危机后，出现增长迹象，尤其是在 20 世纪 50 年代（图 2.11）。

　　在这一时期收获的所有农作物中，有七种产品占主导地位。它们是咖啡、棉花、玉米、大米、豆类、木薯和蔗糖——这七种作物在 1938—1947 年间的产值占比达到了 85%。其中，咖啡、棉花、玉米和大米最为

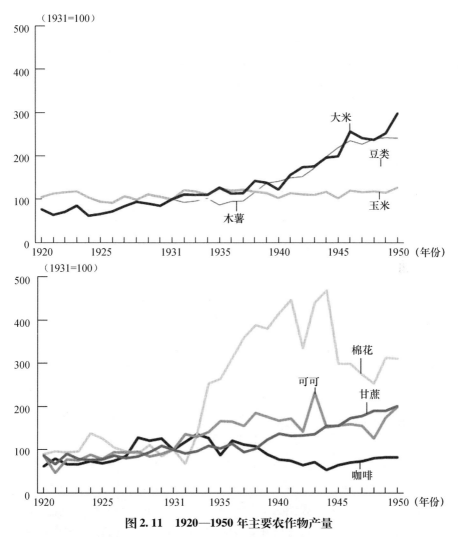

图2.11　1920—1950年主要农作物产量

资料来源：IBGE-Séries Históricas Retrospectivas。

重要。就种植面积而言，玉米、咖啡和棉花占据了这一时期种植面积的90%以上。玉米的种植面积最大，约占作物总面积的三分之一，其次是咖啡和棉花。随着历史的发展，玉米种植面积极度扩张，产量也大幅度增长。1920—1950年，玉米产量从33万吨增加到110万吨（图2.12）。

随着咖啡种植转移至巴西北方地区及圣保罗州的南部地区，原先种植咖啡的地区也发生了改变。尽管圣保罗州依然重要，巴拉那州的咖啡

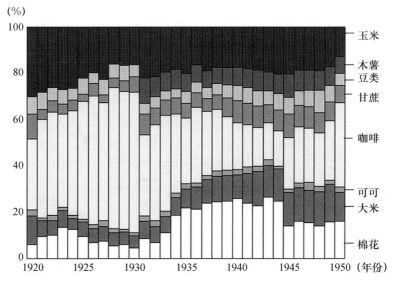

图 2. 12　1920—1950 年主要农作物产值占比

资料来源：IBGE-Séries Históricas Retrospectivas。

产量增长迅猛，并且很快实现了赶超。除了这两个州之外，米纳斯吉拉斯州、圣埃斯皮里图州和里约热内卢州也是咖啡产区。1950 年，圣保罗州新种植咖啡树为 1.37 亿棵，咖啡树存量达到了 9.56 亿棵。此时，巴拉那州新植咖啡树为 1.18 亿棵，结果咖啡树的数量达 1.6 亿棵，正处于赶超领先者的时期。[①]

在瓦加斯时期，虽然大多数作物的产量实现了增长，但生产率却几乎没有变化（图 2.13a 和图 2.13b）。实际上，20 世纪 40 年代末期，随着种植棉花的亩产下降，棉花的生产率出现下降。[②] 可可也出现了生产率为负的情形，产量在 20 世纪 40 年代下降，尽管种植面积并未发生改变。所有这些生产能力的不足都是由于大多数农作物生产继续使用传统农业技术，同时减少了机械的使用，肥料和粪肥的使用也非常有限，甚至连耕犁也很少使用。1950 年，农村每 400 公顷土地只有 1 台耕犁，如果仅以

---

① 在 1956—1960 年后，巴拉那的咖啡产量已经超过圣保罗州。在接下来的五年中，巴拉那州咖啡产量比圣保罗州高出 85%。

② 1945 年，2/3 的棉花产自草本棉，1/3 来自棉花树，这是一种多年生作物。在 1944 年达到峰值后至 1950 年，这两种棉花产量降幅达 1/3。

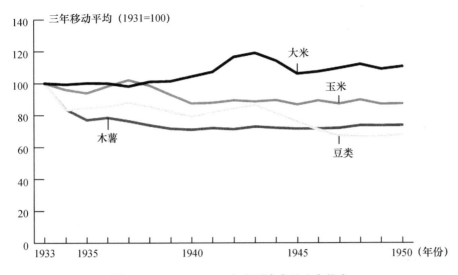

图 2.13a　1933—1950 年主要农产品生产能力

资料来源：IBGE-Séries Históricas Retrospectivas。

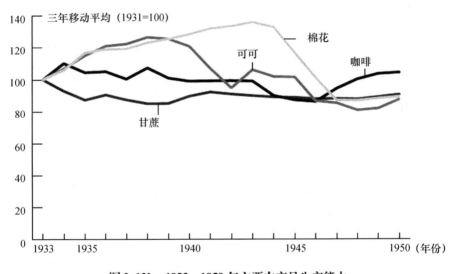

图 2.13b　1933—1950 年主要农产品生产能力

资料来源：IBGE-Séries Históricas Retrospectivas。

耕地计算，这一比率为每28公顷1台耕犁。拖拉机仍然未进入农业生产。1940 年，只有 1/4 的农场使用了某种农业机械。此外，农业机械的使用高度集中。东北部和中西部地区几乎见不到农业机械，而在南里奥格兰德州却得到了广泛使用——有81%的农场拥有农机设备，在圣保罗这一比例为48%。只有到了1960年之后，农业机械才在巴西农业部门中得到了广泛推广（表2.1）。[①]

表2.1　　　1920—1950年农牧业设施、总面积和利用情况 （单位：公顷）

	1920 年	1940 年	1950 年
农场数量	648153	1904589	2064642
总面积	175104675	197720247	232211106
作物			
多年生		5961770	4402426
临时性	664057	12873660	14692631
牧场			
自然		83068814	92659363
种植		5072319	14973060
森林			
自然	48916653	49085464	54870087
种植			1128994
未利用生产用地		29296497	34310721
不适宜耕种土地		12361127	15173204
机器			
拖拉机	1706	3380	8372
耕犁	141196	447556	714259

资料来源：Séries Históricas Retrospectivas，IBGE。

这一时期的农场数量和种植面积也发生了一些变化。1920—1940年期间，农场数量迅速扩张，但是却在20世纪40年代停滞。种植一年生农

[①]　巴西农业的现代化进程于20世纪50年代通过进口开启，在20世纪60年代，随着生产农业机械设备的本地工业建立，现代化加速。Eduardo Fernandes，Bruna Almeida Guimarães，and Ramalho Romulo Matheus，*Principais Empresas e Grupos Brasileiros no Setor de Fertilizantes*，available at http：//funcex. org. br/material/redemercosul bibliografia/ biblioteca/ESTUDOS BRASIL/BRA 160. PDF.

作物（如小麦、水稻和玉米）的农田面积在 1920—1940 年翻了一倍，但此后几乎没有再增长。另一方面，种植多年生作物（如咖啡和橙子）的土地面积却在这一时期减少了。牧场，主要是天然牧场，在 20 世纪 40 年代没有扩大——尽管在面积上，用于放牧的土地比 1950 年用于种植庄稼的土地大五倍。[①] 耕地集中在少数州，如圣保罗、米纳斯吉拉斯、南里奥格兰德和里约热内卢，耕地是这些州内土地的重要组成。相反，其他内陆地区较为封闭的州（Cerrado），[②] 时至今日还是一个大型谷物生产区，大量土地被废弃或利用不足（图 2.14）。

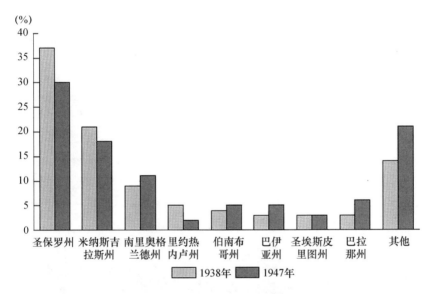

图 2.14　1938 年和 1947 年巴西各州耕地面积占比

资料来源：IBGE-Anuário Estatístico do Brasil de 1948，p. 80。

---

① 这些临时性作物的种植面积从 1920 年的 660 万公顷发展到 1940 年的 1290 万公顷和 1950 年的 1470 万公顷。永久性作物的种植面积则从 1940 年的 600 万公顷下降到 1950 年的 440 万公顷（1920 年的普查数据缺失）。1950 年，将临时性作物和永久性作物种植面积加在一起，只占被调查土地总面积的 8%。其他土地则为牧场、树林和森林，以及未被利用土地。

② 这一区域总面积达到 203.6448 万平方公里，占巴西总面积的 22%，包括联邦区、戈亚斯州、托坎廷斯州，马拉尼昂州、南马托格罗索州和米纳斯吉拉斯州的大部分地区，以及另外 6 个州的一小部分地区。Cerrado 地区是南美洲 3 条主要河流发源地（亚马孙河/托坎廷斯河、圣弗朗西斯科河和拉普拉塔河），这里蕴含着大量的水资源和丰富的生物多样性。http://www.brasil.gov.br/sobre/meio-ambiente/geografia。

　　根据 1940 年普查数据，100 公顷以下的农场和牧场占农田总面积的
18%，总产出占比为 55%，拥有 66% 从事农业的工人和所有者。100—
1000 公顷的农场和牧场总数占比为 1/3，总产出也为 1/3，农业工人占比
则为 28%。规模大于 1000 公顷的农场和牧场总数仅为 1%，其总面积占
比达到一半，农业工人和总产出占比分别为 6% 和 10%。以上这些事实意
味着，在 1940 年，大部分生产和就业集中于 100 公顷以下规模的农场和
牧场，大农场对产出和就业这两方面的影响相对有限。因此，相较于经
济方面，大农场在政治和社会方面的影响力更大。另一方面，虽然 20 英
亩以下的农场和牧场主占了 1/3，但只拥有 1% 的土地和 20% 的农村工
人——主要是家庭成员——以及总产值的 1/10。与大庄园不同的是，小
农场创造了价值，但是对在这些小块土地上生活的 200 万人来说，生产率
水平很低（图 2.15）。以单位面积衡量，使用粪肥给土地施肥几乎无差
别；在大型农场和小型农场中，只有 5% 为作物施肥。

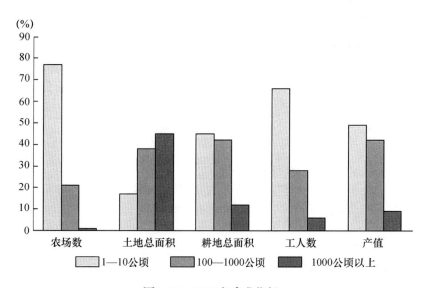

图 2.15　1940 年农业指标

资料来源：IBGE-Recenseamento Geral de 1940。

　　土地和资源分配不平等是自殖民地时期以来巴西社会的显著特征，
并反映在高基尼系数上，1920 年、1940 年和 1950 年的三次人口普查中，
巴西的基尼系数均保持在 0.83 的水平。可以想到的是，农业州（圣保罗

州、米纳斯吉拉斯州、巴拉那州、圣卡塔琳娜州和南里奥格兰德州）的不平等程度全国最低（图 2.16）。

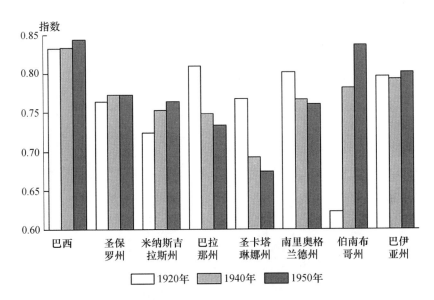

图 2.16　1920—1950 年巴西及主要州土地所有基尼系数

资料来源：Szmrecsányi 1995，p.193。

　　不同地区的作物类型、农户及工人也有一些有趣的差异。1940 年，东南部农业产值占巴西全国的一半（圣保罗州就占了全国的四分之一）；由于种植咖啡，这一地区多年生作物的种植高于其他地区。在南部地区，家庭成员是农业工人的主体。这就解释了为什么在典型的东南部的圣保罗州，平均每个农场有 8 名工人，这一数字是典型的南部南里奥格兰德州的一半。① 此时，中西部地区是巴西唯一没有主要农业生产活动的地区（图 2.17）。此外，生产率和机械使用在不同地区也存在很大区别。一般

———————————

　　① 巴西南部，尤其是圣卡塔琳娜州和南里奥格兰德州，形成了与出口经济无关的另一种形式的移民。这些移民主要来自德国和意大利，获得了小块土地并成为殖民地的核心，其生产主要是面向国内市场。这些殖民地在建立该区域普遍存在的小型农场制度和农业现代化方面举足轻重，使用了更多的肥料和机械设备。关于这一内容的论述，参阅 Carlos H. Oberacker Jr.，"A colonização baseada no regime de pequena propriedade agrícola"，in *História Geral da Civilização Brasileira*，II：3，ed. Sérgio Buarque de Holanda（São Paulo：Difusão Europeia do Livro，1969），220 - 245。

来说，南部和东南部各州的农作物产量是东北部各州平均产量的两到三倍。① 化肥、粪肥和机器的使用是造成这一差距的原因。东北部地区只有4%的农场有机器，而在南部和东南部这一比率分别为60%和27%。南里奥格兰德州是机器使用最多的州，占比达到了81%，圣保罗州只有48%。至于每单位土地耕犁的使用，圣保罗州、米纳斯吉拉斯州和南里奥格兰德州基本在1.2—1.37之间，而整个东北部地区只有0.36。1940年，巴西的拖拉机数量不足3000台，而这些也仅仅集中在圣保罗州和南里奥格兰德州。

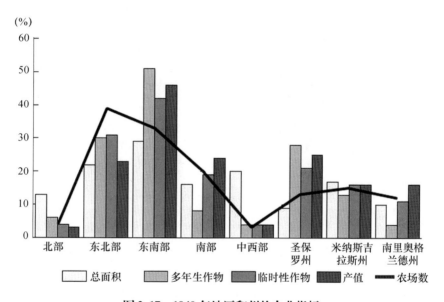

图2.17 1940年地区和州的农业指标

资料来源：Recenseamento Geral de 1940。

根据对农业和工业的调查，瓦加斯时期是巴西经济重要的转型期。工业在这一时期迅速扩张。外部因素为经济增长提供了帮助。大萧条和第二次世界大战刺激了制造业的增长。这些都得到了政府政策的支持，

---

① 从单位平均产量来看，将东北部地区设为100，南部和东南部产量水平指数分别为197和232。具体到各个州，米纳斯吉拉斯州、南里奥格兰德州和圣保罗州的指数分别为177、220和317。同样，如果换成机械设备财产价值指数，米纳斯吉拉斯州为313，南里奥格兰德州和圣保罗州则分别为382和495。

政府进行外汇管制，有利于当地生产。国家甚至对生产进行投资，这将成为 20 世纪下半叶普遍的国家活动。农业发展也受到了国际因素的刺激，在向国内市场供应粮食和原料以及促进出口方面变得更加多样化。这一特点尤以棉花生产最为显著，棉花成为巴西最大制造业部门——纺织业的供给要素。

虽然国内经济在 1930 年之后迅速复苏，但直到 20 世纪 40 年代，出口部门才恢复到 1920 年的水平。咖啡生产过剩问题只有在 7820 万袋咖啡被焚毁以及禁止种植新咖啡树等政策之后才得以解决，这些政策加上第二次世界大战的爆发使咖啡出口再次增长。第二次世界大战对巴西产生了双重影响。它刺激了生产，以满足日益增长的外部需求；增加产出，为国内市场提供不再有的进口商品的替代品。当然，并非一切都是积极的。初级原材料、燃料、机器设备进口变得困难，因此无法满足国内需求，只能依靠高价获取。与此同时，战争期间增加的出口和减少的进口创造了国际收支盈余并积累了外汇储备。但是，由于外汇储备中的绝大部分是针对英国的累积信贷，并不能用来自由购买商品。在战争时期，巴西政府采取了扩张性的经济政策，[1] 引起价格显著上涨。由于汇率保持在一个相对稳定的水平上，巴西本币被高估。除其他原因外，购买外汇偿还外币计价债务的需要以及政府控制国内通货膨胀的需要使巴西必须维持汇率的稳定。在战争结束时，不仅对消费品需求显著增长，国内工业库存也实现了提高。[2]

显然，瓦加斯时期的经济和政治改革对扩大工业劳动力大军以及鼓励巴西城市部门的稳定扩张产生了至关重要的影响。同时，社会政策也发生了重大变化，首次系统地处理养老金和福利问题，至少对最发达的城市工业劳动人口而言如此。但是，社会其他领域变革较为缓慢。生育率仍然很高，死亡率虽然下降，但传染病致死仍是首要因素。虽然在较为发达的区域，如圣保罗州，预期寿命正在缓慢提高，但婴儿和产妇的死亡率仍然很高。小学和中学入学人数稳步增加，但文盲率却没有显著

---

① 之前依靠出售证券来填补的公共赤字，后来需要发行来弥补。Abreu, "Crise, crescimento e modernização autoritária", 95.

② Carlos Lessa, *Quinze anos de política econômica* (São Paulo: Brasiliense/UNICAMP, 1975), 9.

下降。因此，巴西人在这一时期仍以文盲为主。当然，也有一些变化。
瓦加斯时期标志着国际迁徙的缓慢结束以及本国出生人口在国内不同区
域内流动性提高。这一结果是，东南部各州人口增加以及东北部各州人
口相对减少。此外，大型中心城市数量也稳定且显著增长。尽管里约热
内卢和圣保罗不断扩大，且人口均超过了150万人，但大多数巴西人仍住
在农村。20世纪第一个十年中的最后几年，欧洲战争使国际移民数量下
降，紧接着在20世纪20年代，移民数量大幅增加，尤其是来自意大利和
葡萄牙的移民。20世纪30年代末至40年代初，出现了一小波东欧移民
潮，但重新爆发的欧洲战争使其戛然而止，且再也没能得到恢复（图
2.18）。1920年之后，意大利人和西班牙人不再大量涌入巴西，只剩下葡
萄牙移民保持着稳定的节奏，一直持续到20世纪30年代初的大萧
条时期。

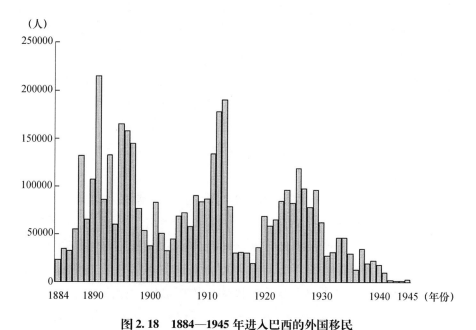

图 2.18   1884—1945 年进入巴西的外国移民

资料来源：IBGE，Estatísticas do século XX，Table "pop_1951aeb – 033"。

　　但是，东南部各州城市的不断扩大和工业经济的扩张需要更多工人，
一波新的移民潮随之出现。早在20世纪20年代，北部和东北部地区的移

民就已经开始在东南部各州出现，并且在此后的几十年中不断增加。北部和东北部各州的人口逐渐流失到全国其他地区（图2.19）。①

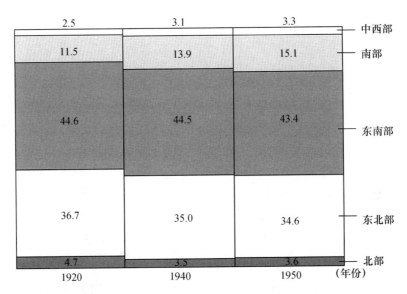

图 2.19　1920 年、1940 年和 1950 年各地区人口比重

资料来源：Recensamiento Geral do Brasil 1940，"Sinopse do Censo Demográfico，Dados Gerais"。

　　这些区域间移民以及从农村地区迁往城市的州内和跨州移民数量不断增加。1889—1940 年间，巴西各州首府城市的总人口数从 130 万增加到近 600 万。② 此外，在 1920—1940 年间，巴西的两个主要城市发展十分迅速。作为联邦首都，里约热内卢的人口数从 110 万增加到 150 万，圣保罗的人口增速更快，在同样 20 年的时间内，从 50 万增加到 120 万。③但在整个时期内，巴西占主导地位的仍然是农业和农村。巴西政府估计，

---

　　①　此处及本书其他各处，我们使用1970年人口普查确立的经济区划定义。与之前区划不同的是，巴伊亚州和塞尔希培州现在被列入东北部地区，而现在的东南部地区则包括里约热内卢州、圣埃斯皮里图州、米纳斯吉拉斯州和圣保罗州。行政区划图可参见地图1.1和地图1.2。

　　②　IBGE，*Estatística do Seculo XX*，Table "pop_1976aeb – 009"．

　　③　IBGE，Série：CD79 – População dos municípios das capitais（população presente e residente），available at http：//seriesestatisticas. ibge. gov. br/series. aspx? vcodigo = CD79&sv = 58&t = populacao-dos-municipios-das-capitais-populacao-presente-e-residente.

1940年城市人口占总人口的31%，只有东南部地区城市化水平高（城市人口占比为39%）。[1] 巴西作为一个农业社会的特征还可以从1937年的一项职业普查中看出，1180万劳动人口中，有75%从事"种植业、养殖业和农村工业"。[2]

正如城市人口略有增长一样，整个时期的教育也只是略有改变。尽管进行了包括意识形态辩论、讨论和行政重组，但实际进展甚微。1932年，巴西只有230万在校生，这只占全国20岁以下人口的四分之一。此外，在入学的学生中，只有很少一部分能在小学毕业后继续接受教育。只有5%的学生接受过中学教育，接受过高等教育（包括培养中小学教师的师范学校）的学生更是只有2%。在此后的23年中，确实发生了改变，但速度极为缓慢。小学教育入学率每年仅增长2.1%，略低于全国人口增长率，而高等教育入学率的年均增速仅为0.5%。只有中学教育的增长速度超过了人口增速，达到了年均5.3%。这些不同的增长速度可以从不同层级教育水平的入学率体现出来（图2.20）。[3]

即使到了1940年，按不同年龄组入学的学生人数仍然非常少。在当年的人口普查中，7—18岁的男孩入学率仅为26%，同年龄段女孩的入学率则为25%。如果根据年龄和学段进行分解，非常有趣的事实是，基础初等教育和学前教育（总计为8年学制）在总人口中所处的比例大致相同，但在中学的最后四年中，这一比重下降幅度非常大，这一年龄组中只有10%的男孩和8%的女孩能够完成学业。

这些数字在此后十年中有所改善，尤其是在基础的小学教育方面。据估计，在1950年，小学入学人数增加到520万，自1930年以来提高了2.5倍。这种增长还反映在净入学率上，1950年5—9岁小学适龄儿童的净入学率上升至73%。但是，几乎所有的努力都集中在最初的4年基础教育上。总的来说，只有32%的5—19岁的儿童和青少年可以被学校录

---

[1] IBGE, Série: POP122 – "Taxa de urbanização", available at http://seriesestatisticas. ibge. gov. br/series. aspx? vcodigo = POP122&sv = 33&t = taxa-de-urbanizacao.

[2] IBGE, *Estatística do Seculo XX*, Table "trabalho1937aeb_17".

[3] Data for these graphs comes from IBGE, *Estatística do Seculo XX*, Table "Educação1947aeb – 04".

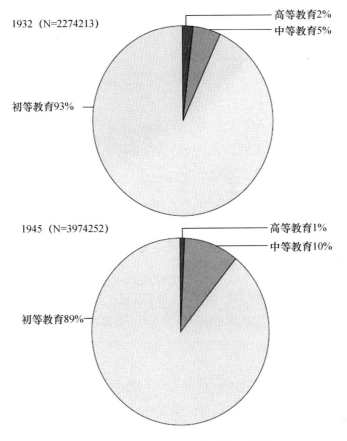

图 2.20　1932 年和 1945 年学生录取数

资料来源：IBGE, *Estatísticas do século XX*, Table "Educação1947aeb – 04"。

取，这意味着 10—19 岁儿童的入学率仅为 8%。[①]

如此低的教育水平意味着文盲率仍然非常高。在 1920 年的人口普查中，18 岁及以上的成年人中，识字率仅为 34.8%，而这一数据在 1940 年的人口普查中也才仅仅上升至 43.6%。此外，仅有的少数识字人群的分布与地区性贫富差距明显有关联。东南部地区是工业、咖啡和移民人口蓬勃发展的地区，这里的识字率最高，而东北部则最低（图 2.21）。在这十年中，尽管所有地区的识字率均得到了提高，但区域之间的差距却在

---

① 数据来自 FVG, "A educação no seguno governo Vargas", available at http：//cpdoc. fgv. br/producao/dossies/AEraVargas2/artigos/EleVoltou/Educacao。

不断扩大，1920 年东北部地区识字人口占南部地区识字人口总数的52%，
而到了 1940 年滑落至48%。

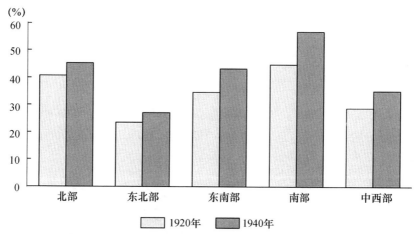

图2.21　按地区划分的 18 岁及以上成年人的识字率——

1920 年和 1940 年人口普查比较

资料来源：IBGE, *Estatísticas do século XX*，Table "pop_1941_45aeb_009"。

教育和识字率上差异不仅体现在不同地区之间的贫富分化上，还存
在于不同肤色的群体之间。因此，在 1940 年，共和国时期首次有了基于
不同肤色的统计数据，这一数据清晰地反映出，黑人和混血儿的识字率
最低，白人和亚裔则是巴西人中文化水平最高的群体（图 2.22）。到

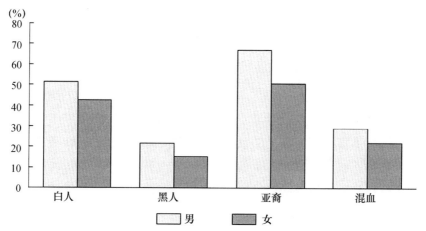

图2.22　1940 年按性别和肤色划分的 5 岁以上人口的识字率

资料来源：Recenseamento Geral de 1940，Série Nacional II，Quadro，p. 28。

1940 年，尽管所有群体接受初等教育的比例均达到相对高的水平，但是在教育系统中仍存在严重的性别和种族歧视（表2.2 和表2.3）。

表 2.2　　1940 年按性别和肤色分组的10 岁及以上人口完成各等级教育情况　　（单位：% ，人）

教育类型	白人		黑人		亚裔		混血		总计	
	男	女	男	女	男	女	男	女	男	女
初等	71.4	79.6	94.1	95.5	79.2	88.2	86.6	89.8	73.5	81.0
中等	18.7	19.3	4.5	4.3	16.3	11.5	10.0	9.8	17.5	18.0
高等	10.0	1.1	1.3	0.2	4.5	0.3	3.4	0.4	9.1	1.0
	100.0	100.0	100.0	100.0	100.0	100.0	100.0	100.0	100.0	100.0
样本数	932383	840651	33225	30063	10014	6993	90797	82566	1066419	960273

资料来源：IBGE, Recenseamento Geral de 1940, Série Nacional II, Quadro 25, p. 30。

表 2.3　　1940 年按性别和肤色分组的各等级教育学生（5—39 岁）入学率　　（单位：% ，人）

教育类型	白人		黑人		亚裔		混血		总计	
	男	女	男	女	男	女	男	女	男	女
初等	85.6	89.0	98.1	98.7	90.1	95.0	95.3	96.5	88.0	91.0
中等	12.1	10.4	1.7	1.2	9.0	4.9	4.1	3.3	10.1	8.5
高等	2.3	0.6	0.1	0.0	0.9	0.1	0.6	0.1	1.9	0.5
	100.0	100.0	100.0	100.0	100.0	100.0	100.0	100.0	100.0	100.0
样本数	1332922	1180434	133052	132306	13973	11423	260351	252452	1740298	1576615

资料来源：IBGE, Recenseamento Geral de 1940, Série Nacional II, Quadro 25, p. 30。

　　从结业率和注册学生数量的统计可以明显看出，性别和肤色造成的区别将从过去延续至未来。在一项对 10 岁以上人口进行的调查中，黑人（pardos）和混血儿（mulattoes）获得中学和大学文凭数量显著低于其他两组。同样明显的是，女性获得高等学位的数量远远少于男性，尽管这种因性别产生的差异在初级和中级教育中并非那么显著。这反映出一个事实，即女性只有在完成中学阶段的教育后才会倾向于退出教育体系。同女性的经历相反，黑人和混血儿往往在小学毕业之后就辍学了。但是，

1940 年按性别和年龄划分的识字率似乎表明，女性遭受的不公平正在慢慢消失。对于最年轻的一组（10—14 岁），不同性别之间的识字率几乎无差别，但这种针对女性的不平等随着年龄组的提高而加大（图 2.23）。

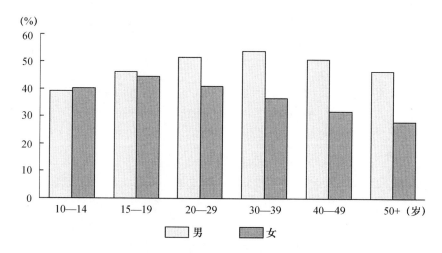

图 2.23　1940 年人口普查中按年龄和性别分组的识字率

资料来源：IBGE, *Estatística do Século XX*, Table "pop_1965aeb‐05.1"。

正如所预料的是，在职业水平和就业率方面，男性与女性之间存在较大的鸿沟。同样，就业方面的歧视也出现在不同种族之间。尽管被分成各个组别，但是黑人和混血儿作为雇主的比例远远低于白人或亚裔——在这一时期，亚裔主要是日本人（图 2.24）。

在这一时期，巴西的居住地和种族也存在重要的区别。各种族在全国的分布并不均匀。19 世纪 80 年代之前，巴西大部分地区是非洲裔巴西人，大量涌入的欧洲移民主要集中在东南部和南部各州，这意味着这些地区人口的肤色将随着时间的推移而发生巨大变化。虽然在 1872 年的人口普查中，北部、东北部和东南部沿海各州十分相似，以非洲裔巴西人为主，但是到了 1940 年，当肤色再次成为人口普查的一个类别时，情况在这 60 年中却发生了翻天覆地的变化。尽管北部地区仍保留了其在 1872 年的肤色比例构成，其他地区白人居民的比例均得到了提高。东南部和中西部地区占主导地位的人种从非洲裔巴西人转变成白人。此外，南部的南里奥格兰德州、巴拉那州和圣卡塔琳娜州占主要地位的白人数量实

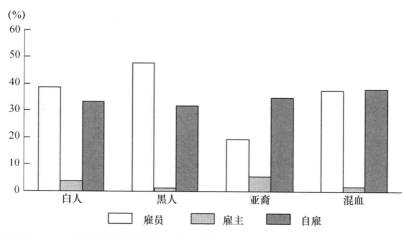

图 2.24　1940 年按肤色划分的管理者、雇员和自雇职业者的百分比（n = 740 万）

资料来源：Recenseamento Geral de 1940，Série Nacional Ⅱ，p. 36，Table 30。

现了增加，占其各自总人口的比重从 75% 提高到 90%（图 2.25 和图 2.26）。这是巴西"白人"人数最多的一年。[1] 此后在接下来的几十年中，欧洲移民大规模流动逐渐停止和人口跨区域迁移，再加上对自我定义非白色人种歧视的逐渐消失，白种人在总人口中的比重在历次人口普查中逐渐降低，到了 2010 年这一比重仅为 48%。[2]

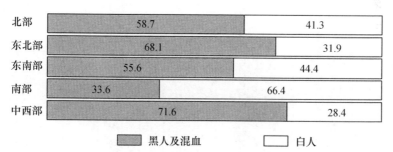

图 2.25　1872 年按肤色和地区分布的人口（单位：%）

资料来源：Censo de 1872。

---

[1]　关于官方 1872—2000 年人口普查中不同肤色人口的统计，参见 IBGE "Série：POP106 - População presente e residente，por cor ou raça（dados do universo e dados da amostra）"，available at http：//seriesestatisticas. ibge. gov. br/series. aspx？ vcodigo = POP60&sv = 32&t = populacao-por-religiao-populacao-presente-e-residente。

[2]　IBGE，Censo Demográfico 2010，Características Gerais da População，Table 2093，available at http：//www. sidra. ibge. gov. br/cd/cd2010CGP. asp.

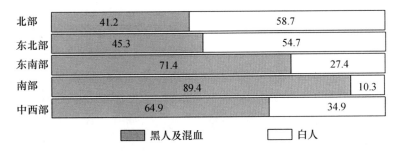

图 2.26 1940 年按肤色和地区分布的人口（单位：%）

资料来源：IBGE，*Estatística do Século XX*，Table "pop_1953aeb – 10"。

尽管这一时期在国家层面还没有按照种族分类的健康和预期寿命详细数据，但表明阶级和种族明显差异的一个指标是婴儿死亡率，这在不同地区之间存在很大差异。北部和东北部地区的婴儿死亡率（1 岁以下）高于巴西全国平均水平（162‰），而南部和东南部地区则低于全国平均水平。到了 1940 年，巴西婴儿死亡率降至 150‰，但地区之间的差异依然存在（图 2.27）。

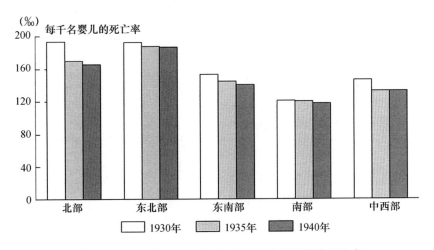

图 2.27 1930 年、1935 年和 1940 年各地区婴儿死亡率

资料来源：IBGE Série-CD100 – Taxa de mortalidade infantil。

与世界上许多其他地区一样，随着硫黄类药物和青霉素（第一种重要的抗生素）在 1945 年之后被逐渐采用，这种形式的死亡率实现了根本性改变。1939—1941 年，11 个主要城市的数据表明，感染性疾病的死亡率是癌症死亡的两倍。[①] 虽然传染病在这段时期的大部分时间里仍然是最主要的致死因素，但其影响在慢慢减弱。20 世纪 50 年代抗生素的普遍使用带来的医疗革命，意味着这一时期的平均预期寿命显著增加。据估计，在 1939—1941 年至 1949—1951 年的十年中，出生时的平均预期寿命显著增加，男性平均为 49.8 岁，女性平均为 56 岁。[②] 这是自 20 世纪以来平均预期寿命的首次大幅度变化，之前预期寿命只是从 19 世纪晚期到 20 世纪 40 年代出现了缓慢增长。预期寿命的增加不仅受到成人死亡率持续下降的影响，而且更为重要的是婴儿死亡率的下降，这不仅得益于抗菌药物的引进，而且还受益于卫生及母亲健康保护可获性的提高。1950 年，巴西的婴儿死亡率已经降至 135‰，而在圣保罗，这一比率更是降低至 86‰。[③] 尽管死亡率实现了显著下降，但这同时意味着，只要活着超过 1 岁，其预期寿命就会增加 4—5 年（图 2.28）。

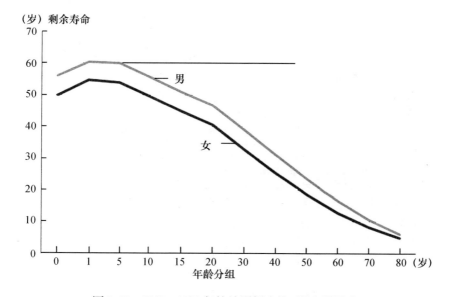

图 2.28　1949—1951 年按性别划分的平均预期寿命

资料来源：IBGE, *Estatística do Século XX*, Table "Saúde1952AEB – 02"。

---

① 　IBGE, *Estatística do Seculo XX*, Table "pop_1941_45aeb_019".
② 　IBGE, *Estatística do Seculo XX*, Table "Saúde1952aeb – 02".
③ 　IBGE, *Estatística do Seculo XX*, Table "Saúde1952aeb – 1".

尽管在不同地区预期寿命方面没有完整的数据，但来自首府城市的数据显示，与婴儿死亡率一样，各个区域之间的预期寿命存在显著差异，北部地区的预期寿命比南部地区低得多。1940年，圣保罗州的男性居民预期寿命达到了47岁，女性则为52岁。相反，巴伊亚州的萨尔瓦多和伯南布哥州的累西腓等东北部地区城市的男性和女性预期寿命分别比圣保罗州少14年和19年。[①]

与死亡率和预期寿命不同，瓦加斯时期的生育率几无变化。在整个时期，粗出生率一直保持在45‰上下。据估计，1900年和1930年，每千名居民生育46名婴儿，[②] 这使巴西成为拉丁美洲出生率最高的国家之一（图2.29）。直到20世纪50年代，巴西每千名居民仍生育43名婴儿，仅在南部和东南部的圣保罗州和南里奥格兰德州降到了40名以下。这些粗出生率反过来又体现在更精确的总生育率中，或在给定时间段内所有育龄期女性所生子女的平均数量。1940年，和发达国家的女性相比，巴西

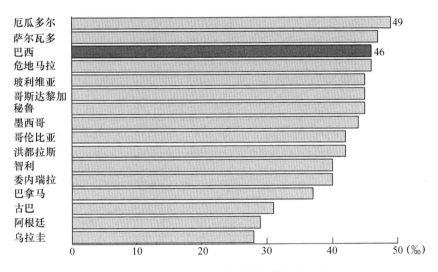

图2.29 1930年部分拉美国家的粗出生率

资料来源：Palloni 1990，p. 136，Table 3。

---

① IBGE, *Estatística do Seculo XX*, Table "Saúde1959aeb – 1".

② Alberto Palloni, "Fertility and Mortality Decline in Latin America", *Annals of the American Academy of Political and Social Science* 510 (July 1990), 136, Table 3.

的母亲在各个年龄段都生育了更多的孩子，不仅生育率一直高到育龄期
的最后阶段，而且更令人惊讶的是，生育高峰年龄组出现在 25—29 岁这
一年龄段，而在英国和美国，这一高峰出现在 20—24 岁。图 2.30 中各条
曲线的相对高度刻画出总生育率上的巨大差异，英格兰的更替水平
（replacement rate）[①] 低于 1.8，美国为 2.1，巴西 14—49 岁女性平均生育
6.5 个孩子。奇怪的是，在生育方面，肤色之间的差距非常小，所有母亲
均生养多个孩子。黑人和混血生育率稍低的原因可能在于健康和生活质
量的不同（图 2.31）。

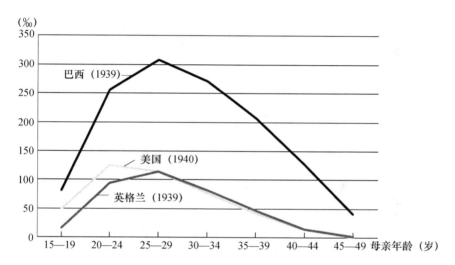

图 2.30　1939—1940 年巴西、英格兰和美国按目前年龄分组的出生率

资料来源：Mortara 1954，p. 130，Table 5。

在评价瓦加斯政权时，它的最为持久的影响可能包括对工业在巴西
发展过程中发挥作用的新认识以及对建立重工业必要性的看法，只有国
家能在工业化初期具备建立重工业的能力。钢铁和其他基础工业在国家
培育和支持下发展起来。尽管咖啡精英们的盈利能力得到了保护，但政
府的严格管控系统地、长期地影响了供给条件。尽管瓦加斯政府的经济
计划没有构成一套连贯的促进工业发展的政策，但第二次世界大战对贸

---

① 即每个女人一生中生育孩子的平均数量——译者注。

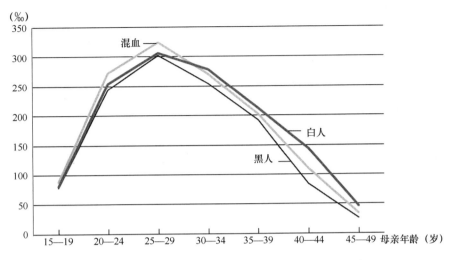

图 2.31 1940 年巴西按母亲年龄和肤色分组的出生率

资料来源：Mortara 1954，p. 130，Table 5。

易产生了影响，为加速进口替代创造了条件，尽管进口初级原材料和资本货还存在一定的困难。因此，瓦加斯时期由于在进口替代方面取得了成就，再加上重工业的发展，最终足以推动巴西成为一个重要的现代工业社会。

瓦加斯执政下，巴西的社会领域同样发生了深刻变革。尽管有许多关于教育改革的讨论，但这一时期学生人数的增长相对缓慢。但是，出现了一种新且非常重要的，由国家支持并由地区实业家协会负责具体开展的工业教育，这成为 20 世纪 50 年代世界最大的此类教育机构之一。更重要的是，现代养老金体系开始出现，并且需要技术管理人员负责这些机构的运营。此外，通过新 IAPs 获取养老金、收益和卫生保健的人数显著增加。在瓦加斯的领导下，卫生保健规模实现了总体扩大，尽管传染病在 20 世纪 50 年代抗生素大规模使用之前仍然是最主要的致死原因，但此前就已经开始下降的死亡率保持了长期下降的趋势，在此期间，居民定居的选择也发生了显著变化，且与国际迁徙结束和巴西国内大规模移民数量增加同时发生，国内移民趋势一直延续至今。国内移民对于降低不同地区间社会和经济的不平等产生了重要影响，尽管不平等程度在 1950 年仍然很高，但却在下降。这同时推动了巴西各大都市中心的发展。

　　因此，瓦加斯时期之后的所有政府，不论是军事政府还是民主政府，都将受到瓦加斯时期发生的所有变革的深刻影响。1950 年之后的历届政府不再对其干预经济的权力进行怀疑，此后几年中坚持工业化的决定更为强烈。他们对社会问题的关切也丝毫没有减少，因为所有的新政府均认识到工人阶级力量的日益增长，以及新中产阶级在创造稳定和支持任何有效政权方面的重要性。尽管对于收入再分配未进行任何承诺，但瓦加斯之后的所有政权均致力于扩大社会福利规模，以及实现普及医疗、教育和社会保障的目标。在巴西，政府现在被视为经济和社会的重要参与者，这一理念正是起源于瓦加斯执政时期的 20 年。

第 三 章

民主形成和军政府时期(1945—1985 年)

从瓦加斯独裁政权被推翻到民主制度回归的 40 年中，许多推动瓦加斯掌权的议题虽然没有完全得到解决，但仍将辩论、讨论：包括如何使一个后进的发展中国家实现工业化，如何吸收新的城市劳动力，如何解决巴西从农村向城市为主的社会变迁中不断紧张的冲突。瓦加斯之后，无论民粹主义的民主人士还是军官都面临着同样的问题。他们在每种情况下提出的解决方案不尽相同。然而，无论是采取压制性的制度或开放的民主制度，所有政权提出的解决方案对经济和社会的期望却惊人地相似。无论是军政府自上而下的以牺牲工人工资和权利为代价的社会现代化，还是民主政权寻求建立现代福利国家和改善收入分配的努力，都需要解决与巴西社会转型相关的问题，转型意味着巴西从以农村为主且高度分层的社会转变成以城市为主的工业化的社会。

"新国家"（*Estado Novo*）之后的政权首先面临的问题之一便是第二次世界大战给巴西造成的无数经济和政治后果。战争改变了全球商品和金融的流动。对原材料的强劲需求促进了巴西出口，但同时进口商品匮乏，尤其是燃料、制成品，甚至是原材料和机器设备。随着海战的加剧，国际贸易下降，虽然世界需求量很大，但也影响了巴西出口。进口商品短缺使国内价格上涨的同时还刺激了国内商品的生产，以取代匮乏的进口。在这种国际贸易危机中，传统的出口收入下降被外汇储备积累增加所代替。

战争在政治领域也产生了影响。虽然巴西政府，或者说至少巴西的一些主要领导人在意识形态层面倾向于轴心国，但迫于客观环境而转为支持同盟国。巴西领土被美国军队利用，巴西还向意大利派遣了军队，与同盟国一同作战。因此，巴西参加这场战争，目的是摧毁轴心国的独裁力量，恢复民主。这显然与其国内的政治局势相冲突，新国家是一个独裁政权，它限制了民主自由，关闭了国会，解散了政党，进行政治迫害和谴责媒体。① 在战争期间，出现了支持政权自由化的运动，甚至包括一些支持瓦加斯的领导人。② 质疑政权合法性的过程甚至波及军队，军队在海外支持民主，在国内支持具有法西斯特征的独裁特权。瓦加斯感受到了这场变革运动的压力，召集进行总统选举并建立制宪会议。选举于 1945 年 12 月举行。此外，瓦加斯宣布他将不参加大选。为了参加竞选，巴西成立了三个主要政党，这些政党控制着国家政治，直到 1964 年。来自自由派的反对力量建立了国家民主联盟（*União Democrática Nacional*，UDN）。政府层面建立了民主社会党（*Partido Social Democrático*，PSD）。最后，在瓦加斯的支持下建立了以工会为基础的巴西工党（*Partido Trabalhista Brasileiro*，PTB），工会是动员城市工人阶级群众的基本要素。

　　走向民主体制或许本来可以正常发展，但是反对派不相信瓦加斯会轻易放弃权力。当工党内出现有瓦加斯参加的制宪大会运动时，反对派自由主义力量和军队把这看作是瓦加斯谋求连续执政的策略。很快，政府便失去了政治支持。之前帮助瓦加斯上台的军队将成为其下台的主要推动力量。③ 但是选举得以进行，政府候选人、前战争部部长加斯帕尔·

---

　　① "在一个远离战场的国家，受到右翼极权主义影响的政府体系荒唐地无休止地持续，最终造成其彻底毁灭，反对'新国家'的活动变得活跃起来。尽管秘密进行，这些反对派开始进行联合。支持 1937 年非暴力政变的军方开始反思其责任，以实现民主复兴。"José Maria Bello，*História da República*（São Paulo：Cia Editora Nacional，1976），332.

　　② 在 1943 年发表的著名的《米内鲁斯宣言》中，国家领导人在强调其在推翻旧共和国时的立场的同时，对瓦加斯的新国家提出了质疑。"我们赞同文官和军事人员在 1930 年摧毁旧选举机器方面所做的努力，因为它以运用诱惑和使用公共资金为基础，我们确信，即使出现社团主义的考验，我们也不会看到这一过程重复，因为它们脱离了历史的自发性，而成为法西斯政府的一个简单操纵器。"Affonso Henriques，*Ascensaõ e Queda de Getúlio Vargas*，2 vols.（Rio de Janeiro and São Paulo：Distribuidora Record，s/d），2：157－159.

　　③ "热图利奥·瓦加斯先生似乎并不仅仅依赖于包括共产党人在内的老百姓的支持，还依赖于武装部队。他坚持连续执掌政府。因坏脾气而被广泛指责的瓦加斯的弟弟被任命为警察局长，接替了若昂·阿尔贝托（João Alberto），这受到了多方质疑，似乎也成为最终的激化点。它促成了最后的结果。经过几个小时激烈的对抗，里约热内卢卫戍部队以机械化的战争武器，实现了对该城市的军事占领。没有进行任何抵抗，热图利奥·瓦加斯放弃了政府。在拉丁美洲和其他国家现代史上如此普遍的革命和政变的编年史上，政府首脑或被废黜的国家元首第一次没有被流放，其政治权利也没有被剥夺。"此外，被废黜的瓦加斯也没有受到任何制裁，而是退休回到了他位于南方的农场。Bello，*História da República*，334. 关于这一主题，参见 Thomas E. Skidmore，*Politics in Brazil*，1930－1964：*An Experiment in Democracy*（New York：Oxford University Press，1967），Chapter 2。

杜特拉（Gaspar Dutra）将军当选。这次选举结果显示出瓦加斯的威望。除了他提名的候选人成功当选，瓦加斯本人还被多个州选为参议员和众议员。[1] 这次选举可以视为巴西首次真正有效的民主选举。[2]

经选举产生的制宪会议通过了一部新宪法，其中对总统和联邦政府进行了规定。立法权将由参议院和众议院组成的国民议会在比例代表制的基础上行使。投票是强制性的，男女都有投票权，但文盲被排除在外。尽管回归到行政、立法和司法体系分权的自由主义原则，且财产权强大，但宪法并没有改变维持辛迪加的结构基础，并允许通过受政府控制的工会领导人（即所谓的 *pelegos*）操纵工人。虽然恢复了联邦制，但中央政府获得了相当大的权力，旧共和国时期广泛分散的权力没有得到恢复。[3]

杜特拉政府试图在包括经济在内的各领域更为自由，但由于各种情况，特别是由于国际领域的限制而无法这样做。[4] 也许在经济领域产生最大影响的措施是决定将对外经济关系自由化。政府相信世界经济在战后将实现迅速重组，且会对咖啡市场产生利好——咖啡价格因在战争期间同美国签订的协议而被冻结，[5] 再加上充足的外汇储备，巴西政府取消了外汇管制。咖啡市场得到了显著改善，具体表现为价格回升，结果是咖

---

① 选举法允许候选人同时在多个州进行参选，并且可以同时在参议院和众议院进行参选。

② Jorge Ferreira，"1946 - 1964：A experiência democrática no Brasil"，*Revista Tempo* 28（Junho 2010），11 - 18. Available at http：//www. historia. uff. br/tempo/site/？ cat =57.

③ 关于 1945 年宪法的有关内容，参见 Aliomar Baleeiro and Barbosa Lima Sobrinho，*Constituições Brasileiras*：1946（Brasília：Senado Federal e Ministério de Ciência e Tecnologia，2001）；and Marco Antonio Villa，*A História das Constituições Brasileiras*（São Paulo：Editora Leya，2011）。

④ 根据卡洛斯·莱莎（Carlos Lessa）的研究，1948—1950 年，经济政策在很大程度上受制于外部部门。"在这一阶段，虽然随后的工业化进程起到了关键性作用，但我们并没有看到对工业发展明确且有意识的关注。所有决定都是为了解决外部部门的问题以及遏制内部和外部的不平衡。此时的工业化是结果，而非有意追求的主要目标，这就是我将其归为无意识的原因。"参见 Carlos Lessa，*Quinze anos de política econômica*（São Paulo：Brasiliense/UNICAMP，1975），6。还可以参见 Fausto Saretta，"O Governo Dutra na Transição Capitalista no Brasil"，in *História Econômica do Brasil Contemporâneo*，ed. Tamáz Szrecsányi and Wilson Suzigan（São Paulo：Edusp/Hucitec/Imprensa Oficial SP，1996），99 - 120。

⑤ 随着战争的加剧，咖啡价格急剧下降。也许是出于政治原因，美国通过签署《泛美咖啡协定》（Inter-American Coffee Agreement）确立了出口配额。价格反响强烈，但在 1941 年被美国价格管理局冻结。价格管制一直持续到战争结束。Edmar Bacha and Robert Greenhill，*150 anos de café*，2nd ed.，rev. ed.（Rio de Janeiro：Marcelino Martins & Johnston Exportadores，1992），32 - 38.

啡出口额增加了 50%。①

但是，外汇管制刚一放开，战争期间被压制的进口便实现了井喷。战后没多久，巴西的贸易流动就发生了两个重要变化。初级原材料和制成品，特别是棉花的出口减少。以机器设备为代表的战时紧缺产品则出现了进口的扩大。最糟糕的是，本来可以用来平衡外部账户的外汇储备不能自由兑换。这些头寸主要由英镑组成，来源于战争期间对英国的出口，其效用非常有限。因此，这些外汇只能用于与英国之间的贸易，英国继续购买巴西商品，但巴西的大部分商品从美国进口，美国是战争结束时唯一供给充足的国家。因此，巴西在战争期间积累了不可兑换的外汇储备，并且将继续以不可兑换形式的外汇进行积累，同时还需要可兑换的货币用于支付从美国的购买。不久，巴西出现了外汇不足，并在 1947 年 7 月重新实施了外汇管制，此后巴西才重新开始积累可兑换的外汇。②

尽管在这一时期通货膨胀严重，但巴西维持了新确立的固定汇率。对通货膨胀的控制以及对国际咖啡价格降低的担忧是维持固定汇率的主要考量，此举实际上在 20 世纪 40 年代下半期使巴西币值高估。③ 尽管高估了本币，但由于对外部账户进行了管制以及国际咖啡市场的改善，在杜特拉政府末期，巴西的外部账户仍然保持了盈余。④ 之前战争时期供给不足的传统供应国重返市场，再加上巴西币值的提高，使战时出口的多种产品受到不利影响。咖啡对巴西有利。20 世纪 50 年代初，咖啡又恢复了之前的重要性，占巴西出口额的 2/3 （图 3.1 和附

----

① 作为巴西咖啡最主要的消费市场，美国在战后早期时间内实现了强劲增长，但欧洲经济则恢复缓慢。

② "这一时期的经济政策在政府的原始想法和经济的实际状况之间表现出一些不一致。这种滞后最具体的表现是，与政府最初的主张相比，政府早期的经济政策发生了巨大的变化。"Saretta, "O Governo Dutra na Transição Capitalista no Brasil", 103.

③ 正如之前的解释，巴西仍然保持了国际咖啡市场上领导者的地位，本币贬值代表了咖啡生产商收入的增加，因此他们愿意降低出口咖啡的报价。这种汇率政策建立在咖啡需求价格缺乏弹性的基础上。

④ 咖啡的价格在战争的最后几年保持了固定，此后在战后最初几年缓慢上升，但在 1949—1950 年大幅升高。咖啡的价格从 1946 年的每磅 22 美分增长到 1948 年的 26 美分，随后又在 1949 年和 1950 年分别涨到 32 美分和 50 美分。

表1）。

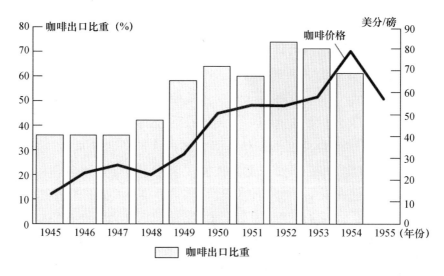

图3.1 1945—1955 年咖啡价格及其出口比重

资料来源：Bacha 1992 t. 1. 6 and Ipeadata。

　　外汇管制和进口许可证制度对工业部门是一个极大的刺激。获得进口许可证的要求给进口商造成了困难，即使获得了许可证，进口商也必须购买昂贵的外汇。此外，还存在双重汇率。机器、设备、燃料和初级原材料有获得进口许可的优先权，而且可通过更低的价格购买外汇。除此之外，本币高估为本国生产商提供了额外的保护。

　　应该指出，由于战争造成了世界政治和经济重组，杜特拉执政时期赶上了国际大变革。欧洲被战争拖垮，美国凭借现代、高效的经济和无与伦比的竞争力，在国际上一马当先。得益于美国的马歇尔计划，欧洲从战争的不利影响中逐渐恢复。此外，战争还破坏了国际货币秩序，需要建立新的规则，于是在 1944 年的布雷顿森林会议上得到了讨论。也是在杜特拉时期，由于资本主义和共产主义之间的直接冲突，全球划分为两个国际政治阵营，冷战开始。这导致巴西立即加入了美国领导的阵营。① 1948 年的阿宾克任务（Abbink Mission）报告②建议，巴西的发展计划应着眼于国内资本积累、获得外资以及生产力的提高。但是，巴西的经济状况并不允许对外领域实行自由化，而资本自由流动却本来是吸引外国资本的必要条件。③

尽管杜特拉政府不是直接旨在加强工业化的政策推动者，但其采取的经济政策继续支持了进口替代工业化进程。④ 外汇管制方面，进口资本货和其他当地工业生产必需的消费品具有优先权，而对制成品进口则实行严格的管制及高成本的外汇兑换。⑤ 与此同时，杜特拉政府试图推行紧缩的财政政策，但收效甚微，同时还制定了一项有利于本国工业发展的信贷扩张政策，巴西工业因此在这一期间实现了增长。⑥ 杜特拉政府末期，通货膨胀压力回归，同时还面临财政不平衡和强硬的外汇限制（图3.2 和附表3）。

尽管始终保持在民主政治范畴内，杜特拉政府在政治领域的立场极度保守。政府同工人阶级不断发生摩擦，而工人阶级曾经通过瓦加斯创立的工党来给予政府支持。这一时期工人实际工资的下降进一步恶化了

---

① 巴西外交政策认为，巴西将在国际新秩序和欧洲问题的讨论中发挥重大作用，并将获得联合国安理会常任理事国席位。但是，随着这些政治议题的发展演变，巴西遭遇了挫折。巴西同美国的自动结盟并未帮助其获得预期的外交成果。关于这一主题的论述，参见 Gerson Moura, *O alinhamento sem recompensa*：*a política externa do governo Dutra*（Rio de Janeiro：Fundação Getúlio Vargas. Centro deDocumentação de Hist ória Contemporânea, 1990), http：//bibliotecadigital. fgv. br/dspace/bitstream/handle/10438/6613/792. pdf？sequence = 1。

② 阿宾克任务即巴西和美国建立的联合委员会，译者注。

③ Sérgio Besserman Vianna, "Política econômica externa e industrialização：1946 - 1951", in *A ordem do Progresso*, ed. Marcelo de Paiva Abreu（Rio de Janeiro：Editora Campus, 1992b), 105 - 122. Also see Maria Celina D'Araujo, *O segundo governo Vargas* 1951 - 1954：*democracia*, *partidos e crise política*, 2nd ed. （São Paulo：Ática, 1992), 156 - 167. http：//www. cpdoc. fgv. br.

④ 根据维尔纳·贝尔（Werner Baer）的研究，第二次世界大战后，巴西进行工业化实际上只是解决国际收支困难的一种措施。"该措施直到 20 世纪 50 年代才逐渐从自发成为自觉，以建立工业综合体。外汇管制是巴西进行工业化的基本工具之一。"Werner Baer, *A economia brasileira*（São Paulo：Nobel, 2002), 72.

⑤ Vianna, "Política econômica externa e industrialização", 105 - 122. 鉴于巴西银行拥有大量的政策工具，当财政部部长执行紧缩政策时，总会与巴西银行产生冲突。

⑥ "正统思想家也许会提议避免印钞，但我向你保证，制造流动性已经为国家经济发展必须的投资提供了资金……世界上其他国家拒绝接受的金融理念不能成为巴西经济增长势头下降的诱因。" *Relatório do Ministério da Fazenda de* 1949（Rio de Janeiro：1949), 21.

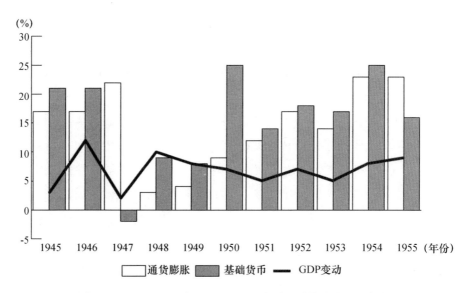

图 3.2　1945—1955 年 GDP、基础货币和通货膨胀年增长率

资料来源：Abreu（1992a），Anexos，and Ipeadata。

政府与工人之间的关系。参与过制宪会议的共产党被杜特拉政府宣布为非法。在国际关系方面，与上届政府不同的是，杜特拉政府在所有问题上均自动与美国保持一致。

杜特拉政府的最后几年，发现自己已经在政治上精疲力竭，而热图利奥·瓦加斯的声望却不断提高。[1] 瓦加斯以总统候选人身份参选，并提出加强工业化和扩大工人权利的竞选策略。尽管遭到杜特拉政府的反对，瓦加斯还是在圣保罗大量选民的支持下赢得了选举。[2]

尽管瓦加斯通过民选上台，但他需要军方的支持，这已经成为冷战时期大多数拉丁美洲国家政府的典型特征。军队在民事冲突中扮演着仲

---

[1]　如前所述，瓦加斯当选为参议员，却很少参与议会活动，他致力于发展政治联系，以便重新掌权。在他的南方农场里，他受到了政客们的朝拜，这显示出其在巴西的领导地位。

[2]　在圣保罗，州长阿德玛·德巴罗斯（Ademar de Barros）成为新的政治领袖，他在该州影响力大，并且控制着社会进步党（Social Progressive Party，PSP）。他为瓦加斯提供了巨大的支持。最初由瓦加斯组建的巴西民主社会党（PSD）深入至农村地区，尽管工党推选了支持杜特拉的候选人，有一部分工党成员还是转而支持瓦加斯。以 UDN 为代表的自由主义者对瓦加斯胜选提出了异议，认为其应该获得绝大多数选民的支持。他们在下次选举也会这样做，利用军事干预支持其政策主张，但其从未在投票中获得过关键性的胜利。

裁者的角色，或独自承担着维护国家价值观及国家发展的角色。在这一时期，军队分为两股势力：一股具有强烈的民族主义倾向，主张政府通过限制外国资本在工业化进程中发挥积极作用；另一股的民族主义色彩稍逊，主张寻求与美国的自动结盟。① 这些冲突对新的瓦加斯政府的行为产生了显著影响，冷战和朝鲜战争加剧了这些冲突。

关于瓦加斯第二届任期内经济政策的范围存在一些争论。毫无疑问，政府支持工业化，但在管理经济的过程中受短期内突发事件的影响，政府并不总是能够实施连续且全面的长期政策。② 但瓦加斯似乎有一个计划，要促成巴西经济和社会的一些变革。他建议在基础设施建设和基础工业领域进行公共和私人投资，为国有企业保留活动范围。他希望看到农业资本化，通过国家在技术改进、机械化、信贷、储存和销售等方面的投资使农村生产现代化。他还建议通过改善交通和食品供给来改善城市居民的生活条件。在财政领域，他希望在中央和地区银行的基础上建立起金融系统，并且希望扩大政府税收并使之合理化，从而引导公共和私人投资行为。他允许外国资本进入优先投资领域。但是，无论这些指导方针多么全面，政府并未同时制定具有明确界定目标和资金来源的综合计划。③

但是在这一时期，政府间贷款迎来了一个新高潮期。基于美国政府对外国援助的新理念以及在杜特拉政府时期就已经开始的磋商，巴西—美国混合委员会成立，目的是为加速巴西经济发展创造条件，即增加投

---

① 共产主义的讨论和定位在与军队的冲突中发挥了关键作用，这一点在杜特拉时期得到证明，并在冷战和1950—1953 年的朝鲜战争期间得到加强。

② 关于这一主题的论述，参见 Carlos Lessa and José Luiz Fiori，"Houve uma política nacional-populista"，*Encontro Nacional da ANPEC*（São Paulo：ANPEC，1984）；Pedro Cezar Dutra，*Vargas：o Capitalismo em Construção*（São Paulo：Brasiliense，1986）；Sérgio Besserman Vianna，"Duas Tentativas de Estabilização：1951 – 1954"，in *A ordem do Progresso*，ed. Marcelo de Paiva Abreu（Rio de Janeiro：Editora Campus，1992a），123 – 150；Lessa，*Quinze anos de política econômica*，10 – 14；Sonia Miriam Draibe，*Rumos e Metamorfoses. Estado e Industrialização no Brasil：1930 – 1960*（Rio de Janeiro：Paz e Terra，1985），180 – 240。

③ Draibe，*Rumos e Metamorfose*，183. 同时可参见 Pedro Paulo Zahluth Bastos and Pedro Cezar Dutra，"Desenvolvimento incoerente？Comentários sobre o projeto do segundo governo Vargas e as ideias econômicas de Horário Lafer（1948 – 1952）"，*Economia*（Selecta，Brasíla）6，3（Dezembro 2005），191 – 222. Available at http：//www. anpec. org. br/revista/vol6/vol6n3p191 222. pdf.

资所需要的公共、私人和外国资本。① 巴西—美国混合委员会批准了 41
个项目，主要涉及能源和交通运输领域，资金来自联邦政府和各州政府
以及外资，总计 3.87 亿美元，将从美国进出口银行和国际复兴开发银行
获得贷款。作为此项发展计划的一部分，巴西建立了新的经济改善基金
（*Fundo de Reaparelhamento Econômico*）和巴西国家经济发展银行（*Banco
Nacional de Desenvolvimento Econômico*，BNDES）。② 委员会的判断和准则随
后将成为儒塞利诺（Juscelino）政府"目标计划"（*Plano de Metas*）的行
动指南。尽管长期计划备受关注，政府仍然被迫处理一些需要立即采取
行动的短期问题。正如我们在这本书中从头至尾看到的，长期的外部限
制使外汇管制成为主要的经济政策工具。战争期间积累的外汇储备在杜
特拉政府早期，即短暂的汇率政策自由化时期就被用光，到了 1946 年巴
西已经遭遇了国际收支危机，政府被迫重拾外汇管制。由于本币贬值会
损害为咖啡制定的商业政策，降低咖啡的国际价格，恶化外部问题，本
币贬值的替代方案被否决。进口管制的恶果体现在通货膨胀压力中。因
此，政府维持了固定汇率制度，并且进口需要根据预先设定的优先次序
获得许可证，从而减少不必要的进口。③ 固定汇率和通货膨胀压力从整体
上影响了巴西的出口。1952 年，咖啡占巴西总出口的 74%。实现这一比
例的原因部分是由于咖啡良好的出口表现，但同样可以用其他产品出口
的大幅下降来解释。④

---

① 美国参与巴西—美国联合委员会的基础是国际发展法，即"第四点计划"。联合委员会
在之前的研究中被称为美国计划：如库克（1942）和阿宾克（1948），他们指出了结构不平衡和
最需要进行投资的领域。

② CPDOC/FGV，*Brasileiros e Americanos Estudam Problemas do Brasil. As soluções indicadas pela
Comissão Mista Brasil-EEUU. Um capítulo da história econômica do nosso país*，279 – 336. Available at ht-
tp：//www. centrocelsofurtado. org. br/arquivos/image/201109231638540. MD2 0 277 1. pdf.

③ Antonio Claudio Sochaczewski，*O desenvolvimento econômico e financeiro do Brasil*，1952 –
1968（São Paulo：Trajetória Cultural，1993），Chapter 3.

④ 由于受汇率问题的拖累，其他产品出口额从 7.1 亿美元下降到 3.73 亿美元。在这些产
品中，巴西第二大出口品——棉花的出口额大幅下降。棉花部门的情况变得十分严重，迫使政府
在 1952 年通过巴西银行对全部棉花进行了收购。单就棉花这一种商品而言，该部门还遭遇了外
部危机，阻碍了其出口。棉花出口从 1951 年的 14.3 万吨下降到 1952 年的 2.6 万吨。

1952 年，巴西的国际收支账户恶化。[①] 尽管政府加强了对进口许可证的控制，但朝鲜战争的爆发改变了公众的进口预期，人们害怕再遇到第二次世界大战时的短缺。[②] 1952 年底，危机愈演愈烈，经常账户赤字高企，导致大量商业交易被延迟。结果是在 1953 年初汇率政策发生变化，固定汇率制被废除并持续了几年时间。政府为金融交易创造了自由汇率市场，保持了对进口的限制，并允许部分通过出口获得的外汇可以在公开市场进行出售。

1953 年 10 月，这一政策发生改变。政府将从出口商手中购买外汇，以官方汇率进行购买，并按照不同产品增加额外补贴。这一变化从总体上给因本币升值而损失竞争力的出口部门带来重要刺激。[③] 进口商品按照类别进行分类并参与拍卖，每一类别的外汇供给有限，并且每次拍卖都规定了相对于官方汇率的最低溢价。因此，授予进口许可证的官僚程序将被市场规则所取代。外汇购销差额由政府划拨，这将在日后成为税收收入的重要组成部分。这一变化对工业化至关重要，因为它可通过提高进口成本巩固进口替代商品生产的市场储备。由于产业家有机会获得外汇分类的特权，对资本货的进口和工业化进程必需的投入品存在隐性补贴。[④] 这一制度一直持续到 1957 年，期间有过一些修订。1953 年，巴西通过立法对外资流动进行了规范，并在 1954 年进行了一些修订。外国投资在政府认为重要的领域获得了优先权。但是，外国资本流入只是在儒塞利诺·库比契克（Juscelino Kubitschek）政府时期才开始增加。

危急的情势延续至 1953 年，通货膨胀高企、国际收支困难、产出增

---

① 根据塞尔吉奥·贝塞尔曼·维安纳（Sérgio Besserman Vianna）的研究，1951 年末，尽管巴西对外贸易实现了小幅盈余，但可转换的外汇储备额为 -3000 万美元。他指出，"如果不是其他投入来源和产出来源同方向变动，1952 年进口的激增和出口的持续减少将不会导致外汇储备的枯竭和贸易欠款的增加。"Sérgio Besserman Vianna, "A Política Econômica no Segundo Governo Vargas (1951–1954)"（MA thesis, Rio de Janeiro: PUC/RJ, 1987), 61.

② 根据维安纳的（Vianna）研究，1952 年，进口许可证供应收紧，但批准日期与实际进口日期之间的时滞使进口在全年保持高位。高进口和出口萎缩，加上外资流入减少造成当年严重的外汇危机。Vianna, "Duas Tentativas de Estabilização: 1951–1954", 127.

③ 尽管 SUMOC 第 70 号决议总体上有利于出口商，他们除按照被冻结的汇率外还得到了额外补贴，但却遭到了咖啡种植者的强烈反对，他们得到的回扣较少。这项措施被称为"外汇没收"。该措施将一部分咖啡出口收入用于支持其他生产部门或履行政府承诺。

④ Lessa, *Quinze anos de política econômica*, 11.

长放缓。尽管如此，工业仍然获得了大量投资。但与此同时，美国的政治形势和政策发生了根本转变，直接影响了瓦加斯政府的工业化计划。随着艾森豪威尔（Eisenhower）总统就任，美国缩减了国际援助，转而鼓励私人投资。[1] 此外，从1953年到1961年，第二次世界大战后美国大部分集中在欧洲的发展援助转向中东和亚洲，拉丁美洲仍然没有受到美国的优先关注。20世纪50年代，美国共和党政府做出决定，要解除拉丁美洲政府所面临外部限制的唯一方法是统一和自由化汇率制度，从而为私人资本流动创造有利条件。[2] 在新的外交政策框架下，美国废除了第四点计划等项目，并且中断了巴西—美国混合委员会提出的项目融资，甚至与美国进出口银行协商中的用于延迟商业交易的贷款也被中止。

在瓦加斯政府面临国际形势日益严峻的同时，由于民众强烈抗议，在国内也面临困难。从任期伊始，新的瓦加斯政府努力保持对工人运动的领导权，并采取新措施支持工会，包括允许更多的左翼领导人担任领导职位。但是，经济形势特别是生活成本的上涨，动员了社会力量并导致了大规模的公众示威。社会动乱导致了1953年的圣保罗大罢工，起初只发生在纺织业，后来扩散至其他职业团体，共有30万工人参加了为期24天的罢工。瓦加斯失去了对工会运动的控制，共产党成为罢工的重要参与者。1954年爆发了10万工人参加的海事工人罢工，并产生了严重的政治影响。正是为了应对日益严重的劳工骚乱，瓦加斯在一次重要的部长级改革中任命若昂·古拉特（João Goulart）为劳工部部长。[3]

对工会大部分要求进行让步之后，海事罢工得到解决，古拉特（Goulart）成为政府和工会之间的重要中间人。反之，他成为反对瓦加斯政府的右翼势力攻击的靶子，他们将古拉特视为严重威胁。与此同时，军队出现动荡，要求提高工资、优化装备。但反过来，他们又反对提高

---

[1]　Vianna，"A Política Econômica no Segundo Governo Vargas"，83 – 100.

[2]　Demosthenes Madureira de Pinho Neto，"A Estrat'egia brasileira em perspectiva internacional"，in *O BNDES e o Plano de Metas*（Rio de Janeiro：BNDES，Junho 1996）. http：//www. bndes. gov. br/SiteBNDES/export/sites/default/bndes pt/Galerias/Arquivos/conhecimento/livro/plametas. pdf.

[3]　玛丽亚·塞琳娜·德阿劳乔（Maria Celina D'Araujo）认为，古拉特当选为劳工部部长的内阁改革不应该被理解为政府的两个不同阶段，而是一种新的尝试，以促进保守派领导人适应新的发展。根据作者，"政府不仅试图避免经济困境，而且还试图避开军队、政治舞台和媒体的反对"。D'Araujo，*O segundo governo Vargas 1951 – 1954*，127 – 128。

其他政府工作人员的工资，并且反对古拉特将最低工资提高一倍的提议。1954 年，在一次部长改革中，古拉特（又名 Jango）被解职。与此同时，瓦加斯政府采取了更为民族主义的立场，试图降低保守派对其政权的反对。尽管这种民族主义立场得到了军方部分人士的支持，但却激怒了那些捍卫与美国利益自动结盟的反共产主义者团体。例如，作为该立场的一部分，他建立了能源领域的国有企业——巴西电力公司（Eletrobrás），尽管该企业在数年之后才开始运营。5 月 1 日，他宣布将最低工资提高 100%，这不仅仅是对反对派的攻击，却也使其稳定化政策变得更为困难。

这场深刻的政治危机可能是导致他自杀的因素之一。UDN 党的一位代表卡洛斯·拉塞尔达（Carlos Lacerda）是对政府激进的反对者。总统府的一些人想当然地认为，将他除掉可以减轻对瓦加斯的反对，于是包括总统卫队队长在内试图刺杀拉塞尔达，但遭遇失败，只杀死了跟随他的一名军队上尉。当这个阴谋的来龙去脉暴露，瓦加斯失去了包括军方在内的政治支持，军方给他下了最后通牒，要求他辞职。瓦加斯最终选择自杀。[1] 瓦加斯自杀及其遗书产生了巨大的政治影响。瓦加斯将作为捍卫穷人利益的政治领袖被铭记，他是福利国家和延续至今的劳工立法的奠基人。[2]

但他的政治遗产在基本经济政策方面也有深远意义。他及随后的总统均表现出对推进工业化建设的长期关注。这意味着解决诸如交通和能源等基础部门的发展瓶颈，同时建立更有效的行政和财务结构，可以促进发展计划的实施。[3] 巴西国家经济和社会发展银行（BNDES）、巴西国家石油公司（Petrobrás）、巴西电力公司（Eletrobrás）、经济改善基金（E-

---

① 参见 Skidmore, *Politics in Brazil*, 1930 – 1964, 167 – 180。

② 遗书指出，国内敌对势力和国际集团联手，使巴西陷入僵局。他指责这些集团，认为其反对工人的权利以及他们所维护的国家利益，这体现在巴西国家石油公司和巴西电力公司的建立以及对外资的限制当中。

③ 1951 年，他在给国会的信中提到了行政架构的不足："自 1945 年以来，联邦政府的结构没有经历过任何重大变化……此外，机构重组……发生在 1936—1945 年期间，而且由于历史和社会环境以及组织艺术的本质，重组具有实验性质……联邦政府的重复、平行和管辖权冲突发生的频率臭名昭著，这都要求一个总体上的重组计划，而政府已经在考虑之中……"Draibe, *Rumos e Metamorfoses*, 214.

conomic Betterment Fund）、国家公路计划（National Road Plan）、联邦电力基金会（Federal Electricity Foundation）、工业发展委员会（Council of Industrial Development）、① 巴西银行的现代化金融工具——货币信贷监管部门（SUMOC）、对外贸易银行的特殊部门、农业信贷和工业化的特殊部门②均为瓦加斯政府建立或更新的机构，这些机构的目的是通过工业化促进巴西的发展。尽管瓦加斯时期的努力并不完整且资金不足，但毫无疑问，他为儒塞利诺政府实施的发展计划建立了重要的架构。

瓦加斯第二次执政期间在科技和高等教育领域进行了大量投资。这项计划促成了两个基础性机构的建立，它们至今仍然存在，并对巴西高等教育和现代科学研究的发展产生了巨大影响。1951 年，他建立了国家研究委员会（*Conselho Nacional de Pesquisa*，CNPq）和巴西高等教育人才促进会（*Campanha Nacional de Aperfeiçoamento de Pessoal de Nível Superior*，CAPES），这两个机构均为改革中的关键机构，在之后的几十年中对培养训练有素的学者和科学家以及巴西高等教育现代化等方面发挥了重要的作用。

瓦加斯的自杀并未缓解政治紧张局势。虽然遵循了宪法程序并由副总统接任总统，但在瓦加斯总统任期剩下的 18 个月中，在战争部部长举行自由选举之前，又有两位总统接任。选举结果是儒塞利诺·库比契克通过民主社会党（PSD）和工党（PTB）的联盟获得了胜利，这一联盟正是瓦加斯政府的政治基础。③ 儒塞利诺之前当过米纳斯吉拉斯州的州长，他组建了一个保守派的政府，大多数部长来自民主社会党。④ 尽管如此，

---

① The Fundo de Reaparelhamento Econômico, the Plano Nacional Rodoviário, the Fundo Federal de Eletrificação, and the Conselho de Desenvolvimento Industrial.

② The Carteira de Exportação e Importação and the Carteira de Crédito Agrícola e Industrial.

③ 同样的反对意见集中在国民民主联盟中，并再次对儒塞利诺胜选的合法性提出质疑，声称他并未获得绝大多数选票，而这并非宪法所要求。作为战争部部长，洛特元帅（Marshal Lott）保证了儒塞利诺的就任，尽管发生了几次暴动，他还是能够保持民主政权。

④ 儒塞利诺上任后，试图采取一系列措施来缓解政治紧张局势，例如，他发起围攻，暂停了对新闻电视的审查，并批准了一项赦免法，特赦了一些叛乱中的参与者，但共产主义者被排除在外。关于儒塞利诺·库比契克的研究，参见 Ronaldo Costa Couto, *Juscelino Kubitschek*（Brasília: Edições Senado: Camara Federal, 2011）；Claudio Bojunga, *JK: o artista do impossível*（Rio de Janeiro: Objetiva, 2001）；Juscelino Kubitschek de Oliveira, *Juscelino Kubitschek I*（*depoimento de* 1974）（DPDOC, 1979），15 pages；and Juscelino Kubitschek de Oliveira, *Juscelino Kubitschek I*（*depoimento de* 1976）（DPDOC, 1979），77 pages。

他还是获得了足够的政治支持，他执政时期代表了政治相对平静期。[1] 毫无疑问，儒塞利诺政府保持了对瓦加斯政府时期经济领域基本理念的延续。儒塞利诺政府最重要的特点是其"目标计划"（Target Plan），这为政府资助的工业发展奠定了坚实的基础。

20 世纪 50 年代中期，新的儒塞利诺政府上台，他面临的是一个严重的结构性困难和经济不稳定的巴西。长期的进口替代使巴西工业园区大规模延伸，但也造成了进口结构僵化。[2] 尽管如此，工业化进程继续向前推进，尤其是在消费品生产方面成绩显著，而重工业生产稍逊。但是巴西仍然面临严峻的经济障碍，特别是在能源和交通领域。与此同时，巴西出现了严重的通货膨胀压力、公共赤字和严重的国际收支困难。

为了解决这些问题，新政府决定放弃传统的经济稳定政策，转而选择雄心勃勃的投资计划。儒塞利诺政府采取的"目标计划"构成了巴西历史上最连贯且最完善的支持工业化政策。它给予与基本社会资本垂直整合的工业金字塔的上层建设绝对的优先权，并延续了过去 20 年一直采取的进口替代进程。[3] 此外，即使政府希望采取稳定政策，也会遇到政治上的强烈反对，正如之前实施调整计划时的努力一样。部门利益、商业需求、政治和社会压力都使得限制信贷扩张、控制财政支出、减少补贴或控制工资的限制性政策难以实施。[4] 选择增长也就意味着选择了包括实业家和工人在内的广阔社会群体。即便"目标计划"的基础之一——对外资开放——受到了一些群体的攻击，认为政府出卖了国家，但政府却得到包括军队在内主要政治力量的支持。

---

[1]　军队分裂了，大多数人因反共情绪而实现了联合，试图肃清瓦加斯政府中的民粹主义残余，并打算建立一个联合共和国。但是有一个重要的军官集团主张瓦加斯的民族主义思想，这一点可以在巴西国家石油公司中得到体现。代表了工会力量且曾担任瓦加斯政府劳工部部长的若奥·古拉特当选为共和国的副总统，他也成为军方不信任的对象。

[2]　Maria da Conceição Tavares, "Auge e Declínio do processo de substituição de importações no Brasil", in *Da substituição de importações ao capitalismo financeiro*, ed. Maria da Conceição Tavares（Rio de Janeiro：Zahar, 1972），27 – 115.

[3]　Lessa, *Quinze anos de política econômica*, 14.

[4]　关于这一主题，参见 Carlos Manuel Peláez and Wilson Suzigan, *História Monetária do Brasil*（Brasília：Universidade de Brasília, 1981），267 – 268；and Luiz Orenstein and Antonio Claudio Sochaczewski, "Democracia com Desenvolvimento：1956 – 1961", in Abreu, *A ordem do Progresso*, 171 – 212。

　　儒塞利诺时期的政治稳定基本上依靠民主社会党和工党两个党派的力量，当然还有来自军方的支持。[①] 正是因为这个原因，政府不仅要维持强大的军事基础，还需要与军方合作并满足其具体需求，例如加薪和军备现代化。军方也受到鼓励去支持被政府称为是民族主义和进步主义的激进的经济政策。[②] 如果对外资的开放令最具民族主义的官员群体感到不快，那么保持政府对石油的垄断将是维持这些人继续支持政府的根本。

　　这段用国家资金建设基础设施的时期对巴西经济来说至关重要。自第二次世界大战结束以来，工业增长并未带来基础设施建设水平相应提高，反而造成了效率低下和成本不断增加。在能源部门，巴西国家经济和社会发展银行实施了一项扩张计划，但进展缓慢，损害了经济的持续增长。同样，汇率体制带来的激励使消费品工业部门得到扩张，但机器和设备的生产却没有得到增加。意识到这些问题之后，政府制定了包括 31 个方向的"目标计划"，分成能源、交通运输、食品、基础工业、教育和巴西利亚建设等几大领域，其中，建设巴西利亚是整个计划的高潮（见图 3.3）。除了建设巴西利亚之外，电力能源、交通运输和重工业获得了最多的投资。

　　在能源领域，该计划的目标是大幅提高电力和成品油产量。[③] 所有的投资主要都流向了国有企业。交通运输领域同样由国家主导，实施了铁路车辆现代化和铁路常轨化计划，并将使铁路系统的负荷提升了 21%，尽管铁路网并没有明显增加。该计划还涉及港口、商船、机场和航空运输。与此同时，高速公路的建设成为该计划中最雄心勃勃也最成功的内容之一，联邦公路网增加了 75%，铺设的高速公路则实现了三倍增长。[④]

---

　　① 根据贝内维德斯（Benevides）的研究，从共和国成立之初到 1964 年，民主政府和军队之间的关系一直受到所谓"权力主导"公约的制约。尽管儒塞利诺通过选举获得了合法性，并得到了国会中大多数的支持，但他意识到，不仅需要得到军方的支持，还需要将其纳入权利中。他很清楚，在政治制度出现危机时，反对派成员和政府历来都要求进行连续的军事干预。Maria Victoria de Mesquita Benevides, *O governo Kubitschek. Desenvolvimento Econômico e Estabilidade Política* (Rio de Janeiro：n. p.，1977)，151 – 154。

　　② Benevides, *O governo Kubitschek*, 170 – 177. 关于库比契克政府时期军队的政治稳定作用的研究，请参见该书第四章。

　　③ 1961 年，巴西石油日产量达到 95000 bb/d，成品油日产量达到 308000 bb/d。发电量由 350 万千瓦增加到 477 万千瓦。

　　④ 1956—1961 年，联邦公路里程从 20000 公里增加到 35000 公里。联邦高速公路则从 2800 公里增加到 9600 公里。

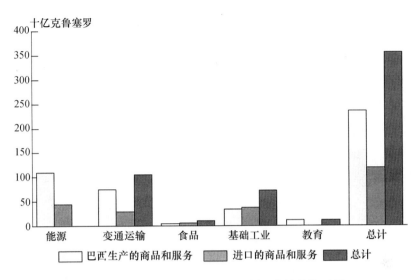

图3.3　1957—1961年"目标计划"中的投资项目

资料来源：Lessa 1975，p. 18。

在儒塞利诺政府时期，交通系统发展获得了重新定位，强调高速公路建设和建立国家汽车工业。正如儒塞利诺所承诺的一样，基础工业部门对于工业化进程同样至关重要。

该计划雄心勃勃，将钢铁、水泥、碱、纸浆和造纸、铝、有色金属和橡胶等多个关键部门考虑其中。曾经只能生产卡车和多用途运载车的巴西汽车工业现在已经可以生产小汽车。农业部门也被纳入这一宏伟计划中，目标是扩大拖拉机和化肥的使用，并扩大储存网络。另一个目标是增加小麦产量，这对国际收支来说意义重大，但却收效甚微。最后，该计划还考虑组建技术人员（表3.1）。

表3.1　　　　　　　　"目标计划"——部门、目标和完成程度

部门（预计投资占比）		目标	目标完成程度
能源（43.4%）			
1	电力	装机能量增长到3500000千瓦	高
2	核能	多目标，包括安装研究用反应堆	高
3	煤炭	产量提高至2500000吨	低

	部门（预计投资占比）	目标	目标完成程度
4	石油——开采量	产量提高至 90000 桶/天	高
5	石油——精炼量	产量提高至 175000 桶/天	超额
交通（29.6%）			
6	铁路——整修	修理路基	高
7	铁路——新建	新修 1500 公里	标准
8	公路——铺设	铺设约 3000 公里	超额
9	公路——延长	建设 10000 公里	超额
10	港口服务及排水	未设定数量目标	标准
11	商船	扩大吨位	超额
12	空运	买飞机且提升机场建设	完成
食品（3.2%）			
13	小麦	产量增加 1500000 吨	低
14	仓库和筒仓	提升储存能力	完成
15	冷库	提升储存能力	低
16	工业屠宰场	提高生产能力	标准
17	机械化农业	增加拖拉机使用量	完成
18	化肥	增加化肥使用量并扩大使用范围	超额
基础工业（20.4%）			
19	钢铁	产量增至 2300000 吨	完成
20	铝	产量增至 25000 吨	标准
21	有色金属	多种产品产量增加	标准
22	水泥	产量增至 5000000 吨	高
23	碱	多种产品产量增加	高
24	纤维素和纸	纤维素产量增至 200000 吨 纸产量增至 450000 吨	完成
25	橡胶	天然橡胶和合成橡胶产量双提升	部分完成[c]
26	铁矿石出口	出口 8000000 吨	标准
27	汽车工业[a]	前期目标：100000 辆 修订后目标：347000 辆	92% 完成
28	舰艇建造	提升生产能力至 160000 载重吨/年	标准[d]
29	机械和重型电气工业	未设定数量目标	高[e]

续表

	部门（预计投资占比）	目标	目标完成程度
	教育（3.4%）		
30	技术人员的编制	未设定数量目标	高
	综合目标		
31	建设巴西利亚[b]	在巴西国土中心建设首都	超额

注：a 国内生产达到90%—95%的目标在1962年实现；

b 没有关于巴西利亚建设初步投资的估计；

c 合成橡胶完成目标，天然橡胶未完成；

d 1960 年，总量为58000 载重吨的计划获批；

e 与1955 年相比，机械工业的产量增长了100%，电气工业增长了200%。

资料来源：Celso Lafer, O planejamento no Brasil: Observações sobre o Plano de Metas, 1973。

也许这项计划最为雄心勃勃以及对未来影响力最大的两个部分是建立切实可行的汽车工业和建设巴西利亚。汽车工业具有重要的前向和后向联系，被认为是对工业化进程影响最为深远的经济活动。[1] 由于政府规定了零部件的最低国产化率（90%—95%），汽车零部件行业迅速整合，涉及机械、电气、塑料和橡胶行业，同时还建立了经销商、维修和更换网络。汽车工业的成功得益于政府在能源、交通和基础工业领域成功完成了"目标计划"的大部分目标。反过来，车辆数目的增长对路网扩张产生了巨大影响，汽车和卡车在乘客和货物运输方面重新占据主导，这对铁路系统造成一定程度的负面影响。

巴西利亚是坐落在巴西中部的新首都，它的建设被认为是政府所有计划的综合体现，其建设也对巴西经济产生了重大影响。[2] 一方面，投资和新首都的位置改变了巴西的空间布局，促使其过去集中在沿海地区的人口和经济活动向内陆地区转移。这一转变对公路建设提出了要求，一

---

① Luiz Bias Bahia and Edson Paulo Domingues, "Estrutura de inovações na indústria automobilística brasileira", Texto para Discussão No. 1472 (Brasília: IPEA, 2010), 9.

② 将首都迁至国家中部地区是共和国政府一直以来的夙愿，早在1891 年的第一部共和国宪法中就有所体现。但直到库比契克政府时期才做出建设巴西利亚的决定。巴西利亚的建设始于1956 年，1960 年国家首都正式从里约热内卢变为巴西利亚，尽管中央政府直到1970 年才完成迁移。当时，由于耗资巨大，巴西利亚的建设遭到了严厉的批评。

些投资被用于建设新道路。巴西利亚，也许是儒塞利诺最伟大的象征，于 1960 年 4 月 21 日在其任期内举行了迁都大典。

实施儒塞利诺发展计划遇到的巨大困难是为计划融资和巴西面临的国际制约因素。汇率仍然受到货币与信贷监管局（SUMOC）第 70 号指令的管制，正如此前指出的，该指令限制进口且只允许进口国民经济发展的必需品。另一方面，金融交易和服务可以在自由市场中进行。在自由市场中进行的还有贷款和利息的摊销，以及在优先部门运营的公司的利润和股息汇款。1955 年，儒塞利诺政府尝试了不涉及外汇的进口，这将对巴西经济的国际化产生重要影响。①

儒塞利诺政权进行的最大变革是巴西对外国资本开放。巴西工业化的第一阶段以纺织、食品和饮料等传统部门为基础，大部分在国内资本的基础上发展起来。第二次世界大战后，外国资本成为传统部门逐渐成熟的重要因素。这种新的工业扩张也使巴西得以进入国际市场。一个积极进取、在基础设施和基础工业（重工业）方面投入大量资金的国家对跨国公司产生了吸引力。政府在基础设施以及私人、国内和国外资本认为有投资吸引力的部门使用了一系列政策工具，具体形式包括补贴、信贷、外汇、关税保护和直接投资。巴西的开发性银行——巴西国家经济和社会发展银行在确定优先项目方面发挥了关键作用，这些优先项目获得了其必要的支持。② 因此，政府这一大规模的工业化项目有两个基本的资金来源：外国直接投资或国际融资，以及国家财政资金。根据政府的计划，大部分资金将来自公共预算及其国有企业融资，尤其是在能源和交通领域，国有企业占据主导（图 3.4）。

从 20 世纪 50 年代开始，公共部门系统地扩大了对经济活动的参与，不仅仅在以交通运输为优先的基础设施投资方面，还包括基本投入品的

---

① 参阅 Ana Cláudia Caputo and Hildete Pereira deMelo，"A industrialização brasileira nos anos de 1950：Uma análise da Instrução 113 da Sumoc"，Estudos Econômicos 39，3（Julho-Setembro 2009），513–538. 卡约·普拉多（Caio Prado）辩称，这不会是"毫无根据的，以致国家工业部门反对 SUMOC 第 113 号指令所采取的措施，甚至对巴西政府进行政治抗议"。但是该指令得以维持。

② Rosane de Almeida Maia，"Estado e Industrialização no Brasil：Estudo dos Incentivosao setor privado，nos quadros do Programa de Metas do Governo Kubitschek"（MA thesis，São Paulo，FEA-USP，1986）.

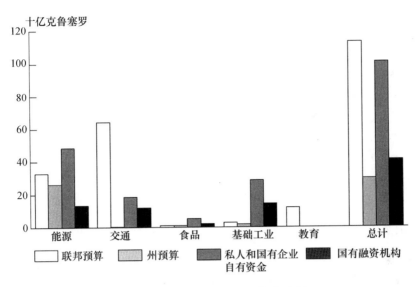

图3.4　"目标计划"——资金计划

资料来源：Sochaczewski（1993），p. 101。

生产。政府通过国家钢铁公司（*Companhia Siderúrgica Nacional*）控制了钢铁产业，并通过巴西国家经济和社会发展银行参与到当时正在建设的两个大型钢铁厂的建设当中，即米纳斯吉拉斯钢铁公司（*Usiminas*）和圣保罗钢铁公司（*Cosipa*）。[①] 在国有企业巴西国家石油公司（*Petrobrás*）[②] 的控制下，巴西原油的生产和提炼量仍然有限；铁矿石的开采和出口由国有企业淡水河谷公司（*Companhia Vale do Rio Doce*）控制；烧碱的生产由国有的国家碱业公司（*Companhia Nacional de Alcalis*）负责；国有的圣弗朗西斯科水力发电公司（*Companhia Hidroelétrica do São Francisco*）和位于福纳斯（*Furnas*）的水力发电公司使政府参与到能源领域中；国有部门通过联邦铁路系统（*Rede Ferroviária Federal*）、巴西劳埃德航运公司（*Lloyd Brasileiro*）和国家公路局（*DNER*）管理的国家公路基金（*Nation-*

---

① 关于巴西钢铁工业的建立，参见 Sérgio H. Abranches，"Governo，empresa estatal e política siderúrgica：1930 – 1975"，in *As origens da crise：Estado autoritário e planejamento no Brasil*，ed. Olavo Brasil de Lima Jr. and Sérgio H. Abranches（São Paulo：Vértice，Revista dos Tribunais，1987）。

② 1960 年，全国石油日产量约为 8 万桶。20 世纪 60 年代末，随着大陆架海上钻探的开始，巴西石油产量开始大幅增长，但直到 2006 年，巴西才实现了石油生产的自给自足。今天，国家的石油产量为每天 200 万桶，完全在大陆架区域获得。

al Highway Fund）在交通运输领域发挥了主导作用。[1] 国家除了控制巴西国家经济和社会发展银行——巴西投资的主要资金来源和"目标计划"的主要融资机构，国有的巴西银行在对工业和农业的融资中也起着关键性的作用。在"目标计划"的实施过程中，公共部门发挥着基础性作用，国有企业通过直接经营或投资，抑或是使用包括税收、外汇和金融工具在内的一系列工具，对正在进行的项目开发进行总体管控。公共部门目前占国内生产总值（GDP）的 17%—18%，这还不包括公共企业参与的活动。

雄心勃勃的"目标计划"对财政资源存在巨大需求，政府却没有能力按比例增加收入。这就导致了预算赤字。相当一部分赤字通过巴西银行对国家财政的贷款来实现。由于巴西银行同时充当商业银行和中央银行的角色，财政对其债务实际上是货币基础的一部分。当时的通货膨胀率为 25%—30%，限制高利贷法又将利率控制在 12% 以下，两者之间产生错配，这就导致债券市场相当有限，因此发行政府债券为所有项目融资十分困难。[2] 这意味着为财政赤字融资只能通过货币供给的增加，这就产生了通货膨胀压力。但是，经济政策的首要任务是发展，而不是财政和货币稳定。[3] 巴西银行的货币信贷监管局（SUMOC）履行中央银行的职能，管控汇率政策、固定贴现率、规定银行法定存款准备金率以及强制办理外资登记。巴西银行除了履行商业银行和主要的农业银行职能之外，还负责运营再贴现投资组合（Rediscount Portfolio）[4]、银行稳定基金（Banking Mobilization Fund）[5]、证券交易所（Portfolio Exchange）[6] 和对外

---

[1] 国家公路基金（Fundo Rodoviário Nacional）创立于 1948 年，资金来源于对燃料和润滑油所征税款，并用于对路网的建设和维护。关于国家在这些产业部门作用的论述，参见 Gail D. Triner，*Mining and the State in Brazilian Development*（London：Pickering & Chatto，2011）。

[2] 限制高利贷法（第 22.626 号法令）于 1933 年 4 月 7 日颁布。

[3] 1958 年 10 月，巴西曾尝试实施一项名为"货币稳定计划"（EMP）的稳定性计划，该计划制定了严格的货币和财政目标。但是该计划遭到了强烈反对。由于缺乏执行该计划的客观条件，财政部部长辞职，由巴西银行行长接任。此外，巴西银行行长和财政部部长之间的冲突往往由后者下台而前者接任来解决。

[4] Carteira de Redescontos.

[5] Caixa de Mobilização Bancária. 尽管巴西银行的再贴现投资组合为所有商业银行提供再贴现业务，但银行稳定基金实际上充当了最后贷款人的角色，为陷入困境的银行提供援助。

[6] Carteira de Câmbio.

贸易投资组合（Cacex）等。巴西银行还肩负国库出纳的作用，集中了国库的收入和支出，并在需要时发放信贷，巴西银行还通过货币信贷监管局（SUMOC）对商业银行的储备金进行管理。由于巴西银行不受准备金要求的约束，鉴于其承担了政府金融和汇率政策等多重职能，实际上相当于巴西的货币当局。为了对其业务进行管控，巴西银行的多种投资组合业务受到了限制。但是，由于受到来自政治方面的种种压力，这些限制性措施的效果被打了折扣（图 3.5 和附表 3）。[1]

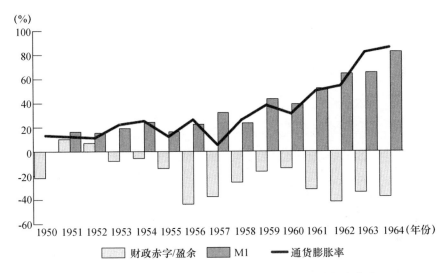

图 3.5 1950—1964 年财政赤字、M1 和通货膨胀年度变化

资料来源：Ipeadata。

国际部门是发展计划另一个重要的融资来源，其贷款和直接投资都是如此。与瓦加斯第二次执政时期对外资相对厌恶不同，儒塞利诺对外国投资持公开支持态度，这吸引了很多跨国公司参与到巴西的多个经济

① 巴西银行的特殊角色只有在 1964 年巴西中央银行成立之后才得到解决。根据詹蒂尔·科拉扎（Gentil Corazza）的研究，尽管巴西财政部、巴西银行和货币信贷监管（SUMOC）分工明确，但货币体系还是产生了反常的货币创造过程，货币创造集中在巴西银行，巴西银行承担多重角色，与货币政策不相容。巴西银行作为财政部的金融代理机构进行信贷业务操作，巴西银行还是商业银行储备金的保管者，同时是巴西最大的商业银行和唯一的农村银行。巴西银行承担的多重职能使其对货币供应发行失去了控制力。

部门当中去。绝大多数外国资本以贷款的形式进入巴西，而直接投资的比重接近五分之一。外国直接投资最主要的受益方是基础工业，尤其是汽车工业，其次是纸浆和造纸业以及钢铁工业。这些外国资本的投资领域集中在电力、铁路、航运、航空、钢铁和汽车等（图3.6）。

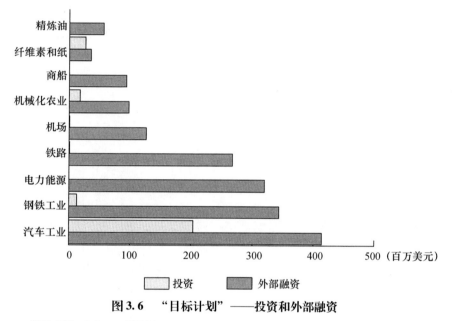

图3.6 "目标计划"——投资和外部融资

资料来源：Relatório SUMOC，in Lessa 1975，pp. 34 –37。

面对执行"目标计划"时公共行政体制的缺陷，儒塞利诺政府选择建立一个平行结构来代替行政体制改革，行政改革需要时间，而且会引发政治摩擦并且需要立法批准。平行结构的基础是已经存在的一些机构，如巴西银行与巴西国家经济和社会发展银行，以及新建立的行动小组（Grupos Executivos）。行动小组基本上在私人部门运营，在所有参与部门决策的机构学中进行协调。巴西国家经济和社会发展银行对公共活动进行集中统筹，对项目进行优先安排，并为国外贷款提供资金和担保。

这种新的行政架构在运输、发电和工业领域取得了令人瞩目的成就，产量达到了新高度。政府还巩固了基础工业，并在巴西建立了汽车工业。汽车工业要求政府不仅需要帮助建立汽车装配厂，而且考虑到汽车需要高水平的国内投入，政府还帮助建立了汽车零部件产业。由于巴西消费市场狭小，美国主要的汽车公司最初对在巴西建立生产部门并未产生兴趣。首先进入巴西市场的是德国汽车制造商大众（Volkswagen）和 DKW（巴西 Vemag），法国的希姆卡（Simca）和美国的威利斯·欧弗兰特（Willys O-verland）。① 当时进行的工业化进程在收入扩大和消费市场扩张方面发挥了至关重要的作用。但是，这需要时间，在 20 世纪 70 年代才得以体现。

根据 1960 年的普查数据，巴西工业企业数为 11 万个，雇佣了 180 万员工，其中有 41% 受雇于纺织业、服装业、食品业和饮料行业。② 1949 年，轻工业部门产值占巴西工业总产值的一半，但现在只有三分之一。同期，冶金、机器制造、运输工具和化学工业提升了其相对份额，产值达到了工业总产值的三分之一。从生产单位的规模看，以平均雇佣工人数来衡量，行业平均水平为每个工厂雇佣 16 名工人，纺织、橡胶、电气和通信设备、制药、纸张和纸板等部门平均雇员数则超过了 50 人。从平均产值来看，橡胶、制药、烟草、电气和通信设备等行业的表现高于平均水平（图 3.7、图 3.8）。

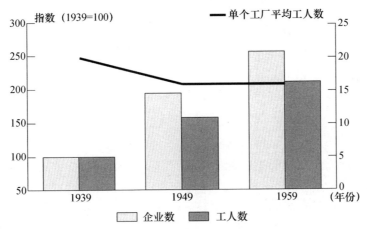

图 3.7　1939—1959 年工业企业数和工人数（1939 = 100）

（1939 年企业数为 43250；工人数为 851775）

资料来源：IBGE-Séries Históricas Retrospectivas。

---

① 他个人建议美国的汽车企业去巴西生产，无果。但是，这种状况并未持续多久。Flávio Limon-cic, "The Brazilian Automotive Industry in International Context: From European to American Crisis" (Michi-gan, "New perspectives on Latin American and US Noon Lectures Series", January 2009), 8 pages.

② 1939 年和 1949 年，这一比例分别为 55% 和 51%。

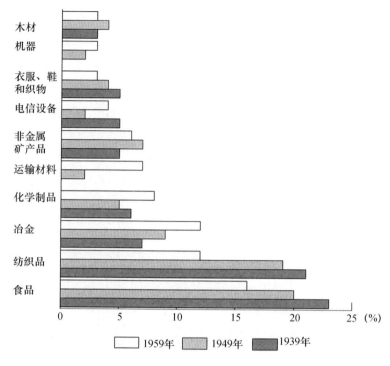

图3.8　1939—1959年主要工业部门产值

资料来源：IBGE-Séries Históricas Retrospectivas。

　　尽管农业是"目标计划"中的一部分，但事实上却不是政府的优先事项。因此，在这个大规模政府和私人投资时期，农业部门几乎没有得到发展。但是，尽管巴西农业相对落后，该部门似乎并未成为工业发展的障碍，因为使用传统手段能够增加产量，满足日益扩大的人口规模对粮食的基本需求。在20世纪40年代和50年代，尽管除受咖啡影响的区域外，其他地区的农业仍然保留着殖民时期留下来的生产结构，而且较之前相比，生产力并未提高，但农业实现了显著增长。这得益于使用新土地和雇用更多的农业工人。这种对粮食的需求由战后城市人口增长所推动，这使农业可以在无额外成本支出的情况下向城市地区释放更多的劳动力，而不断扩大的城市则可以增加对农产品的需求。所谓的劳动力储备大军——使农场主和种植园主可以继续获得廉价劳动力，这降低了他们对创造更高效生产方式的兴趣。与此同时，新的农业用地增加也抑制了以犁、拖拉机、化肥和农药等形式更密集地使用资本。农业现代化直到 20 世纪 70 年代才起步，当时农业成为工业的重要市场。

除了经济因素外，农村基础设施的维护还得到了强大政治利益方的支持，因为政府的城市转型和工业化政策依赖于通过同社会民主党建立联盟获得支持，而该党在农村地区根深蒂固。这可以从土地所有权的结构集中体现出来，1920—1970 年间，巴西的土地所有权基本未发生实质性的改变。在这一段时期，农业单位土地所有权分配的基尼系数几乎没有变化，从 0.83 上升到 0.84。①

20 世纪 60 年代，农业生产高度集中于前十大农作物，占农业总产值的五分之四。② 很显然，咖啡在整个时期保持了领先地位，其他主要农作物还包括玉米、棉花和大米。与此同时，大豆种植才刚刚开始，并未像此后几十年一样，跻身重要农作物行列。1960 年，十大农产品种植面积为 2500 万公顷，其中玉米占据最多（730 万公顷），随后是咖啡、棉花和大米。1920—1960 年期间，尽管除咖啡外其余农作物的基础生产能力并未发生改变，但在巴西农场耕犁和拖拉机的数量增加了（表 3.2 和图 3.9）。

表 3.2　　　　　**1931—1962 年主要农作物生产能力**　　（单位：吨/公顷）

	棉花	大米	可可	咖啡	甘蔗	豆类	木薯	玉米	小麦	大豆
1931	0.51	1.50	0.50	0.36	46.63	1.32	22.94	1.50		
1940	0.65	1.51	0.56	0.40	39.44	0.79	12.55	1.25		
1950	0.43	1.64	0.55	0.40	39.45	0.69	13.09	1.29		
1960	0.55	1.62	0.35	0.94	42.48	0.68	13.12	1.30	0.63	1.20
1961	0.57	1.70	0.33	1.02	36.35	0.68	13.07	1.31	0.53	1.13
1962	0.56	1.66	0.85	0.98	42.64	0.63	13.44	1.30	0.92	1.10

资料来源：IBGE, Séries Históricas Retrospectivas。

20 世纪 50 年代，新增农业用地约为 1060 万公顷，新增农民达到 450

① 尽管总体平均数保持了稳定，在圣卡塔琳娜州、巴拉那州、阿克里州和亚马孙州等州显著下降。而在其他一些州，如马拉尼昂州、伯南布哥州、马托格罗索州，收入集中度提高了。圣保罗州的基尼系数稳定在 0.77 左右。

② 1961 年，七种农产品（咖啡、大米、棉花、玉米、甘蔗、豆类和木薯）占巴西农业总产值的 75.9%。Anuário Estatístico do Brasil, 1962, 53 – 55.

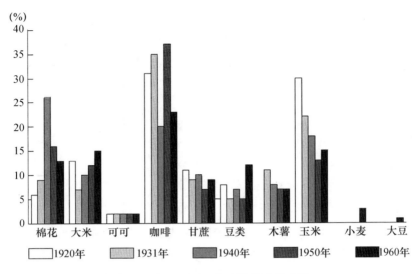

图 3.9 1920—1960 年农产品产值占比

资料来源：IBGE-Séries Históricas Retrospectivas。

万人，比往年略有增长。但是这十几年来，机器开始在巴西农场出现，并实现了增长。正如预期的一样，大多数拖拉机和耕犁集中在南部和东南部地区。在东北部地区，每 310 公顷土地有 1 把耕犁，而在南部和东南部地区，分别为每 5 公顷一把耕犁和每 11 公顷一把耕犁。至于拖拉机，东北部地区每 3114 公顷土地一辆，而在东南部土地面积只需要 292 公顷，圣保罗仍然领先，每 177 公顷土地就有一辆拖拉机（表 3.3）。

表 3.3　1950 年、1960 年各州作物种植面积，劳动力、拖拉机和耕犁使用情况

	面积（公顷）		雇佣劳动力（人）		拖拉机（个）		耕犁（个）	
	1950 年	1960 年	1950 年	1960 年	1950 年	1960 年	1950 年	1960 年
北部	234512	458490	326502	536619	61	266	381	306
东北部	5283804	9306681	4334936	6566035	451	2989	14489	21171
东南部	8447903	10297939	3999860	4465344	5155	35215	318863	394696
米纳斯吉拉斯州	2937126	3673466	1868657	2076829	763	5024	79968	93040
圣保罗州	4257633	4973300	1531664	1683038	3819	28101	224947	286580
南部	4530566	8279870	1949923	3174233	2566	22720	383435	604050

续表

	面积（公顷）		雇佣劳动力（人）		拖拉机（个）		耕犁（个）	
	1950 年	1960 年	1950 年	1960 年	1950 年	1960 年	1950 年	1960 年
巴拉那州	1358222	3471131	507607	1276854	280	4996	30405	82324
南里奥格兰德州	2502691	3795840	1071404	1277390	2245	16675	312001	440467
中西部	608272	1416805	385613	678623	139	2303	3091	11797
合计	19095057	29759785	10996834	15521701	8372	63493	714259	1031930

资料来源：IBGE：Séries Históricas Retrospectivas。

在儒塞利诺时期，咖啡仍然是巴西重要出口品，但是出现了生产过剩的新迹象。20 世纪 40 年代末，咖啡产量约为 2000 万袋，但由于朝鲜战争期间世界价格上涨，咖啡产量在 20 世纪 50 年代中期开始扩大。1959 年，咖啡产量达到 4400 万袋（世界总产量为 7900 万袋），而当时世界消费量仅为 4200 万袋。尽管 20 世纪 50 年代中期这一短暂的繁荣提升了咖啡在巴西出口组合中的重要性，但它却引发了通常的生产过剩危机。咖啡很快就开始被囤积，到了 1963 年，巴西的咖啡存货为 6300 万袋，增加了价格下降的压力。因此，儒塞利诺面临着一般意义上的咖啡生产的繁荣和萧条时期——价格上涨、产出增加、价格降低以及咖啡出口值的系统性下降。直到 1959 年，为保护该部门政府开始购买咖啡。但是巴西和世界咖啡生产的不断扩张意味着这项政策并不会影响咖啡的世界价格。1959 年，拉丁美洲和非洲的咖啡生产国签署了一项协议，每个国家获得了咖啡出口配额。1962 年，包括所有咖啡生产国和美国在内的国家签署了一份新的协议。当年，国际咖啡组织（International Organization of Coffee）成立，第二年，一项国际协议导致了砍除咖啡树计划在世界范围内展开。1962—1967 年，全球一半的咖啡树被砍伐。然而，正是在这一新的扩张和收缩时期，巴西咖啡产业的生产区域出现了重大变化。巴拉那州的咖啡产量从 20 世纪 40 年代占全国的 5% 增加到 20 世纪 50 年代末期的 50% 以上（图 3.10 和图 3.11，表 3.4，附表 1）。

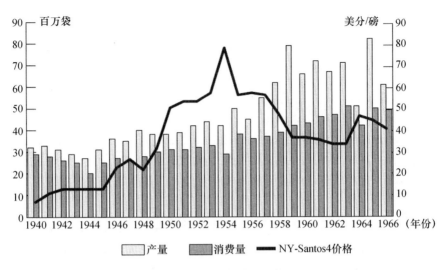

图 3.10 1940—1966 年咖啡的世界产量、消费量和价格

资料来源：Bacha（1992），pp. 288 – 340。

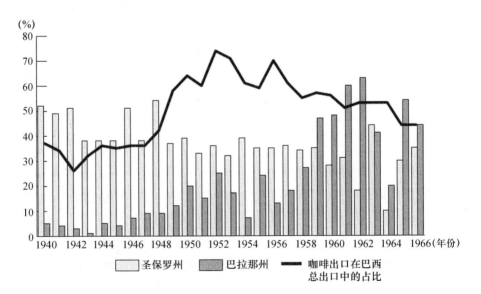

图 3.11 1940—1966 年巴西各州咖啡产量及其出口占比

资料来源：Bacha（1992），pp. 288 – 340。

表 3.4　　　　1956—1962 年主要咖啡生产州的咖啡产量和种植面积

年份	1956	1957	1958	1959	1960	1961	1962
	种植面积（alqueires*）						
米纳斯吉拉斯州	686686	711510	781738	790623	798967	802364	812380
圣埃斯皮里图州	271925	281670	321697	299559	306372	287977	306553
圣保罗州	1556846	1593226	1619520	1647034	1635187	1521588	1365136
巴拉那州	635427	807555	1032776	1225676	1335601	1411227	1620798
巴西	3411651	3672325	4077920	4296645	4419537	4383820	4462657
	产量（吨）						
米纳斯吉拉斯州	204912	262341	280218	543502	496276	542270	492301
圣埃斯皮里图州	97813	130309	151633	287571	204730	256283	293037
圣保罗州	434946	602879	620399	1462133	1157989	1269699	752495
巴拉那州	115026	277780	508835	1823437	1948627	2083722	2555155
巴西	979278	1409304	1695855	4396844	4169584	4457408	4380607

注：　* 巴西旧计量单位，在不同州对应的公顷数不同，译者注。

资料来源：*Anuários Estatísticos do Brasil*，various years。

　　但是，本轮繁荣和萧条标志着咖啡在巴西出口中的作用的最后一个高点。当我们比较 1947 年和 1960 年的出口时可以发现，随着初级原材料重要性的降低和粮食重要性的提高，出口组成出现了重大变化。甚至在初级材料的出口方面也发生了一些变化，木材（主要是松树）出口和矿物（主要是铁矿石）出口增加，棉花出口大幅下降。在食品出口方面，蔗糖和可可出口增加，咖啡此时在出口额中的比重为 56% 且仍在下降。至于进口，初级原材料、粮食储备和制成品等主要项目比较稳定。然而，由于国内工业的发展，制成品的进口也在不断发生着变化。例如，1947 年汽车进口占总进口的 9%，而在 1960 年已经不在进口商品行列中。此外，约 80% 的食品进口是小麦和鳕鱼，这说明在当时巴西农业生产基本上可以自给自足（图 3.12a 和图 3.12b）。

　　1930—1960 年期间，经济变化对经济活跃人口及其生产分配也产生了一定的影响。农业部门的就业增长低于工业和服务部门的就业增长，从而相对重要性降低。服务业的就业人数大幅增加，1960 年，服务业雇用了经济活跃人口的三分之一，而工业和农业的分别为 13% 和 54%。虽然这些变化的指标显示了 1930—1960 年期间农村人口为在城市寻找机会而外流的结

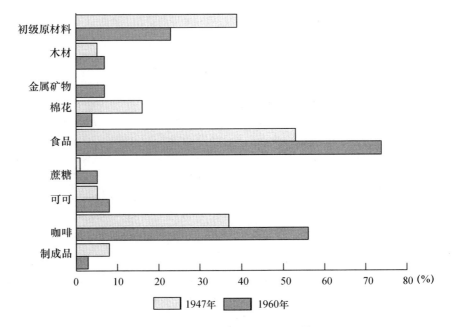

图 3.12a   1947 年和 1960 年出口构成

资料来源：Anuários Estatísticos do Brasil（1948 and 1962）。

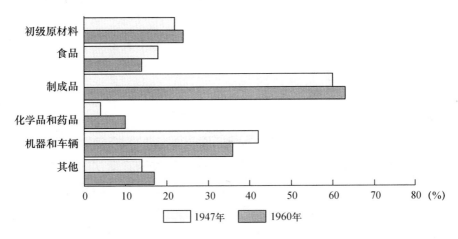

图 3.12b   1947 年和 1960 年进口构成

资料来源：Anuários Estatísticos do Brasil（1948 and 1962）。

果，但在这一时期农业人口仍在增长，年增长率为 1.6%（图 3.13）。

儒塞利诺政府"目标计划"下进行的投资导致了生产的显著增长，尤其是工业方面，这一时期的平均增长率为 11%，商业方面的表现也很

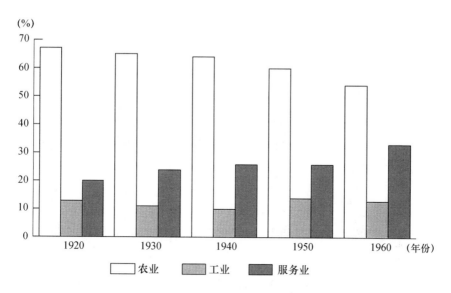

图 3.13　1920—1960 年按部门划分的经济活跃人口构成

资料来源: Merrick and Graham 1980, pp. 64 – 65。

出色（8%），甚至是较少受到支持的农业，在政府实行计划的 5 年内同样实现了接近 6% 的平均增长率。但是，增长分布不均。1960 年，巴西 GDP 和人均 GDP 仍然表现出区域间的极大不平衡。GDP 达到了 170 亿美元，人均 GDP 则为 244 美元。东南部占国内收入的 61%，南部为 18%，东北部仅为 16%。单单圣保罗一个州就占巴西国内收入的 32%。人均收入方面，全国平均水平为 2.7 万克鲁塞罗，有两个州人均收入最高——里约热内卢州的瓜纳巴拉（Guanabara）达到了 7.7 万克鲁塞罗，圣保罗则为 4.7 万克鲁塞罗，东北部地区的人均收入最低：皮奥伊州为 8000 克鲁塞罗，马拉尼昂州为 9000 克鲁塞罗，塞阿拉州则为 12000 克鲁塞罗①（图 3.14a，图 3.14b，图 3.15a，图 3.15b）。

---

① 为了适应百分制，1942 年传统计价货币雷斯被克鲁塞罗取代。此后，巴西历史性的通货膨胀导致巴西多次更换货币。1967 年，政府使用新克鲁塞罗（cruziero novo），1 新克鲁塞罗 = 1000 旧克鲁塞罗。1970 年，巴西将货币单位名称重新命名为克鲁塞罗。1986 年，克鲁扎多（cruzado）取代克鲁塞罗，1989 年又变为新克鲁扎多（cruzado novo）。1990 年，货币名称恢复为克鲁塞罗，并在 1993 年被替换为实际克鲁塞罗（cruzeiro real）。最后，1994 年巴西通过雷亚尔计划成功进行了货币改革，货币变成雷亚尔（real）并延续至今。Banco Central do Brasil, http://www.bcb.gov.br/? refsismon.

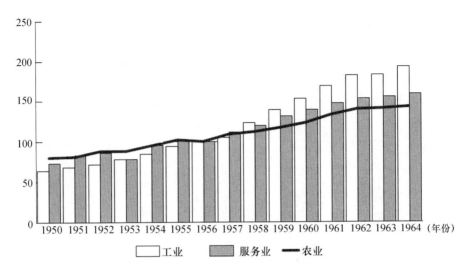

图 3.14a 1950—1964 年各部门 GDP 指数变化（1957 = 100）

资料来源：*Anuário Estatístico do Brasil*（1968），p. 414。

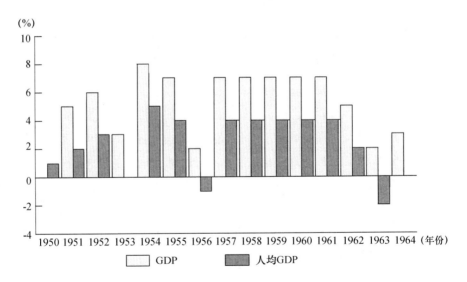

图 3.14b 1950—1964 年 GDP 和人均 GDP 年度变化率

资料来源：*Anuário Estatístico do Brasil*（1968），p. 414。

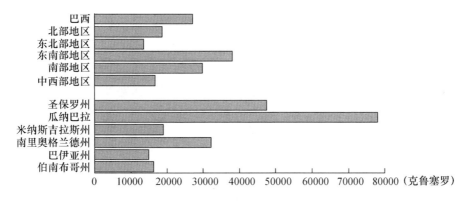

图 3.15a 1960 年人均收入——巴西、各地区、各州

资料来源：*Anuário Estatístico do Brasil*（1963）。

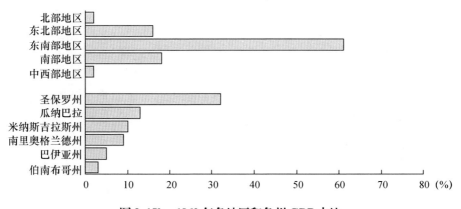

图 3.15b 1960 年各地区和各州 GDP 占比

资料来源：*Anuário Estatístico do Brasil*（1963）。

在儒塞利诺执政末期，他已经完成了"目标计划"的绝大部分，使巴西工业化进程取得了实质性的突破。他极大地改变了从前任那里继承下来的国家，但也给这个国家留下了严重的经济问题。年通货膨胀率此时达到50%；经常账户赤字严重，公共账户赤字高企，低价格导致大量库存引发的咖啡生产危机，生产能力扩大与国内市场规模并不适应。此外，还有对进口替代工业化战略走到尽头的质疑。①

雅尼奥·夸德罗斯（Janio Quadros）赢得了 1960 年 10 月举行的总统

———————

① Tavares，"Auge e Declínio do processo de substituição de importações no Brasil"，27 –115.

选举。他是一位民粹主义者，在圣保罗一个颇具当地特色的政党里有着辉煌的职业经历。反对瓦加斯和儒塞利诺一派的国家民主联盟（UDN）决定不提名候选人，转而支持夸德罗斯，他得以击败过去在瓦加斯时期结盟的民主社会党（PSD）和工党（PTB）推举出的候选人——洛特将军。副总统的选举单独举行，瓦加斯政府时期担任劳工部部长、儒塞利诺政府时期担任副总统的若昂·古拉特胜选为副总统。雅尼奥·夸德罗斯立即在国内采取了有争议的措施。作为保守派，他出人意料地给予切·格瓦拉（Che Guevara）高度评价。他还提议采取一项更大程度地独立于美国的国际政策，并谴责之前政府遗留的严峻的经济形势。[1] 为了应对严峻的经济形势，雅尼奥实行了一项稳定计划，使巴西货币贬值，减少公共支出和货币供给。

　　雅尼奥仅仅执政 6 个月就突然宣布辞职。尽管他从未解释辞职的原因，但很明显，雅尼奥的政府未获得议会支持。社会民主党—工党联盟不会支持他，而国家民主联盟在总统选举后不久便抛弃了他。据推测，雅尼奥做出颇具戏剧性的辞职姿态，寄希望于有人反对他的举动，他可以乘机为继续留任提条件。但是，这并没有发生。他的辞职信很快在国会被宣读，这足以证实他的行为。[2]

　　副总统若昂·古拉特（João Goulart）是宪法规定的总统继任者。但是，出于对其左翼立场的担心，军队反对他继任总统。由于当时古拉特在海外出访，他将归国时间推迟，直到找到一个政治上，特别是军事上可行的解决方案，保证其能继任总统。这一解决方法就是实行议会制的

---

　　① 在他的就职演说中，夸德罗斯严厉地批评了前任总统，内容包括货币扩张、外债、巴西银行外汇投资组合的期望收益率、巴西国家开发银行的各种承诺、财政部对巴西银行的债务以及国家社会保障体系的债务。由于大宗商品价格下降，他还对国际收支表示了担忧。咖啡价格持续下降，巴西已经购买了 4000 万袋咖啡进行储存。他指出了预算困境并对其任期第一年内的庞大赤字进行了估计，他还批评了高企的通货膨胀率。此外，他还指出，儒塞利诺政府拖欠了大量外部债务，债权人包括国际货币基金组织和美国进出口银行。关于雅尼奥·夸德罗斯总统任期内的讨论，http://brasilrepublicano.com.br/fontes/30.pdf。

　　② 关于雅尼奥·夸德罗斯政府的研究，参见 Maria Victoria de Mesquita Benevides，*O Governo Jânio Quadros*，2nd ed.（São Paulo：Brasiliense，1999）。

政府。① 尽管存在这些限制，古拉特时期的特点是工会、学生、新农民联盟中有组织的农民得到了广泛动员，以及天主教会内新左派团体的崛起。左翼分子连同民族主义者提出了进行全面结构性改革的想法，涉及土地、教育、城市化甚至文盲的选举权。② 由于古拉特在议会的支持基础有限，并且在新的议会政府结构中权力有限，他能够动员社会支持全民投票，结果是总统制于 1963 年 1 月恢复。

　　古拉特政府面临严重的经济危机，年通货膨胀率超过 80%。为了解决危机，他提出了所谓的"三年计划"，目的是治理通货膨胀和促进经济增长。③ 该计划指出，进口替代过程的结构性失衡是造成通货膨胀的主要原因，并且认为如果没有意向能够预测这种失衡的方案，这种失衡就无法被纠正。但是，该计划并未涉及进口替代模式自身衰竭的问题，这将是此后几年争论的焦点。政府认为国际和公共部门是引发通货膨胀的主要原因。因此，为了缓解公共部门的压力，政府建议增加税收、减少公共开支、从私营部门筹集资金以及调动财政资源。虽然古拉特决心实行该计划，但当时并没有保证其成功的客观条件。1963 年，通货膨胀率上升至 82%，而 GDP 在当年几乎没有增长。④

---

① 根据斯基德莫尔（Skidmore）的研究，支持詹戈（Jango）的民间力量实际上被欺骗了，他们认为詹戈得到了军方的全力支持。但实际上军方只有一小部分人支持他，军队的部长们仍然能行使否决权。但是，这是军方之间的分歧，加上中间派和左翼政党的广泛支持，这些政党迫切希望确保宪法程序得到遵守。Skidmore, Politics in Brazil, 1930 – 1964, 263.

② 斯基德莫尔认为，尽管这些改革有客观原因，但可以被视为古拉特试图改变政治权力结构的努力。文盲获得投票权或为大众创设识字计划可以从根本上改变选举平衡，并为社会结构的其他深刻变化开辟道路。Skidmore, *Politics in Brazil*, 1930 – 1964, 289.

③ 目标计划（*Plano de Metas*）于 1962 年 12 月实施，由经济学家塞尔索·富尔塔多（Celso Furtado）负责协调。

④ Roberto B. M. Macedo, "Plano Trienal de Desenvolvimento Econômico e Social", in *Planejamento no Brasil*, ed. Betty Mindlin（São Paulo: Perspectiva, 2001）, 51 – 68; Lessa, *Quinze anos de política econômica*, 72 – 79; Marcelo de Paiva Abreu, "Inflação, estagnação e ruptura: 1961 – 1964", in *A ordem do Progresso*, ed. Marcelo de Paiva Abreu（Rio de Janeiro: Editora Campus, 1992a）105 – 122, 197 – 212; Skidmore, *Politics in Brazil*, 1930 – 1964, 252 – 308; Lucila de Almeida Neves Delgado, "O governo João Goulart e o golpe de 1964: memória, história e historiografia", *Tempo*（Niterói）14, 18（Junho 2010）, http://www.scielo.br/scielo.php? pid = S141377042010000100006&script = sci _ arttext; SérgioMonteiro, "Política econômica e credibilidade: uma análise dos governos Jânio Quadros e João Goulart", http://www8.ufrgs.br/ppge/pcientifica/1999 13. pdf.

1964 年 4 月，在经历了一段重大的政治动荡之后，军队发动军事政变推翻了古拉特政府，建立了一个军事独裁政权并持续执政 21 年。4 月 9日，新建立的军事政权发布了一长串将民主国家转变为独裁国家的机构"法案"清单当中的第一个法案。所谓的"AI－1 法案"，赋予了国会选举新总统的权力，并提名政变的主要领导人之一——卡斯特洛·布兰科（Castelo Branco）元帅。军方并没有回归其在国家民主联盟中的文官盟友，而是第一次决定在完全军事控制下发展自己的政治项目，并将持续执政超过 20 年。政治压迫成为常态，政府逮捕了数千人，包括持不同政见的军官。政府对城市和农村工人运动的领导人极其严厉。在军事政权时期，审查、镇压、监禁和酷刑十分普遍。①

在这个威权统治时期，控制国家的军事政权呈现出独特的特点。一方面，他们是压迫性的、强烈的反共产主义的，并且作为美国的坚定盟友参与冷战。另一方面，他们决心组织一个由行政部门占据主导的、强大的中央集权国家，限制其他联邦部门以及州和市的行动范围。他们保留了选举，国会继续运作。但是立法机构的权力被大大削弱，反对行政部门发布的指导方针或者直接批评该政权的左翼和中间派议员被清洗，国会议员受到控制。这些政客的政治权力被剥夺（cassados）了。

军方内部并不统一。在中央集权的程度、军事干预所需的时间长短以及实施军事干预的手段等问题上，各集团之间存在着内部权力划分和不同观点。对一些人来说，镇压、审查和酷刑是极端的方式，只有在最

---

① 有大量研究军政府时期的文献。读者可以从以下的著作中得到整体把握：Thomas E. Skidmore, *The Politics of Military Rule in Brazil*, 1964－85（New York：Oxford University Press, 1988）and his essay "Politics and Economic Policy Making in Authoritarian Brazil, 1937－1971", in *Authoritarian Brazil*, ed. Alfred Stepan（New Haven, CT：Yale University Press, 1976）, 3－46；Philippe C. Schmitter, "The 'Portugalization' of Brazil", in *Authoritarian Brazil*, ed. Alfred Stepan（New Haven, CT：Yale University Press, 1976）, 179－232；Juan J. Linz, "The Future of an Authoritarian Situation or the Institutionalization of an Authoritarian Regime：The Case of Brazil", in *Authoritarian Brazil*, ed. Alfred Stepan（New Haven, CT：Yale University Press, 1976）, 179－232；Bolivar Lamounier, "O 'Brasil autoritário' revisitado：o impacto das eleições sobre a ditadura", in *Democratizando o Brasil*, ed. Alfred Stepan（Rio de Janeiro：Paz e Terra, 1985）, 83－134；Alfred Stepan, "As prerrogativas militares nos regimes pós-autoritários：Brasil, Argentina, Uruguai e Espanha", in *Democratizando o Brasil*, ed. Alfred Stepan（Rio de Janeiro：Paz e Terra, 1985）, 521－572；Maria Helena Moreira Alves, *Estado e oposição no Brasil*, 1964－1984（Petrópolis：Vozes, 1984）。

后的情况下才会使用，对另一些人来说，这是摧毁左派所需要的基本工具。尽管军事政权内部的立场相互冲突，镇压和酷刑仍然成为该政权的一部分。军事集团之间的争端在总统继任时期似乎至关重要——这是巴西独裁的另一个特点。由于担心在一些可能继续掌权的首领统治下出现个人主义政权，军政府承诺将总统任期固定且规范化，但不是民主的"选举"。在整个军政府时期，国会选举实际上是对先前军队选举的确认。新总统选择的内部冲突仍在军队控制之下。这导致了不同的军事集团轮流执政，尽管存在冲突，军方仍能够达成共识并维持其政权。

军政府在发展过程中采取了越来越多的镇压行为。最初几年，在卡斯特洛·布兰科政府时期，军队维持了相对的民主自由，人们预期很快将回归文人政府。卡斯特洛是军方温和派的领导人之一，他认为只要民粹主义者和颠覆分子被逐出政治舞台，就可以还政于民。这与保守的国家民主联盟中的文官领导人所持观点一致，国家民主联盟在军事政变中发挥了积极作用，并且成为议会的基本组成。起初，卡斯特洛继任总统，将完成古拉特的剩余任期直至 1965 年。由于受到来自强硬派官员的压力，他同意将其任期延长至 1967 年 3 月。[1]

1965 年 11 月，各州进行了州长选举，在此期间，旧的政党结构依然存在。在两个重要州——米纳斯吉拉斯州和瓜纳巴拉州，[2] 胜选的候选人来自敌对的民主社会党。该政权的反应是颁布另一项制度性法案，修改政党制度和整个选举过程。在未来的总统和州长选举中，采取间接选举的方式。此外，所有原有政党均被废除，用两党制进行取代：一个是亲政府派，另一个则是反对党。因此在此后的 20 年中，传统政党被消灭，并成立了两个团体：国家革新联盟（*Aliança Renovadora Nacional*，*ARENA*）和巴西民主运动（*Movimento Democrático Brasileiro*，*MDB*）；前者聚集了过去国家民主联盟（UDN）的成员，支持军政府，后者则代表了反

---

① Lira Neto，*Castelo：a marcha para a ditadura*（São Paulo：Contexto，2004）．

② 1960 年，随着联邦首都迁至巴西利亚，属于旧联邦区（里约热内卢市）的区域成为瓜纳巴拉州的一部分。1975 年，里约热内卢州和瓜纳巴拉州合并成一个州，名字还是里约热内卢州，州府是里约热内卢市。

对党联盟。①

1967 年 3 月,科斯塔·伊·席尔瓦(Costa e Silva)将军继任总统。他是强硬派成员,也是军事政变领导者之一,同时担任过卡斯特洛·布兰科政府的战争部部长一职。他的当选代表了希望进行更加严厉镇压的军方强硬派的胜利。在新总统任期内,政府和民间社会之间的关系变得愈发紧张,学生和工人进行了大规模的抗议活动。在其"AI-5 法案"中,该政权变得越来越独裁,政府在巩固独裁统治的同时还开启了巴西历史上最具镇压性和最痛苦的时期之一。现在,军方强调"国家安全主义",这是美国在整个美洲地区推行的冷战思想,随着巴西军事高等战争学院(Escola Superior de Guerra)的建立而带有巴西特征。正是这一思想指导了国家情报局(Serviço Nacional de Informações,SNI)的活动,以及通过军事法庭加强国家镇压机构的活动,军事法庭现在处理一些所谓的政治犯罪。国会被关闭并且实施了严格的审查制度,就连以各种形式表现的艺术也受到影响。政治家的政治权利被剥夺,公务员被解雇,大学教授被开除。流亡是成千上万巴西人的归宿,包括当时是圣保罗大学教授此后成为巴西总统的费尔南多·恩里克·卡多佐(Fernando Henrique Cardoso)。法律被废除,镇压催生了城市恐怖主义和乡村游击队,还出现了另一位巴西未来的总统——迪尔玛·罗塞夫(Dilma Rousseff),她最终被囚禁在监狱。尽管这个武装反对派代表的政权风险很低,但它为军方在反对"共产主义"和颠覆活动中所采取的镇压行为提供了更多的理由。②

1969 年,科斯塔·伊·席尔瓦总统心脏病发作。人们认为文官副总

---

① 1966 年曾爆发了一场所有反对军事政权的人联合在一起的运动。他们建立了一个"广泛阵线",试图团结像儒塞利诺和拉塞尔达这样的传统敌人,他们发布了所谓的里斯本宣言。第二年,拉塞尔达和流广海外的前总统古拉特也举行了一次会面。整个 1967 年和 1968 年,"广泛阵线"似乎取得了政治支持,但拉塞尔达在 1968 年被剥夺权利(cassado),"广泛阵线"也被宣布为非法组织。

② 记者埃利奥·加斯帕里(Elio Gaspari)出版了一系列关于军政府时期的书,代表了那些年美好的总体构想。参见 Elio Gaspari, *A ditadura envergonhada*(São Paulo:Companhia da Letras,2002a);*A ditadura escancarada*(São Paulo:Companhia das Letras,2002b);*A ditadura encurralada*(São Paulo:Companhia das Letras,2004);and *A ditadura derrotada*(São Paulo:Companhia das Letras,2003)。

统将继任，但是军方改变了规则并推举埃米利奥·加拉斯塔苏·梅迪西 (Emílio Garrastazu Médici) 成为总统，任期五年。为了使选举过程具备一定的合法性，自"AI-5 法案"发布以来已经关闭的国会重新开放，并开始选举由军政府指定的总统。梅迪西将建立巴西历史上最封闭且最专制的军事政权。他于 1969 年 10 月至 1974 年 3 月在任总统。这是经济高速增长的几年。经济快速增长为中产阶级提供了更好的生活水平，劳动力市场新创造的就业岗位造福了大部分人。这也是一个财富日益集中的时期。尽管梅迪西政府进行了严格的审查制度、镇压行为，且不断地侵犯个人权利，但还是获得了一部分民众的支持。与其他军政府不同，梅迪西经常利用媒体对巴西形象进行宣传——巴西进步迅速并将很快成为一个世界强国。

尽管强硬派获得了相对的成功，梅迪西还是被埃内斯托·盖泽尔 (Ernesto Geisel) 将军所取代，盖泽尔隶属于卡斯特洛·布兰科领导的温和派。继任后，盖泽尔承诺政府将恢复文官统治。很明显，巴西军方面民主解决方案的转变与一些基本事态发展有关。第一个就是政府官员日益严重的腐败以及严重的工资不平等，受雇于联邦文职机构的初级军官的高工资引发传统军官的不满，他们认为军队的基本完整性及其权力和威望的等级安排受到了威胁。其次，美国外交政策发生了变化，削弱了对军事政权的支持。随着越南战争和尼克松政府水门事件的发生，冷战意识形态在美国逐渐受到挑战，华盛顿的领导人不太愿意支持或容忍过去几十年在拉丁美洲得到美国支持的军事政权。这一改变发生在 1976 年吉米·卡特 (Jimmy Carter) 当选总统之后。

为了回归民主，盖泽尔提出了一个"开放"的进程（被称为 abertura)，但这将是一个缓慢、渐进和安全的进程。但是，军方的强硬派并不希望进行任何自由化变革，政府也失去了对镇压机构的控制。尽管有审查制度，但很快也出现了严重的腐败事件。尽管盖泽尔希望逐步回归兵营，但他无法挑战那些更为激进的军官，因为他担心失去对"开放"进程的控制。此外，在经济领域，盖泽尔面临 1973 年第一次石油危机冲击的严峻形势。保持高经济增长率成为渐进民主化的必要条件。

盖泽尔政府的特点是进步和挫折并存。一些人质疑通过自由选举和真正民主的竞争实现真实民主的可行性。许多人认为该政权会使一个强大的威权结构体制被制度化，就像葡萄牙仍存的体制一样。[①] 有人就两党制或多党制的可行性进行了辩论，甚至提出建立一个一党制国家的可能性。对多数人来说，包括对选民的胁迫、选举规则的改变和反对派领导人的沉默等内容在内的执政党的强大力量意味着该政权正朝着单一党派演变。1970 年的选举结果似乎证实了这个结果。然而在 1974 年，当反对派赢得了最重要的联邦和州立选举后，情况发生了改变。令人惊讶的是，政府认为国家革新联盟（ARENA）会获胜，但选举的结果却是全部公众均反对该政权。

甚至盖泽尔开启开放进程的时候，仍然很难预测巴西未来的民主方向，这一转型从 1974 年开始，直到 1985 年才完成。时常发生的挫折对开放进程的可行性提出了质疑。温和派和强硬派军官之间冲突的结果对"开放"的进程及其最终形式来说至关重要。尽管盖泽尔做出了承诺，酷刑仍在继续并显然已经失去了控制，结果是造成的死亡将对国内和国际舆论产生强烈的负面影响。他一度还不得不冒着解雇陆军部部长的风险去结束这些反民主的军事和准军事极端分子的反抗。然而，与强硬派官员的冲突以及维持选举进程的需要导致了再民主化进程被延迟。

1976 年进行了市政选举。政府继续支持自己的候选人，但是反对派在一些主要城市获得了胜利。尽管经济实现了增长，中产阶级却显然反对政府，商业领袖甚至也开始表达不满。1977 年，政府对反对派的胜利和不断增强的民众压力做出了回应，在 4 月份提出了所谓的"民众一揽子计划"。国会被关闭，并采取新措施阻断反对派在随意修改选举规则时获得权力。新规则仅仅是为了确保执政党在下次选举中获胜。州长选举将继续采取间接选举的方式，三分之一的参议员也将以相同的方式被选出。这两个步骤保证了国家革新联盟将继续在国会中占据多数，并且州长选举将继续被联邦政府所控制。此外，军方改变了众议院的席位，各州总人口和各州众议员之间的比例关系被扭曲。规模较小的州的众议员最低人数被增加，而人口规模较大的州的众议员数量被设置了上限，这就减少了联邦中大州的代表人数。这使众议院的地区平衡被打破，并一直持续至今。根据比例来计

① 关于政权及其制度化有一个有趣的讨论，参见 Alfred Stepan, ed., *Authoritarian Brazil: Origins, Policies and Future* (New Haven, CT: Yale University Press, 1973)。

算，北部和东北部地区比更现代和更发达的南部和东南部地区要大得多。新选举法进一步限制反对派接触媒体，并将总统任期延长至 6 年。

但盖泽尔政府还取得了一些积极进展。在他完成任期之前，盖泽尔废除了作为独裁政权基础之一的"AI - 5 法案"。他恢复了人身保护权，取消了之前的新闻审查，回归司法独立。此外，《国家安全法》也发生了变化，减少了包含的内容。最后，盖泽尔还恢复了之前遭受专制制裁的大部分反对派人士的政治权利。

独立工会运动的再度觉醒是盖泽尔政府时期另一个重大发展。自威权政权早期以来，军方一直严格控制着城乡工会并对大部分工会进行干预，取消了大多数活跃的工会领袖的权利。在城市中，瓦加斯建立的工会结构保持了相对稳定，使国家有权通过任命"代理人"（*pelegos*）或由国家提名工会领袖来操纵工会。军事政变之前活跃在农村地区的农民联盟已经被消灭。然而，随着盖泽尔政府的建立，在城市和乡村地区出现了新的工会领袖。在农村地区，新建立的农民团体不受政府干预，并与天主教会联系密切。在城市中则出现了一个新的、独立的领导层，还发生了新一轮罢工。在暴力镇压奥萨斯科（Osasco）和康塔根（Contagem）罢工（1968）十年后，来自圣保罗大都市区 ABC 区域的汽车工人举行了罢工并停止生产。[1] 罢工运动的领袖是时任圣贝尔纳多 - 杜坎普（São Bernardo do Campo）和迪亚德马（Diadema）金属工人工会主席的路易斯·伊纳西奥·卢拉·达·席尔瓦（Luiz Inacio Lula da Silva），他后来将成为巴西总统。[2] 为避免暴力冲突，工人们采取了和平的策略并直接与雇

---

[1] ABC 区域是圣安德雷（Santo André）、圣贝尔纳多（São Bernardo）和圣卡埃塔诺（São Caetano）三个大城市的联合体，位于圣保罗大都市区，是起步阶段汽车工业集中的地方。这里也是巴西最活跃的工会中心。卢拉（Lula）是圣贝尔纳多 - 杜坎普（São Bernardo do Campo）和迪亚德马（Diadema）金属工人工会的主席。有关这些工会发展的调查报告，参见 John D. French, *The Brazilian Workers' ABC*: *Class Conflict and Alliances in Modern São Paulo*（Chapel Hill: University of North Carolina Press, 1992）。

[2] 奥萨斯科和康塔根金属工人大罢工发生在 1968 年，是 1964 年军事政变后最后的工人罢工。十年之后，罢工运动再次出现在圣保罗地区的工业领域。关于这场罢工运动的历史请参见 Ricardo Antunes and Arnaldo Gonçalves, *Por um novo sindicalismo*（São Paulo: Editora Brasiliense, 1980）; André Luis Corrêa da Silva, " 'João Ferrador na República de São Bernardo': O impacto do 'novo' movimento sindical do ABC Paulista no processo de transição democrática（1977 - 1980）"（MA thesis, Porto Alegre, Universidade Federal do Rio Grande do Sul, 2006）; and French, *The Brazilian Workers'ABC*。

主进行谈判。与此同时，罢工及其积极成果被视为恢复民主的重要一步，得到了广大民间社会，特别是教会的支持，教会在整个民主化进程中始终非常活跃。

1978 年，盖泽尔成功地延续了温和派的权力，他选择了时任国家情报局（SNI）局长的若昂·巴普蒂斯塔·菲格雷多（João Baptista Figueiredo）将军继任总统。这次选举代表着军队中强硬派的彻底垮台。菲格雷多于 1979 年 3 月就职，并承诺将继续开放进程。他决心将其职位移交给一个文人继任者，但这将在复杂的政治谈判和严重的经济危机中进行。菲格雷多延长了盖泽尔的大赦计划，释放了大部分剩余的政治犯。但是国内反对派希望一个完全不受任何限制的大赦。最终在 1979 年，政府恢复了因紧急措施而受到影响的所有人的政治权利。尽管批评人士反对对犯下镇压和酷刑行为的军人也给予大赦，但所谓的大赦法是民主化进程中的一项重大进展，并被认为是政府的一项重要成就。这使得包括古拉特政府时期活跃的成员在内的传统政治领导人得以回归。

政府最初的战略是建立两党，其理念是军队不仅能够在军事统治时期，而且能够在公民自由选举期间维持权力基础。但是，国家革新联盟从一开始就没有受到大众的支持。它之所以能在议会中获得多数地位，是因为对选举规则进行了操纵性的修改，这有利于执政党并对政治上的反对派进行系统性的镇压。如果进行自由和直接选举，反对派似乎能上台执政。因此，军方领导人决定支持多党制，希望将反对派分成几个小党派——这成为事实。一些反对党成立，但反对党联合阵营（MDB）作为民主运动党（PMDB）存活下来。在创建的各党派中，劳工党（Partido dos Trabalhadores，PT）在卢拉领导下，由真正的新工会领袖组成，包括左翼知识分子和部分城市中产阶级。劳工党的与众不同之处在于：拥有连贯的领导、思想和组织。其他政党，其中包括民主运动党，在组织结构上比反对党更具优势。国家革新联盟保持了统一，但更名为巴西民主党（PDS）。极右翼团体反对所有这些变化和整个开放过程，但是逐渐被温和派所压倒，温和派最终得以完成转型过程。①

　　作为军事政权的第一位总统，卡斯特洛·布兰科掌权伊始，巴西正处在深度经济衰退和通货膨胀高企的时期。官方的"政府经济行动计划"（Economic Action Plan of the Government，PAEG）② 对危机进行了分析，指出经济结构存在严重扭曲，并认为分配冲突是造成衰退和通货膨胀的主要原因。分配冲突的产生来自生产部门中的扭曲，以及依靠货币供应扩张为高额公共赤字融资、私营部门信贷过度扩张和高工资要求等造成的过度压力。以上三者带来了需求侧的压力，当这些压力无法解决时，就会引发分配冲突并造成无法控制的结构性通货膨胀。在新政府负责制定经济政策的人看来，经济复苏需要减少公共赤字、控制私营部门信贷以及对工资上涨进行限制。专家还指出，经济定价结构的扭曲和其他问题均来自财政结构不合理以及金融体制的不成熟。因此，这些部门的现代化是恢复增长的必要条件。

　　有了对经济的诊断，政府单方面实施了一个稳定的改革方案。鉴于政府的威权结构，它可以在几乎没有任何反对意见的情况下进行改革。政府在财政领域非常成功，创造了新税种并对经济实行了指数化。指数化最初被用于纠正税收拖欠，即使在面临高通胀的情况下也可以实现财政效率提高。指数化还被用于联邦债务，使中期和长期政府证券首次得以出售。指数化实际上解释了巴西从 20 世纪 70 年代开始形成的一个相对复杂的资本市场，尽管通货膨胀从未完全消失。如果这是创立货币纠正计划的一个积极方面的话，那么 20 世纪 80 年代和 90 年代的事实表明，只要存在指数化方案，治理通货膨胀几乎不可能。随着财政领域的变化，赤字在急剧减少，当前主要由公共债务提供资金，这与之前货币化融资

---

　　① 1980 年，有人试图制造恐怖气氛，在里约中心（Riocenter）的一场受欢迎的表演中，一枚炸弹在一辆汽车中早爆，使这种气氛达到顶点。一名陆军上尉和一名中士参与其中，尽管政府没有抓捕任何人，但这种激进的行为最终迫使军方打击极端分子。

　　② Celso L. Martone, "Análise do Plano de Ação Econômica do Governo, PAEG (1964 – 1966)", in *Planejamento no Brasil*, ed. Betty Mindlin Lafer (São Paulo：Perspectiva, 1987), 60 – 90.

大不相同。①

　　工作领域也发生了一些变化。其中，最重要的变化之一是新工资法的实行，其直接影响了工资增长和收入分配。在这项立法通过之前，工资每年都会根据实际通货膨胀率进行调整。新立法使用新公式对工资进行调整，影响因素不仅包括过去的通货膨胀率，还将未来 12 个月的通货膨胀预期纳入其中。② 传统上，未来的通货膨胀往往被低估，新立法会引起系统性的工资损失，对分配产生负面效应。这种故意减少实际工资的做法被称为"工资挤出"，以达到限制总需求和提高私营部门人工成本的目的。立法引入一种高度限制体制（包括对工会活动进行限制），使实际工资实现了大幅下降，这成为稳定性方案得以成功的主要原因之一。例如，实际最低年工资指数在 1964 年被指数化为 100，到了 1977 年就降至82（图 3.16）。在一个有自由工会的民主政权中，这样的工资压制是不可能实现的。

　　除了财政和货币控制，政府还对商品和公共服务的价格进行了进一步调整，包括取消租金管制。这限制了货币和财政控制以及"工资挤出"对通货膨胀率的影响。但是，控制通货膨胀方面取得了不可否认的成功，这可以从里约热内卢市的消费者价格指数变化看出，该指数从 1964 年的91% 降至 1967 年的 30%。限制信贷政策使工业生产在 1965 年下降了4.7%。但是，得益于当年农业部门的出色表现，国民生产总值（GNP）

　　① André Lara Resende，"Estabilização e reforma"，in *A ordem no progresso*，ed. Marcelo de Paiva Abreu（Rio de Janeiro：Editora Campus，1992），213 – 232；Mario Henrique Simonsen and Roberto Campos，*A nova economia brasileira*（Rio de Janeiro：José Olympio，1979）；Celso Furtado，*Um projeto para o Brasil*（Rio de Janeiro：Saga，1968b）；Celso Furtado，*Análise do modelo Brasileiro*（Rio de Janeiro：Civilização Brasileira，1975）；Albert Fishlow，"Algumas reflexões sobre a pol'ıtica econômica brasileira após 1964"，Estudos Cebrap 6（Janeiro-Março 1974），5 – 66；Mario Henrique Simonsen，*Inflação，gradualismo x tratamento de choque*（Rio de Janeiro：Apec，1970）；Albert Fishlow，"A distribuição de renda no Brasil"，in *A controvérsia sobre a distribuição de renda e desenvolvimento*，e-d. R. Tolipan and A. C. Tinelli（Rio de Janeiro：Zahar，1975）；Paul Singer，*A crise do "Milagre"*（Rio de Janeiro：Paz e Terra，1977）；Antonio Delfim Netto，"Análise do comportamento recente da economia brasileira：diagnóstico"（São Paulo：mimeo，1967）；and Regis Bonelli and Pedro Malan，"Os Limites do Possível：Notas sobre balanço de bagamentos e indústria nos Anos 70"，*Pesquisa e Planejamento Econômico* 6，2（Agosto 1976），353 – 406.

　　② Simonsen，*Inflação：Gradualismo x Tratamento de Choque*，26 – 27.

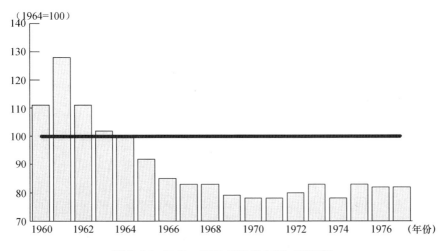

图 3.16　1960—1977 年最低实际工资指数

资料来源：Ipeadata，Table "Salário mínimo real"。

实现了增长，而且在此后几年中，尽管农业产出暂时下降，GNP 还是实现了恢复，增长率达 6.7%。

在军政府时期，巴西经济最深刻的结构性变化之一是建立了国家信贷市场。1964 年，当军政府夺取权力时，巴西经济当局已经指出了这一部门存在的局限，为了推行他们希望进行的雄心勃勃的稳定和增长计划，这一问题需要得到解决。政府缺乏有效的管理工具来制定适当的货币信贷政策。法律框架已经过时，中央银行的职能被分散在各种机构当中，而这些机构之间并不是总能相互协调并统一行动，[①] 且尽管通货膨胀率不断上升，"限制高利贷法"还是对利率进行了控制。储蓄者进行金融投资的选择有限且收入很少能跑赢通货膨胀。新政府对非常不完善的已有体制进行了重大变革。它创立了中央银行，赋予中央银行货币政策协调和金融体系监督等职能。此外，新政府对金融市场进行了彻底重组并建立了一个资本市场，在这之前，巴西几乎不存在资本市场。通过对金融体制的彻底重组并建立货币纠正制度，巴西出现了中期和长期信贷市场，成为公共债务的市场基础。同一时期，随着国家住房银行（*Banco Nacio-*

　　[①] 在巴西中央银行成立之前，巴西银行的货币信贷监管局（SUMOC）和财政部充当货币当局的角色。

nal da Habitação，*BNH*）及其金融部门代理的建立，形成了一个新的抵押贷款融资方案。住房基金通过国家强制储蓄系统产生。直到 1963 年，被解雇的员工可以按照工龄获得补偿，每一年工龄可以获得一个月的工资。如果工作年限超过 10 年，雇主的补偿金还需翻倍。这样做的目的是限制劳工的流动性。该制度于 1966 年被废除，取而代之的是"服务年限保障基金"（*Fundo de Garantia do Tempo de Serviço*，*FGTS*），由雇主按照 8% 的工资税计提。该基金被用作被解雇工人的失业保险——在目前宽松得多的劳动任期规定下——也可被用作工人的退休基金或住房公积金。大部分资金流入国家住房银行，以促进住房建设的大规模扩张。① 随着巴西城市在这一时期的大规模扩张，这些资金成为发展城市住房的关键，是住房和卫生设施建设的主要资金来源。②

此外，指数化还扩展到金融部门，开始按实际利率运作。政府基于过去的通货膨胀，推行月度指数重述，对指数化后的资产和负债进行了修正。因此，政府证券、资产和长期负债免受通货膨胀的影响，实际利率成为指数化中真正起作用的变量。

1967 年，科斯塔·伊·席尔瓦（Costa e Silva）将军上任时，由于"工资挤出"和卡斯特洛·布兰科政府末期为抑制通货膨胀而采取的紧缩性政策，巴西经济出现衰退迹象。以工业增长率为例，1966 年政府达到了惊人的 11.7%，1967 年则只有 2.2%。③ 但是威权政权需要政治合法性，而获得政治合法性的唯一途径是经济增长。这一需要成为科斯塔·伊·席尔瓦政府及其继任者梅迪西将军的根本目标。1967—1973 年是军人统治最为压抑的时期。这也是巴西发生"经济奇迹"的时期，经济实现了高增长。科斯塔·伊·席尔瓦任命安东尼奥·德尔芬·内图（Antonio Delfim Netto）为财政部部长，这位新任部长全力推动经济增长。得益于上届政府的稳定性计划和所推行的改革，他制定了新的刺激和补贴措施，并利用生产部门巨大的产能过剩以及国际市场上的有利条件推动

---

① James Malloy, *The Politics of Social Security in Brazil* (Pittsburgh, PA: University of Pittsburgh Press, 1979), 125 – 126.

② Francisco Vidal Luna and Herbert S. Klein, *Brazil since* 1980 (New York: Cambridge University Press, 2006), Chapter 3.

③ Ipeadata. IBGE/SCN: PIB da indústria de transformação, valor adicionado, valor real anual.

这一努力。政府立即采取了明确的经济扩张政策，但同时实行了复杂的价格管制体系。政府还在经济的某些领域，尤其是农业部门和出口部门，建立了广泛的补贴制度。

在建立对农业的直接激励机制时，政府制定了一项复杂的补贴信贷计划，使农业能够快速增长。这项新政策背后的逻辑十分明显，即农业与工业增长联系紧密。农业补贴用于降低粮食成本，这是价格指数的重要组成部分，也是劳动力成本。因此，一个复杂的农业—工业一体化进程开启，农业是国内工业的重要市场且日益成为巴西出口的重要组成。

为了避免出口部门受到传统的外部限制，政府采取了鼓励制成品出口的机制，而制成品迄今在巴西出口中所占的比重依然很小。除了信贷、补贴和大量的税收优惠之外，基于内外通货膨胀率差值进行周期性小幅贬值的汇率使出口能够基于相对稳定的实际汇率，这为出口商免受当地和国际价格之间巨大波动的影响提供了保护。

20 世纪 60 年代和 70 年代，股票市场也发生了显著变化。证券交易所进行了重组，并且出现了投资银行和经纪公司。这一领域还建立了完善的新规章制度，其中包括 1976 年成立的证券交易委员会（Securities and Exchange Commission，CVM），其职能类似于美国的证券交易委员会。[①] 同年，一项新的《公司法》获得通过，其目的是更好地满足资本市场的需要，尤其是涉及小股东的权利。政府还为参与股票市场的企业和投资者制定了税收优惠政策。但是这一措施除了造成短期泡沫外，在调动资源以满足巴西企业的资本需求方面收效甚微。此时，上市公司数量较少，而且即使是已经上市的公司也习惯于发行一些无投票权的股票。典型的私营公司的资本由一个家族或有限的股东群体拥有或控制，这些股东拥有具备大多数有投票权的股份。只有在 20 世纪 90 年代国有企业私有化之后，拥有共同控制权、专业管理、少数股东权利扩大和公司治理受到关注的公司数目才有所增加。

在这段时期内，公众很少参与股票市场——无论是个人、共同基金

---

① CVM 具有发展资本市场，监管股票市场和上市公司的职能。在 CVM 建立之前，这一功能由巴西中央银行的资本市场委员会（Diretoria de Mercado de Capitais do Banco Central do Brasil）承担。

还是养老金。私人养老金于 1977 年开始出现，但是很少有私人公司对设置养老金感兴趣或为雇员提供补充退休计划。只有国有企业和一些跨国公司制定了补充退休计划。但是到了军政府末期，这些私人养老金变得越来越重要，它们成为当地资本市场的投资者，持有数家上市和私营公司的大量资本。

联邦政府除了给予信贷、奖励和补贴以刺激和引导私人投资进入优先领域外，还开始通过公共企业，特别是在基础设施领域，更加积极地采取行动。通过改革获得的日益增加的财政资源，政府能够果断地参与扩大经济所需的新投资。通过对价格的控制和管理、广泛的奖励和补贴制度以及政府的直接行动，国家开始对公共或私营经济部门的关键决定实行强有力的控制。在巴西，为获得信贷、进口许可证或获得税收补贴，很少有私人项目未经某些政府机构批准启动。此外，很少有产品可以脱离价格管制。国家是电力、钢铁、矿物、燃料、肥料和化学品以及其他投入的主要生产方；国家还控制着港口服务、电信及铁路；国家在信贷体系中发挥着关键作用。

在工业部门，由于消费市场的扩大（特别是中产阶级的不断扩大）和建立了新的消费信贷制度，包括汽车在内的各种产品得以销售，耐用消费品的生产强劲增长。虽然扩大就业意味着雇员人数的迅速增加，但维持"工资挤出"和压制工会意味着工资仍然很低。从 1964 年 4 月到 1973 年 4 月，最低工资的实际价值下降了 34%。[①]

1967—1973 年，GDP 年均增长率达到 10%，工业增速则更高（图 3.17 和附表 3）。[②] 经济实现了现代化，由于经济的快速增长，大量的新工人进入了正规劳动力市场，中产阶级消费者也得到了巩固。除了在国内采取的经济政策取得了成功之外，巴西还赶上了一段强劲的国际增长时期，在这一期间，大多数拉丁美洲国家的增长率很高。

政府所遵循的经济政策受到两种基本批评。第一，增长伴随着收入不断集中的过程，这有多方面原因，特别是由于限制性的工资政策阻碍了经

①　Ipeadata. Salário mínimo real, mensal, valor real em R $. Ver também gráfico 3.18.

②　Ipeadata. IBGE/SCN；PIB, variação real anual, e PIB da indústria de transformação, valor adicionado, valor real anual.

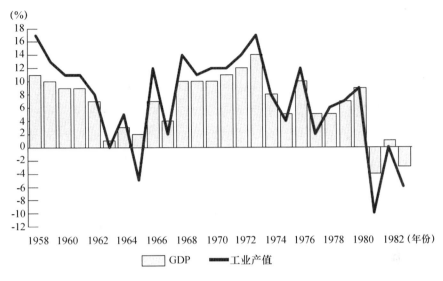

图 3.17 1958—1983 年 GDP 增长率

资料来源：Ipeadata。

济生产率增长，无法惠及工人群体，这加剧了巴西社会收入分配中的严重不平等。政府对这种观点提出了质疑，声称集中度的增加只是短暂现象。[1]

外债增加的过程代表了那个时期军政府采取的增长政策的另一个缺点。巴西经济的危机通常产生于对外部门。在科斯塔·伊·席尔瓦政府成立之初，由于外汇储备水平低，很容易受到此类危机的影响。这就解释了为什么政府大力刺激出口，并以直接投资和外国贷款的形式向外资

---

[1] 在这一时期，人们对收入的集中进行了广泛讨论。政府声称收入分配的高度不平等是由增长过程引起的一种短暂现象。反过来，经济学家的观点不同。一些人认为，这种扭曲的分布存在结构性原因，而且增长不会消除这种扭曲。另一些人则将收入集中的原因归咎于政府实行的工资紧缩政策。关于这一内容的论述可参见 Carlos G. Langoni, *Distribuição de renda e desenvolvimento econômico no Brasil* (Rio de Janeiro: Expressão e Cultura, 1973); Albert Fishlow, "Brazilian Size Distribution of Income", *American Economic Review* 62, 1 - 2 (March 1972), 391 - 402; Edmar L. Bacha and Lance Taylor, "Brazilian Income Distribution in the 1960s: 'Facts', Model Results and the Controversy", in *Models of Growth and Distribution for Brazil*, ed. Lance Taylor et al. (New York: Oxford University Press, 1980); Lauro R. A. Ramos and Jos'e Guilherme Almeida Reis, "Distribuição da renda: aspectos téoricos e o debate no Brasil", in *Distribuição de renda no Brasil*, ed. José Marcio Camargo and Fabio Giambiagi (Rio de Janeiro: Paz e Terra, 2000), 21 - 45。贝尔指出，1960—1970 年，40% 最贫困人口的收入增长了 11.2%，而 40% 最富裕的人口的收入增长了 27.4%；1970 年，最贫困的人口的收入下降了 9%，而最富裕的人口的收入增长了 36.3%。Baer, *A economia brasileira*, 98.

开放。由于它们成本较低，期限较长，巴西努力从国外吸引这些私人资金。这一政策从根本上改变了巴西的外债结构。在此之前，这种债务是基于以固定利率获得的官方信贷来源。一种新的债务类型（包括国有企业的融资）是基于国际私人银行信贷，与国际机构收取的利率相比，利率浮动且相对较高。外债增加和利率浮动意味着巴西将更容易受到国际金融市场未来变化的影响。在 20 世纪 70 年代，尽管发达国家经济实现了快速增长，但已经出现了恶化的迹象，不断高企的通货膨胀甚至影响到了最富有的国家，并造成其币值波动。第一次石油危机（1973）是下一次危机的明显前兆，危机在 20 世纪 80 年代爆发。

"经济奇迹"发生在军事政权最反动的时期。在反对派和媒体被钳制、工会被控制的时代，政府的唯一目标是不惜一切代价实现增长。军政府不接受批评，即使是没有偏见地指出其经济政策错误的批评。就连学术辩论也受到压制，政府将其挡在了媒体之外。威权主义渗透到各级政府当中，它曾一度促进了生产部门的大部分投资（对私营部门提供奖励和补贴），操纵了长期和短期信贷的主要来源，控制了价格和工资，并对汇率进行管理。这些政策增加了经济的扭曲，社会变得更加不公平，因为经济政策使财富的集中度提高。1973 年处理通胀指数时，经济政策的威权主义显而易见。由于预计当年的年通货膨胀率为 12%，政府仅在年底宣布当年的通货膨胀率为 12.6%，而没有显示出与当年物价实际变化的任何关系。后来的研究估计，那一年的通货膨胀率为 22.5%。[①]

1974 年，盖泽尔将军代表的温和派上台。政府基本目标是开放政治

---

① 对于"经济奇迹"时期采用的增长模式存在激烈的讨论。一些主要的著作包括：Delfim Netto，"Análise do comportamento recente da economia brasileira：diagnóstico"；Simonsen，*Inflação，gradualismo x tratamento de choque*；Furtado，*Análise do modelo brasileiro*；Bonelli and Malan，"Os limites do possível：notas sobre balanço de pagamento e indústria nos anos 70"，355 – 406；Maria da Conceição Tavares and José Serra，"Mais além da estagnação"，in *Da substituição de importações ao capitalismo financeiro*，ed. Maria da Conceição Tavares（Rio de Janeiro：Zahar，1972），153 – 207；Maria da Conceição Tavares，"Sistema financeiro e o ciclo de expansão recente"，in *Desenvolvimento capitalista no Brasil：ensaios sobre a crise*，Vol. 2，ed. Luiz Belluzzo and Renata Coutinho（São Paulo：Brasiliense，1982），107 – 138；Luiz Aranha Correa do Lago，"A retomada do crescimento e as distorções do 'milagre'：1967 – 1973"，in *A ordem no progresso*，ed. Marcelo de Paiva Abreu（Rio de Janeiro：Editora Campus，1992），233 – 294；Antonio Barros de Castro and Francisco Eduardo Pires de Souza，*A economia brasileira em marcha forçada*（Rio de Janeiro：Paz e Terra，1988）。

体系并使开放合法化，政府还需要获得高经济增长率。使经济有衰退倾向的稳定计划在政治上不可接受，而且会损害政府的基本目标，即"缓慢、渐进和安全的开放"。由于巴西73%的原油需要进口，因此1973年石油危机对巴西产生严重的冲击。1973年之前，巴西的贸易平衡一直保持相对稳定，1974年巴西的出口额为80亿美元，却出现了略低于50亿美元的贸易逆差。显然，考虑到巴西对外贸易的规模，出现异常赤字的原因在于巴西进口了约30亿美元的原油和原油产品，这使得经常账户的赤字超过了GDP的6%。与此同时，年通货膨胀率达到了30%的峰值，显然已经重新回到了上升轨道（图3.18和附表2）。

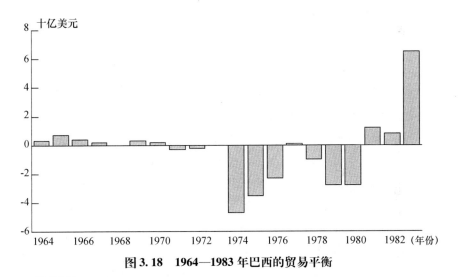

图3.18　1964—1983年巴西的贸易平衡

资料来源：Ipeadata。

大多数受石油危机影响的国家采取了紧缩性的计划，试图控制国内需求，以适应能源变得更为昂贵这一新形势。这些石油进口国必须将其相当一部分收入转移给石油出口国。巴西政府遵循了另外一条道路，希望通过雄心勃勃的投资计划和经济刺激增加国内资本品和基本消费品的供给，从而降低进口依赖度。石油出口国依靠资源出口获得的充足的外国资本再次进入国际循环，这使巴西有可能通过国际借贷实现其初衷。然而，这将以增加内债和外债、加速通货膨胀以及通过实行普遍的补贴体系耗尽财政能力为代价（图3.19和附表2）。

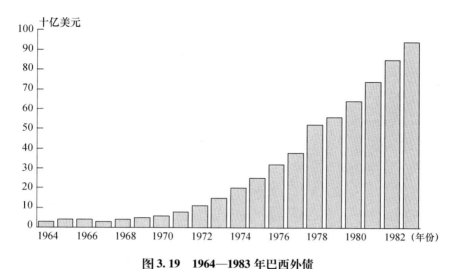

图3.19 1964—1983年巴西外债

资料来源：Ipeadata，Table "Dívida externa anual"。

　　第二个国家发展计划（ⅡPND）下发起的投资项目使巴西的生产基础获得了长足进步，从而创造了一个可以生产包括资本货和基本投入品在内的复杂的生产部门。这使巴西不仅可以对进口进行替代，还可以出口部分制成品。虽然国际经济形势表现出令人担忧的迹象，但第二个国家发展计划还是表现出了强劲的增长趋势。以纸浆和造纸业为代表的部分产业实现了高速增长，成为巴西重要的出口部门。在其他情况下，存在项目实施被延迟或者是对未来巴西和国际经济形势错判的情况。彻底失败的典型案例包括昂贵而低效的核计划以及为将铁矿石运送至港口和阿索米纳斯大型钢铁厂（*Açominas*）新建的"钢铁铁路"（Steel Railway）。由于批评意见和反对意见被压制，没有有效的方法来挑战这些项目的可行性。①

---

　　①　有关盖泽尔时期的研究，参见 Castro and Souza, *A economia brasileira em marcha forçada*; Dionísio Dias Carneiro, "Crise e esperança: 1974 – 1980", in *A ordem do progresso*, ed. Marcelo de Paiva Abreu（Rio de Janeiro: Editora Campus, 1992), 295 – 322; Rogério Werneck, *Empresas estatais e política macroeconômica*（Rio de Janeiro: Campus, 1987); Pedro Cezar Dutra Fonseca and Sergio Marley Modesto Monteiro, "O Estado e suas razões: o Ⅱ PND", *Revista de Economia Política* 28, 1 (109)（Janeiro-Março 2007), 28 – 46; and João P. dos Reis Velloso, "A fantasia política: a nova alternativa de interpretação do Ⅱ PND", *Revista de Economia* Política 18, 2（70)（1998), 133 – 144; Castro and Souza, *A economia brasileira em marcha forçada*, 74。

在农业方面，政府力求在不改变土地所有制结构和劳动关系的情况下使保守的农业现代化。新政府认为农业是通胀压力的主要来源，因为它在供给国内市场方面存在不足。改善供给和降低粮食成本是遏制城市工资上涨压力的关键。在巴西这样一个平均工资低且收入分配不均的不发达国家，粮食是生活成本的基本组成部分，因此对实际工资的形成具有重大影响。

农业的现代化发生在土地所有权高度集中的背景下，这是殖民地时期大庄园制的遗产。[①] 与大多数拉丁美洲国家相比，巴西从未有过真正的土地改革进程或经济开发用地的自由分配。在农村，土地传统上代表着权力和储备价值。所有权和经济剥削通常不相关。直到 20 世纪中叶，无生产力的大庄园和陈旧的工作关系仍占主导地位。在 20 世纪 50 年代和 60 年代，农业结构的不完善被认为是国家可持续发展的一个主要障碍，因为它限制了生产力的发展，使保守和过时的权力结构得以存在。土地的集中，除了政治上保守和对社会有害之外，还妨碍了农业的现代化，结果是无法为国内市场提供足够稳定和廉价的粮食供应。从 1950 年到 1964 年的军事政变，解决这个问题的建议是进行土地改革。[②]

然而，军政府结束了关于土地改革的辩论并开始通过补贴、价格支持和新的政府信贷来鼓励农业现代化。其目标是以低成本获得充足的粮食，为城市工业解放农村劳动力，为农业生产打开国际市场，利用农业

---

① 关于这一主题的研究，参见 Ruy Cirne Lima, *Pequena História Territorial do Brasil. Sesmarias e Terras Devolutas* (São Paulo: Secretaria do Estado da Cultura, 1990)。

② 关于影响巴西农业发展因素的讨论，参见 José Pastore, Guilherme L. Silva Dias, and Manoel C. Castro, "Condicionantes da produtividade da pesquisa agrícola no Brasil", *Estudos Econômicos* 6, 3 (1976), 147 – 181; Charles Mueller and GeorgeMartine, "Modernização agropecuária, emprego agrícola e êxodo rural no Brasil-a década de 1980", *Revista de Economia Política* 17, 3 (Julho-Setembro 1997), 85 – 104; Rodolfo Hoffmann, "Evolução da distribuição da posse de terra no Brasil no período 1960 – 80", *Reforma Agrária* 12, 6 (Novembro-Dezembro 1982), 17 – 34; Carlos Nayro Coelho, "70 anos de política agrícola no Brasil, 1931 – 2001", *Revista de Política Agrícola* 10, 3 (Julho-Setembro 2001), 695 – 726; Affonso Celso Pastore, "A resposta da produção agrícola aos preços no Brasil" (PhD thesis, Economics, USP, 1969); Alberto Passos Guimarães, *Quatro séculos de latifúndio* (Rio de Janeiro: Paz e Terra, 1977); and Ruy Muller Paiva, "Reflexões sobre as tendências da produção, da produtividade e dos preços do setor agrícola no Brasil", in *Agricultura subdesenvolvida*, ed. F. Sá (Petrópolis: Vozes, 1968), 167 – 261。

生产创造生产所需的外汇。但是，在所有提出的现代化内容中，政府保持了土地所有制的集中，并没有挑战农村保守精英的权力。

军政府对实现农业现代化的支持包括一系列内容。首先，军政府提供了充足的补贴贷款。1965 年，巴西建立了国家农村信贷体系（National Rural Credit，SNCR），为农民提供了大量资金，这是政府在促进农业发展方面的主要手段。除了提供信贷，政府还实施了保证最低价格和建立缓冲库存的政策，以避免给生产商和消费者带来价格的大幅波动。在种植之前，政府确定了关键产品的最低价格，尤其是国内市场的产品。政府通过联邦政府收购计划（Federal Government Acquisitions Program，AGF）和联邦政府贷款计划（Federal Government Loans Program，EGF）为生产和销售提供资金。政府创建的一个重要机构是巴西农业研究公司（Brazilian Agricultural Research Corporation，Embrapa）。它成立于 1973 年，在巴西农业现代化中发挥了并将继续发挥关键作用。

农村信贷体系建立在公共资源的基础之上，资金来自巴西银行的"账户变动"（Account Movement）或中央银行的转移支付，以及与商业银行在农业贷款中必须申请的存款比例相对应的"负债"。"账户变动"的操作代表了巴西银行的自动贴现，给予其货币发行的权力，代表了货币供应量实现了有效增加。[1] 补贴贷款通过将名义利率设定在低于通货膨胀率的水平来实现。在 20 世纪 70 年代，补贴贷款额增长了 4 倍，并于 1979 年达到最高值。政府为生产商提供的丰富的且成本为负的贷款为农业设备和农业供给的现代化提供了资金支持。20 世纪 70 年代，巴西建立了一个与农业相关的工业联合体，提供机械、工具、化肥和杀虫剂。事实上，农业现代化所产生的需求是那个时期工业快速发展的一个重要因素。1960—1980 年期间，耕地几乎翻了一番，从 2500 万公顷增加到 4700 万公顷，同时机械化水平也在提高。同一时期，每台拖拉机所耕地的公顷数从 410 公顷下降到 99 公顷。每公顷化肥的平均消耗量从 1964 年的

---

① 随着巴西中央银行的建立，巴西银行会失去货币监管的职能。但是中央银行在早期阶段没有运营结构，巴西银行代表中央银行履行各种职能。"账户变动"是为了解决巴西银行、财政部和中央银行之间的财务关系而创建的，尽管只是暂时的，但直到 1986 年才废除。有趣的是，尽管巴西银行具备货币监管的权力，但巴西中央银行拥有一个农业信贷委员会，这使其具备了开发性银行的功能。

8.3 公斤增加到 1970 年的 27.8 公斤，1980 年增加到 88 公斤。[①]

因此，政府推行了三项主要的农业政策：补贴信贷、最低价格和购买缓冲库存。农产品市场被高度管制，尤其是对国内市场；国内生产受到关税和事先进口许可的保护，这使得市场几乎不受外国竞争的影响。因此，政府既保证了生产者的收入，又保证了消费者价格的稳定。它还通过控制投入的价格来帮助生产者。即使是面向国外市场的产品也受到了政府的强力干预。除了控制汇率（可出口商品的关键变量），政府还制定了出口标准，在许多情况下，由糖酒协会（IAA）和巴西咖啡协会（IBC）等重要的公共机构负责执行。[②] 在糖酒方面，政府采取了一种复杂的制度，控制每家工厂的产量，基于补贴以弥补区域生产力之间的差异，并确定出口配额。小麦则受到联邦政府另一个复杂系统的控制，负责小麦的国内和国外购买，并通过配额制度对巴西面粉厂的小麦供应实行管制。由于国内的小麦生产商竞争力低，政府对进口实行控制，购买国内高成本生产出的小麦并通过对消费者购买的最终产品进行补贴来避免消费者价格指数受到的影响。[③] 这些支持政策刺激了农业在机械、工具、化肥和农药方面的现代化，但造成了资源分配的扭曲，并阻碍了潜在生产力更大的增长。

除了信贷刺激和最低价格政策外，联邦政府在巴西农业研究公司（*Empresa Brasileira de Pesquisa Agropecuária*，*Embrapa*）的领导下，实施了

---

① 在以下机构的网站可以找到一系列关于农业的数据：Ministério da Agricultura，available at www. agricultura. gov. br；IBGE（Estatísticas do século XX，available at www. ibge. gov. br）；Banco Central，available at www. bcb. gov. br/? RELRURAL；and Ipeadata（Temas：Produção，available at http：//ipeadata. gov. br/epeaweb. dll/epeadata? 523053171）。

② 这两个协会在 20 世纪 90 年代初关闭。

③ 关于当时发生的变化，参见 Guilherme Leite da Silva Dias and Cicely Moutinho Amaral，"Mudanças estruturais na agricultura brasileira，1980 – 1998"，in *Uma década de transição*，ed. Renato Baumann（Rio de Janeiro：Campus/Cepal，2000），223 – 253；Guilherme Delgado，"Expansão e modernização do setor agropecuário no pós-guerra：um estudo da reflexão agrária"，*Estudos Avançados USP* 15，43（Setembro-Dezembro 2001），157 – 172；Eliseu Alves，*Dilema da política agrícola brasileira：produtividade ou expansão da área agricultável*（Brasília：Embrapa，1983）；Fernando B. Homem de Melo，*Agricultura de exportação e o problema da produção de alimentos*，Texto para Discussão 30（São Paulo：FEA-USP，1979）；and Fernando Homem de Melo，"Composição da produção no processo de expansão da fronteira agrícola brasileira"，*Revista de Economia Política* 5，1（Janeiro-Março 1985），86 – 111。

一项对巴西农业现代化能力至关重要的重大研究计划。该计划以农业综合企业为重点，目标是通过科技知识的产生、适应和转让，为农业发展提供解决方案。[①] 回顾巴西 1960—1980 年的农业表现，可以认为是相当不错的，这是巴西向现代化的第一次飞跃，土地面积和每公顷产量均实现了增加。粮食产量从 1960 年的 2000 万吨增加到 1980 年的 5200 万吨。与此同时，耕地面积翻倍（从 1900 万公顷增加到 3800 万公顷），生产力也有所提高，使作物产量增加 2.6 倍（图 3.20）。

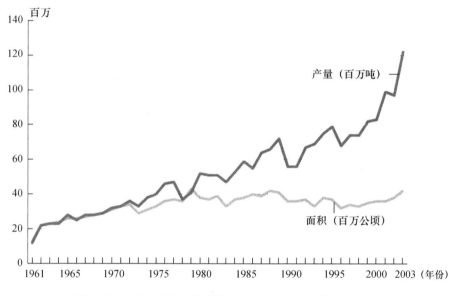

图 3.20　1961—2003 年巴西粮食生产（小麦、棉花、花生、大米、豆类、玉米和大豆）

资料来源：Ipeadata。

　　新型谷物是新型农业现代化的一部分，大豆在其中脱颖而出。大豆种植于 20 世纪 50 年代末引入巴西，1980 年大豆产量已达到 1500 万吨，仅次于玉米。在当时开始大规模出口的商品中还有加工过的橙子。巴西

---

　　① José Garcia Gasques, José Eustáquio, R. V. Filho, and Zander Navarro, eds., *Desempenho e crescimento do agronegócio no Brasil*, Texto para Discussão 1009 (Brasília：IPEA, Fevereiro 2004b)；and Eliseu Alves, *A Embrapa e a pesquisa agropecuária no Brasil* (Brasília：Embrapa, 1980).

的橙产量显著增加后，出口到国际市场的加工橙汁也实现了增长。甘蔗也强劲增长，尤其是在用可再生乙醇燃料替代汽油的"乙醇计划"实施之后。

甚至是像小麦这样的传统作物在政府强有力的激励下也发生了变化。得益于巴西政府的支持，通常由进口来补充国内需求的小麦，产量和生产率大大提高。20 世纪 80 年代中期，巴西国内小麦生产终于在现代历史上第一次满足了大部分国内消费。然而，其他大宗商品并未表现得这么好。在这一时期，玉米和水稻的收成几乎翻了一番，但生产率几乎没有提高。作为巴西人饮食中的重要组成，豆类和木薯的生产能力和产量也没有增加。

在盖泽尔政府末期，巴西经济已经发生了深刻的变革，但在金融方面仍然脆弱。在国家的支持下，巴西完成了进口替代过程，建立起至关重要的新资本货物部门。巴西现在已经成为发展中世界中工业规模最大、综合性最强的工业国之一。然而，在此期间，巴西遭受了油价上涨、国际利率升高以及世界出口增长放缓的影响。当时，世界经济处于适应昂贵能源的新现实过程中，因此进口出现减少。巴西维持经济活动水平（在此期间的定义是使年均经济增长率超过 6%）的做法使经常账户出现巨额赤字，这些赤字由当时仍然充裕的国际资本提供。这样的结果是巴西外债急剧增加，绝对额增加了 4 倍，占 GDP 的比重从 17% 上升至27%。1979 年，国际利率超过了 10%，并在接下来的几年里持续上升，大部分以浮动利率为计息基础的巴西国际债务受到影响。正是因为这一原因，巴西外债的利息支付从 1973 年的不到 10 亿美元增加到 1979 年的50 亿美元，并于 1981 年增加到 100 亿美元。1981 年，巴西外债的利息支出占其当年出口额的一半。在国际金融市场遭遇危机的背景下，巴西庞大的外债利息支出为外债危机埋下了伏笔。此外，即使在富裕国家，公共账户的恶化和高油价引起的国内价格冲击也造成其价格高企。在巴西，通货膨胀率重拾上升趋势，年通货膨胀率在 1979 年超过了 50%（图 3.21）。

尽管通货膨胀及外部动荡持续，周期性地对巴西产生冲击，在军政府时期发展起来的金融部门变得更加广泛、复杂，并在很大程度上融入了国际市场。金融市场的巩固在巴西"经济奇迹"期间对经济运行起到

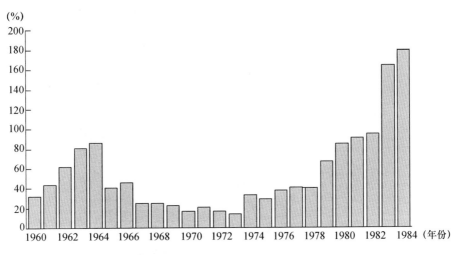

图 3.21　1960—1984 年圣保罗市生活成本的年度变化

资料来源：Ipeadata。

了关键作用，但由于内部失衡而严重受挫，随后又深受第二次石油危机
和困扰国际金融市场的"债务危机"的影响。从 20 世纪 60 年代中期开
始，随着新立法的实施，按照美国金融体系的传统，巴西出现了专业化
和瞄准市场实体的趋势。几年之后，巴西出现了大量金融机构，从投资
银行和信用社到金融和房地产经纪公司。这一进程使巴西金融市场迅速
扩张，尤其是非银行部门。1965—1973 年，金融资产总额占 GDP 的比重
从 24% 增至 43%，对私营部门的贷款也实现了类似增长，并于 1973 年超
过了 50%。相反，货币资产尽管在此期间实现了绝对额的增加，但是在
所有金融资产中的占比从 1965 年的 86% 降至 1973 年的 43%。比重下降
的原因是非金融资产市场呈指数式的增长，从 1965 年仅占 GDP 的 4% 增
至 1973 年的 25%。货币政策的调整使这类市场得以巩固，某些部门对经
济的快速增长起到了至关重要的作用。在住房和卫生领域，服务年限保
障基金（FGTS）、储蓄账户中的存款以及房地产债券占 1973 年非货币资
产总额的 16%。另一个重要的部分是由信贷和金融公司运营的耐用消费
品融资，其资金来源是占非货币资产 25% 的汇票。非货币资产还有一个
组成部分是联邦公共债务，以两种形式体现：一是发行时有固定的货币
修正条款的可调整国债凭证（ORTN），二是 1970 年创立、采用固定利率

且更适合作为货币政策工具的国库券（LTN）。公共债务市场现在变得非常重要，能够为预算赤字和中央银行在货币市场上的活动提供资金。银行是这些资产的大买家，它们将这些资产纳入自己的投资组合，并对活期存款划拨强制准备金——一般来说，这种强制准备金可以以公共债务的形式进行。[①]

尽管该部门的重组是为了创造一个长期信贷市场，但结果却不理想。投资银行无法建立必要的机制，使长期贷款变得可行。只有公共部门，才能通过巴西国家经济和社会发展银行及其他开发银行和机构，使用公共或强制性资金进行这些业务。直到 20 世纪 80 年代，中央银行一直是非常活跃的发展代理人，经营公共资金或国际金融机构的转移支付。当时发生的重组使货币当局的角色从巴西银行转移至巴西中央银行后，与工业发展和联邦公共债务有关的经营活动则从巴西中央银行转移至财政部。

当时，国际信贷变得越来越重要，通常成本更低，还款期限更长。跨国公司和大型国有公司是主要受益者，因为它们可以直接同国际银行建立联系。规模较小的国内公司则依靠国内金融系统获得金融资源。银行在国际市场获得资金后，通常以更高的成本和更短的期限向国内市场提供信贷。这些国际基金越来越受到私营和公共部门的追捧，在不断增长的外债中占据了重要的一部分。看似矛盾的是，这种外债过程也增加了内债。一方面，政府垄断了外汇储备，并通过这些交易中收到的美元使外汇储备得到增加。另一方面，把公共债务控制在国内是为了冲销从私营或国营企业购买美元所造成的货币扩张。由于公共债务成本高于储备收益率，其累积对中央银行或财政部来说是一种成本。尽管存在成本问题，但通过国内借贷积累外汇储备的做法得到了经济当局的维护，他们认为，这一时期外汇储备的积累提高了巴西的外部信誉，为其在国际市场上提供了更好的信贷条件。

如前所述，第一次石油危机爆发时正值盖泽尔执政，巴西实施了雄心勃勃的基础设施投资和进口替代工业化计划，造成经常账户出现巨额赤字。为加大吸引外部金融资源，巴西大幅提高了国内利率。由于国家

---

① Francisco Vidal Luna and Thomaz de Aquino Nogueira Neto, *Correção monetária e mercado de capitais: a experiência brasileira* (São Paulo: Bovespa, 1978).

是主要投资人，因此也成为最大的海外资金的接受者。尽管国外信贷条件较为有利，但私营部门已逐步减少了外币负债，减少了投资，并避免在外部严重失衡时期承担货币风险。

同时，国有企业被迫接受针对公众的实际报酬和价格下降，这是政府为遏制通货膨胀压力而强加于国有企业的政策，结果是降低了国有企业为投资创造自己的资源的能力。这种控制国有企业价格的政策迫使这些企业为投资进行外部融资。政府利用这些国有企业良好的信贷评级从国外获得资金。这种压低国有企业国内报酬和价格的政策实际上是对私营部门的一种补贴，最终导致公共账户恶化和公共部门外债的增加。

此外，还存在一种将私人外债转移给公共部门的机制。为了鼓励私营部门接受外国信贷，政府建立了一种保护私人借款人免遭货币风险的对冲机制。以外币借款的债务人（金融实体和非金融实体）随时可以将等值于其外币债务的本币存入巴西中央银行。因此，私人债务人可以预期以本国货币向外国债权人支付的欠款，从而将外币支付外债的义务转移给巴西中央银行。虽然这些业务在国际市场上进行，但借款人以结算日的汇率在巴西以本国货币承担债务。当私人借款人看到本国货币存在大幅贬值的风险，他们更愿意通过向中央银行存款来提前偿还债务。因此，私人部门将货币风险转嫁给中央银行，尤其在外部动荡加剧时期。这是一种主要的债务转移工具，将原本由私人部门承担的债务转移给公共部门。

除了债务问题，政府还需要决定在经济中采用何种指数。当通货膨胀率达到非常高的水平时，经济中成千上万种价格之间的差距就会被拉大。当每月通胀率超过30%，价格滞后的公司或部门可能会因负债调整而受到严重影响，原因在于这种调整基于的指数与商品销售价格或利润的实际变化并不相符。这些公司和部门无法承担通过仅反映基于平均价格变化的重述来修正其负债。慢慢地，在20世纪80年代和90年代，政府承担了经济中多个领域指数化后的债务。巴西国家经济和社会发展银行使用强制性储蓄的资金，将指数控制在20%，而不考虑同期的指数化率。住房部门使用来自服务年限保障基金（FGTS）或储蓄账户的资金，开始以低于通货膨胀率的比率对私人住房贷款进行修正，结果造成公共部门来承担损失。农业以负利率获得贷款。从长远看，私人部门的部分指数化被公共部门接管。一些研究表明，政府经营息差为负，因为它以全面的货币纠正和高利率偿付债务，同时以低于成本的利率维持着一个广泛的信贷体系。

由于限制了对不同经济部门未偿贷款余额的修正，政府实际上耗尽了可用于新融资的资源，这最终发生在住房部门。几年来，政府有过制定一个雄心勃勃的住房和卫生计划的可能性。但是，限制调整借款人支付的收益减少了资金回报，阻碍了新企业的发展，尤其是低收入家庭的发展。缺乏对穷人住房的公共支持导致了家庭危房建设的盛行，这些家庭住房缺乏基础设施，并且依靠个人储蓄来承担建设成本。住房和卫生设施方面的融资条件恶化可能是巴西贫民窟（*favelas*）迅速蔓延的原因之一。

随着通胀率的上升，消费信贷大幅下降。通过融资购买商品的个人想知道他们将支付多少贷款。他们担心收入（通常是工资）不足而无法支付利率变动带来的成本。但是，市场上可以为这些业务融资的固定利率债券的期限被限制在 90 天，不存在 6 个月或 12 个月的固定利率信贷供给。这种资金供给与借款人偏好之间的不平衡，大大减少了消费信贷市场中借款人的贷款。巴西变成了一个连买车都需要靠自有资金或短期信贷来完成的国家。而且巴西从来没有过租赁市场。即使是为住房和卫生设施建设融资而建立的抵押贷款市场，由于资源匮乏，在货币调整中也遭受了损失，从来没有创造出一个能够满足购房者或转售者需求的广阔市场。购买行为通常需要买房人自己筹集资金。此外，当时还没有允许对住房信贷进行再融资的抵押贷款市场。①

1979 年，当菲格雷多就任总统时，巴西在国内和国际债务方面已经极度脆弱，通货膨胀高企，公共财政积贫积弱，同时即将面临第二次石油危机的冲击。在这一时期，与 1973 年第一次石油危机时发生的情况相反，国际市场大幅减少了对债务国的资金供应，债务国很难新增其外部贷款。起初，巴西新政府在财政部部长马里奥·恩里克·西蒙森（Mario Henrique Simonsen）的领导下制定了一项紧缩政策。然而，由于没有立刻

---

① 尽管近年来抵押贷款市场大幅增长，部分解释了巴西房地产繁荣的原因，但是像美国那样对所有房地产交易和再融资交易的大市场从未在巴西出现过。

产生效果（特别是在控制通货膨胀方面）以及推进民主化遇到政治困难，菲格雷多政府放弃了该紧缩计划。军政府将德尔芬·内图又请了回来。1979 年 12 月，德尔芬·内图推行了一项非正统的政策：货币贬值 30%，以治理通货膨胀；立即提前将 1980 年货币贬值和指数变动率固定（分别为 45% 和 40%）。增长迅速而可观，但通货膨胀很快达到 100%，经常项目赤字超过 GDP 的 5%，外汇储备下降了 30 亿美元。

因此，在 20 世纪 80 年代初，政府被迫对经济政策进行了另一次彻底的变革，采用传统的减少国内消费的方法来解决国际收支危机。第二次石油危机和国际市场利率上升，极大地改变了影响债务国的外部条件。这在 1982 年的墨西哥债务危机中变得明显，大多数外围国家的外部账户也出现恶化，甚至富裕国家也遭受到了严重的打击。大多数经济体出现了衰退，各国之间的贸易减少，国际金融市场的信贷减少，债务国尤为明显。主要的国际银行的资产出现问题，因为大多数银行向目前难以履行其财政承诺的国家提供了大量信贷。这是"债务危机"的开始，这场危机将持续整整十年，影响到几乎所有的拉美国家，这些国家被迫重组其外债。这打破了这些国家在 20 世纪下半叶大部分时间内所经历的长期增长轨迹。

国际货币基金组织（IMF）开始在大多数债务国的调整过程中发挥关键作用。那些得到国际货币基金组织援助的国家被迫与私人银行重组债务，并不得不接受衰退性的调整计划。这些计划背后的逻辑对所有国家都一样，其基础是，过度的国内支出导致经常账户和外债出现赤字，最后引发了外部危机。调整计划给出的建议是通过减少国内消费，尤其是减少公共开支来调整国际收支。关键变量被称为"公共部门的融资需求"。债务国需要贸易顺差来支付外债利息，如果可能的话还需偿还部分本金。为实现这一计划，有必要通过衰退性的措施大幅减少国内消费，这些措施包括限制性的货币政策（控制信贷扩张，特别是公共部门的信贷扩张，提高利率）、削减公共支出、通过控制工资和增加可支配收入的税收降低消费需求。此外，通过削减支出，特别是通过取消各种补贴和激励措施，公共账户的收入和支出应保持平衡。最后，为了刺激出口，有必要使货币大幅贬值。当时的想法是，经济衰退和货币贬值将产生巨大的贸易顺差，使巴西能够全部或部分减少其国际债务。

1980 年末，巴西在经历了毁灭性的非正统经济措施（将汇率固定并采用货币纠正）后，即使不为求助于国际货币基金组织，也试图通过旨在减少内需、平衡外部账户和遏制通货膨胀的严格的限制性政策来调整经济。它减少了银行贷款，强制使用实际利率，并限制了公共投资。大量补贴被取消，更严厉的立法被用于纠正工资，进一步降低了工资的实际价值。这些措施引发了严重的经济衰退，国内生产总值下降了 4.3%。这是 1945 年后第一次出现负增长。贸易余额再次转正，实现了超过 10 亿美元的贸易顺差，但国际收支仍受到 100 亿美元利息支出的强烈影响，相对于当时巴西 230 亿美元的出口，这笔利息显然非常庞大。1982 年，巴西债务还本付息额为 120 亿美元，在全球经济衰退和大多数国家进口能力下降的情况下，巴西出口缩减到了 200 亿美元。经常账户占 GDP 的比重爬升至 6%，而此时巴西的净储备已经耗尽。因此，巴西被视为无力偿债国。

1982 年 8 月，墨西哥危机引发了国际金融市场动荡，形势的严峻性被暴露出来。国际银行对巴西关上了大门，并要求巴西与国际货币基金组织签署正式的协议，将巴西置于该机构的监督之下。正式协议于 11 月 20 日签署，即当年重要的选举 5 天之后。尽管政府否认与国际货币基金组织在进行磋商并且试图隐藏真相，但危机显而易见，反对党在选举中大获全胜，几乎控制了所有重要的州。1983 年 2 月，巴西与债权银行签署了一项协议，但经济形势继续恶化，由于巴西缺乏外汇储备，推迟了对外支付。此外，巴西很难兑现与国际货币基金组织达成的协议，尽管巴西已经陷入严重衰退，但国际货币基金组织却要求其进行更为深入的调整。高企的通货膨胀和指数化使巴西几乎不可能实现国际货币基金组织要求的通货膨胀和公共赤字的目标。一系列意向书（两年内七封）导致政府和国际货币基金组织之间的关系恶化。政府被迫加深经济衰退，包括颁布了更具限制性的工资立法。1983 年 2 月，货币再次贬值 30%，当年国内生产总值萎缩了 2.9%。然而，得益于货币贬值和国内消费的减少，贸易顺差达到 60 亿美元，经常项目赤字占 GDP 的比重降至 3.5%。强有力的国内调整加上良好的国际条件帮助巴西实现了与国际货币基金组织商定的外部目标。随着油价下跌和国际利率下降，全球经济复苏，这是巴西国际收支得到调整的有利条件。1984 年，外部环境再次变得有

利，巴西 GDP 增长 5.4%。但是，当年巴西的通货膨胀率却以超过 200%
的水平创下新纪录。①

　　整个调整过程对巴西内部经济结构产生了严重的影响。通货膨胀继
续上升，达到了无法承受的水平，这样高的通货膨胀率将会摧毁大多数
经济体。但是在巴西，从 20 世纪 60 年代初期开始指数化，价格指数化使
经济能够在一定水平上和相对高的通货膨胀率共存，对于没有采用指数
化的国家来说，这样高的通胀率将会是灾难。但即便是指数化，当通货
膨胀率达到非常高的水平时，例如年通胀率超过 100%，也会产生严重的
分配冲突，即使指数化机制仍然允许包括金融市场在内的经济正常运行，
也会使经济效率下降。很容易想象，并非所有的经济主体都拥有平等的
议价能力或信息来保护自己免受通货膨胀的影响，特别是在通货膨胀加
速的阶段。通常情况下，工资是指数化水平最低的价格，使雇主和雇员
之间存在着长期的冲突。根据巴西的经验可以清楚地看到，尽管工人在
高通货膨胀率下遭受损失，但当政府引入更有效的工资调整机制时，资
本和劳动力之间的冲突通常会导致新一轮通货膨胀的加速。各种各样的
计划也表明，当通胀率急剧下降时，需求将出现爆炸性增长，此时所谓
的通货膨胀税②会临时性消失。在试图抑制通货膨胀时，工资的调整十分

---

　　①　关于危机及调整进程，参见 Carneiro and Modiano，"Ajuste externo e desequilíbrio interno：
1980 – 1984"，323 – 346；Mario Henrique Simonsen，"Inflação brasileira：lições e perspectivas"，*Re-
vista Brasileira de Economia* 5，4（Outubro-Dezembro 1985），15 – 31；Winston Fritsch，"A crise cam-
bial de 1982 – 83 no Brasil：origens e respostas"，in *A América Latina e a crise internacional*，e-
d. C. A. Plastino and R. Bouzas（Rio de Janeiro：Graal，1988）；Rogério Werneck，"Poupança estatal，
dívida externa e crise financeira do setor público"，*Pesquisa e Planejamento Econômico* 16，3（Dezembro
1986），551 – 574。

　　②　通货膨胀"税"并不是一种真正的税收，而是高通货膨胀对每个经济主体带来的成本。
当居民持有现金或在商业银行的活期存款利率不高而通货膨胀率较高时，存款的价值和现金的价
值将受到侵蚀，给现金或银行存款人造成价值损失。这种损失即被称为"通货膨胀税"。现金和
活期存款持有者遭受损失，而政府会获利，银行也会从储户的损失中获利。也就是说，他们利用
通货膨胀税获得收益。当通货膨胀消失，由于货币的价值将变得稳定，对货币、纸币和活期存款
的需求会增加。在巴西，通货膨胀高企，银行赚得通货膨胀税，政府最终会强迫银行以补贴利率
为农民提供贷款。这被称为"义务"。这是一种转移资金所有者部分损失的方法，由银行进行拨
付，转移给农民。通货膨胀税的存在也解释了银行机构为获得活期存款而进行的大规模扩张。由
于这次扩张没有利润可言，通货膨胀税最终为银行体系的扩张买单。但是，当通货膨胀结束时，
许多银行遭遇失败，因为它们产生了无法再由通货膨胀税弥补的巨大成本。

低效，以致当通货膨胀加速时，实际收入的损失再次增加。当每一项新计划暂时停止通货膨胀时，工人们得到了好处，因为实际工资更稳定，需求至少暂时出现了爆炸式增长。为了制止通胀螺旋，政府限制了为消费者提供公共服务价格的调整，给提供这些服务的公司带来了严重的问题，公共账户进一步恶化。巴西公共部门在国际市场融资困难，于是开始与私营部门竞争，在国内市场获得信贷。这导致国内利率进一步上升，而且偿还国内债务的成本也越来越高。

虽然调整成功地解决了巴西的国际经济问题，但却引发了一场内部危机。随着利率的上升和公共账户的恶化，生产性投资显著减少。需要记住的是，当时大部分外债由公共部门举借。为了偿还这些外债，巴西开始积累巨大的贸易盈余。但是，这些贸易盈余却是由私人部门产生的。公共部门需要购买外币以履行国际承诺或增加外汇储备。由于这种购买会增加货币供给，为了冲销这一效应，政府需要发行债券并进行销售，这就使其负债水平增加。此外，需要再次强调，国内借款期限短、利率高。随着国内债务还本付息额的增加，政府通常会选择减少投资来达到削减支出的目标。①

20 世纪 80 年代危机的另外一个重要方面是通货膨胀。通常，减少国内消费的政策在遏制通胀压力方面有效。但是，巴西的例子似乎表明存在价格惯性且传统方法在指数化程度如此之高的经济体中无效。在 20 世纪 80 年代前半段，有人提出了另外一种反通货膨胀的建议。② 这些研究成为 1986 年实施的克鲁扎多计划（Cruzado Plan）的背景。

随着这一时期发生的深刻的经济变化，军方还将进行重要的社会变革。瓦加斯之后的政权扩展了他的政策，费力地处理他建立起的与新兴的城市平民阶级的关系。显然，激进劳工运动的兴起是军人进入中央政府的关键因素之一。同样，军方也明显受到了各种民粹主义平民领袖的挑战，他们想效仿瓦加斯及其获得民众支持的能力。但是，尽管军方对

---

① Werneck, "Poupança estatal, dívida externa e crise financeira do setor público".

② Pérsio Arida and André Lara Resende, "Inertial Inflation and Monetary Reform in Brazil", in *Inflation and Indexation: Argentina, Brazil and Israel*, ed. J. Williamson (Cambridge, MA: MIT Press, 1985); Francisco L. Lopes, *O choque heterodoxo: combate à inflação e reforma monetária* (Rio de Janeiro: Campus, 1986).

瓦加斯创建的政治体制心存担心，他们还是致力于实现其对现代工业国家的愿景，这样做必须解决一系列社会问题，既要对工资挤出政策做出回应，还要获得不断扩大的中产阶级的支持。

因此，军人统治时期是一个社会变革异常深刻的时代。其中许多变化是由工业化进程和随之产生的城市社会的增长引起的，这些进程先于军人统治时期，但在这一时期得到了加强。另一些变化由军方的政策引发，还有一些是政治体制变化的外生因素。这一时期最深刻的变化与政府处理、与大规模工业化相关的社会政策以及工业化进程的后果有关。这一时期的快速工业化有积极的一面，也有消极的一面。这可能是巴西历史上最开放和社会流动最快的时期，因为一个新的工业和管理精英阶层从农村和受教育程度低的人口中脱颖而出。但是，这也导致了从贫穷地区到富裕地区的大规模国内移民以及随之而来的大都市地区的增长，而这些不断扩大的中心缺乏住房将导致所有主要城市中非法居住区的兴起。随着军政府寻求新兴中产阶级的支持，初等和中等教育的发展速度也有了很大的提高。军政府也促进了大学和技术教育的发展。最后，政府通过积极扩大社会福利制度来补偿工资挤出政策，其中包括医疗保健方面的重大进展和国家养老金体系的显著扩张。巴西甚至通过国家住房银行开展了一项大规模的公共住房和卫生项目。事实上，军政府统治时期被认为是巴西最终建立现代福利国家基础的时期，尽管这一制度建立在威权和技术官僚模式基础上，这些模式将在后军政府时代得到转变。①

但在一定程度上独立于军政府行为，巴西的人口结构也发生了根本性的变化。起初，按照世界标准，巴西的生育率和死亡率仍然维持在传统的高水平，因此预期寿命非常低。20世纪50年代末的预期寿命接近19世纪末和20世纪初的水平。这一切都将在军政府掌权的21年中发生变化——其中一些变化是由于政府政策，特别是与健康有关的政策，而其

---

① 索尼娅·德赖贝（Sônia Draibe）认为巴西在这一时期已建立起一个福利国家，这是因为服务的普遍化以及在现代福利国家所定义的所有领域建立了活跃的政府机构。虽然这种模式将在后军政府时期进行深刻的改革，但其基本结构在20世纪60年代和70年代的几十年中得到了详细阐述。Sônia Miriam Draibe, "O Welfare State in Brazil: Caracteristicas e Perspectivas", *Cardeno de Pesquisa* 8 (Campinas: UNICAMP, NEPP, 1993), 19-21。

他变化则受到巴西以外事态发展的影响。这些外来因素在生育领域的影响特别深刻，巴西女性在生育标准和家庭规模方面的观点在国家历史上首次发生了重大变化。

　　并非所有这些社会变革都始于这一时期，或是在军事政权结束时得到明确界定。但在接下来的几十年里，所有这些都将导致长期的制度甚至文化变化。在军政府时期，死亡率和生育率将达到前所未有的历史水平。随着婴儿死亡率最终越来越迅速下降，死亡率继续大幅下降，由于生育率的降幅更为缓慢且越来越多的女性能够存活到生育年龄，巴西人口的自然增长率达到了前所未有的高度。甚至巴西识字率也开始变化，到了 1960 年的人口普查，巴西最终成为一个高识字率国家。到军事政权末期，巴西将迅速经历一个人口转型期，生育率急剧下降，这将深刻影响国家的年龄结构以及人口增长能力。反过来，这对从家庭结构到就业的各个方面都产生了影响。死亡率开始以更快的速度下降，同时预期寿命开始朝着欧洲和北美的水平攀升。最后，在这一时期，巴西成为一个以城市和工业为主的社会。不仅城市中心会大幅增长，而且农村地区将首次出现负增长率。这伴随着农业现代化的开始，导致了大量的国内移民，到城市去，并且跨越州界。尽管如此，巴西在阶层和肤色方面的不平等仍在不断加剧，这充分反映在地区差距的不断扩大中。虽然大多数地区在财富、健康和教育方面都取得了显著进展，但东北部地区却进一步落后于其他主要地区。巴西的先进地区朝着世界先进工业国家的生活水平一步步地迈进，而东北部仍处于非洲和亚洲欠发达国家的水平。如果说有什么不同的话，这是一个地区差异在国家历史上最为显著的时期。

　　建立主要工业基础是军政府政策的核心。国家坚持工资不变，向外国产品关闭市场，进行基础设施投资，国家鼓励国有资本投资于工业活动。其结果是经济实现了超高速增长，甚至在军政府上台之前经济增长就已经开始加速。巴西人均收入从 1940 年的 2110 雷亚尔（2006 年货币）增加到 1960 年的 4490 雷亚尔。然后以更快的速度增长到 1980 年的 11040 雷亚尔。1960 年，农业仍然占 GDP 的 18%，到 1980 年已经下降到 11%。相反，工业占 GDP 的比重从 1960 年的 33% 上升到 1980 年的 44%，这是

20 世纪的最高水平。① 与此同时，服务业和制造业的就业岗位大幅增
加。从 1960 年到 1980 年，在第一产业工作的人数保持在 1100 万，
而第二产业从 240 万增加到 900 万，第三产业从 520 万增加到
1140 万。②

　　经济快速增长和经济基础的转型对社会流动产生了深远的影响。这
一时期，职业和阶级的代际变化发生了深刻的变化。1960 年之前，由于
精英职位数量相对固定，流动性在很大程度上以循环为主，而到了工业
化和城市化加速时期，流动性实现了结构性变化。也就是说，新的管理
岗位和其他地位较高的职位大幅增加，而填补这些职位的人可以来自父
母职业地位并不高的家庭。当时有人认为，相较于任何主要的工业化国
家，出自父母低职业地位家庭的巴西精英领袖的地位可能是世界上最高
的。③ 1980 年后经济的相对停滞意味着，在 20 世纪余下的时间里，巴西
将迅速恢复到更标准的循环流动状态，每个阶层成员人数的增加和减少
速度大致相同。④ 此外，一旦这些高层职位被填补，就有可能通过精英阶
层的成长来维持他们的职位，而不是继续从下层招募，这进一步限制了
流动性。因此，尽管在经济繁荣时期早期，流动性迅速提高，尤其是那
些父母来自农村的人，但军政府时期的总流动性并不比世界上其他先进
工业国家强。截至 1973 年，约71% 的工人的父母来自农村，这意味着大

　　① Adalberto Cardoso, "Transições da Escola para o Trabalho no Brasil: Persistência da Desigual-
dade e Frustração de Expectativas", *DADOS*, *Revista de Ciências Sociais* 51, 3 (2008), 573.

　　② Carlos Antonio Costa Ribeiro, *Estructura de classe e mobilidade social no Brasil* (Baru, SP:
Educ, 2007), 310, Table 6.

　　③ 帕斯托雷 (Pastore) 估计，截至1973 年，有超过一半的人 (58%) 相较于其父亲的职
业地位实现了改变。他还估计，在这些变化中，57% 得益于新职位（结构性）的增加，43% 是
循环流动，即与工作岗位增加无关的、正常的上下流动。José Pastore, *Inequality and Social Mobili-
ty in Brazil* (Madison: University of Wisconsin Press, 1982), 33.

　　④ 这种循环和结构流动模型是文献中的主导模型。最近，新的研究开始使用比之前更为复
杂的职业分布方法，使用被称为"社会流动性"的新方法，该指标测量总的流动性（代际内和
代际间），并寻求以更为精确的方式测量非流动性。但这些新方法证实，1982 年之后，之前流动
性最强的职业结构的最高层次又重新落回非流动性区间。参见 Ribeiro, *Estrutura de classe e mobili-
dade social*, 199. 使用这一新方法，里贝罗 (Ribeiro) 还指出，虽然在这一时期，有农村背景的
精英和社会中层流动性高，但巴西的总体流动性与发达工业化国家的平均水平相当。这是因为按
照发达国家的标准，城市工人到中上层职业的流动性要么非常低，要么只是平均水平。Ribeiro,
Estrutura de classe e mobilidade social, 251, 253, and 255, 258, Tables 18 – 19.

多数工人来自贫困和教育水平低下的家庭。① 但在随后的几十年里，这一比例迅速下降。令人惊讶的是，在父母和孩子的职业（代际间）方面，女性比男性更具流动性，但在改变自己一生中第一份工作到最后一份工作的地位（代际内）方面，女性的表现不如男性。② 就这两种流动性而言，白人比非白人做得更好并不奇怪，尽管这种歧视似乎随着时间的推移而减轻。③ 因此，尽管这一时期至少在职业结构的高层中，流动性令人印象深刻，但大多数工人发现，由于他们在人力资本方面的起步位置不佳，他们在未来几年的流动性相对较低，且处于较低的地位。用工资而不是职业来衡量，最近的一项研究发现，巴西的父亲和儿子之间的工资固定程度高于平均水平。调查还发现，最大的流动性发生在工资水平最低的阶层，这主要是普及初等教育的结果，使父亲工资的影响程度下降。这有利于非白人的流动性。但在工资最高的阶层（最高的五分之一），非流动性更为明显，种族之间的情况也被颠倒。白人保持父亲收入水平的概率是 50%，而富有黑人父亲的儿子只有 25%。④

　　但是，其他领域发生的变化也将影响流动性。在这一时期，由于政府的行动而发生重大变化的一个领域是教育和科学研究。尽管在 1964 年之前，初级和中等教育经历着缓慢但稳定的发展，但正是军事政权推动了这两个领域的发展进程。1960 年，只有 73% 的 5—9 岁的儿童可以上小

---

① Ribeiro, *Estructura de classe e mobilidade social*, 77. 正如里贝罗所指出，鉴于农村地区收入和土地分布不均的特点，"20 世纪经历过社会流动的农村工人的孩子当中，直到 20 世纪 60 年代的十年中，大部分人的父母是工人（而不是地主），他们缺少社会和经济资源。这种缺乏无疑限制了他们向上流动的机会。"Ribeiro, *Estructura de classe e mobilidade social*, 79.

② 玛利亚·斯卡隆（Maria Scalon）使用另一组职业类别估计，女性的流动性远高于男性。她在 1988 年的 PNAD 调查中发现，三分之一的男性流动性是结构性的，而令人惊讶的是，这一比例对于女性来说达到了 46%，而在这一时期，男性的总流动性为 65%，女性为 76%。她还指出，代际内流动性——人的第一个和最后一个职业之间——低于代际间流动性。Maria Celi Scalon, *Mobilidade social no Brasil, padrões e tendências* (Rio de Janeiro: Rena, IUPERJ-UCAM, 1999), 85, 102. On the findings about intra-and intergenerational mobility and sex, also based on this same 1988 PNAD survey, see Felícia Picanço, "O Brasil que sobe e desce: Uma análise da mobilidade socioocupacional e realização de êxito no mercado de trabalho urbano", *DADOS-Revista de Ciências Sociais* 50, 2 (2007), 403, 405, Tables 1 and 5.

③ Picanço, "O Brasil que sobe e desce", 404, 406, Tables 4 and 6.

④ Sérgio Guimarães Ferreira and Fernando A. Veloso, "Intergenerational Mobility of Wages in Brazil", *Brazilian Review of Econometrics* 26, 2 (November 2006), 181–211.

学，但到 1968 年这个数字上升到 89%。虽然以后几年没有可比的数据，但到 1985 年，大约 79% 的 5—14 岁的儿童能上小学。① 此外，1960—1980 年期间，中等教育和大学教育入学人数的增长速度快于全国人口增速。②

最显著的变化发生在中学教育系统。虽然小学教育一直处于长期的增长轨道上，这仅仅是持续投资刺激的结果，但是中等教育实现了扩张和实质性的变化。1963—1984 年期间，中学教师人数翻了一番，从约 12.1 万人增至 21.5 万人，入学人数从 170 万人增至 300 万人。但最大的变化是政府在中学教育中所扮演的角色。1963 年，大约 60% 的中学生就读于私立中学，但到了 1984 年，这一情况发生了逆转，65% 的学生就读于公立中学。③ 目前，这大约 300 万名中学生占所有 15—19 岁年龄人口的 22%，而 1972 年这一年龄段的学生只有 12%。④

这也是政府历史上第一次对科学技术进行大量投资的时期。巴西科学史的知名学者指出，这一时期是大跃进（Great Leap Forward）时期之一。⑤ 1964 年，巴西国家经济和社会发展银行建立了总计 1 亿美元、10 年期的科技基金。随后在 1974 年，规模较小的国家研究理事会得到了扩大和更充足的资金后，成为国家科学和技术研究委员会（National Council for Scientific and Technical Development，CNPq）。很快，军政府以民族主义项目的名义，在前沿研究以及基础设施和工业发展方面投入巨资。但与此同时，圣保罗大学（University of Sao Paulo）的科学家和越来越多的新建立的研究中心也在推动一种以美国国家科学基金（U. S. National Science Foundation）为基准的解决方案，该基金在第二次世界大战后帮助美国成为世界主要的科学技术中心中发挥了至关重要的作用。早在 1953 年，政府在理科学生的教育方面设立了一个奖学金。该项目由创立于 1951 年

---

① Ribeiro, *Estructura de classe e mobilidade social*, 309, Table 4.

② Simon Schwartzman, *A Space for Science-The Development of the Scientific Community in Brazil*（College Station: Pennsylvania State University Press, 1991）, 220, Table 10.

③ 这些数据来源于 AEB（1964），341—342，和 AEB（1986），174 - 175。

④ Ribeiro, *Estructura de classe e mobilidade social*, 309, Table 4.

⑤ Schwartzman, *A Space for Science*, Chapter 9.

的巴西高等教育人才促进会（CAPES）负责。[1] 到 20 世纪 60 年代，数百名巴西科学家在国外接受了培训，特别是在美国和英国，他们一回来就组成了一个强大的利益集团，致力于创建现代实验室和其他重要的研究工具，使巴西能够参与战后新的现代科学世界中的竞争。1968年，巴西出台了一项新的大学改革法，基本上确立了北美式的院系设置，并建立了从本科到硕士到博士三级学位体系。不久，在米纳斯吉拉斯州和巴西利亚按照这种模式建立了联邦大学，很快在所有州都建立了新的公立联邦大学。两年前，圣保罗州也在坎皮纳斯市建立了一个新的州立大学——坎皮纳斯州立大学（UNICAMP），聘任了众多外国学者，很快这所大学成为同圣保罗大学比肩的巴西最好的大学。它从一开始就被设计成一个先进的研究中心，尤其是在物理学方面，一些在贝尔实验室（Bell Labs）和美国大学工作的巴西科学家回到了这所新建立的大学工作。[2] 政府还创建了一个飞机和计算机产业，以及大学内外均建立了核研究项目。所有这些努力使巴西成为世界科学领域的重要参与者，同印度一样，成为少数几个能够完成这项工作的欠发达国家之一。

正是中学的扩招，实现了大学生人数的缓慢扩张。到 1984 年，巴西共有 68 所大学，其中包括 35 所联邦大学、10 所州立大学、2 所市政大学和 20 所私立大学，[3] 大学生人数从 1964 年的 14.2 万人增加到 1984 年的130 万人，其中女性略多于男性。[4] 在这一群体中，到 20 世纪 80 年代中期，研究生项目的招生人数翻了一番，达到 4 万人。[5] 20—24 岁的高等教育机构（大学和技工学校）的青年比例从 1965 年的 2% 上升到 1985 年的 12%。[6]

教育水平的提高也对识字率产生了深远的影响。1940 年，巴西识字

---

[1] Campanha Nacional de Aperfeiçoamento de Pessoal de Nível Superior. 关于该机构的历史，参见 http：//www. capes. gov. br/sobre-a-capes/historia-e-missao。

[2] Schwartzman, *A Space for Science*, Chapter 9.

[3] 原文如此，译者注。

[4] Carlos Benedito Martins, "O ensino superior brasileiro nos anos 90", *São Paulo em Perspectiva* 14, 1 (2000), 42–43, 48, Tables 1 and 4；按性别划分的数据，参见 *Anuário Estatístico do Brasil*, 1984, 251, Table 2. 6。

[5] Schwartzman, *A Space for Science*, 220, Table 10.

[6] Ribeiro, *Estrutura de classe e mobilidade social*, 309, Tables 4–5.

人口只有 38.4%，1950 年这一数字仅增长到 42.7%。到 1970 年，识字人口占人口的三分之二，到 1980 年，提高至 74%。[①] 只有在 1960 年的人口普查中，识字的男女人数才第一次在总人口中占据大多数。1950 年，10 岁及 10 岁以上的男性第一次成为识字人数最多的群体，但在那一年，女性识字人数仍然只有 44%。1960 年是关键的转型年，识字的女性现在占 10 岁以上女性人口的 57%，而男性识字人口数在这个年龄段的比重上升到了 64%。[②] 但是，直到 20 世纪 80 年代初，女性识字人数才与男性齐平，这主要得益于女性入学人数的大幅增加。从 1970 年人口普查按年龄划分的文盲人口的调查中可以看出，在教育方面对女性的歧视逐渐减轻。不仅老年人比年轻人文盲多，而且在老年群体中文盲女性比男性多，这反映了历史上对女性受教育机会的歧视（图 3.22）。

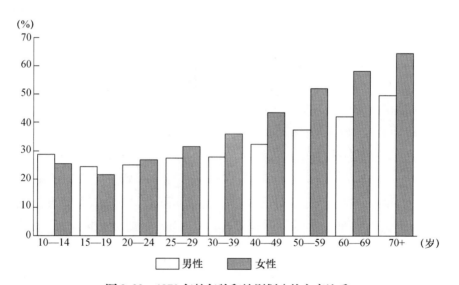

图 3.22　1970 年按年龄和性别划分的文盲比重

资料来源：IBGE, *Estatísticas do Século XX*, Table "educacaomc1978aeb - 01"。

除了早期的在教育方面的性别歧视之外，还存在肤色歧视。1982 年，

---

① IBGE, *Estatísticas do Século XX*, Table "População1981aeb - 002", available at http：// www. ibge. gov. br/seculoxx/arquivos xls/populacao. shtm.

② IBGE, *Estatísticas do Século XX*, Table "pop _ 1965aeb - 06. 2", available at http：// www. ibge. gov. br/seculoxx/arquivos xls/populacao. shtm.

女性比男性文化水平高，而黑人和棕色人种的文盲率仍高于亚裔和白种人（图 3.23），而且还需要再过 30 年，初等教育普及后，这一劣势才会下降，城市和农村居民间的不平等才会下降。①

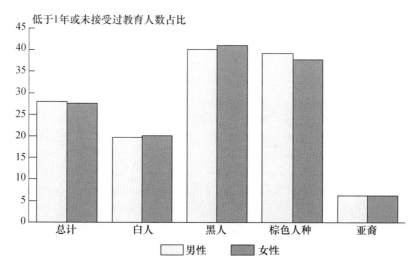

图 3.23　1982 年按肤色和性别划分的文盲比重

资料来源：IBGE, *Estatísticas do Século XX*, Table "educacaom1983aeb_215"。

这一时期的其他主要社会人口发展是大规模的内部移民和城市化水平的提高。这种增加城市就业和改善城市生活水平的拉动因素与巴西农业机械化程度日益提高的主要推动因素相匹配。军政府新提供的农村信

———————

① 到 2010 年的人口普查，白人和非洲裔巴西人之间的差距仍然未发生改变，但这两个群体的文盲率却均实现了大幅下降：

2010 年人口普查中按肤色和性别划分的五岁及五岁以上人口中的文盲百分比（%）

	男	女
总计	11.5	10.4
白种人	7.4	7.0
棕色人种	15.1	13.3
黑人	15.4	14.6
亚裔	10.8	9.2
美洲印第安人	25.4	27.1

资料来源：http：//www. sidra. ibge. gov. br/bda/tabela/listabl. asp？c = 3176&z = cd&o = 7。

贷大幅增加，催生了农业技术革命，即使土地使用权在这一时期始终保
持稳定，也并未发生变化。机械化减少了对农村劳动力的需求，因此，
越来越少的工人生产出越来越多的农产品。① 其中一个规模最大的人口流
动是贫穷的东北部人向南方主要州的农场和工厂迁徙。这场大迁徙涉及
数百万巴西人，将以深远的方式重塑这个国家的人口定居模式。考察这一
时期主要的咖啡出口州和移民进入州（图3.24），我们可以看到圣保罗州、
里约热内卢州和巴拉那州在1980年吸收了200万巴西本国移民，并在1980
年稳步增加到720万。反之，1950年排在前面的人口移出州包括巴伊亚州、
伯南布哥州和米纳斯吉拉斯州，移出总人口达150万，此后每十年的人口
移出数都在增加，1980年达到了580万。除了从北方向南方的移民外，南
部的南里奥格兰德州的人口向遥远的北部和西部新开放的农业用地区域转
移，这使得巴西北部和中西部地区的人口在这一时期稳定增长。

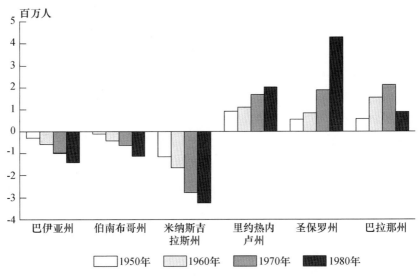

图 3.24　1950—1980 年主要州每十年的国内移民数

资料来源：IBGE, *Estatísticas do Século XX*, Table "População1982aeb – 035"。

---

①　关于这种变化及形式和数量的变化可以参见一项有用的调查：Fausto Brito, "Final de
século：a transição para um novo padrão migratório?" Paper presented at the *XII Encontro Nacional de Es-
tudos Populacionais*, *ABEP* (2000); and Fausto Brito, Ricardo Alexandrino Garcia, and Renata
G. Vieira de Souza, "As tendências recentes das migrações interestaduais e o padrão migratório". Paper
presented at the *XIV Encontro Nacional de Estudos Populacionais*, *ABEP* (2004)。

　　1940—1980 年这段时期也标志着巴西向城市社会的转型。1970 年，巴西城市人口在历史上首次超过了农村人口。自 1970 年以来，农村人口相对量和绝对量相继下降，与此同时，即使按照世界标准来衡量，巴西城市人口的增速也令人印象深刻。城市增长速度如此之快，以至城市人口从 1970 年占全国人口的一半增加到 1980 年的四分之三以上（图 3.25）。

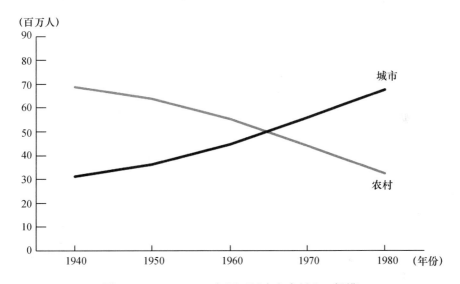

图 3.25　1940—1980 年巴西城市和农村人口规模

资料来源：IBGE, *Estatísticas do Século XX*, Table "População1982aeb – 005"。

　　城市扩张起初只发生在两个主要城市：圣保罗和里约热内卢，这两个城市在这一时期扩张速度非常快。但是，在二线城市和各州首府，也出现了增长趋势。1950 年，人口超过 5 万的城市只有 32 个，辖 840 万人。到了 1960 年，这一数字几乎翻了一番，达到 68 个城市，辖 1590 万居民。1980 年，全国共有 201 个人口超过 5 万的城市，管辖人口数达 4700 万；根据 2010 年的人口普查，人口数超过 5 万的城市总数为 433 个，人口总数为 9880 万，[①] 占全国总人口的比重从 2000 年

---

　　① IBGE, Censos 2010, Table 1294 – "Número de cidades e População nas cidades nos Censos Demográficos por tamanho da população", http：//www. sidra. ibge. gov. br/cd/cd2010sp. asp? o =5&i = P.

的49%提高至52%。① 但是重要城市的增长同样令人印象深刻。1960 年，
圣保罗市的人口总数达到 700 万人，成为巴西的主要城市，里约热内卢市
以 500 万人紧随其后。1960 年，圣保罗市的人口规模最终超过了里约热
内卢市，到 1980 年，它已经成为一个拥有 860 万人口的世界大都市，而
且人口数量还在迅速增长（图 3.26）。但是，这两个城市人口数占巴西城
市总人口数的比重也在下降，原因在于萨尔瓦多、贝洛奥里藏特、累西
腓和阿雷格里港等城市的人口到 1980 年已增加到 100 多万。② 1950 年，
里约热内卢和圣保罗的大城市中心区占巴西各州所有首府城市人口的
56%。但是这一集中程度稳步下降，1980 年降至 47%，到 2010 年人口普
查时，这一比重降至三分之一。③ 这表明，这一时期的城市化发生在巴西
全国上下，越来越多的首府或非首府城市迅速增长，圣保罗市和里约热内

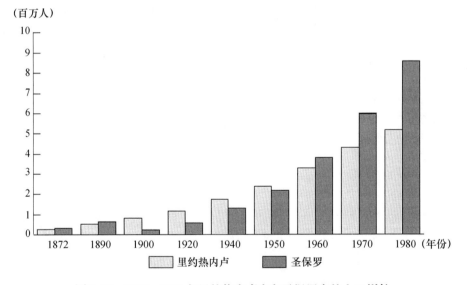

图 3.26　1872—1980 年里约热内卢市和圣保罗市的人口增长

资料来源: IBGE-Censo 2010, Table 1.6, "População nos Censos Demográficos, segundo os
municípios das capitais – 1872/2010"。

---

① IBGE, Censo 2010, "Tabela 1.21 – N′ umero de cidades e população nos Censos Demográficos,
segundo as Grandes Regiões e as classes de tamanho da população das cidades – 1960/2010"。

② IBGE, Censo 2010, "Tabela 1.21 – N′ umero de cidades e população…1960/2010"。

③ IBGE, Censo 2010, "Tabela 1.6 – População nos Censos Demográficos, segundo os municípios
das capitais – 1872/2010", http://www.ibge.gov.br/home/estatistica/populacao/censo2010/sinopse/
sinopse tab brasil zip.shtm。

卢市的增速正在下降，并且在未来的几十年中，这两个城市的相对重要性将会下降。因此，巴西在这一时期并没有经历人口过度集中在一个或两个巨大的中心城市——所谓的大城市，而这正是当时许多拉丁美洲国家的特点。

这些城市的所有增长都付出社会代价。由于政府财政紧缩，这些中心城市在住房、卫生和电力方面的投资不断减少，不断发展的大都市地区无法容纳所有的新移民。其结果是所谓的"贫民窟"（favelas）的扩张，即在未被利用的土地上非法建造房屋。尽管贫民窟早在军事政权建立之前就已经存在，但 20 世纪 60 年代和 70 年代的城市快速增长意味着这成了一个更加紧迫的问题。随着这些贫民窟规模的不断增大和数量的不断增加，并且侵入到富人区，如里约热内卢大都市区的南区（Zona Sure），军政府及其支持者最初遵循了摧毁和搬迁政策，摧毁了这些定居点，并迫使贫民窟搬到大都市区郊外遥远的公共住宅区。但是，国家住房银行最终崩溃，以及无法通过拆除来阻止贫民窟的增长，迫使政府慢慢改变了立场。尽管在 20 世纪 60 年代和 70 年代初，数千人被迁移，但更多的贫民窟还是建立了起来，居住在贫民窟的人数继续增长。到了 20 世纪 70 年代末和 80 年代初，甚至是军政府也逐渐意识到，城市将不得不统筹管理这些贫民窟，因为搬迁不再是可行的政策。[1] 这一进程将大大得到恢复民主政府的帮助，特别是在 1988 年宪法使城市规划回归城市之后。这些新的宽松政策将得到大城市增长大幅放缓的支持。[2] 因此，从 20 世纪 80 年代初开始，巴西开始了一个漫长而缓慢的改造贫民窟进程，把贫民窟变成有学校、诊所、道路、电力和卫生等基础设施的地区或普通城

---

[1]　关于贫民窟搬迁计划演变的调研，参见 Alejandro Portes, "Housing Policy, Urban Poverty, and the State: The Favelas of Rio de Janeiro: 1972 – 1976", *Latin American Research Review* 14, 2 (1979), 3 – 24. The standard study of the *favelados* in this period is by Janice Perlman, *The Myth of Marginality: Urban Poverty and Politics in Rio de Janeiro* (Berkeley: University of California Press, 1980).

[2]　因此，圣保罗大都市区的增长率从 1960—1970 年增长 5.5% 下降到 1970—1980 年的 4.4%，1980—1990 年则进一步降到 1.9%。里约热内卢大都市区也发生了同样的情况，从最早的 3.6% 降至 20 世纪 80 年代的 1%。参见 Marcelo Lopes de Souza, "Metropolitan Deconcentration, Socio-political Fragmentation and Extended Suburbanisation: Brazilian Urbanisation in the 1980s and 1990s", *Geoforum* 32, 4 (2001), 438, Table 1。

市社区。还有一项系统性的尝试，对所有建在不稳固基础上的房屋进行重新加固，以防止多年来困扰这些社区并每年造成多人死亡的泥石流带来的不利影响。整个系统最终取得明显进展需要大量国家公共资金和国际资金，但是经过大约30年的努力，像圣保罗这样的大城市已经将之前的大量贫民窟进行了整合，里约热内卢也在慢慢完成这项任务。①

随着农村居民向城市居民的转变，这一时期的巴西人也在历史上第一次深刻地改变了对生育的态度。就像1960年之后世界上大多数国家一样，巴西经历了人口学家所说的人口转型。② 19世纪末，世界上大部分地区的死亡率开始了长期的缓慢下降，第二次世界大战后，随着抗生素的使用，死亡率加速下降。最深刻的变化首先是婴儿死亡率的下降，随后，作为巴西人口死亡的主要原因，流行病致死和生殖性疾病致死的概率先后大幅下降。③ 死亡率下降的速度越来越快，而生育率最初却没有相应的变化，这意味着巴西人口的爆炸性增长。正是在军政府时期，巴西经历了历史上最高的人口增长率。

但与此同时，生育率在这一时期开始了第一次大规模变化。生育率的下降在军政府之前初露端倪，发生在巴西发达的城市中心，随着20世纪60年代避孕药、绝育和其他避孕方法的引进，生育率的下降迅速扩展到最偏远的农村地区。生育率的迅速下降可以从巴西的总生育率（衡量14—49岁女性在特定时间内所生子女平均数目）下降中体现出来。从20世纪40年代至60年代，巴西女性在生育年龄平均生育6个以上的孩子，1970年这个数字降至5.8个。到了20世纪70年代末，女性生育孩子的数量几乎比20年之前少4个。此后，总生育率持续下降，1991年，14—49岁女性平均生育孩子的数量少于3个，2000年降至2.4个。到了21世

① 关于里约热内卢的具体进展，参见 Ayse Pamuk and Paulo Fernando A. Cavallieri, "Alleviating Urban Poverty in a Global City: New Trends in Upgrading Rio-de-Janeiro's Favelas", Habitat International 22, 4 (1998), 449–462; and Adauto Lucio Cardoso, "O Programa Favela-Bairro-Uma Avaliação". Habitação e meio ambiente: assentamentos urbanos precários. IPT-Instituto de Pesquisas Tecnológicas; Programa Tecnologia de habitação (São Paulo: Habitare, 2002)。

② 关于这场人口革命的经典研究，参见 Jean-Claude Chesnais, The Demographic Transition, Stages, Patterns and Economic Implications (Oxford: Clarendon Press, 1991)。

③ 对流行病死因变化的调查，参见 Pedro Reginaldo Prata, "A Transição Epidemiológica no Brasil", Cadernos de Saúde Pública 8, 2 (Abril-Junho 1992), 168–175。

纪第一个十年结束时，降至 2.1 个。

出生率的下降与巴西女性越来越多地使用某种形式的避孕药直接相关。到 20 世纪 80 年代，大约 70% 的已婚或同居女性采用某种形式的节育措施。[①] 在那些采用避孕措施的女性中，44% 的人进行了绝育，这个数字略低于类似于巴西这样的欠发达国家的正常水平，41% 的人使用了避孕药，其余的人则采取了其他避孕措施。[②] 尽管以世界标准衡量，巴西的非法堕胎率相对较高，但这在拉丁美洲属于正常。此外，其变动趋势与生育率的变化趋势有所不同。最初，堕胎率保持稳定，并在 20 世纪 90 年代末有所增加，但后来随着越来越多的女性和男性使用现代避孕方法，堕胎率逐渐下降。[③] 堕胎率及其趋势表明，堕胎对生育率下降趋势的影响不大。因此，正是各种类型的避孕方法的使用导致了生育率的下降。

巴西生育率的下降并不像发达工业化国家那样是因为晚婚和晚育，而是因为大龄女性生育率的下降。初次生育年龄和结婚年龄在这一时期保持稳定并保持在较低水平，因此妇女很早就生了孩子，但终止生育的时间比以前早得多。尽管每个年龄组的总生育率都在下降，但年龄越大下降越快，这意味着 20—24 岁的母亲比例在 1903 年排名第二，到 1963

---

① Elza Berquó, "Brasil, um Caso Exemplar-anticoncepção e parto cirúrgicos-à espera de uma ação exemplar", *Estudos feministas* 1, 2 (2008), 368. 如果算上没有伴侣的女性，这个数字是 43%。

② Berquó, "Brasil, um Caso Exemplar-anticoncepção", 369, 371, Tables 1 and 3.

③ Greice Menezes and Estela M. L. Aquino, "Pesquisa sobre o aborto no Brasil: avanços e desafios para o campo da saúde coletiva", *Cadernos de Saúde Pública* 25, 2 (Suppl. 2) (2009), 193 – 204; Susheela Singh and Gilda Sedgh, "The Relationship of Abortion to Trends in Contraception and Fertility in Brazil, Colombia and Mexico", *International Family Planning Perspectives* 23, 1 (March 1997), 7, 9, Tables 1 and 3; and for the latest data on world and regional rates see Gilda Sedgh, Stanley Henshaw, Susheela Singh, Elisabeth A° hman, and Iqbal H. Shah, "Induced Abortion: Estimated Rates and Trends Worldwide", *Lancet 370* (October 13, 2007), 1338 – 1345. 2010 年，巴西首次在全国进行了一次关于堕胎的全面调查，发现 18—39 岁的女性中有 15% 曾堕过胎，与其他拉美国家相比，这一比例相对较低。与所有其他研究一样，该研究发现，穷人、受教育程度较低的人和非白人群体的堕胎率高于其他群体，因此东北和南部地区的堕胎率存在明显的地区差异。有趣的是，母亲的宗教信仰对死亡率没有影响。Debora Diniz and Marcelo Medeiros, "Aborto no Brasil: uma pesquisa domiciliar com técnica de urna", Ciência & Saúde Coletiva 15, 1 (2010), 959 – 966. On regional variations in abortion rates, see Leila Adesse and Mário F. G. Monteiro, "Magnitude do aborto no Brasil: aspectos epidemiológicos e sócio-culturais", available at http: //www. aads. org. br/wp/wp-content/uploads/2011/06/factsh mag. pdf.

年升至首位（图3.27）。此外，甚至连最年轻母亲群体的相对比例也在不断上升。1980年，15—19岁的母亲占9%，1991年增加到14%，2000年增加到20%。① 正如可以预料的那样，较富裕的东南部和南部各州开始控制生育。但在转型接近尾声时，最贫穷和受教育程度最低的女性群体以及北部和东北部最落后的地区，生育率下降的速度要快得多。② 直到20世纪70年代，北部地区的自然生育率接近于每14—49岁女性生育8个以上的儿童。当时，巴西两个极端地区——高生育率的北部地区和低生育率的东南部地区——的生育差距增加至3.6个孩子。但是到了20世纪80年代，北部地区的女性也开始加入更为系统的生育控制中，这意味着高生育率地区和低生育率地区之间的差距正在慢慢缩小（图3.28）。

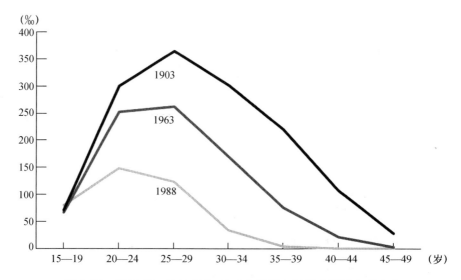

图3.27　1903年、1963年和1988年按母亲年龄分组的生育分布

资料来源：Horta, Carvalho, and Farias 2000,"Recomposicao da fecundidade porgeração para Brasil Anais XII ABEP 2000"。

① Elza Berquó and Suzana Cavenagh, "Increasing Adolescent and Youth Fertility in Brazil: A New Trend or a One-Time Event?" Paper presented at the Annual Meeting of the Population Association of America (2005), 4. Available at http://www.abep.nepo.unicamp.br/docs/PopPobreza/BerquoelzaeCavenaghiSuzana.pdf.

② Elza Berquó and Suzana Cavenagh, "Mapeamento sócio-econômico e demográfico dos regimes de fecundidade no Brasil e sua variação entre 1991 e 2000". Trabalho apresentado no *XIV Encontro Nacional de Estudos Populacionais*, *ABEP* (CaxambuMG-Brasil, Setembro 20 – 24, 2004).

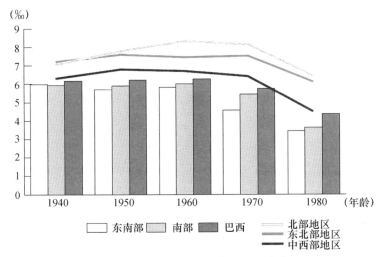

图3.28　1940—1980 年各地区生育率

资料来源：IBGE-Série：POP263 – Taxa de fecundidade tota. http：//seriesestatisticas. ibge. gov. br/series. aspx？ vcodigo = POP263&sv = 36&t = taxa-de-fecundidadetotal。

　　事实上，20 世纪 70 年代这十年中出生的孩子越来越少，这体现在人口年龄金字塔中。与 1940 年的年龄分布相比（图 3.29），1991 年的人口年龄金字塔显示，巴西年轻一代的基数有限（图 3.30），所有这些都将对下一个世纪巴西人口的年龄分布产生深远的影响。

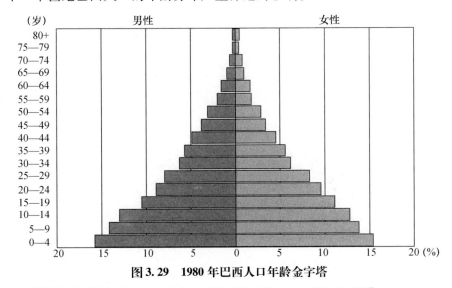

图3.29　1980 年巴西人口年龄金字塔

资料来源：IBGE，*Estatística do Século XX*，Table "População1983aeb – 045"。

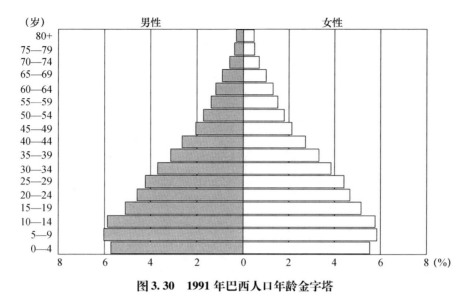

图 3.30　1991 年巴西人口年龄金字塔

资料来源：IBGE：DATASUS Table 200. http：//www. sidra. ibge. gov. br/cd/cd2000cgp. asp？o = 22&i = P。

　　总生育率的突然下降最终表现在 1980 年人口普查的年龄分布上。大约 40 年来，由于出生的儿童数量减少，0—14 岁的人口比例首次大幅下降（图 3.31）。

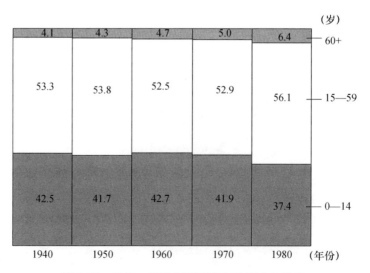

图 3.31　1940—1980 年巴西各年龄组人口比重

资料来源：IBGE，*Estatística do Século XX*，Table "População1982aeb – 038"。

虽然直到 20 世纪 70 年代生育率仍然很高，但死亡率在同一时期继续缓慢而稳定地下降。这种下降在很大程度上与公共卫生的改善和军政府福利机构的扩大有关，军政府力图满足中产阶级的要求，防止工人的骚乱。公共卫生发生了很大的变化。1967 年，统一的国家社会保障局（Instituto Nacional de Previdência Social，INPS）成立。INPS 不仅涉及养老金，最初还涉及医疗保险。但是，当 1974 年建立社会保障部（Ministry of Social Security）之后，养老金和医疗保险之间有了明确的界限，医疗保险由国家医疗社保局（Instituto Nacional de Assistência Médica e Previdência Social，INAMPS）负责。[1] 一系列其他体制改革导致公共卫生系统的大规模扩张。从 1970 年到 1980 年，住院人数从 600 万人增加到 1300 万人——后者直到今天都是常态。[2] 最终，在 20 世纪 60 年代出现了国家和国际支持的婴儿和儿童免疫项目。[3] 所有这些公共卫生方面的进步都对死亡率产生了直接影响。稳定的出生率和年龄结构意味着巴西总死亡率低，粗死亡率已经降至 15‰。虽然这一比率在此后 10 年基本没有变化，但这之后的几年中却开始以更快的速度下降，到了 20 世纪 80 年代初期，已经降至 8‰（图 3.32）。

这种下降主要来自婴儿死亡率的稳步降低，1950—1955 年，每千个活产儿的死亡数为 135 人，1980—1985 年降至 63，降幅接近一半（图 3.33）。这种下降的影响可以在婴儿和儿童（0—14 岁）死亡数在巴西总死亡数的比重缓慢下降得以体现。这始于 20 世纪 70 年代末，到了 80 年代初，婴儿和儿童死亡人数从记录数的 1/2 以上下降到只有 1/3。与此同

---

[1]　Mauricio C. Coutinho and Cláudio Salm, "Social Welfare", in Social Change in Brazil 1945 – 1985: The Incomplete Transformation, ed. Edmar L. Bacha and Herbert S. Klein（Albuquerque: University of New Mexico Press, 1989）, 233 – 262. On the history of these reforms see Herbert S. Klein and Francisco Vidal Luna, "Mudanças Sociais no Período Militar（1964 – 1985）", in Cinquenta Anos: A ditadura que mudou o Brasil, ed. Daniel Aarão, Marcelo Ridenti, and Rodrigo Patto Sá Motta（Rio de Janeiro: Zahar Editora, forthcoming 2014）.

[2]　Jairnilson Paim, Claudia Travassos, Celia Almeida, Ligia Bahia, and James Macinko, "The Brazilian Health System: History, Advances, and Challenges", The Lancet 377, 9779（2011）, 5.

[3]　20 世纪 70 年代和 80 年代，学术界和医生之间还就医疗保健体系的性质展开了辩论，这对全国公立医院系统（SUS）的建立和后军政府时期医疗分权改革产生了深远的影响。参见 Hésio Cordeiro, "Instituto de Medicina Social e a luta pela reforma sanitária: contribuição à história do SUS", Physis 14, 2（2004）, 343 – 362。

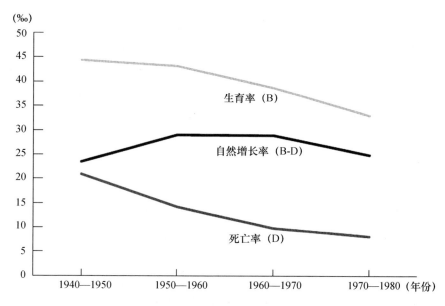

图3.32 1940—1980年巴西人口增速

资料来源：IBGE, *Estatística do Século XX*, Table "População1981aeb－037"。

时，老年人（65岁以上）占总死亡人数的比例迅速上升，现在占总死亡人数的比例越来越大（图3.34）。

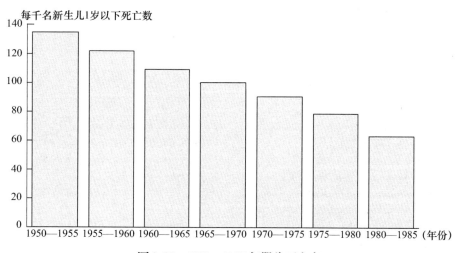

图3.33 1950—1985年婴儿死亡率

资料来源：CELADE, Brasil Indices de Crecimento Demográfico. http：//www. eclac. org/celade/proyecciones/basedatos BD. htm。

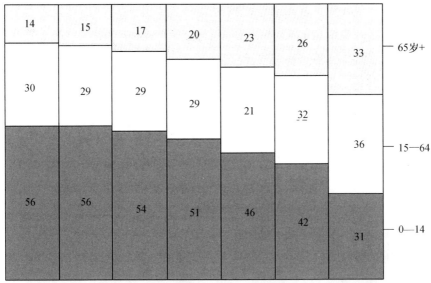

图 3.34　1950—1955 至 1980—1985 年不同年龄组死亡人数占比

资料来源：CELADE, Brasil Indices de Crecimento Demográfico. http：//www. eclac. org/ celade/proyecciones/basedatos BD. htm。

　　尽管这一时期婴儿的总死亡率有所下降，但其中半数以上的死亡仍为后新生期（postneonatal）死亡，即出生后 28 天至 364 天。[1] 该比率直到 1987 年才低于新生期（28 天以下）婴儿死亡比率，[2] 这反映出一个事实，即直到 20 世纪末，社会经济因素，而不是遗传或妊娠问题，才是婴儿死亡的关键影响因素。这意味着，在 1980 年以前的这段期间，大多数婴儿死亡是由于出生后的营养问题，而这又是卫生条件差和营养不良的直接结果。同样，虽然各地的婴儿死亡率都在下降，但区域间的差别仍然十分明显，即使按照拉丁美洲的标准，总死亡率仍

---

　　① Antônio Prates Caldeira, Elisabeth França, Ignez Helena Oliva Perpétuo, and Eugênio Marcos Andrade Goulart, "Evolução da mortalidade infantil por causas evitáveis, Belo Horizonte, 1984 – 1998", *Revista de Saúde Pública* 39, 1（2005）, 68.

　　② Maria da Conceição Nascimento Costa, Eduardo Luiz Andrade Mota, Jairnilson Silva Paim, Lígia Maria Vieira da Silva, Maria da Glória Teixeira, and Carlos Maurício Cardeal Mendes, "Mortalidade infantil no Brasil em períodos recentes de crise econômica", *Revista de Saúde Pública* 37, 6（2003）, 702.

然很高。① 1980 年，东北部地区的婴儿死亡率几乎是南部和东南部各州的两倍。这一差距在 1950 年更大，反映出经济较发达地区的死亡率下降速度比贫穷的北方各州更快这样一个事实（图 3.35）。

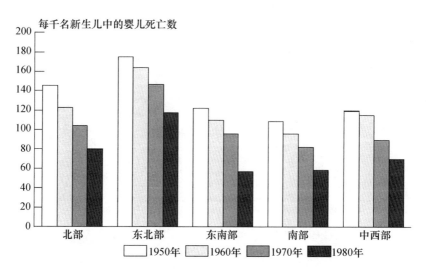

图 3.35　1950—1980 年各地区婴儿死亡率

资料来源：IBGE Série：CD100 – Taxa de mortalidade infantil. http：//seriesestatisticas. ib-ge. gov. br/series. aspx？vcodigo = CD100&sv =46&t = taxa-de-mortalidadeinfantil。

直到 1949—1951 年，巴西的死亡总人数反映出其仍然是一个传统社会，传染病是致死的主要原因。在这几年中，肺结核致死占所有年龄段死亡人数的 15%，成为最大的致死原因。紧随其后的致死原因是占 10% 的成人腹泻，心脏病致死只占 9%，癌症致死比重为 5%，将所有主要传染病（肺结核、腹泻、肺炎和梅毒）致死原因加在一起，占所有年龄段死亡人数的 37%，而在发达工业社会的两个致命因素——癌症和心脏病

① 1980—1985 年，巴西的婴儿死亡率几乎是乌拉圭的两倍，甚至高于拉丁美洲的平均水平。CELADE，*Boletín Demográfico*，34，74（Julio 2004），24，Table 6. Maternal mortality was also quite high in this period see Arnaldo Augusto Franco de Siqueira，Ana Cristina d'Andretta Tanaka，Renato Martins Santana，and Pedro Augusto Marcondes de Almeida，"Mortalidade materna no Brasil，1980"，*Revista de Saúde Pública* 18（1984），448 – 465.

致死人数，仅占所有死亡人数的 14%。[1]

　　然而，尽管不平等现象继续存在，儿童死亡率很高，传染病的影响
也很严重，但由于儿童和成人死亡率继续下降，预期寿命在这一时期大
幅提高。男性和女性的预期寿命都有所增加，1950—1980 年的 30 年时间
里，男性的预期寿命增加了 11.1 岁，而女性的预期寿命则增加了 14.1 岁
（图 3.36）。尽管所有巴西人的总体预期寿命都在变化，但体现在资源获
取能力上的阶层和种族差异意味着北部地区居民的预期寿命的变化比南
部和西部各州要低得多。即便到了 1980 年，一个国家被划分为发达地区
和落后地区这样的典型模式在巴西人口预期寿命方面也有明显体现，一
位经济学家将这种模式称为"比利时—印度模式"（"Belindia"）。即，国
家的一个地区像比利时，而另一个地区更像印度。[2] 尽管这种巨大差异在

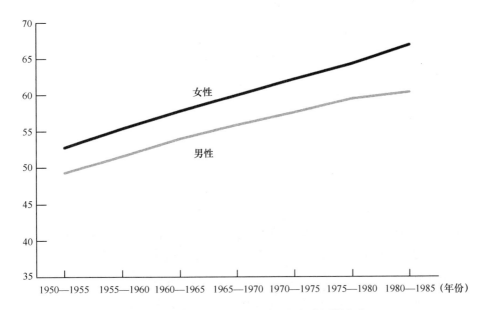

图 3.36　1950—1985 年巴西人出生时预期寿命

　　资料来源：CELADE, Brasil Indices de Crecimento Demográfico. http：//www. eclac. org/
celade/proyecciones/basedatos BD. htm。

---

[1] IBGE, Estatísticas do Século XX, Table "pop _ 1956aeb – 042", available at http：//
www. ibge. gov. br/seculoxx/arquivosxls/populacao. shtm.

[2] Edmar L. Bacha and Herbert S. Klein, ed., *Social Change in Brazil* 1945 – 1985：*The Incom-
plete Transformation*（Albuquerque：University of New Mexico Press, 1989）, 3.

接下来的半个世纪中会慢慢发生变化，但在 1980 年，这种差异仍然非常明显。[1] 因此，巴西地区之间最高和最低预期寿命的差异十分惊人：男性达到 7.9 岁，女性则为 7.8 岁（图 3.37）。这种地区差异反映了阶层差异，即使在同一地区内部，巴西人的生活经历也存在差异。1980 年，领取一份最低工资的人与领取五份或五份以上最低工资的人的预期寿命相差惊人，达 14.8 岁。[2]

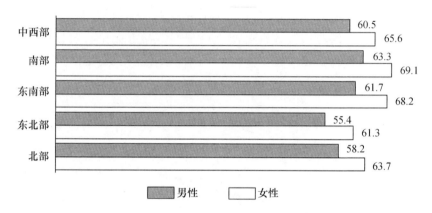

图 3.37　1980 年按地区和性别划分的人口出生时预期寿命

资料来源：Oliveira and Albuquerque 2005，"A mortalidade no Brasil no período 1980 – 2004"，Tables 2 – 3，pp. 8 – 9。

尽管巴西的出生率从 1970 年开始显著下降，且此后巴西所有地区的出生率降速更快，但是死亡率的下降意味着存活至生育年龄的女性越来越多，1950—1960 年巴西人口年自然增长率达到历史峰值，为 3%，位居同期世界前列（图 3.38）。以这样的速度，巴西 5100 万人的人口基数将在 17.3 年后实现翻倍。但是由于人口自然增长率逐步下降，巴西总人口在 1967 年之后又用了 10 年才达到 1.02 亿。

---

① 关于在此期间不同地区间差异的研究，参见 Charles H. Wood and José Alberto Magno de Carvalho，*The Demography of Inequality in Brazil*（Cambridge：Cambridge University Press，1988）。

② IBGE，Estatísticas do Século XX，Table "População1981aeb – 043. 1"，http：//www. ibge. gov. br/seculoxx/arquivos xls/populacao. shtm.

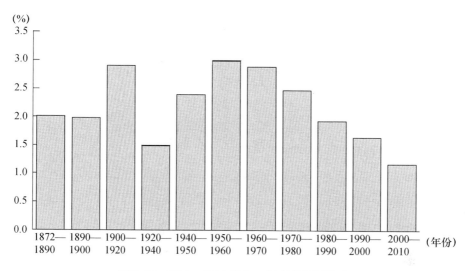

图 3.38　1872—2010 年人口年度几何增长率

资料来源：IBGE，Sinopse do Censo Demográfico 2010（Rio de Janeiro，2011），Table 2。

　　这一时期人口自然增长率的快速变化与粗死亡率和生育率的变化有关，国际移民不再发挥重要作用。最初，在这段特殊的人口自然增长时期，从 1940 年到 1960 年，死亡率下降的速度比生育率要快。但从 1960 年到 1980 年，生育率下降的速度快于死亡率，结果是 1970—1980 年这十年的增长率显著下降，这一下降趋势延续至下一时期，因为粗出生率继续稳步下降，而粗死亡率在 1980 年后的变化更加缓慢（附表 11）。

　　在扩大公共卫生设施的同时，后瓦加斯时期的政府还开始大力推动养老金制度的现代化和稳定化。军政府上台之前，古拉特总统于 1964 年创立了第一个国家社会保障计划（*Lei Orgânica da Previdência Social*）。最后一任文人政府还首次做出了认真的姿态，1961 年建立"农村工人援助基金"（*Fundo de Assistência ao Trabalhador Rural*，FUNRURAL）为农村工人提供保证，但无法推进这项新改革。然而，在 1964 年 4 月军方夺权之后，所有养老金领域都将进行重大变革。保守派的第一任劳工部长和在新军事政治下的内阁部长都是知名的社会保障专家。[1] 1966 年，个人的 IAPs 和 CAPs 最终被 INPS 所取代，这使得整个养老金体系有了更健全的

---

① Malloy，*The Politics of Social Security*，124－125.

资金基础，覆盖越来越多的巴西人。到了 1968 年，也就是 INPS 成立两年之后，这个为雇员和自雇者提供保险的机构覆盖了 780 万人。① 20 世纪 70 年代，INPS 进一步扩大了覆盖劳动力的范围，1971 年，INPS 覆盖至农村工人（FUNRURAL 首次成为一个有效的机构），1972 年，INPS 将从事家政服务的工人纳入其中。参与投保的工人人数开始迅速增加，到 1980 年，INPS 的参保人数是最初运营时人数的 3 倍，总人数达到 2400 万人。②

---

① IBGE, *Estatísticas do Século XX*（2003），Table "Prev_social19693aeb_02".
② IBGE, *Estatísticas do Século XX*（2003），Table "Prev_social1983aeb_01".

第四章

民主巩固时期（1985 年至今）

在 1982 年的州长直接选举中，反对党获得了重大胜利，尤其是巴西民主运动党（Brazilian Democratic Movement Party，PMDB）在一些重要的州掌权。失去政治支持和日益严重的经济危机使军政府雪上加霜，抗议活动不断扩大。这些抗议活动中最相关的是由"立即选举"（*Diretas Já*）运动动员起规模巨大的公民社会和反对党。一项修改宪法并建立直接总统选举制度的议案在国会被提出。大规模的游行示威频发，以圣保罗市爆发的规模巨大的游行示威活动为高潮，100 多万人参加了圣保罗的示威活动。

尽管最后一届军政府拒绝了这些要求，继续沿用间接选举，但选举结果令军方感到意外。，巴西民主党（Brazilian Democratic Party，PDS）——军政府统治的文官基础，在选择候选人时出现分裂。官方候选人是菲格雷多总统时期曾出任部长的马里奥·安德烈扎（Mário Andreazza）上校。但同时还出现了一位文官候选人保罗·马卢夫（Paulo Maluf），他在军政府的保护下获得了圣保罗地区的政治权力，曾任圣保罗市市长和该州州长。尽管没有官方支持，但马卢夫却能够成为执政党的候选人。虽然间接选举由政府选举人控制的选举团决定，但是 PDS 的内部分裂使反对派候选人坦克雷多·内维斯（Tancredo Neves）获胜成为可能，他是米纳斯吉拉斯州的州长，以温和和精于政治技巧著称。若泽·萨尔内（José Sarney）是反对党提名的副总统候选人，作为传统的执政党成员，曾反对马卢夫的候选人资格。①

因此，文人反对力量早于军方的计划安排进入政府，打破了长期计划的转型，这个计划由盖泽尔开始，菲格雷多总统的 6 年任期之内继续了转型，本应在军政府最后一届任期的 6 年内完成。一些强硬派官员对选举结果表示不满并威胁要推翻选举和文人总统。但这种转变仍然带来了惊喜。1985 年 3 月 14 日，坦克雷多·内维斯在就职前一天病倒，并且在一个月之后去世。副总统若泽·萨尔内继任总统，成为自 1964 年以来的第一位文人总统。

萨尔内的上台是一个历史性的讽刺，因为他是传统政府的政治家，曾经担任过支持军政府的政党的主席，而非反对军事政权的领导人之一。但是，萨尔内深谙这种不寻常的局势，并决定倚仗以 PMDB 为核心的前反对派议会基础进行统治。萨尔内就任时正值政治紧张期，当时他执政的合法性受到质疑，他被迫去管理一个深陷经济危机的国家，且这场危机在他的任期内进一步恶化。但是，萨尔内总统任期代表了民主进程的进步，加速了盖泽尔时期就已经开始的漫长过渡。②

回归民主也为巴西带来了许多新的运动和思想。在反对拉丁美洲冷战独裁统治的长期斗争中，出现了一系列新的思想和政治立场，这些将成为后 20 世纪 80 年代居于主导地位的主题。极左武装斗争的失败，加上军政府进行的酷刑和暗杀等大规模的行动，导致后来重新评估对被称为"人权"的东西的重要性。这涉及左翼对民主体制、法治和许多传统的激进和革命运动曾认为不重要的基本权利做出新的承诺。但是，武装叛乱的失败，再加上需要获得国际社会对民主团体的支持，创造出一套新的目标和理想，中间派和左翼在这些内容上最终达成了一致，甚至吸引了右翼的兴趣。

---

① 若泽·萨尔内曾是国家革新联盟的主席，该组织是 PDS 的前身。因此，他是一位与军政府有着千丝万缕联系的政治家。萨尔内还是当时放弃 PDS 并组建巴西自由阵线党（Partido da Frente Liberal，PFL）的一群政客之一。PFL 同反对派的主要政党 PMDB 一道，提名坦克雷多·内维斯为总统候选人，PFL 则表示，萨尔内作为副总统，成为竞选小组的一员。

② 坦克雷多的病产生了一个宪法问题，原因在于当总统无法就任时，副总统能否接任存在不确定性。另一种选择是由众议院院长暂时接管总统职位，如果总统确实无法就任，他将召集新的选举，但这会形成民主进程倒退的风险，因为一场新的军事政变可能会发生。但是，萨尔内掌权的合法性却经常遭到质疑。

在新出现的思想中，不仅包括对少数群体（包括种族和性别）的保护，还首次出现了被称为"环境友好（*meio ambiente*）"的环境保护民众运动。在 20 世纪 70 年代和 80 年代，巴西出现了一场环境运动，这在拉丁美洲尚属首次。[①] 鉴于亚马孙河、大西洋森林和河流对世界气候的重要性，日益扩大的农业、牧业和伐木业导致了大量的森林砍伐，以及在国际借贷机构支持下巴西毫无限制地进行道路和水坝投资，相应地引起了国际社会的关注。20 世纪最后 30 年，巴西的草根运动、与环境有关的国际非政府组织（NGOs）出现，以及意识到因污染导致城市生活日益恶化的新兴中产阶级的兴起，所有这些在巴西掀起了一场强有力的绿色运动。

巴西第一个正式的生态保护组织于 1971 年 6 月在南里奥格兰德州成立。[②] 这是拉丁美洲首个生态协会。其他地区的地方团体也迅速跟进，教育普及开始提升大众对环境保护问题的重视。盖泽尔将军任总统期间，国内和国际对森林砍伐和土壤及水资源退化的关切首次在巴西出现。由于国际援助机构坚持要求巴西建立一个正式的政府机构，以便在批准国际贷款之前进行环境影响研究，盖泽尔于 1974 年建立了环境专门秘书处（*Secretaria Especial de Meio Ambiente*）。

在 1973—1974 年和 1978—1979 年的石油危机以及逐渐回归民主化期间，生态运动开始从起初的精英阶层扩展到整个巴西，成为一种更具政治性且更为激进的运动。其中一次令人印象深刻的运动是由奇科·门德斯（Chico Mendes）领导的巴西东北部帕拉州橡胶割胶工人运动，他在 20 世纪 70 年代中后期针对森林砍伐组织了系统的反抗运动，在国际上成为生态运动的象征。[③] 到了 20 世纪 70 年代末和 80 年代初，各州建立了生态协会，众多国家级生态学期刊第一份出版发行，巴西国内开展了关于

①　关于近期和早期政策的影响，参见 Warren Dean, With *Broadaxe and Firebrand*: *The Destruction of the Brazilian Atlantic Forest* (Berkeley: University of California Press, 1995). For a good survey of this question in Latin America, see Shawn W. Miller, *An Environmental History of Latin America* (Cambridge: Cambridge University Press, 2007), and his earlier study on colonial deforestation, *Fruitless Trees*: *Portuguese Conservation and Brazil's Colonial Timber* (Stanford, CA: Stanford University Press, 2000)。

②　即 Associação Gaucha de Proteção ao Ambiente Natural (AGAPAN)。

③　Margaret E. Keck, "Social Equity and Environmental Politics in Brazil: Lessons from the Rubber Tappers of Acre", *Comparative Politics* 27, 4 (Julho 1995), 409-424.

保护亚马孙的大讨论。1985 年成立了一个新的压力集团，即所谓的"制宪大会州际生态学家协会"（Inter-State Organization of Ecologists for the Constituent Assembly）其目的是影响制宪会议制定新的民主宪法，这显示出生态运动日益强大的影响力。这个高度政治化的机构为制宪会议推出了绿色候选人，并要求在新宪法的生态方面有发言权。① 1988 年新宪法体现出这场运动的成功，有关环境的表述出现在 18 处不同的法条中，政府首次对环境保护进行了系统性的承诺。② 这场运动不仅在潜移默化中影响了主要的反对党，推动"绿色"候选人的诞生，而且在 1986 年初促成了绿党（Partido Verde）的正式成立。2010 年总统选举中，绿党候选人玛丽娜·席尔瓦（Marina Silva）获得了 20% 的支持率，排在劳工党和民主运动党之后，位列第三。

除了正式的政治参与和教育运动外，生态运动还对州和联邦制定保护环境的法律产生了影响。最早的成就之一是 1985 年第一届民主政府建立了新的环境和城市发展部（Ministry of the Environment and Urban Development）。1989 年，巴西环境与可再生自然资源研究所（IBAMA）成立，根据 1988 年宪法，该机构对全国的森林掌握控制权。慢慢地，这些政府机构开始对保护森林和湿地以及建立保护环境的系统立法产生影响。但在过去的 25 年里，执行情况因政府而异，而且在 2012 年，甚至有人试图削弱 1965 年通过的重要且备受推崇的森林法，但最终遭到迪尔玛政府的

① 关于这场运动的早期历史，参见 Eduardo J. Viola, "The Ecologist Movement in Brazil（1974 – 1986）：From Environmentalism to Ecopolitics", *International Journal of Urban and Regional Research* 12，2（June 1988），211 – 228；and Onil Banerjee, Alexander J. Macpherson, and Janaki Alavalapati, "Toward a Policy of Sustainable Forest Management in Brazil：A Historical Analysis", *The Journal of Environment & Development* 18，2（June 2009），130 – 153；and Wilson José Ferreira de Oliveira, "Gênese e redefinições do militantismo ambientalista no Brasil", *DADOS Revista de Ciências Sociais* 51，3（2008），751 – 777. On the evolution of policies and institutions at the state level, see Barry Ames and Margaret E. Keck, "The Politics of Sustainable Development：Environmental Policy Making in Four Brazilian States", *Journal of Interamerican Studies and World Affairs* 39，4（Winter 1997 – 1998），1 – 40.

② Vladimir Passos de Freitas, "A constituição federal e a efetividade das normas ambientais"（PhD thesis Faculdade de Direito da Universidade Federal do Paraná, 1999）；and Antonio Herman De Vasconcellos E. Benjamin, "O Meio Ambiente na Constituição Federal de 1988", *Informativo Jurídico da Biblioteca Ministro Oscar Saraiva* 19，1（Janeiro-Junho 2008），37 – 80. 关于保护议题方面的法律变化，参见 Carlos José Saldanha Machado, "Mudanças conceituais na administração pública do meio ambiente", *Ciência e Cultura* 55，4（2003），24 – 26.

反对。①

　　巴西和国际环保组织还系统性地向大型国际信贷机构施压，要求它们改变对巴西政府的贷款政策。这在 20 世纪 70 年代末变得很明显，当时世界银行开始向亚马孙地区的工作提供第一笔贷款。其中最具争议的是一项名为"POLONOROESTE"的开拓亚马孙西北部的投资项目。虽然在贷款中写入了一些控制生态环境的努力，但基本上没有成功，而且世界银行的投资受到巴西国内和国际 NGOs 的严厉批评，因此迫使世界银行在 20 世纪 80 年代暂停其援助并改变了环境指导方针。② 与此同时，世界银行在 20 世纪 80 年代末发布了两份重要报告，对巴西税法如何助长生态退化以及亚马孙地区森林砍伐的程度进行了说明。③ 与此同时，世界银行变得越来越环保。1987 年，世界银行建立了中央环境部，在世界各个地区建立了环境司，于 1992 年被提升至副行长管辖范围中。④

　　作为对两次世界石油危机的反应，巴西政府也开始积极关注替代燃料来源，尤其是巴西当时仍是外国石油主要进口国。1975 年，作为前一年石油危机的影响结果，巴西政府建立了普洛克尔公司（PROACOOL），使用蔗糖作为替代燃料。政府对蔗糖生产进行补贴，并规定 24% 的汽油含有乙醇，还要求巴西国家石油公司（政府的石油机构）向全国销售乙醇产品。1976 年第二次石油危机后，政府扩大了这项计划。到 2005 年，巴西生产了 400 万加仑的乙醇燃料，与美国的玉米燃料产量大致相当。总的来说，乙醇目前占巴西燃料消耗量的 40%，而美国燃料市

---

　　① 在绿色运动压力下，迪尔玛总统被迫否决了 12 项法案，并修改了另外 32 项条款。报告可参见 O Estado de São Paulo and O Globo reports, http://www.estadao.com.br/noticias/vidae, dilma-veta – 12 – pontos-e-faz – 32 – modificacoes-no-codigo-florestal, 877923, 0.htm 和 http://veja.abril.com.br/noticia/brasil/dilma-veta – 12 – itens-do-codigo-florestal。

　　② 关于世界银行和巴西政府在亚马孙地区项目引致的生态问题的论述，参见 Sérgio Margulis, "O Desempenho ambiental do Governo Brasileiro e do Banco Mundial em Projetos Co-financiados pelo Banco", Textos Para Discussão No. 194（Brasília: IPEA, 1999）。

　　③ 两份报告请参见 Hans Binswanger, "Brazilian Policies That Encourage Deforestation", Environment Department Paper No. 16（Washington, DC: World Bank, 1988）; and Dennis J. Mahar, *Government Policies and Deforestation in the Brazilian Amazon*（Washington, DC: World Bank, 1989）。

　　④ John Redwood II, *World Bank Approaches to the Brazilian Amazon: The Bumpy Road toward Sustainable Development*, LCR Sustainable Development Working Paper No. 13（Washington DC: World Bank, November 2002）.

场的这一比例仅为 3%。此外，巴西项目的效率更高，可以用一半的土地生产与美国相同数量的生物燃料。到 2004—2005 农事年，巴西不仅是世界上最大的甘蔗生产国，也是世界上领先的乙醇生产国，占世界产量的 37%。[1] 但即使是这种发展也引发了生态学家对其积极和消极环境影响的争论。[2]

　　尽管绿色运动的力量在发展，政府的行动日渐增加，但亚马孙和其他自然栖息地的非法砍伐和放牧活动仍在继续，生物多样性下降，当地动植物的数量也在减少。[3] 此外，近几十年来，森林砍伐率没有下降，巴西在环境方面的努力取得的成果远远低于世界其他地区。联合国在 2011 年世界森林调查中估计，巴西的森林面积为 5.2 亿公顷，占世界森林总量的 13%。在 1990—2000 年的十年中，巴西平均每年损失 290 万公顷森林，占这十年全球森林损失总量的 35%。但在 2000—2010 年的十年里，

---

①　Marcus Renato S. Xavier, "The Brazilian Sugarcane Ethanol Experience" (Washington, DC: Competitive Enterprise Institute, February 17, 2007); and J. Martines-Filho, H. L. Burnquist, and C. E. F. Vian, "Bioenergy and the Rise of Sugarcane-based Ethanol in Brazil", *Choices* 21, 2 (2006), 91 – 96.

②　Luiz A. Martinelli and Solange Filoso, "Expansion of Sugarcane Ethanol Production in Brazil: Environmental and Social Challenges", *Atmospheric Environment* 18, 4 (2008), 885 – 898.

③　关于控制森林砍伐这一难题，参见 Sérgio Margulis, *Causes of Deforestation of the Brazilian Amazon*, World Bank Working Papers No. 22 (Washington, DC: World Bank, 2004). Stephen G. Bunker, *Underdeveloping the Amazon: Extraction, Unequal Exchange, and the Failure of the Modern State* (Urbana: University of Illinois Press, 1985); Michael Goulding, Nigel J. H. Smith, and Dennis J. Mahar, *Floods of Fortune: Ecology and Economy along the Amazon* (New York: Columbia University Press, 1996)。关于被称为 "Mata Atlântica" 的巴西亚热带大西洋沿岸森林及其危险的生存环境的论述，参见 Milton Cezar Ribeiro, Jean Paul Metzger, Alexandre Camargo Martensen, Fl'avio Jorge Ponzoni, and M'arcia Makiko Hirota, "The Brazilian Atlantic Forest: How Much Is Left, and How Is the Remaining Forest Distributed? Implications for Conservation", *Biological Conservation* 142 (2009), 1141 – 1153。至今，巴西大部分原生鸟类的灭绝发生在 Mata Atlântica 地区。参见 Miguel Angelo Marini and Federico Innecco Garcia, "Bird Conservation in Brazil", *Conservation Biology* 19, 3 (June 2005), 665 – 671。但是，哺乳动物因亚马孙地区森林砍伐而受到严重威胁是显而易见的。参见 William F. Laurance, Heraldo L. Vasconcelos, and Thomas E. Lovejoy, "Forest Loss and Fragmentation in the Amazon: Implications for Wildlife Conservation", *Oryx* 34, 1 (2000), 39 – 45; and William F. Laurance et al., "The Fate of Amazonian Forest Fragments: A 32 – Year Investigation", *Biological Conservation* 144 (2011), 56 – 67。

巴西每年损失 260 万公顷，占世界森林破坏总量的 51%。① 许多城市中心也存在严重的、长期的卫生、空气质量、饮用水和不合格住房问题，巴西只是在缓慢地解决着这些问题。尽管如此，一场强有力的绿色运动仍在继续系统性的努力以改善巴西的情况，尤其是来自视经济增长重于环境保护的劳工党政府。所有这些国内和国际的行为催生了大量对可持续资源、重新植树造林和保护亚马孙地区脆弱生态的科学研究，这使巴西的环境成为世界上被研究最多的内容之一。②

　　民主政府还被迫对沿袭自军政府时期的基于集权和威权的法律结构进行变革。主要问题是通过一部回归民主的新宪法。尽管新宪法在政治和社会权利方面十分先进，但自 1988 年获得通过以来一直遭到广泛批评。③ 宪法非常广泛且详细，反映了社会各阶层的冲突，摆脱了独裁的束缚，但是没有一个群体或导向占主导地位。④ 例如，巴西出现了一种强化财政分权的趋势，州和市级政府在财政收入中所占份额相对于联邦政府而言增加，但没有承担相应的责任。此外，对公共支出做出了额外承诺，这使预算执行和建立财政平衡变得更为困难。在民族主义群体的施压及

---

　　① FAO, *State of the World's Forests* 2011 (Rome：Food and Agriculture Organization of the United Nations, 2011)，110 – 118，Table 2.

　　② 关于森林砍伐和全球变暖之间的关系，可参见最新的研究 P. M. Fearnside and W. F. Laurance, "TropicalDeforestation andGreenhouseGas Emissions", *Ecological Applications* 14, 4 (2004)，982 – 986. On sustainable activities, see among the more general studies Daniel C. Nepstad, ClaudiaM. Stickler, Britaldo Soares-Filho, and Frank Merry, "Interactions among Amazon Land Use, Forests and Climate：Prospects for a Near-term Forest Tipping Point", *Philosophical Transactions of the Royal Society* B 363 (2008)，1737 – 1746；Daniel C. Nepstad et al. , "The End of Deforestation in the Brazilian Amazon", *Science* 326 (December 2009)，1350 – 1351；Britaldo Silveira Soares-Filho et al. , "Modelling Conservation in the Amazon Basin", *Nature* 440, 23 (March 2006)，520 – 523；Luiz A. Martinelli, Rosamond Naylor, Peter M. Vitousek, and Paulo Moutinho, "Agriculture in Brazil：Impacts, Costs, and Opportunities for a Sustainable Future", *Current Opinion in Environmental Sustainability* 2 (2010)，431 – 438。

　　③ 劳工党没有批准新的宪法。在一次采访中，卢拉总统给出了他反对新宪法的理由："劳工党带着一份已经准备好的宪法草案来到国会，如果获准通过，执政难度肯定会比现在大得多。作为一个从未执政的在野党，我们对国家的所有问题都有不可思议的解决方法。也许我们并没有意识到，我们可以在如此短的时间内掌权。然后，我们就有责任将我们所提出的所有建议付诸实践。" São Paulo, interview of Luis Ignacio Lula da Silva, *Jornal a Folha de São Paulo*, 5 de outubro de 2008.

　　④ 自 1988 年以来，联邦宪法已有 70 项修正案。

需要体现集团利益的背景下，一些公共垄断被写入宪法。另一方面，1988 年宪法被认为是政治和社会权利方面最先进的宪法之一。将投票权扩大至文盲群体以及降低最低投票年龄限制是主要政策创新。宪法规定，如有需要，总统选举经由两轮投票和多数选民决定，总统任期 4 年且不得连任。

在萨尔内总统执政期间，随着新党派数量的增加，政党结构变得更为复杂。作为军政府时期最大的反对党，巴西民主运动党（PMDB）因巴西社会民主党（PSDB）的建立而失去了一些成员。PSDB 属于中左派，随着费尔南多·恩里克·卡多佐（Fernando Henrique Cardoso）当选总统而成为执政党。过去支持军政府的巴西民主党（PDS）随着巴西自由阵线党（PFL）的成立也发生分裂，PFL 成为主要的中右翼政党。最后，劳工党迅速发展并很快成为主要的反对党。劳工党将自己与工会问题联系在一起，并代表了广大的中产阶级。多年来，劳工党也成为政府雇员的重要代表。这一时期建立了另一个左翼政党是巴西民主工党（PDT），它实现了瓦加斯时期旧劳工党的复兴，由莱昂内尔·布利佐拉（Leonel Brizo-la）领导，他是军政府最害怕的政治家之一，在军政府结束时期被选为里约热内卢州的州长。许多其他的左翼和右翼政党在后军政府时期成立起来，往往产生于现有政党中的异议群体。[①]

巴西政党制度的特点之一是对党派的忠诚度弱，即便是活跃在议院或行政部门的政治家也经常更换党派。这些政党也在纲领或意识形态上并不总是保持一致。一些分析人士认为，政党的弱点使治理得到强化，政党分裂和流动身份使行政当局能够塑造有利于政府稳定的议会基础。[②]巴西政党制度还有另一个特点：在更为传统的联盟中没有立足之地的政

① Lourdes Sola, ed., *O Estado e a transição: política e economia na Nova República* (São Paulo: Vértice, 1988); Maria do Carmo Campello de Souza, "A Nova República sob a espada de Dâmocles", in *Democratizando o Brasil*, ed. Alfred Stepan (Rio de Janeiro: Paz e Terra, 1985), 568 – 591; Alfred Stepan, "As prerrogativas militares nos regimes pósautoritários", in *Democratizando o Brasil*, ed. Alfred Stepan (Rio de Janeiro: Paz e Terra, 1985), 521 – 562; Rachel Meneguello, *Partidos e governos no Brasil contemporâneo* (1985 – 1997) (Rio de Janeiro: Paz e Terra, 1998); and Margaret E. Keck, *The Workers' Party and Democratization in Brazil* (New Haven, CT: Yale University Press, 1992).

② 卢拉第一任期内爆发的"月费案"（政府按月向国会议员支付贿款）危机凸显出在权力结构分散和缺乏必要手段来拉拢这类反对党情况下执政的困难。

治领导人可以通过创立政党或利用地方小政党来支持崛起。萨尔内继任者的选举过程就是这样的一个案例。

但是，除了独裁统治之后持续 20 年的政治转型和天然不稳定等问题之外，在新文人政权统治下，经济危机加深，通货膨胀变得具有爆炸性。前政府与提倡紧缩性经济政策的国际货币基金组织签署了几份意向书。随着新政府就位，这导致了僵局。国际货币基金组织坚持要求新政府接受军政府的妥协并签署新的意向书，实行紧缩性政策。但这对新政府来说是不可能的，原因有二。反对党对这些政策进行强烈批评使新政府无法向国际货币基金组织做出承诺。军政府统治结束以及民主开启使紧缩性措施和工资挤出难以为继。此外，前政府于 1985 年实现了 120 亿美元的贸易顺差。有利的贸易平衡成为反对新政府与国际货币基金组织签订新协议的另一个论据。但是，总体形势非常严峻，因为外债规模已经达到了 1050 亿美元，当年到期利息接近 110 亿美元。公共账户状况不佳，联邦政府和各州遭遇偿债困难。月度通货膨胀率超过 10%。①

通常，降低国内消费的政策能够遏制通货膨胀压力。但是，巴西存在的高指数化意味着传统的紧缩性政策不足以控制国内通货膨胀。鉴于此，在 20 世纪 80 年代上半期，出现了一些反通货膨胀措施的新主张。1986 年 1 月，萨尔内就职不到一年，月度通货膨胀率就达到了 16% 的新高度。② 工会立刻提出推动更频繁地调整现行半年一调的工资调整频率，按季度或按月调整工资。更为现实的工资季调或月调，无论在防止实际工资进一步恶化方面如何具有合理性，都很可能进一步加速通货膨胀，在政治转型和民主仍然脆弱的时期会产生不可预见的后果。如果在独裁时期能够采取紧缩性的稳定化和工资挤出政策，新的民主文人政府不能无视实施这种新经济紧缩性政策可能产生的潜在政治和社会反对，无论如何，这些政策的结果都令人怀疑。这些事实引发了 1986 年 2 月 28 日实施的币制改革，被称为克鲁扎多计划（Cruzado Plan），它改变了巴西货币

---

① 1985 年 3 月，萨尔内上任时，几种月度通货膨胀率为：圣保罗生活成本指数 - FIP（12%）、一般价格指数 - FGV（10%）、全国消费者价格指数 - FIBGE（12%）。

② 1986 年 1 月，几种月度通货膨胀率为：圣保罗生活成本指数 - FIP（19%）、一般价格指数 - FGV（16%）、全国消费者价格指数 - FIBGE（14%）。

体系，冻结了包括汇率在内的所有价格，并取消了指数化。①

克鲁扎多计划迅速取得成功。通货膨胀率大幅下降，民众对价格冻结给予强烈支持。同后来将在巴西实行的其他同类计划一样，随着产出和就业的增长，需求显著增加。通货膨胀的急剧下降对最贫穷人口的收入和消费产生了积极的影响，因为他们没有能力保护自己不受不断上升的高通货膨胀的影响。随着影响货币保留和活期存款的通货膨胀税的消失，以及因名义利率急剧下降造成的货币幻觉，货币扩张也异常凶猛。但是价格冻结鼓励了商品投机。由于公众认为价格冻结不可能无限期地持续下去，于是利用当时强制的低利率进行囤货。高利率本可以降低需求并防止投机性囤货。国内需求强劲增长，给生产带来压力，造成供给不足、商品短缺和对价格管制的无视。与此同时，国内消费的增长造成贸易逆差。1986 年初，巴西月度贸易顺差超过10 亿美元，而在当年 10 月末便出现了赤字。1986 年 7 月，政府已经进行了降低需求的首次尝试，但措施十分温和，未能解决问题。10 月，由于贸易收支恶化，政府决定对汇率进行小幅调整，并宣布可能会进一步贬值。

1986 年 11 月大选之后，巴西采取新措施来抑制需求和改善公共账户，授权提高包括公共税在内的各种价格。这些措施立竿见影：1986 年保持在低水平的通货膨胀在 12 月升至 7%，1987 年 1 月为 12%。1987 年初，克鲁扎多计划结束。面临外部困难，并随着国际金融市场对拉丁美洲国家关上了大门，巴西被迫暂停偿还外债并进行展期。②

---

① 采用新货币进行转换后，实际工资增长了 8%，最低工资增长了 15%，这加大了消费压力。关于工资兑换规定的解释，参见 Eduardo Modiano，"A ópera dos três cruzados：1985 - 1989"，in A ordem do progresso，ed. Marcelo de Paiva Abreu（Rio de Janeiro：Editora Campus，1992），347 - 386；and Francisco Vidal Luna，"O Programa de Estabilização e os Salários"，Revista de Economia Politica 6，3（Julho-Setembro 1986），129 - 131。

② 关于克鲁扎多计划有大量文献，该计划代表了治理惯性通货膨胀的理论和政策创新。参见 Modiano，"A ópera dos três cruzados：1985 - 1989"；João Sayad，Planos Cruzado e Real：acertos e desacertos. Seminários Dimac（Rio de Janeiro：IPEA，Setembro 30，2000）；Maria Silva Bastos Marques，"O Plano Cruzado：teoria e prática"，Revista de Economia Política 8，3（Julho-Setembro 1983），101 - 130；Luiz Carlos Bresser Pereira，"Inflação inercial e o Plano Cruzado"，Revista de Economia Política 6，3（Julho-Setembro 1986），9 - 24；Edmar L. Bacha，"Moeda，inércia e conflito：reflexões sobre políticas de estabilização no Brasil"，Pesquisa e Planejamento Econômico 18，1（1988），1 - 16；J. M. Rego，Inflação inercial，teoria sobre inflação e o Plano Cruzado（Rio de Janeiro：Paz e Terra，1986）。大量关于克鲁扎多计划的文章可以参见 Revista de Economia Politica 6，3（Julho-Setembro 1986），121 - 151。

在短期内，克鲁扎多计划通过降低通货膨胀税和增加就业两种方式在收入分配方面取得了积极的效果。社会支出也有所扩大。但是，通货膨胀恢复、国际信贷和国际投资的戛然而止以及公共账户的恶化使社会进步难以为继。在萨尔内执政前两年实现了增长的 GDP 转而在接下来的 3 年中仅仅略有增长。

在萨尔内执政期，当通货膨胀触及失控水平时，政府又采取了两个具有类似特点的稳定性计划。虽然这两个计划成功吸收了克鲁扎多计划的经验，但却不太成功，且未获得广大民众的支持。① 结果是一样的：通货膨胀暂时得到遏制，当其卷土重来时，程度会更为严重。这两个计划的可取之处是推迟或避免出现恶性通货膨胀。虽然巴西经历了长期极高的通货膨胀，但其经济却不缺乏活力。只要通货膨胀卷土重来，政府就会出台一个新的计划，重新引入指数化机制，使包括广义金融市场在内的经济能够实现相对正常的运转。本国货币从未被其他形式的支付手段或美元所取代。在以房地产市场为代表的一些市场上，美元被用作参考货币和大宗交易货币。由于存在外汇管制，这就形成了一个重要的平行市场，溢价有时甚至会超过 100%。不过，美元主要作为价值储藏手段，而非支付手段。但是，高通胀使总体经济状况恶化并阻碍了经济增长。

通货膨胀因各种计划的往复而波动，就好像弹簧一样。通货膨胀在一次突然的下降后，会迅速回到一个更高的水平，在萨尔内执政末期，巴西月度通货膨胀率飙升到 80% （图 4.1）。尽管萨尔内总统在外债重组谈判结束之前就完成了其任期，巴西的贸易盈余还是实现了恢复，1988 年贸易顺差 200 亿美元，1989 年则为 160 亿美元。② 在这两年中，甚至经

---

① 　Modiano, "A ópera dos três cruzados: 1985 – 1989"; Ricardo Carneiro, *Desenvolvimento em crise. A economia brasileira no último quarto do século XX* (São Paulo: Editora UNESP, 2002); José Pedro Macarini, "A política econômica do Governo Sarney: os Planos Cruzado (1986) e Bresser (1987)", Texto para Discussão No. 157 (Campinas: IE/UNICAMP, Março 2009); Luiz Carlos Bresser Pereira, "Heterodoxia e Ortodoxia no Plano Bresser", *Revista Conjuntura Econômica* 47, 2 (Fevereiro 1993), 52 – 54.

② 　尽管关于外债重组的谈判始于 20 世纪 80 年代后期，但直到 1994 年布雷迪之后才得以完成，该计划使巴西同多个国家达成了外债重组协议。巴西外债重组总额达 550 亿美元，到了 2006 年，重组之后的外债实现了全部偿还。*Dívida Pública Mobiliária Reestruturada.* Tesouro Nacional, http://www.stn.fazenda.gov.br/divida publica/downloads/div r bib. pdf.

常账户也实现了盈余。在他的任期内，巴西外债总额保持在相对稳定的水平（1150 亿美元上下），外汇储备在萨尔内任期结束约为 100 亿美元。20 世纪 80 年代，巴西积累了 860 亿美元的贸易盈余，但支付外债利息就达到了 940 亿美元。然而，政府推迟了对日益失调的税制进行改革。[①]

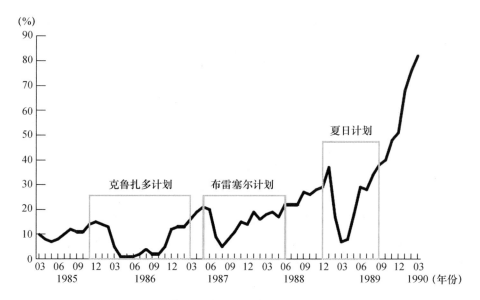

图 4.1 1985—1990 年萨尔内政府时期月度生活成本平均变化率，IPCA

资料来源：Ipeadata。

人们常说，20 世纪 80 年代是"失去的十年"。从政治的角度来看，民主取得了巨大的进步。但从经济角度看，20 世纪 80 年代打断了巴西在 20 世纪前 70 年内的长期增长周期。在这 70 年中，巴西的平均增长率为 5.25%。[②] 1980—1989 年，巴西经济实现了 30% 的增长，而上一个十年则为 130%（图 4.2）。巴西并不是这十年中经济表现不佳的唯一一个发展中国家。当时，拉美地区很少有国家能够实现外部账户平衡并恢复增长能力（表 4.1）。除面临内部问题，特别是通货膨胀加速之外，内债和

---

① 控制公共支出的困难，以及高通货膨胀的经历，迫使联邦政府推行税制变化，从而完全扭曲了巴西的税收，形成了一个不合理、低效率和累退性的税收体系。20 世纪 60 年代初军政权早期推行的现代税收体系失去了其功能。

② Ipeadata. PIB-var. real anual –（% a. a.）.

外债双双高企、财政困难、国际金融市场状况都是整个20世纪80年代巴西经济低增长的原因。总的来说，20世纪80年代所谓的债务危机影响到了所有的负债国家。即使是中心国家在这一时期也遭受到影响，需要进行调整。[①] 需要记住的是，巴西在1994年才结束了外债重组谈判。

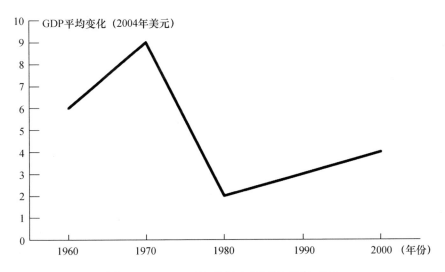

图4.2　1960—2000年每十年平均GDP变化

资料来源：Ipeadata—GAG_PIBCAP。

表4.1					1980—1989年拉美主要国家GDP年度变化					（单位:%）
年份 国家	1980	1981	1982	1983	1984	1985	1986	1987	1988	1989	1980—1989
阿根廷	4	−6	−5	4	2	−8	8	3	−3	−8	−8
巴西	9	−4	1	−3	5	8	8	4	0	3	33
智利	8	5	−10	−4	8	7	6	7	7	11	51
哥伦比亚	4	2	1	2	3	3	6	5	4	3	40
多米尼加	8	4	2	5	1	−2	7	10	2	4	44
厄瓜多尔	4	3	−1	−3	4	3	4	−2	8	1	25
墨西哥	9	9	−1	−4	4	3	−4	2	1	4	24

---

① 例如，美国经济在1980年（−0.3%）和1982年（−2.0%）均为负增长，而通货膨胀率却很高，1980年和1981年分别达到了13.5%和10.3%。

续表

年份\国家	1980	1981	1982	1983	1984	1985	1986	1987	1988	1989	1980—1989
巴拉圭	15	9	-4	-3	3	4	0	4	6	6	46
秘鲁	3	7	-1	-12	5	3	10	8	-9	-12	0
乌拉圭	6	2	-10	-10	-1	2	9	8	2	1	5
委内瑞拉	-4	0	-2	-4	1	0	7	4	6	-9	-3

资料来源：http：//data. worldbank. org/indicator/NY. GDP. MKTP. KD. ZG。

和所有其他经济部门一样，农业也受到 20 世纪 80 年代危机的影响。内部和外部调整的需要导致巴西采取紧缩政策，与国际货币基金组织的协议加强了这一政策。基于政府大规模补贴和储蓄资金的农村信贷供给大幅减少。通货膨胀使活期存款被摊薄，并且使银行必须承担农村信贷的规定基础发生改变。与此同时，控制公共账户的需要限制了拨款。1984 年，农业信贷仅占 1980 年信贷量的 39%，1990 年则进一步降至 24%（图4.3）。[①] 此外，从 20 世纪 80 年代中期开始，农业信贷开始进行指数化调整：借贷成本因此而转正，并且随其他市场利率一同逐渐上升。最后，控制通货膨胀的需要使政府对国内市场各种商品的价格进行操控，尤其是在生活成本指数中占比重很大的食品。这些措施对生产商产生了负面影响，但与一系列紧缩性政策和非正统的稳定性计划一样，在控制通货膨胀方面几无用处。所有这些措施和变化增加了不确定性，还对农业造成了额外伤害。

尽管政府提供的信贷下降，但石油危机和最终导致 1987 年外债暂停偿付的外部账户的恶化，为农业扩大出口和乙醇替代石油进口创造了新的条件。政府对农业活动进行了直接干预，以外部市场为导向的农产品（如咖啡、糖、大豆、橙汁、花生、可可、棉花和烟草）和以国内市场为导向的农产品（如大米、土豆、豆类、玉米、木薯、西红柿、洋葱）政策不同。后者可以依靠关税和配额的保护避免来自国外的竞争。政府通

① *Anuário Estatístico de Crédito Rural de* 2010（Brasília：Banco Central do Brasil，2010）；Banco do Brasil，Diretoria de Agronegócios，"Evolução histórica do crédito rural"，*Revista de Política Agrícola* 12，4（Outubro-Dezembro 2004），10 – 17.

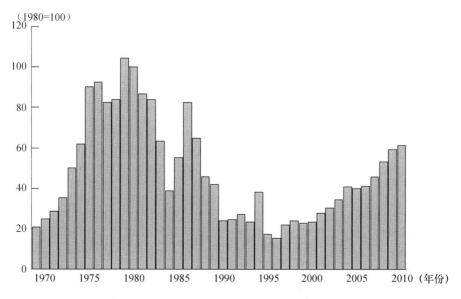

图 4.3 1969—2010 年按照不变价格计算的农村信贷

资料来源：Banco Central do Brasil, *Anúario Estatístico do Crédito Rural* 2010。

过最低限价、补贴和库存缓冲等方式对国内价格进行管控。信贷供给对农民的种植和放牧决策至关重要。国际价格和汇率对国内农产品价格结构的影响较小。但是，汇率和国际价格是涉及出口产品的农民决策时的关键变量。一些商品，例如糖和咖啡，受政府干预程度深，政府通过糖酒协会和巴西咖啡协会等公共机构进行干预。但是，就连对国内市场的管控也很快受到了预算赤字不断增加的影响。小麦市场是自1967 年以来受到最严格监管的农业活动之一，小麦的生产、进口、加工和销售均受到公共控制。但是，消费补贴和生产者收入保护政策成为公共账户的沉重负担。随着经济恶化和财政危机的爆发，国内压力加大，世界银行和国际货币基金组织要求废除这些补贴则带来了国际压力。小麦在基本饮食中的重要地位和采取市场自由化的潜在政治影响使进行改革的方案被延迟。但是 1987 年取消了补贴，1990 年，小麦生产和销售等各阶段都进行了自由市场化。1987 年，全国的小麦产量达到 620 万吨，满足了国内 90% 的需求，但到了 1995 年则下降至 150 万吨，仅占国内市

场的 17%。① 除了取消补贴对生产者的影响之外，取消消费补贴还影响了
小麦的国内消费，而在整个 20 世纪 80 年代，小麦的国内消费几乎稳定在
每年 600 万吨。②

随着石油危机的爆发，政府实施了一项雄心勃勃的乙醇计划（Etha-
nol Program），旨在促进国内生产用于汽车燃料的乙醇。该计划于 1975 年
启动并在 1979 年后加速，特别是在第二次石油危机之后。除了在国内销
售的汽油中添加乙醇（占汽油总量的 20%—25%），政府还鼓励生产只使
用水合乙醇的汽车。市场上推出的第一批乙醇汽车仅适用于汽油汽车，
但从 20 世纪 80 年代初开始，新的高效发动机出现，尤其是为使用乙醇而
研制的发动机。得益于政府的大规模补贴，该产品对消费者有利，消费
者在乙醇汽车方面的开销规模巨大：1984 年巴西生产的汽车中，95% 仅
用乙醇驱动。

在那十年里，该项目因财政成本高和优先考虑甘蔗而牺牲了其他作
物，尤其是那些面向国内消费的作物而备受批评。生产乙醇的甘蔗种植
在全国最好的土地上，具有极高的效率和机械化水平。巴西还开发了一
种可以与世界上最好的甘蔗加工技术相媲美的甘蔗加工技术。然而，随
着此后国际油价下跌，该计划对于政府来说变得愈发昂贵，乙醇无法再
与汽油价格竞争。1985 年，乙醇计划开始面临危机，表现为乙醇汽车销
量逐渐下降，到了 20 世纪 90 年代中期，销售几乎停止。③ 但是，乙醇汽
油混合物从未被放弃。这个领域的创新在于 2003 年混合燃料汽车的发展，
车主可以在汽油或乙醇之间进行选择。这有利于购车者的决策，他们可

---

① 小麦在 2003—2004 年获得丰收后的产量才恢复到 1887—1888 年的水平，生产力得到大
幅提高。参见 www. conab. gov. br/conabweb/download/safra/TrigoSerieHist. xls。

② Célio Alberto Cole，“A cadeia produtiva do trigo no Brasil：contribuição para geração de em-
prego e renda”（MA thesis，Porto Alegre：Iepe-UFRGS，1998）；J. F. Fernandes Filho，“A política
brasileira de fomento à produção de trigo，1930–1990”，in *Anais do XXXIII Congresso Brasileiro de Eco-
nomia Rural*（Brasília：Sober，1995），1：443–474；Roque Silvestre Annes Tomasini and Ivo Ambro-
si，“Aspectos econômicos da cultura do trigo”，*Cadernos de Ciência e Tecnologia* 15，2（Brasília）
（Maio-Agosto 1998），59–84.

③ Fernando B. Homem de Melo and Eduardo Giannetti，*Proálcool，energia e transportes*（São Pau-
lo：Fipe/Pioneira，1981）；Fernando B. Homem de Melo，*O problema alimentar no Brasil*（Rio de Ja-
neiro：Paz e Terra，1983）；José Cláudio Bittencourt Lopes，“O Proálcool：uma avaliação”（MA the-
sis，Universidade Federal de Viçosa，1992）.

以比较未来两种燃料之间的价格做出选择，到了 2008 年，这类混合燃料汽车占巴西当年汽车总产量（230 万辆）的91.5%。[1]

20 世纪 80 年代是农业动荡的年代，这是由于巴西长期陷于经济危机，面临传统信贷来源不足并开始转向新的信贷安排。在这 10 年中，农业的年均增长率为 3%，高于同期 GDP 增速。但是，农业增长分布不平衡，正增长和零增长或负增长交替出现，与国内消费的主要粮食生产相比，出口表现更佳。如果我们考虑到当时经济的不稳定，以及取消了对农业部门的资助政策，特别是充裕的补贴信贷结束，农业部门的表现强于预期。

农业部门替代融资的出现，涉及农业综合企业其他部门，对于解释农业部门的表现及其在现代化和生产力发展方面的积极趋势至关重要。生产物资和机器设备的供应商开始直接为农民提供资金，在生产和销售链（即加工行业）以及批发和零售（包括连锁超市）的分销渠道中，尤其是随着"贸易公司"的创建，金融和运营一体化得到加强。这些生产者或第三方的新资金来源被用于资助农业生产。生产者、供应商和消费者之间的一体化始于 20 世纪 80 年代政府信贷的突然撤出，在此后的 10年中将成为农村信贷的主要来源，并且今天仍然是巴西农业综合企业融资的基础。

随着信贷来源的重要变化，政府对农业研究的支持在这场农业革命中发挥了关键作用。巴西农业研究公司和坎皮纳斯农学研究所等其他研究中心的活动是解释农业相对活力的主要因素之一，即使在影响巴西 20多年的危机期间也是如此。在过去三十年中，所有作物的生产力不断提高，并随着引进与巴西土壤和气候条件相适应的新种子品种，农业逐步扩张。20 世纪 80 年代，巴西开始在中部广阔的地区进行勘探，那里的各种作物（特别是大豆）已经很好地适应了以前被认为不适合商业农业的土地。今天，这些新地区是巴西主要的粮食产区，是世界上最重要的产粮地区之一，现代高产农业在这里得到推广。

---

① 乙醇在能效方面稍逊于汽油，但价格仅相当于汽油的70%。关于当前混合燃料汽车的重要性，参见 Fernando Lagares Távora, *História e economia dos biocombustíveis no Brasil*, Textos para Discussão No. 89（Brasília: Centro de Estudos da Consultoria do Senado, Abril 2011），26。

从 20 世纪 80 年代中期开始，巴西国内对农业市场自由化和降低政府干预的必要性进行了广泛的讨论。农产品及其投入的自由化影响了直接参与自由化进程的公共和私人参与者的多重利益。由于巴西在国际信贷市场上面临困难且需要平衡公共账户，经济当局需要减少农业部门的支出，减少公共资金以及与农业部门直接相关的多种补贴。国际货币基金组织和世界银行也对巴西政府施加了巨大的压力，要求开放农业部门并接受国际竞争。这些机构的外部协议和贷款施加了严格的条件。

在 20 世纪 80 年代的政府预算危机，国际压力和农村部门最终发展成熟的浪潮之中，巴西农业市场开始开放。一旦开始，开放进程就无法逆转，20 世纪 90 年代席卷全国的自由化政策将促进农业对世界市场的开放。政府逐步减少了对农业的补贴。1987 年，补贴总额为 53 亿美元，两年后，下降至 10 亿美元。总补贴包括：小麦补贴 2 亿美元；用于商品购买（AGF——联邦政府收购计划）和进行存货缓冲 15 亿美元；蔗糖和乙醇 10 亿美元；农村信贷 7 亿美元（图 4.4）。这些仅代表实际补贴额，而不是农业支持政策所调动的数额更高的全部资金总额。但在那之后，农

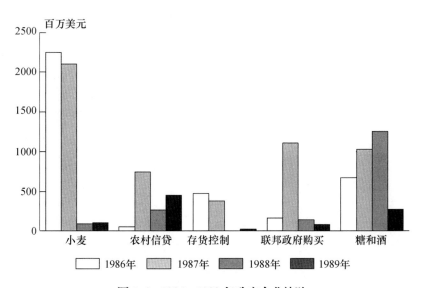

图 4.4　1986—1989 年政府农业补贴

资料来源：Silva，1996，p. 116。

业部门无法再获得大部分这些政府资金。①

随着补贴的结束，对农业的保护性关税也随之废除。1988 年，政府宣布大幅削减关税，1990 年所有农产品的进口限制全部废除。第二年，随着所有关税的削减和简化，改革得以完成。平均关税从 32% 降至 14%，最高税率从 105% 降至 35%，当新关税系统完全实施后，大部分商品的税率只有 10%。最为极端的例子是棉花，实行零关税，体现出政府支持纺织业发展的用意。新关税结构还包括化肥和其他农业物资：对于本国可以生产的这类物资，外国产品的关税只有 10%，其他农业物资则可以享受免税进口。工业机械、设备和拖拉机成为保护程度最高的商品，但当时的进口关税也降至 20%。1991—1992 年期间，巴西还取消了农产品进口许可证和各种农产品出口税。即使是出口受到复杂配额制度管控的蔗糖和酒精行业，也开始实行自由市场制度。

保证最低价格的政策和储备缓冲操作得到重新调整。直到 20 世纪 80 年代，大部分棉花、大米、豆类、玉米和大豆的收成均由联邦政府贷款计划（Federal Government Loan Program，EGF）进行融资支持，并由 AGF 负责收购②（图 4.5a 和图 4.5b）。政府通过购买农作物形成储备缓冲，仅当市场需要干预时使用这些储备。然而，最初对于这种干预并没有明确的指导规则。没有明确销售政策的储备给市场带来了不确定性。直到 1988 年，随着储备清算价格的确定，市场干预有了明确的指导规则。对于每种商品，均存在一个活动平均价格，当市场价格超过平均价格的 15%，政府就需要出售储备。1993 年，为降低 EGF 的成本，政府将原先由 EGF 承担的谷物和其他产品的储备分销任务转移给私人部门，并制定了新的储备清算价格。当清算价格超过市场价格时，生产者有权在市场上销售产品，政府支付两者之间的价格差。因此，政府避免了直接购买及对储备进行管理和监管的负担。除了限制购买储备带来的财政和货币收益之外，管理储备的成本也得到下降，而政府之前对储备的管理并不有效。

---

① José Graziano da Silva, *A nova dinâmica da agricultura brasileira*（Campinas：Instituto de Economia da Unicamp, 1996）.

② EGF 是联邦政府贷款计划，AGF 是联邦政府收购计划。该项目最初是 EGF 向农民提供贷款，农民可以选择以最低价格将产品卖给 AGF。

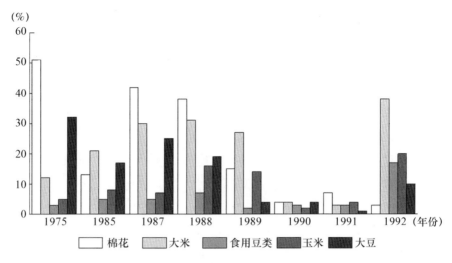

图4.5a 1975—1992年主要作物政府存货占总产量比重

资料来源：World Bank（1944），p. 48。

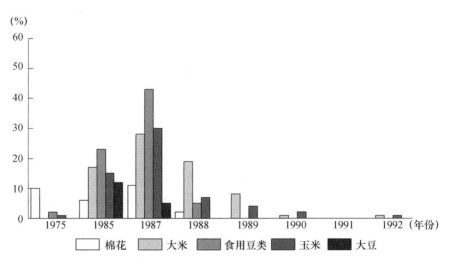

图4.5b 1975—1992年主要作物政府购买占总产量比重

资料来源：World Bank（1944），p. 48。

　　农业生产传统受到保护，不受外国竞争的影响，如今在接二连三的国际危机中感觉到了竞争的影响：首先是墨西哥危机，随后是亚洲危机和俄罗斯危机，最终则是巴西外债危机。政府被迫减少经济活动，保持高利率。然而，尽管生产价格保持了稳定，农业在这一危机时期总体上并未受到打击。经济开放带来的竞争给农业带来好处，设备和投入品的成本降低。这一点在生产者卖出价格指数（IPR）和生产投入支付价格指数（IPP）之间的合理关系得以明显体现。除了价格和成本之间的关系之外，农业生产率也在不断提高。我们使用全要素生产率的概念来刻画这一主题，全要素生产率代表了农业总产出与农业原料和机械总投入之间的比率。根据巴西联邦政府应用经济研究所（IPEA）的一项研究，[1] 巴西农业全要素生产率的增长超过了美国农业全要素生产率的增长，后者在 1990—1999 年间年均增长 1.6%，而同期巴西实现了 3.3% 的年均增速。[2]

　　鉴于农业在自由化进程开始时的这种增长，农业开放遭到的反对少于工业。农村地区所受影响较小这一事实可能有助于解释为何巴西经济的开放几乎未遭遇反对。1989 年的总统选举是自 1960 年以来首次以直接投票的方式进行的选举，此次选举将大大促进经济管制的解除。选举发生在一场严重的经济危机期间，月通货膨胀率达到了 50% 左右，巴西遭遇了恶性通货膨胀。由于这场危机，萨尔内在任期结束时几乎没有政治或民众支持。左翼政党的两位主要候选人布利佐拉（Brizola）和卢拉

---

①　José Garcia Gasques et al., *Condicionantes da produtividade da agropecuária brasileira*, *Texto para Discussão* No. 1017（Brasília：IPEA，2004a），22.

②　关于 20 世纪 90 年代巴西农业生产变化的调查研究，参见 José Garcia Gasques et al., *Desempenho e crescimento do agronegócio no Brasil*, Texto para Discussão No. 1009（Brasília：IPEA，Fevereiro 2004b）；Guilherme Leite da Silva Dias and Cicely Moutinho Amaral，"Mudanças estruturais na agricultura brasileira, 1980 – 1998", in *Uma década de transição*, ed. Renato Baumann（Rio de Janeiro：Campus/ Cepal，2000），223 –254；Gervazio Castro de Rezende, *A política de preços mínimos e o desenvolvimento agrícola da região Centro-Oeste*, Texto para Discussão No. 870（Brasília：IPEA，2002）；José Garcia Gasques and Humberto Francisco Silva Spolador, *Taxas de juros e políticas de apoio interno à agricultura*, Texto para Discussão No. 952（Brasília：IPEA，2003）；Junia Cristina P. R. da Conceição, *A política dos preços mínimos e a política alimentar*, Texto para Discussão No. 993（Brasília：IPEA，2003）；José Garcia Gasques and Carlos Monteiro Villa Verde, *Gastos públicos na agricultura*：*evolução e mudança*, Texto para Discussão No. 948（Brasília：IPEA，2003）；Roberto Rodrigues and Ivan Wedekin，"Uma estratégia para o agronegócio brasileiro", in *O novo governo e os desafios do desenvolvimento*, ed. Antonio Dias Leite and João Paulo Reis Velloso（Rio de Janeiro：F'orum Nacional，2002），549 – 570；José Eli da Veiga，"O Brasil rural ainda não encontrou seu eixo de desenvolvimento", *Estudos Avançados USP* 43（Setembro-Dezembro 2001），101 – 119；and José Graziano da Silva，"Velhos e novos mitos do rural brasileiro", *Estudos Avançados USP* 43（Setembro-Dezembro 2001），37 –50.

(Lula）一起投身选举，这两位候选人使精英阶层和中产阶级感到害怕。在民意调查中，他们两个似乎都很受欢迎，远远领先于极富声望的主要政党候选人：民主运动党的候选人尤利西斯·吉马良斯（Ulysses Guimarães）、社会民主党的候选人马里奥·科瓦斯（Mario Covas）和自由阵线党的候选人奥雷利亚诺·查维斯（Aureliano Chaves）。这一年中，突然出现了一位年轻的政治家，他是巴西东北部一个贫穷的小州——阿拉戈斯州的州长，以不知名的国家重建党（National Reconstruction Party, PRN）候选人身份参选。人们认为他参选的目的是依靠主要政党的选票成为副总统候选人。但就像30年前的夸德罗斯一样，他鼓吹保守的民粹主义，并成为一个受欢迎的人物。他提出根治政府腐败并攻击所谓的"marajas"（或maharajas），即高工资的公务员。当民意调查显示他越来越受欢迎时，保守派开始将其视为可能击败卢拉和布利佐拉的候选人。在第一轮选举中，费尔南多·科洛尔·德梅洛（Fernando Collor de Mello）获得29%的选票，卢拉和布利佐拉分别获得16%和15%的选票。主要政党，如民主运动党、社会民主党、自由阵线党、民主社会党的候选人被彻底击败。在第二轮选举中，科洛尔在一场残酷的反左派运动后击败卢拉，当选巴西总统。

科洛尔以包括冻结银行账户在内的一种极其非正统且专制的经济冲击开启了其任期。采取这种不同寻常的手段的理由是需要降低市场上巨大的流动性，因为在通货膨胀的经济中，所有投资，包括公共债务都是短期行为，几乎每天都会变动。稳定性计划虽然力度很大，却收效甚微。月度通货膨胀率从1991年2月的21%降至1991年3月的8%，但是在1992年1月重新达到26%，并且这一水平保持了一整年。冲击的强度影响了经济活动水平，国内生产总值的变化证明了这一点，1991年GDP增长了1%，1992年则为−0.5%。制造业表现非常差，1992年衰退4%，而在对外部门，外债问题依然没有得到解决。

科洛尔还在巴西开启了被称为"华盛顿共识"的自由主义进程，迈出了向国际竞争开放市场、促进外国投资、经济私有化、消除国家在商品生产和服务方面垄断的第一步。考虑到他的政治基础是一个小政党，并且他作为左翼候选人的替代者而胜选，科洛尔在竞选期间没有进行任何政治承诺，因此可以自由地对经济进行这种彻底的改革。工业部门的保护结构在 40 年中几乎没有变化，1990 年之后将发生改变。支持高关税的严格进口管制和"国家类似法"（Law of National Similarity）（需要证明进口商品无法由巴西生产商提供）是工业保护体系的重要内容。甚至还存在一份包括 1300 种商品在内的禁止进口清单（被称为 Annex C）。当然，资本货物进口也存在一些例外。20 世纪 80 年代末，这一制度也有了一些细微的变化，但是该制度的基本结构得以保持，使巴西的工业面对外部竞争得到了完全保护。

科洛尔政府将这一制度进行了深刻变革，并且在各个经济领域进行了自由改革。向外国竞争开放市场和全球化是新政府计划的核心内容。在对外方面，改革迅速而激烈。关税大幅削减，Annex C 中的禁令被废除，对进口商的多重官僚主义限制及对进口的限制也被取消。关税减免从资本货物和原材料投入品领域开始，并逐步扩大至消费品部门。三年内，巴西实现了向外国竞争的完全开放。①

华盛顿共识的自由主义思想在拉丁美洲的其他地区得到了充分发展，最终渗透至巴西。之所以延迟，主要是由于巴西的工业结构庞大且先进，远远胜于其他拉丁美洲国家的工业发展程度。强大的国家生产部门和与公共官僚机构存在利益重叠的强大的私营企业的存在，使在 20 世纪 80 年代的危机中幸存下来的庞杂的工业部门成为可能。然

---

① Regis Bonelli and Armando Castelar Pinheiro, "Abertura e crescimento econômico no Brasil", in *Brasil Globalizado*, ed. Octavio de Barros and Fabio Giambiagi（Rio de Janeiro：Campus, 2008）, 89 – 124；José Luiz Rossi Jr. and Pedro Cavalcanti Ferreira, *Evolução da produtividade industrial brasileira e a abertura comercia*, Texto para Discussão No. 651（Rio de Janeiro：IPEA, 1999）；André Averbug, "Abertura e Integração Comercial Brasileira na Década de 90", in *A Economia Brasileira nos Anos* 90, e-d. Fabio Giambiagi and Maurício Mesquita Moreira（Rio de Janeiro：BNDES, 1999）, 43 – 84；Maurício Mesquita Moreira, "Estrangeiros em uma Econômica Aberta：Impactos Recentes sobre a Produtividade, a Concentração e o Comércio Exterior", in *A economia brasileira nos Anos* 90, ed. Fabio Giambiagi and Maurício Mesquita Moreira（Rio de Janeiro：BNDES, 1999）, 333 – 374；C. R. Albuquerque, "A liberalização comercial brasileira recente：uma leitura a partir das matrizes de relações intersetoriais de 1985, 90 e 95"（MA thesis, Belo Horizonte, CEDEPLAR/UFMG, 1999）；R. Fonseca, M. C. Carvalho Jr., and H. Pourchet, "A orientação externa da indústria de transformação brasileira após a Liberação Comercial", Texto para Discussão No. 135（Rio de Janeiro：IPEA, Abril 1998）, 22 – 38；Marcio de Oliveira Júnior, *A Liberação Comercial Brasileira e os Coeficientes de Importação – 1990/1995*, Texto para Discussão No. 703（Rio de Janeiro：IPEA, Fevereiro 2000）；Lia Valls Pereira, Brazil Trade Liberalization Program. UNCTAD, http：//www. unctad. info/upload/TAB/docs/TechCooperation/brazilstudy. pdf.

而，此时席卷整个拉丁美洲的新自由主义思想在巴西面临严重的财政危机时期兴起，它压倒性的影响力，削弱了反对经济自由化和私有化的反对力量。

新自由主义在多个方面对进口替代模式进行抨击。有人认为，由于依赖外国技术，进口替代进程有利于资本密集型和技术密集型工业，而资本和技术在巴西很稀少。因此，奖励和补贴被用来促进吸收劳动力非常少的工业化。普遍的保护措施并未刺激能够扩大工业出口的竞争力和生产力。强有力的保护措施造成了与国际市场现实不符的成本结构。保护和隔离阻碍了生产力的提高、技术改进、规模经济和成本的降低。在某些部门，如汽车行业，巴西生产的汽车与国际市场相比完全过时。新政府的立场可以用科洛尔总统的一句话来概括："巴西不是在生产汽车，而是在生产手推车。"

另一种路径似乎更有希望。人们希望，对世界市场的开放可以促进国际和国内工业之间生产的一体化，促进技术进步、生产力的提高和规模经济。生产力的提高将降低成本，由此带来的好处将惠及消费者。生产融入国际市场将使进入巴西市场的外国产品增加，这也包括制造业所需要的初级原材料和零部件。与此同时，它将增加工业出口的比重。这一观点成为自那时起盛行的产业政策的基础。

尽管对传统政党的承诺有限，这使得科洛尔总统可以相对自由地进行激进的经济改革，但这也助长了他的政治孤立和专制统治风格。经济持续恶化以及明显的政府腐败引发了对总统的弹劾，尽管反腐败是科洛尔竞选总统时的口号。反对科洛尔的运动激发了大规模抗议活动，但是，弹劾在宪法规定的框架下进行，并没有发生制度危机——这是巴西年轻的民主制度走向成熟的关键标志。

1992 年 12 月，随着科洛尔被弹劾，宪法规定的继任者——副总统伊塔马尔·佛朗哥（Itamar Franco）就职总统。这是连续两届政府中第二次副总统接任总统之职。来自米纳斯吉拉斯州民主运动党的参议员伊塔马尔离开了该党，转而加入科洛尔的政党。当他就任总统时，各方就支持政府、确保良好的治理和避免制度危机达成了广泛共识。作为一名保守的民族主义政治家，伊塔马尔接手的是一个深陷危机、通货膨胀肆虐，且处于自由化初期的经济体。1993 年 5 月，巴西社会民主党参议员、时任财政大臣费尔南多·恩里克·卡多佐（Fernando Henrique Cardoso）接管了财政部。当年12月，在卡多佐的指导下，"雷亚尔计划"获得通过，该计划以新设立的货币——雷亚尔命名。事实证明，这是为稳定经济和遏制持续了近半个世纪的通货膨胀而制订的最为成功的稳定性计划。新的体系扩大了经济自由化的实施范围，包括国有企业的私有化，例如国家钢铁公司，这是瓦加斯第一届任期内建立的国家资本主义的象征之一。具有讽刺意味的是，伊塔马尔作为坚定的民族主义者和公共垄断的支持者以及卡多佐作为受人尊敬的左翼知识分子和依附论的支持者，[①] 竟最终推动了巴西经济的私有化和自由化。

　　作为财政部长，雷亚尔计划的成功使卡多佐能够在1994年总统选举中击败劳工党候选人卢拉，成为伊塔马尔·佛朗哥的继任者。卡多佐和社会民主党代表了巴西的社会民主，但实际上在选举中与中右翼政党——自由阵线党进行了结盟，自由阵线党提名了副总统人选。卡多佐在首轮选举中就获得了54%的选票而直接获胜，卢拉获得了27%的选票，布利佐拉的得票率仅为3%。

　　胜选之后，卡多佐试图巩固经济稳定性计划并实施全面的改革方案，这代表着同从瓦加斯时期开始且在军政府时期得到进一步加强的中央集权模式的决裂。国家干预主义的废除过程在科洛尔政府时期就已经开始，并在伊塔马尔政府时期得到了延续，如今成为费尔南多·恩里克·卡多佐政府一个全面且连贯的方案。巴西政府不再是国家生产结构中的一个积极参与者，而转变成一个管理者，仅负责安全、司法、教育和医疗等特殊国家行为活动。商品生产活动如今落到了私人部门手中。卡多佐还寻求实施一项雄心勃勃的国家改革计划。[②]

---

　　① 卡多佐关于依附论的研究，参见 Fernando Henrique Cardoso and Enzo Faletto, Dependência e Desenvolvimento na América Latina-Ensaios de interpretação sociológica（Rio de Janeiro：Zahar, 1970）。根据作者提出的依附理论，对国际资本主义秩序中边缘国家发展的历史过程进行分析，解释了边缘国家国内阶级关系的动态。

　　② 尽管雄心勃勃的计划在改变国家职能结构方面遭到了强烈反对，但还是取得了部分的成果。即便是费尔南多·恩里克·卡多佐执政期间成功部署了监管机构等创新行为，后来也因任命政治家担任纯粹的行政技术职务而受到扭曲。关于国家的改革，参见 Valeriano Mendes Ferreira Costa, "A dinâmica Institucional da Reforma do Estado：um balanço do período FHC", in O Estado Numa Era de Reformas：os Anos FHC（Brasília：MP, SEGES, 2002）, Part 2, 9-56。

尽管遭到左翼政党的强烈反对①，但政府还是成功地在议会中获得了多数席位，这使得卡多佐得以实施他所希望的多项改革，其中一些改革要求对宪法进行修改。在经济领域，改革的目的是改善市场经济和减少国家干预。国家对石油、电力、电信和沿海航运领域的垄断因此被废除。此外，卡多佐还试图对社会保障②和公共机构进行全面改革。虽然这些想法经过长期和复杂的讨论形成，但若干改革无法实施。在卡多佐执政期间无法进行的改革包括劳工改革、财政改革和司法改革。这些改革代表了国家法律结构的重大变化，遭到既得利益集团和社会各阶层的强烈反对，其中包括反对所有改革的劳工党。

1997 年，一项宪法修正案获得通过，允许所有行政领导人连任，这使得卡多佐能够竞选连任。他在选举的第一轮中获得了 53% 的选票，卢拉获得了 32% 的选票。卡多佐在第二任期继续了他的改革尝试，但国际困境使他不得不实行紧缩性经济政策，增长率低，失业率大幅攀升。

在经济领域，伊塔马尔·佛朗哥政府和费尔南多·恩里克·卡多佐政府的主要成就无疑是雷亚尔计划，该计划遏制了自 20 世纪 50 年代以来一直存在且呈现出爆炸式增长的惯性通货膨胀。直到 1993 年 5 月，费尔南多·恩里克·卡多佐担任财政部部长时，一项全面的计划才得以实施，当时的月度通货膨胀率为 30%，而且还在上升。雷亚尔计划分为三个阶段进行。第一个阶段，1993 年 12 月宣布实施，包括一系列增加税收的财政措施。制定该计划的人深知在实施新的货币改革之前保证国家财政平衡的必要性。通过消除通货膨胀，政府将失去通货膨胀税。这意味着，一旦通货膨胀得到治理，在高通货膨胀下的预算平衡将变成财政赤字。该计划的第一阶段力求在价格稳定的情况下实现预算平衡。1994 年 2 月，

①　此后推选出卢拉和迪尔玛两位总统的巴西劳工党是费尔南多·恩里克·卡多佐政府所有改革措施最大的反对者。

②　在卡多索政府期间，尽管遭到强烈反对，但在 1998 年 12 月 20 日宪法修正案的批准下，福利改革在政治方面取得了进展。其中一个最重要的变化是所谓的退休时间，它考虑到纳税人对社会福利的贡献年龄和时长，推翻了按服务年限退休的权利。这项立法还改变了公务员的法律规则。但改革仍不完善，需要进一步修改。Maria Ines Nassif, "Previdência Social", in *A Era FHC. Um Balanço*, ed. Bolivar Lamounier and Rubens Figueiredo (São Paulo: Cultura Associados, 2002), 569–598; Fabio Giambiagi and Lavinia Barros de Castro, "Previdência Social: Diagnósticos e propostas de reforma", *Revista do BNDES* 10, 19 (Junho 2003), 265–292.

政府制定了实现这种平衡所必需的措施。

第二个阶段开始于 1994 年 3 月,当时月度通货膨胀率达到 42%。这一阶段是雷亚尔计划的主要创新之处,包括引入指数化货币。价格调整缺乏同步性是以前稳定性计划所面临的一个主要问题。即使是在高通货膨胀的环境下,一般来说,价格的调整也有差异。在制订新计划时,有些产品的价格在前一天就已经确定,有些产品的价格可能由于市场或合同原因在更早的时候就已经得到调整。当新的货币改革方案实施时,那些价格调整发生在很久以前的产品发现价格已经过时,在货币改革后试图再次进行调整,从而对新货币的价格构成压力。雷亚尔计划建立了实际价值单位 (Real Unit of Value,URV),其每日波动将参照三个价格指数的平均值。工资、租金和公共税收均需要按照规则强制转换为 URV 计价。其他价格可以以旧币计价,也可以以 URV 计价,其价值由双方谈判的合同决定。这样做的目的是在大多数价格中实行自愿谈判,但有必要对经济的某些部门制定明确的规则,例如按前四个月收到的实际平均工资数额对工资进行换算。

URV 只是一种价值单位,传统货币继续流通。通货膨胀率仍然很高且还在加速,但其影响仅发生在旧货币当中。风险将在于 URV 的通货膨胀。1994 年 7 月,在经过 4 个月的过渡期后,URV 成为新的货币,并被命名为"雷亚尔",1 雷亚尔兑换 1 美元。雷亚尔计划实现的稳定建立在汇率锚定、对雷亚尔高估和经济开放的基础之上。这些都是整个计划的基础。雷亚尔计划与之前的计划不同,有可能使用汇率变量,而无须冻结价格。自 20 世纪 90 年代以来,国际金融市场发生了逆转,如今资金充沛。此外,巴西已经对其外债进行了重新谈判,这将使其能够重返国际金融市场并享有较 10 年前更为有利的信贷条件,流动性强且利率低。这使巴西能够进行汇率锚定,而这在之前的稳定性计划中不可能实现。在雷亚尔升值过程中,汇率可以自由变动,但如果雷亚尔兑美元汇率下降,中央银行将进行市场干预。这意味着中央银行保证了雷亚尔的最低价格。与此同时,国内市场的实际利率极高,吸引了外国资金,产生了大量美元，这对国内币值的稳定造成了压力。[1]

贸易自由化进程的加深是雷亚尔计划的另一个基本组成，同时也对巴西经济产生了深刻的影响，直到20世纪80年代末巴西仍是世界上最为封闭的经济体之一。20世纪80年代末，关税结构开始发生变化，平均进口关税从51%降至31%。在20世纪90年代初的科洛尔政府时期，平均进口关税进一步下降，到1993年已经降至15%。计算机工业是巴西最受保护的工业之一，但巴西制造商从未达到过国际标准，结果是巴西各生产部门的技术严重落后，由于关税壁垒，无法获得国际市场上现有的新的计算机技术。1992年，对计算机市场的保护终于被取消。1991年，阿根廷、巴西、乌拉圭和巴拉圭成立了南方共同市场，导致关税进一步降低。南方共同市场的出现无疑创造了一个重要的自由贸易区，并使南美洲大陆国家之间贸易得到了巨大的发展。但是，由于成员国的国内经济问题，南方共同市场遭受了周期性的重大挫折。因此，虽然南方共同市场的重要性日益增加，但它始终处于谈判和调整的状态，尽管它的存在使贸易受益。[2]

经济迅速开放，在面临国际竞争的同时保持币值高估，又对价格稳定产生了积极的影响。进口商品或巴西生产的商品的价格受到国际竞争的控制而实行国际价格。这在雷亚尔计划的初始阶段发挥了作用，但也可能为维持稳定的代价。当时的想法是将巴西置于国际竞争中，从而对经济产生现代化的影响，特别是对国内工业。迅速开放和汇率高估作用方向相同，使国内生产面临严峻的外国竞争。在生产的全球化和国际资

---

[1] 经过多年来正统和非正统的反通货膨胀斗争，雷亚尔计划最终获得了效果，对通货膨胀实现了将近20年的有效控制。大量参考文献包括：Sayad, *Planos Cruzado e Real：acertos e desacertos*；Luiz Filgueiras, *História do Plano Real*（São Paulo：Boitempo, 2000）；AloízioMercadante, ed., *O Brasil pós-Real：a política econômica em debate*（Campinas：UNICAMP, 1997）；Fabio Giambiagi and Maurício Mesquita Moreira, *A economia brasileira nos anos 90*（Rio de Janeiro：BNDES, 1990）；Maria da Conceição Tavares, *Destruição não-criadora*（Rio de Janeiro：Record, 1990）；Gustavo Franco, *O Plano Real e outros ensaios*（Rio de Janeiro：Francisco Alves, 1995）；Gustavo Franco, *O Desafio Brasileiro：ensaios sobre desenvolvimento, globalização e moeda*（São Paulo：Editora 34, 1999）。

[2] 南方共同市场国家经常遭遇外部不稳定和汇率波动，在其成员国之间造成许多冲突，并导致不断的谈判，包括设立进出口配额。例如，2012年，反对弹劾巴拉圭总统卢戈导致该国被排除在南方共同市场之外，与此同时，自2005年开始谈判以来，委内瑞拉最终获准加入该组织。

本流动过程中,外国公司进入巴西。结果是,巴西生产的国际化程度大大提高,而巴西工业融合程度大幅降低,通过大规模使用外国技术,巴西的生产力得到提高。外国人对巴西企业的控制权也得到了一定的提升。由于大量外国资本流入为贸易赤字和经常账户交易提供资金,这种政策才得以持续。

　　同所有其他计划一样,由于通货膨胀税的消失以及国内和进口商品价格的下降,需求出现了爆炸性的增长。还存在货币幻觉效应。尽管实际利率很高,但通货膨胀突然消失再次造成小额储蓄收入下降的假象,刺激了消费。无论是对于消费者还是企业来说,稳定性计划还刺激了信贷的扩张。经济活力加速提高,GDP 在 1993 年增长 4.9%,1994 年增长 5.3%。需求增长及支出扩张的代价是贸易平衡逆转。1987—1994 年,贸易顺差始终保持在 100 亿美元以上,而在 1994 年 11 月,贸易出现逆差,1995 年 2—3 月期间,月度贸易逆差就达到了 10 亿美元(图 4.6)。由于外资尤其是受雷亚尔升值和高利率政策吸引的短期资本大量流入巴西,3 月份,雷亚尔兑美元的汇率从 1 雷亚尔兑换 1 美元下降至 0.83 雷亚尔兑换 1 美元,这为利差套息交易创造了大量的利润空间。

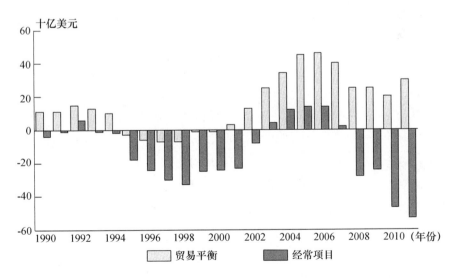

图 4.6　1990—2011 年巴西贸易和经常账户平衡

资料来源:Ipeadata-Balança Comercial (FOB);Transações correntes。

在这种扩张、市场开放以及越来越依赖外部资源的背景下，1994 年 12 月发生了墨西哥危机。尽管政府确认巴西的情况不同，但资本外逃造成巴西外汇储备在 1994 年 11 月—1995 年 3 月期间下降了 100 亿美元。为了应对这场危机，政府采取了一系列严厉的措施。年利率被提升至 60% 以上，这意味着实际利率超过了 40%。银行存款准备金率大幅提高，消费者信贷受到限制。政府提高了多种进口消费品的税率，并对汽车进口实施配额。汇率制度已经改变，雷亚尔被允许逐步贬值，尽管仍被高估。国家财政预算大幅削减。

所有这些措施极大地限制了流动性，同时还对经济活力产生严重影响，引发了一个剧烈调整的过程。许多企业破产，大型国有银行甚至也未能幸免，其中一些企业自雷亚尔计划制订以来一直面临困境。为了避免金融领域爆发系统性危机，政府制定了"国家金融体系重组和强化激励计划"（Program of Incentives to the Restructuring and Strengthening of National Financial System，Prober），中央银行可以对陷入困境的金融机构进行干预。该计划是强化巴西金融部门的关键措施之一，也是防止亚洲、俄罗斯、巴西相继爆发的危机和美国房地产崩溃影响金融业的关键措施之一。这些危机在未对经济部门造成严重影响的前提下被巴西经济所消化。随着大量外资银行进入巴西，市场的开放和整合对维持金融部门的稳定提供了很大帮助。

伴随着墨西哥危机，1995 年 3 月之前一直以较高速度增长的工业产出降到了低于 1994 年水平。在同一时期，工作时间减少了 10%，正如我们所见，年实际利率超过了 40%。政府和私营企业均深受如此高利率之害。1994 年，公共部门尚且能够实现盈余，但到了 1995 年，财政赤字出现并不断增加，1998 年财政赤字占 GDP 的比重达到了 7.4%。但是，这项政策对外部账户产生了积极的影响。受到巴西国内高利率的吸引，外国资本以投资和获得短期收益的目的进入巴西，使巴西的外汇储备增加。得益于这些资本流入，雷亚尔保持了高估，对国内价格的维持发挥了关键作用。

雷亚尔计划是成功的：通货膨胀最终得到控制（图 4.7 和附表 3）。然而，尽管人们普遍批评经济开放和币值高估的负面影响，经济当局仍然坚持和捍卫该计划。跨国公司和国内大型企业开始利用国际信贷市场。

众多公司倒闭，其他则被外国或更为强大的国有集团收购。还有一些能够进行现代化且经受住了新的竞争，利用疲软的美元进行投资并进口其所需的设备。在这一时期，由于汇率的原因，即使是巴西最具竞争力的商业部门（如纤维素）也失去了市场。经济政策抑制了出口，鼓励了进口。贸易逆差扩大，1998 年达到 80 亿美元，同年，经常账户逆差在 GDP 的比重达到了 4%。

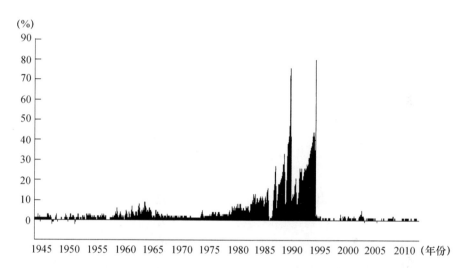

图 4.7　1944—2012 年月度一般价格指数（FGV）

资料来源：Ipeadatra。

尽管巴西的外部脆弱性持续存在，但政府决定刺激经济。随着外汇储备的恢复（规模在 550 亿—600 亿美元之间），政府降低了利率并取消了信贷限制。经济得以温和复苏，很快在贸易平衡中体现出来。失业率也略有改善。但是 1997 年 7 月爆发的亚洲金融危机波及了所有发展中国家。资本再次外逃，外汇储备从 1997 年 8 月的 630 亿美元下降到当年 11 月的 520 亿美元。政府做出了同样的反应：提高利率并采用新的财政计划。之前逐渐下降到 20% 的年利率在 1997 年 11 月提高至 42%，考虑到当年国内价格变化只有 5%，这一利率水平相当高。此外，雷亚尔继续被高估，自该计划实施以来，雷亚尔仅贬值 10%，而生活成本的变动幅度达到了 75%。考虑到动荡时期，这个汇率并不合理。然而，政府坚持这一汇率政策，不顾生产下降、失业增加、公共账户恶化和对外部门困难增加等代价。

费尔南多·恩里克·卡多佐政府实行的私有化进程值得思考。巴西的工业化在很大程度上建立在国家投资的基础之上，不仅是基础设施，还包括钢铁、石油及其产品、电力、电信和航空工业。私有化开始于1981年，当时设立了一个委员会对工业进行私有化，但这个委员会在20世纪80年代结束之前几乎未取得实际效果。极少数进行私有化的企业实际上是破产的国有企业；此外，由于这些私有化的企业不具备吸引力以及巴西对外国资本的投资限制，外国投资者并没有参与到私有化收购之中。然而，1990年3月通过一项新的立法之后，私有化成为整个20世纪90年代的优先项。参与过首批私有化的部分项目的巴西国家经济和社会发展银行（BNDES），在这一进程中发挥了重要作用。在20世纪90年代的整整十年中，巴西的私有化计划被认为是世界上规模最大的私有化计划之一。

1990—2002年，出售国有企业的价值总额达到惊人的870亿美元。同时，买家接手了被私有化企业超过180亿美元的债务。总的来说，当时实行私有化的价值总额达到了1050亿美元，其中大部分发生在1997—1998年。卡多佐政府鼓励外国投资者参与巴西私有化，外国投资者占购买者的一半以上。在私有化的总价值中，电力和电信部门占到了近30%；冶金和矿业占8%；石油和天然气约占6%；金融部门占5%（图4.8）。私有化涉及一些具有象征意义的公司，例如瓦加斯在1940年建立的巴西国家钢铁公司（*Cia Siderurgica Nacional*）和世界上最大的矿业公司之一——淡水河谷公司（*Vale do Rio Doce*）。石油开采和通信行业的垄断被打破，产生了巨大的政治影响。[1]

除了国有和外国资本外，养老基金也大规模参与到私有化进程中。这些养老基金创立于20世纪70年代末，在90年代中期变得越来越重要。由于大多数养老资金属于国有企业，人们对它们参与私有化进程提出很

---

[1] Licínio Velasco Jr., *Privatização: mitos e falsas percepções* (Rio de Janeiro: BNDES, 1999); Armando Castelar Pinheiro, *A experiência brasileira de privatização: o que vem a seguir*, Texto para Discussão No. 87 (Rio de Janeiro: IPEA, 2002).

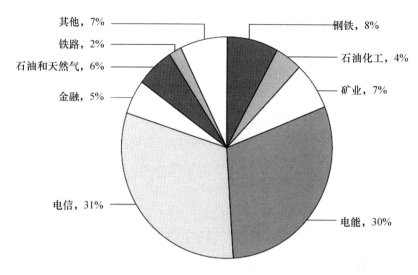

图4.8　工业私有化资金来源

资料来源：Pinheiro 2002。

多批评。私有化之后的国有企业被诸如巴西国家石油公司、巴西银行、巴西中央银行和巴西联邦储蓄银行（*Caixa Econômica Federal*）等未私有化的公司控制的养老基金收购。尽管私有化计划受到批评，但这一进程发生在财政极其困难和外部脆弱性很大的时期，这些私有化获得的收入对平衡公共账户至关重要。[1]

　　尽管国家通过私有化募集了大量资金，但公共财政仍然在恶化，主要原因是为吸引外国资本而维持高利率政策。这一政策威胁到了国家的未来，并阻碍了经济复苏。该政策还对外部账户造成越来越多的困难。这是一个恶性循环，需要有序地改变，从而避免投机性危机。但是，亚洲金融危机使解决方案被延迟。

---

　　① 私有化在某些领域获得了很大的成功（如钢铁部门）。国家工业园区的建设需要大量投资，但可以通过私人部门轻松集中。电信业也成功地被私有化，由于该部门发生的快速的技术变革也需要大量投资，这就使政府不能再对其进行控制。这个部门一旦被私有化，就会通过私人部门的大量投资而迅速实现现代化和扩张。私有化对经济和消费者产生了积极的影响。在电力部门，私有化出现了问题。必要的管制（电信行业得到了充分的制定）没有适当地遵循私有化进程，对未来造成了脆弱性，因为没有充足的投资来满足对能源日益增长的需求。2001年，当巴西经济似乎开始缓慢但持续的增长时，基础设施领域的投资匮乏导致了能源短缺和能源配给，这在制造业尤为严重。

　　1998 年下半年爆发的俄罗斯危机是对巴西的又一次打击。日益不稳定的国际局势和巴西当局的反应同过去保持了一致：他们提高利率和税收，减少政府开支，重新诉诸自雷亚尔计划以来已经采取的措施。自1998 年以来，由于政府支出减少，初级盈余实现了小幅增长——尽管政府的运营赤字达到了 GDP 的 7%。然而，由于人们认为巴西的经济基本极其脆弱，本次新的国际危机中宣布的一系列措施不足以安抚市场。巴西积累了巨额债务，每年需要偿还 150 亿美元，相当于巴西出口额的三分之一。此外，经常账户赤字在 1998 年达到了 GDP 的 4.3%。所有国际脆弱性指标均表明，巴西处于危急时刻。1998 年曾达到峰值的外汇储备（700亿美元）迅速缩水。同年 10 月，外汇储备下降了 40%（图 4.9a 和图 4.9b，附表 2）；然而，雷亚尔兑换美元的比率仍然固定在 1.18∶1，雷亚尔被严重高估。政府提倡的金融开放允许资本的相对流动并保持了廉价的美元，促使巴西的大量资金外逃。

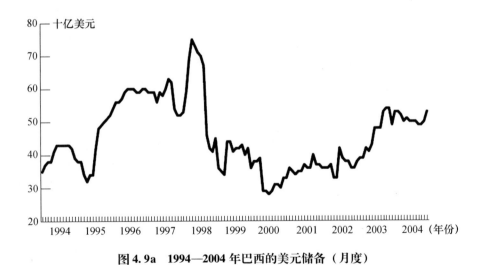

图 4.9a　1994—2004 年巴西的美元储备（月度）

资料来源：Ipeadata。

　　巴西日益恶化的危机得到了国际货币基金组织和发达国家的紧急援助。由于巴西的规模和债务规模大，人们担心巴西外部条件恶化会加剧其他新兴市场国家的危机。这就解释了 1998 年 12 月达成协议的速度，该协议为巴西提供了 415 亿美元的信贷。同以往一样，这项协议要求巴西在

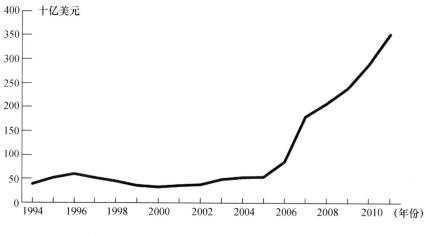

图4.9b　1994—2011年巴西的美元储备（年度）

资料来源：Ipeadata。

几个重要指标方面做出妥协，例如公共赤字、经常账户必须实现盈余，当时国会正在讨论的财政措施必须获得通过。此外，作为应对危机的一项措施，联邦政府启动了财政稳定计划。政府将已经采取的措施列出：有关经济秩序的宪法和法律改革为公有企业的私有化创造了条件；与各州签署了财政调整协议；国有银行的重组和私有化以及州、市和国有企业债务控制机制的强化。但是，由于这些措施还不够充分，政府还承诺进行社会保障改革（包括公共和私人）、税制改革、劳工立法改革、制定《财政责任法》(Fiscal Responsibility Law)。[1] 针对公共财政的严重恶化,[2] 财政稳定计划列举了几项将要采取的行动，并指出公共债务占GDP的比重将成为衡量公共部门长期偿债能力的主要指标。这样，考虑到第二年

---

[1]　尽管联邦政府未能将其宣布的措施全部成功实现，但大部分承诺还是得到了实现。这就包括行政管理改革、社会福利（公共和私人）改革、制定财政责任法、税制改革、联邦税务局(Receita Federal)重组、工会多年计划和预算、解除对燃料部门的管制。政府也想要进行劳工改革，但遭到了劳工党的强烈反对。在其他领域，如税制改革，尽管不是真正意义上的改革，但它利用普通立法扩大了联邦政府的收入。在福利领域，尽管遭到强烈反对，政府还是取得了显著的成绩。关于财政稳定计划，参见 http://www.fazenda.gov.br/portugues/ajuste/respef.asp。

[2]　在雷亚尔计划实施后的整个时期，利率急剧上升，这成为财政恶化的主要原因。但是，从债务和收入的角度来看，费尔南多·恩里克·卡多佐政府取得了重大进展。他确立了之前并未核算在公共账户中的几个"骨架"。同时，他对国有企业的大规模出售冲销了这些企业在未来的潜在负债，并对这些企业未来可能因赤字而造成的伤害进行了限制。

预计出现的不平衡，财政稳定计划及其附属行动计划力求实现初级盈余，从而使公共部门的负债净额占 GDP 的比重保持稳定。① 1999 年预计初级盈余为 1.8%。② 政府还制定了一整套后续政府需要维持的初级盈余目标。

除了在管理联邦预算方面面临的困难外，中央政府对州和市级政府开支及财政失衡的控制能力有限。自 20 世纪 80 年代以来，联邦政府试图控制地方政府的债务，但收效甚微。州和市级政府的预算出现赤字，对银行系统负债累累，通过在市场上自由交易的政府证券的配售，产生了隐藏的债务，特别是对供应商的债务。一些州有商业银行，其中大部分无力偿还债务。在公共部门债务重组过程中，1995 年得以通过一项法律，限制公共行政人员的开支。③ 1996 年 8 月，"降低国有公共部门对银行业依赖的激励计划"（Proes）出台。1997 年亚洲金融危机期间，联邦政府对财政和货币进行了重要调整，使得州和地方政府的财政状况难以维持，联邦政府接管了州和市级政府的债务。④ 联邦政府同州和市级政府签署了债务接收合同，总规模达到 1320 亿雷亚尔。为偿还转移给联邦政府债务的本息，地方政府需要按一定的比重将其岁入支付给联邦政府。⑤ 但是，有必要建立规则，从而保持长期财政平衡。这一点通过《财政责任法》的实施得以实现，该法是巴西在公共治理方面最具创新意义且最重要的工具，在提供政府透明度和问责制方面，采用了只有少数一些具有良好

---

① http：//www.fazenda.gov.br/portugues/ajuste/respef.asp.

② 1999 年的目标最后得到实现。

③ Lei Complementar No. 82 of 27 March 1995. 一般来说，这部法律将流动收入的比例限制在 60% 以内。

④ Programa de Apoio à Reestruturação Fiscal e Financeira, instituted by Law 9496 – 1997.

⑤ Cristiane Kerches da Silva Leite, *Federalismo, processo decisório e ordenamento fiscal：a criação da Lei de Responsabilidade Fiscal*, Texto para Discussão No. 1593（Brasília：IPEA, 2011）；Fernando Álvares Correia Dias, *O Refinanciamento dos Governos Subnacionais e o ajuste fiscal 1999/2003*, Texto para Discussão No. 17（Brasília：Consultoria Legislativa do Senado Federal, 2004）. 截至目前，这些资金始终由地方政府完全保留，这引起对最初签署方式的强烈批评。尽管各州和市将其当期净收入的 13% 支付给联邦政府，但在大多数情况下，未偿余额（经 IGPM 修正后加上 6% 或 9%）还是会增长。这种债务的成本远远高于为联邦财政提供资金的成本。IGPM 指数是消费者价格指数、建筑价格指数和批发价格指数的平均值，它对汇率的波动影响较大，对政府收入没有影响，政府收入更多的同消费者价格指数同步变动。此外，当前 6% 或 9% 的实际利率并不现实，因为名义利率约为 8%。

财政实践传统的国家才有的做法。①

1998 年，巴西尽管进行了财政改革并与国际货币基金组织达成了协议，但经济零增长，失业率不断上升，不稳定和外汇储备损失仍在继续。此时，国际金融市场正在经历"巴西危机"。政府系统性地拒绝了改变汇率政策，这本可以在更为平静的时期进行。1999 年 1 月，巴西被迫在一场重大的外部危机中做出这一改变。巴西允许汇率自由浮动，雷亚尔兑美元汇率随即贬值超过 60%。巴西放弃了汇率锚定。汇率锚定在雷亚尔计划实施之初是合适的，而长期币值高估限制了经济增长，抬高了失业率，并造成公共财政恶化和外债大量增加，所有这些都使巴西经济变得脆弱。1999 年 3 月，巴西使用消费者价格指数（IPCA）确立了通货膨胀目标制。

因此，卡多佐政府的经济政策有几个不同的阶段。在第一个阶段，需要巩固雷亚尔计划，价格稳定是首要目标。汇率锚定或固定汇率是价格控制过程中的基本要素，因为价格受到进口商品价格的竞争。高估的雷亚尔导致贸易平衡恶化，但是高企的利率吸引了投机资本，外部账户得以平衡。由国际集团收购实现的国有企业私有化是处理外部领域问题的另一个重要因素。高企的利率同样破坏了公共账户。政府面临的连续的外部危机阻止了该进程的延续，并逐渐部署了指导政府最后几年的政策，同时也是卢拉政府的经济政策基础：通货膨胀目标制、初级财政盈余和浮动汇率制。② 就自由浮动汇率而言，用"肮脏浮动"更为准确，因

<hr>

① "另一点使我们感到自豪的是国会通过的财政责任法，透明度和问责制是两个基本要素。这是一项受到欧洲、新西兰和美国经验启发的法律，但与我们的体制改革历史、提升透明度和建立负责任的公共资源管理机制的意愿有很大关系。"Prounancement of the Minister Ministro Martus Tavares，"Forum Internacional sobre Responsabilidade e Transparência no Setor Público"，Brasília，Dezembro 5，2001，http：//www. bndes. gov. br/SiteBNDES/export/sites/default/bndes pt/Galerias/Arquivos/bf bancos/e0001733. pdf. 还可参阅 José Serra and José Roberto Afonso，"Mais prática do que discurso"，*Valor Econômico*（Maio 5，2010），http：//www. joserobertoafonso. com. br/index. php? option = com_content&view = article&id = 1187：mais-pratica-que-discursos-valor-&catid = 36：assuntos-fiscais&itemid = 37；José Roberto Afonso，Guilherme L. N. P. de Carvalho，and Kleber Pacheco de Castro，"Desempenho comparado dos principais governos brasileiros depois de dez anos da LRF"，*Revista Técnica dos Tribunais de Contas*（Belo Horizonte）1，0（Setembro 2010），13 – 48，http：//www. joserobertoafonso. com. br/attachments/article/1429/ATRICON – 10AnosLRF. pdf.

② Gesner de Oliveira and Frederico Turolla，"Política Econômica do segundo governo FHC：mudança em condições adversas"，*Tempo Social*（São Paulo）15，2（Novembro 2003），available at http：//www. scielo. br/scielo. php? script = sci_arttext&pid = S0103 – 20702003000200008.

为政府从未放弃干预措施，政府通过措施吸引或阻止美元流入，或通过在外汇市场上的直接干预，买入或卖出美元，以避免市场出现高度波动期。从 1999 年的危机中复苏后，由于已经采取的措施，特别是建立了初级财政盈余的目标，经济信心得到了相对恢复。但当经济出现再次增长的迹象时，多重因素引发的电荒使内部危机再次袭来。当时，尽管一场大旱耗尽了水电储备，但能源部门的发展规划也难辞其咎。这场能源危机导致经济各部门的大规模限电。电力危机对 GDP 增长造成了影响，从 2000 年的 4.31% 下降到 2001 年的 1.31%。

在卡多佐的第二任期结束时，他的政治威望非常低。尽管他在第二任期内对联邦政府进行了重要的改革并巩固了经济稳定，但接二连三的外部和内部危机打断了经济增长。卢拉准备参加总统竞选。这是他的第四次尝试，这一次，他赢了。和往常一样，卢拉在民调中领先。然而，人们认为卡多佐及其政治盟友的支持将使另一位候选人胜出。但是卡多佐第二任期政府呈现出的疲态以及 PSDB 和 PFL 联盟（两党在前两次选举中结盟且胜选）之间的分裂为卢拉开辟了道路。劳工党的选举策略也发生了重大变化，首次同意接受来自中右翼政党——自由党（Partido Liberal）的成员作为副总统人选并建立联盟。劳工党还抛弃了传统的价值观，卢拉作为候选人将继续卡多佐的改革，保持宏观经济稳定，并继续维持与国际货币基金组织之间的协议。经济政策不会被打破也不会中断。相反，卢拉和它的政党强调其对解决社会问题的承诺。官方候选人是卡多佐政府时期曾担任过计划和卫生部部长的若泽·塞拉（José Serra）。塞拉是一位受人尊敬且准备充分的政治家，他无法使自己和卡多佐政府的区别显现给民众，而此时的卡多佐政府远不如第一届政府时受欢迎。在第一轮投票中，卢拉获得了 46% 的选票，塞拉的得票率为 23%。经过第二轮投票，卢拉以 61% 的得票率胜出。[①]

尽管卢拉和劳工党对费尔南多·恩里克·卡多佐政府提出了批评，

---

① 卡多佐政府在其任期结束时的政治冲突可以通过其受欢迎程度来判断，只有 26% 的民众认为其 "良好"。在他上任之时，70% 的民众认为其 "优秀和良好"。佛朗哥总统结束任期时的 "优秀和良好" 比例为 40%，这得益于雷亚尔计划初始阶段在控制通货膨胀方面的积极影响，而这正是时任财政部部长和雷亚尔计划实施者——卡多佐胜选的助推因素。

称其接手了"可怕的遗产",但两届政府在经济政策方面保持了延续性。卢拉政府利用了雷亚尔计划实现的价格稳定和国际金融市场的相对平静,这种平静直到 2008 年危机才被打破。尽管有些时候,特别是卢拉总统的第二任期,出现了发展计划或实施新工业政策的提议,但经济稳定毫无疑问是政府的优先选项。卢拉时期的经济增长率高于卡多佐时期,但是如果我们考虑到有利的国际市场环境,或者将巴西与其他金砖国家的经济增长进行比较,巴西的经济增长实际上低于预期。[1] 在许多经济学家看来,巴西由于其经济政策和无力增加公共投资及鼓励私人投资而失去了实现更快增长的机会。

2003 年 1 月上台时,卢拉面临总统选举不确定时期产生的不稳定局面。尽管在选举辩论中,他正式宣布将维持前任的经济政策,包括维持与 IMF 的协议,但自 2002 年以来,经济条件已经恶化,资本外逃加剧,雷亚尔大幅贬值,通胀加速,货币紧缩。卢拉上台后遵守了他之前的保证,并且为了展示他及他的政党对货币稳定和财政措施的承诺,卢拉进一步加强了前任的紧缩性财政和货币政策。这使得国内和国际市场得到稳定,经济也迅速恢复稳定。[2]

在获得稳定之后,卢拉政府的经济政策遵循了费尔南多·恩里克·卡多佐时代末期确立的总体方针,实行"肮脏浮动"汇率政策、实现公共账户初级盈余、实行通货膨胀目标制。然而,我们可能会发现,在卢拉执政的 8 年之中,出现了一个略微不同的政策走向,这体现为其两届任期内的差异。起初,通货膨胀目标更为严格,甚至损害了经济增长。在第二个任期内,他保持了包括通货膨胀目标制在内的总体经济政策方向,但还通过所谓的"加速增长计划"和一些零星的产业政策措施对经济增长给予更多关注。不幸的是,"加速增长计划"(Growth Acceleration Program)连贯性不足,具体的产业政策措施也不系统,因而无法推动国家的生产发展。所

---

① 金砖国家包括巴西、俄罗斯、印度、中国和南非。

② "由于前任费尔南多·恩里克·卡多佐提供了冲浪板,卢拉能够在有利的国际经济浪潮中冲浪,并在国内外取得了惊人的成功。请记住,卢拉在他执政的第一年(2003 年),面临经济上的困境,在他意识到自己的错误之前,他威胁要与过去彻底'决裂'。在那之后,他开始追随 FHC 所实践的福音,不再被早期的威胁所困,从而能在海上乘风破浪。"Roberto Macedo, "Dilma e suas circunstâncias", *Jornal O Estado de São Paulo* (São Paulo), Julho 19, 2012, A2.

有这些鼓励工业发展的措施都将因为高估的本币而受到不利影响，币值高估损害了国内生产者的竞争力。① 尽管代表了增长关切方面的突破，但旨在拓宽巴西经济投资模式的"加速发展计划"（Accelerated Development Program）尚不足以保证可持续的增长。它对改变国家投资结构影响甚微，巴西的增长速度也不及其他金砖国家（图 4.10a 和图 4.10b）。

(%)

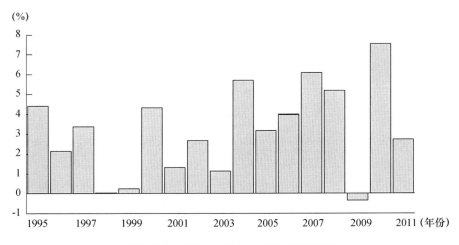

图 4.10a　1995—2011 年 GDP 年增长率

资料来源：Ipeadata。

　　两个政府之间存在一个根本区别。一个需要应对一系列危机并制定基本政策，另一个则需要进行基本的结构性改革，经济形势平稳。在卡多佐时期，政府需要牺牲增长、债务和公共部门的重建来应对奔腾的通货膨胀并实施稳定性计划。他还需要整顿无担保的债务，尽管他提出了一系列的改革措施，但却不足以改变巴西的状态。此外，卡多佐政府遭受了接二连三的国际危机的影响。在其执政末期，卡多佐留下了"三位一体"的经济政策，包括初级盈余、浮动汇率制度和通货膨胀目标制。卢拉政府沿袭了这种国家和经济政策的新格局，且巴西对外经济部门在很长一段时间内始

---

　　① 高估的雷亚尔虽然削弱了本国生产并造成其竞争力下降，但在控制通货膨胀方面起到了关键性的作用。政府通过购买美元防止雷亚尔进一步升值，巴西的外汇储备从卢拉刚上台时期的390 亿美元增加到 2012 年 12 月的 3520 亿美元。巴西经济的吸引力不仅以外国直接投资的形式刺激了资本流入，而且由于保持了极其高的利率而吸引了投机资本的流入。

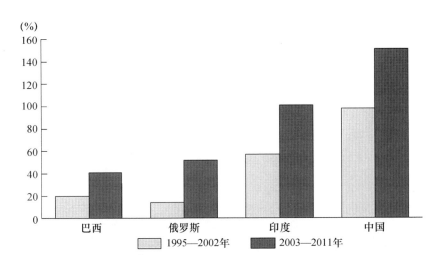

图 4. 10b　1995—2011 年部分金砖国家（巴西、俄罗斯、印度和中国）增长率

资料来源：Ipeadata。

终处于平静状态，直到 2008 年危机爆发。巴西经济实力、卡多佐时期进行改革后稳定的银行业部门[①]、有力的经济基本面和政府采取的经济政策共同作用，防止世界经济危机的加深对巴西经济产生重大影响。

实现财政责任法和初级预算盈余目标通常通过收入的增长而非支出的减少。因此，政府支出在过去十年中实际上在增长。但为了保持高利率，预算中很大一部分被用于支付公共债务的利息，造成经常性支出增加，再加上其他形式的转移支付限制了中央政府投资国民经济的能力（图 4. 11 和图 4. 12）。

由于半个多世纪以来巴西受到长期通货膨胀的影响，价格稳定一直是近年来经济政策的核心。自卡多佐第二届任期最后几年起，巴西一直实行通货膨胀目标制，政府建立了一个严格的价格变动的区间，该区间的中心点是合意通货膨胀率。通货膨胀区间由中央银行确定，中央银行通过货币政策实现通货膨胀目标，防止价格突破上下区间。从卢拉政府第二届任期开始，经济学家和要求经济增长的政治领导人产生了冲突，

---

① 费尔南多·恩里克·卡多佐政府时期银行业部门的改革包括"国家金融体系重建和强化激励计划"（Incentive Program for the Restructuring and Strengthening the National Financial System, *Proer*）和"国家银行清理计划"（Sanitation Program of the State Banks, *Proes*）。

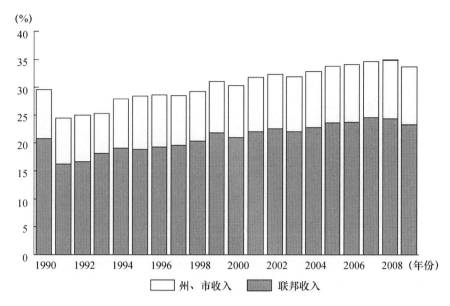

图 4.11 1990—2009 年政府收入（中央和地方）占 GDP 的比重

资料来源：Ipeadata。

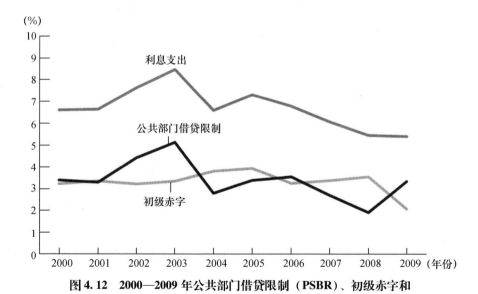

图 4.12 2000—2009 年公共部门借贷限制（PSBR）、初级赤字和

利息支出占 GDP 的比重

资料来源：Tesouro Nacional-Estatísticas。

反对中央银行采取的政策。但是，货币当局占据了上风，通货膨胀得到了相对控制。这样做的代价是低增长，通货膨胀率仍然处于相对较高的水平，这与当前的利率水平并不匹配。①

但是，这一政策使巴西成为当时世界上利率最高的国家，尽管人们对长期高利率持普遍批评的态度，但经济学家们却未就造成这一现象的原因达成共识。直到 2012 年，由于经济表现不佳，中央银行才开始大幅下调实际利率。就通货膨胀率和风险资本流入而言，这一做法的结果尚不能确定。高额外汇储备使这一行动得以实现，大幅下调雷亚尔利率能够减少以赚取内外利差为目的的投机性外资净流入。

如前所述，浮动汇率是卡多佐总统执政末期实施的经济政策的三大支柱之一。在经历了 2002 年和 2003 年动荡后，② 雷亚尔币值显示出持续升值之势，这对国内生产造成不利影响。巴西国内利率高企、外部资源丰富以及国际金融界对巴西经济基本面的积极预期吸引了风险资本流入，赚取利差。但这同时吸引了外国直接投资在巴西进行投资扩张、部署和收购。此外，近年来，得益于来自中国的新需求，大宗商品价格大幅增长，使巴西的农产品和矿产品受益，但是制成品占总出口的比重大幅降低。外部危机，尤其是欧洲危机的加深、巴西利率下降以及为阻止短期资本流入而采取的措施导致雷亚尔在 2011 年中期至 2012 年中期大幅贬值，幅度约为 30%（图 4.13 和图 4.14）。

国际经济环境对巴西发展的重要性是应该强调的一个方面。正如在本书中看到的一样，外部脆弱性贯穿于整个 20 世纪的巴西经济史中。外部冲击造成了严重的内部危机。国际债务积累以及外汇储备的不足造成了持续的外部不稳定，并导致了外汇和进口控制，这成为几十年来巴西

---

① 关于这一主题，参见 André Lara Rezende, "Em plena crise: uma tentativa de recomposição anal'ıtica", Estudos Avançados（Universidade de São Paulo）65（2009），73 – 87；Edmar L. Bacha, "Além da Tríade: há como reduzir os juros?" Texto para Discussão No. 17（Rio de Janeiro: Instituto de Estudos de Política Econômica, Setembro 2010）. http://iepecdg.com.br/uploads/texto/TPD17 Bacha.pdf.

② 当劳工党候选人路易斯·伊纳西奥·卢拉·达席尔瓦（Luiz Inacio Lula da Silva）有可能当选总统时，国际市场的负面反应加剧了这一内部危机。这种对卢拉可能当选的担忧加剧了 2002 年下半年的经济波动，并对汇率产生了影响，雷亚尔兑美元的汇率从 4 月的 2.36：1 贬值到 3.53：1。在同一时期，基础年利率从 18% 上升至 25%。

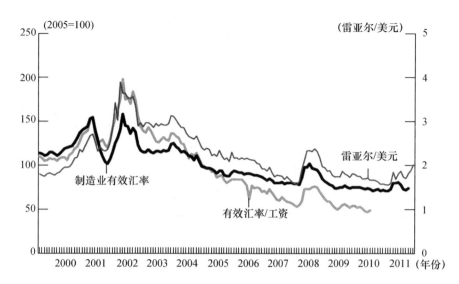

图4.13 2000—2012年汇率和有效汇率

资料来源：Ipeadata。

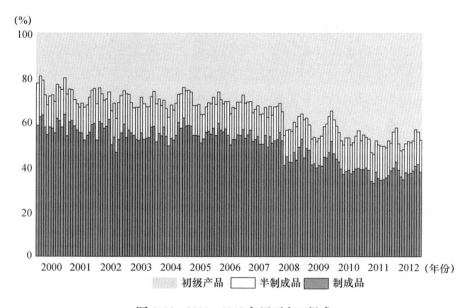

图4.14 2000—2012年巴西出口组成

资料来源：Ipeadata。

经济政策中最为常见的内容。此外，出口收入的很大一部分被用来支付
外债利息。

　　但近年来，这一情况发生了变化。20 世纪 90 年代中期的外债重组谈判成功、成功消除了长期通胀、实现了长期政治稳定、经济政策延续超过 15 年、国内农业和工业市场的巨大潜力，使巴西成为备受国外投资者偏好的目的地之一。现在，资本以外国直接投资或以赚取利差为目的的短期资本形式流入巴西。外国资本流入巴西的结果是外汇储备大量积累，2012 年 5 月外汇储备达到 3730 亿美元，占该国总债务的 124%，巴西成为世界上外汇储备规模最大的国家之一。[①] 也就是说，超过债务总额的外汇储备额占 GDP 的比重达到了 4%。优秀的外部偿付能力指标，加上困扰巴西半个世纪的长期通货膨胀得到消除、保持相对财政平衡，很大程度是《财政责任法》和建立初级盈余目标（支付债务之前的政府财政收入）的结果，代表了巴西经济的主要成就，同时增强了巴西对外国投资者的吸引力（表 4.2）。

表 4.2　　　　　　　　　　　**2007—2011 年外债指标**　　　（单位：百万美元）

年份	2007	2008	2009	2010	2011
债务利息	52028	37638	43561	46348	52596
总债务	193219	198340	198192	256804	298204
公共部门总债务	85956	84160	95502	103940	102441
外汇储备	180334	193783	238520	288575	352012
总流动债务	11948	27683	61771	− 50628	− 72868
出口（商品和劳务）	184603	228393	180723	233736	294473
GDP	1366544	1650897	1625636	2143921	2482070

---

　　① Miguel Bueno and Marcelo Dias Carcalholo, "Inserção externa e vulnerabilidade da econômica brasileira no governo Lula", in *Os anos Lula: contribuições para um balanço crítico 2003 – 2010*, ed. J. P. A. Magalhães (Rio de Janeiro: Garamond, 2010), 109 – 132; and Adhemar S. Mineiro, "Desenvolvimento e inserção externa: Algumas considerações sobre o período 2003 – 2009 no Brasil", in *Os anos Lula: contribuiçõ es para um balanço crítico 2003 – 2010*, ed. J. P. A. Magalhães (Rio de Janeiro: Garamond, 2010), 133 – 160.

续表

年份	2007	2008	2009	2010	2011
债务利息/商品和服务出口（%）	28.2	16.5	24.1	19.8	17.9
债务利息/GDP（%）	3.8	2.3	2.7	2.2	2.1
利息/商品和服务出口（%）	8.3	6.8	7.7	5.8	5.3
总债务/GDP（%）	14.1	12.0	12.2	12.0	12.0
公共部门债务/总债务（%）	44.5	42.4	48.2	40.5	34.4
流动债务/GDP（%）	-0.9	-1.7	-3.8	-2.4	-2.9
外汇储备/总债务（%）	93.3	97.7	120.3	112.4	118.0
总债务/商品和服务出口（比重）	1.0	0.9	1.1	1.1	1.0
流动债务/商品和服务出口（比重）	-0.1	-0.1	-0.3	-0.2	-0.2
储备/债务利息（比重）	3.5	5.1	5.5	6.2	6.7
储备/利息（比率）	11.8	12.4	17.1	21.4	22.8

资料来源：Banco Central do Brasil, http：//www. bcb. gov. br/？ INDECO。

卢拉在任期结束时获得了巴西历史上所有总统结束任期时的最高支持率（87%）。[1] 尽管在任期内出现过劳工党及其联盟政党之间的政治丑闻，卢拉的个人魅力和他提出的包括家庭补助金计划和最低工资增长计划在内的社会政策，特别是良好的经济表现，使卢拉在整个第二任期内保持了高支持率。卢拉的人气是迪尔玛·罗塞夫（Dilma Rousseff）当选巴西总统的关键，因为当卢拉决定将她推举为候选人时，罗塞夫并不为人所知。罗塞夫总统曾在20世纪70年代积极参与一些选择武装反抗军政府的组织。在她被捕服刑后，罗塞夫加入了南里奥格兰德州的民主工党，并担任该州政府中的多项职务。在卢拉总统的第一届任期内，罗塞夫出

---

① According to the survey of Ibope, paid for by the CNI-Confederação Nacional da Indústria, http：//igepri. org/news/2010/12/popularidade-de-lula-e-recorde/. 关于卢拉政府的研究，参见 Joseph LeRoy Love and Werner Baer, eds. *Brazil under Lula*：*Economy*, *Politics*, *and Society under the Worker-President* (New York：Palgrave/Macmillan, 2009)；Marilena de Paula, ed., "*Nunca antes na História desse país*" …? *Um Balanço das Políticas do Governo Lula* (Rio de Janeiro：Fundação Heinrich Böll, 2011)。

任矿业与能源部部长，2005 年发生"月费案"（按月向国会议员支付贿款）丑闻后，她接替了被卷入丑闻中的卢拉政府的总统办公厅主任、与丑闻有牵连的潜在继任者。[①] 尽管不为大众所知，但是罗塞夫的总统候选人资格由卢拉推举，卢拉坚信自己的个人魅力足够保证接任者获选。这确实也发生了。时任圣保罗州州长的若泽·塞拉再次成为反对派推举的候选人。迪尔玛在决选中获得 56% 的选票，塞拉获得 44% 的选票。

　　尽管成功渡过了 2008 年的危机，巴西很难恢复到适当的增长水平。过去两年 GDP 增速的下降中证明了这一点：2011 年和 2012 年分别仅为 2.73% 和 0.9%。[②] 新一届政府极大地改变了经济政策实践，以增长为重点，大幅降低利率，减轻各部门经济活动的税负，相对放弃浮动汇率，直到最近一直将雷亚尔兑美元的汇率保持在相对稳定的水平上（2∶1）。[③] 但也有一些结构性问题阻碍了增长，例如投资不足、基础设施落后、阻碍投资和出口的复杂且不合理的税收结构。[④]

　　此外，自 2010 年以来，关于巴西是否处于去工业化进程以及受所谓的"荷兰病"影响的讨论相当多。在 20 世纪 60 年代的荷兰，随着天然气价格大幅上涨，荷兰出口收入显著增加，高估的本币损害了荷兰其他产品的竞争力。人们认为这种情况正在巴西发生，大宗商品大量出口在一定程度上造成了雷亚尔大幅升值，国际价格上涨以及巴西农矿产品颇

---

　　① 2012 年，在 10 年之后，联邦最高法院（STF）对"月费案"丑闻进行了裁决，包括总统办公厅主任和劳工党主席若泽·迪尔塞乌（José Dirceu）在内的劳工党的领导人和一些部长牵涉其中。最高法院认为，这是一个阴谋，目的是转移公共资源和使各结盟政党的领导人腐败，以获得他们对卢拉政府政策的支持。无论此次判决的上诉结果最终如何，本次指控的重要性代表了巴西制度巩固方面的一个里程碑。

　　② "IBGE 的初步估计"，http：//www. ibge. gov. br/home/presidencia/noticias/noticia visualiza. php? id noticia =2205&id pagina =1。

　　③ 前财政部长迈尔松·达诺布雷加（Mailson da Nobrega）于 2012 年 9 月表示，迪尔玛政府在失去对通货膨胀目标的控制之后，实际上也失去了费尔南多·恩里克·卡多佐和卢拉政府时期经济政策的三大支柱。取而代之的是，利率和汇率成为双重目标。他认为，中央银行实行的是一种非正式的浮动汇率制，其政策特点更像固定汇率制，而非浮动汇率制。*Jornal O Estado de São Paulo*，Setembro 24，2012，B4.

　　④ 从雷亚尔计划在 1994 年实现了价格稳定起，巴西年均 GDP 增幅仅为 3.1%。根据帕斯托雷（Pastore）的研究，巴西难以实现超过 4% 的经济增速。"Estrevista com Affonso Celso Pastore"，*O Estado de São Paulo*，Julho 8，2012，B4.

具竞争力反过来削弱了其他产业部门的竞争力，尤以制造业部门为甚，制造业几乎完全丧失了竞争力。制造业占 GDP 和出口的比重下降，制成品进口占总进口的比重上升（图 4.15）。毫无疑问，这种情况正在发生。问题是，巴西工业竞争力的下降在多大程度上归咎于高估的汇率，又在多大程度上是本国工业生产能力下降的结果。不管采取何种极端立场，也不管解释巴西工业竞争力丧失的每种原因的影响和重要性如何，事实是，巴西工业的增速落后于国民经济的其他部门，工业出口在总出口中的比重下降且巴西工业产出的进口部分增加。正如我们所见，从 2011 年中期至 2012 年中期，雷亚尔实际贬值了约 30%，这在一定程度上解决了汇率问题。近期，缓慢贬值又在提速。这应该对工业产生有利影响，但也许工业本身的问题更加严重，造成工业竞争力下降的真正原因是巴西工业生产能力低下。如果汇率是主要原因，工业就会在中期得到恢复，但如果生产能力低下是主要原因，就只有依靠政府在中长期内积极的经

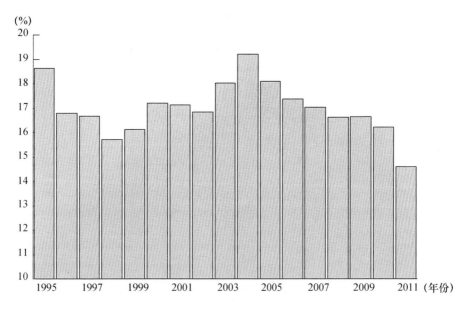

图 4.15 1995—2011 年制造业占 GDP 比重

资料来源：Ipeadata。

济政策才能改变这种局面。①

　　与工业不同，农业连续多年表现优异。农业在 GDP 中大约占到 5%，但它是大型农业综合体的核心组成部分，而估计大型农业综合体占 GDP 比重约为 22%。② 农业综合企业能够在国际市场上成功地参与竞争，得益于作物的高产量和复杂的原材料加工能力。巴西的大陆面积以及逐渐提高的生产率使其能够领先于拉美其他国家，并且在世界农业国之中占据领先地位。2010—2011 作物年度，巴西粮食产量达 1.628 亿吨，种植面积 4990 万公顷。几十年来，产量和种植面积保持了有序增加，但巴西农业在过去 30 年中最大的特点是此前几十年停滞的生产率得到大幅提高（表 4.3 和图 4.16）。③ 尽管农业产出和生产率都得到了令人印象深刻的提高，但土地所有权仍然高度集中，自 1975 年以来的基尼系数一直保持在 0.85 的水平。④

　　农业部门的高生产率和包括农产品在内的一般大宗商品价格的持续高企，意味着巴西农业是出口和国际收支的主要来源（图 4.17）。截至 2011 年 9 月的前 12 个月中，农业出口总额为 903 亿美元，进口仅为 166 亿

---

① Affonso Celso Pastore, Maria Pinotti, and Leonardo Porto de Almeida, "Cambio e crescimento: o que podemos aprender?", in Brasil Globalizado, ed. Fabio Giambiagi and Octávio de Barros（Rio de Janeiro: Elsevier, 2008）, 268 – 298; Octavio de Barros and Robson Rodrigues Pereira, "Desmitificando a tese da desindutrialização: reestrutração da indústria brasileira em uma época de transformações globais", in Brasil Globalizado, ed. Fabio Giambiagi and Octávio de Barros（Rio de Janeiro: Elsevier, 2008）, 299 – 330; Marcos S. Jank et al., "Exportações: existe uma 'doença brasileira'?", in Brasil Globalizado, ed. Fabio Giambiagi and Octávio de Barros（Rio de Janeiro: Elsevier, 2008）, 331 – 352; Wilson Cano and Ana Lúcia Gonçalves da Silva, "Política Indústrial do Governo Lula", in Os anos Lula: contribuições para um balanço crítico 2003 – 2010, ed. J. P. A. Magalhães（Rio de Janeiro: Garamond, 2010）, 181 – 208.

② 根据 Centro de Estudos Avançados em Economia aplicada-Esalq/USP 的数据，2010 年，农业综合企业在国民生产总值（GNP）中的比重达 22.74%。http://www.cepea.esalq.usp.br/pib/.

③ José Garcia Gasques, Eliana T. Bastos, Mirian R. P. Bacchi, and Constanza Valdes, "Produtividade total dos fatores e transformações da agricultura brasileira: análise dos dados dos censos agropecuários", in A agricultura brasileira: desempenho, desafios e perspectivas, ed. José G. Gasques, José E. R. Vieira Filho, and Zander Navarro（Brasília: IPEA, 2010）, 19 – 44.

④ 在 1975 年、1980 年、1985 年、1995 年和 2006 年的农业普查中，基尼系数均为 0.85。Rodolfo Hoffmann and Marlon Gomes Ney, Evolução recente da estrutura fundiária e propriedade rural no Brasil（Brasília: Ministério do Desenvolvimento Agrário, 2010）, 20.

表4.3

1920—2006年农牧普查中的主要农业指标

年份	1920	1940	1950	1960	1970	1975	1980	1985	1995	2006
农业生产单位（公顷）	648153	1904589	2064642	3337769	4924019	4993252	5159851	5801809	4859865	5175489
总面积（公顷）	175104675	197720247	232211106	249862142	294145466	323896082	364854421	374924929	353611239	329941393
农作物面积（公顷）	6642057	18835430	19095057	28712209	33983796	42207566	57723959	62810423	50104483	59846618
农作物面积占比（%）	0.04	0.10	0.08	0.11	0.12	0.13	0.16	0.17	0.14	0.18
总雇佣人数（人）	6312323	10159545	10996834	15633985	17582089	20345692	21163735	23394919	17930890	16567574
拖拉机总数（台）	1706	3380	8372	61345	165870	323113	545205	665280	799742	820673
每辆拖拉机平均农作物面积（公顷）	3893	5573	2281	468	205	131	106	94	63	73
动物总数（个）	34271324	34392419	46891208	56041307	78562250	101673753	118085872	128041757	153058275	171611337
牧场数（个）		2.6	2.3	2.2	2.0	1.6	1.5	1.4	1.2	0.9
每公顷平均收成										（单位：公斤）
大米	1562		1287	1275	1222	1333	1416	1737	2711	3921
豆类	1078		525	398	372	410	397	377	507	718
玉米	2040		1254	1074	1197	1335	1521	1476	2442	3606
小麦	641		706		926	679	914	1519	1701	1737
大豆					862	1542	1639	1773	2334	2602
甘蔗	33736		26861	34196	39970	42979	53618	60525	62086	68876
棉花籽	878		378	438	849	923	1121	1063	1333	2986

资料来源：Gasques et al. (2010), "Produtividade total dos fatores e transformações da agricultura brasileira: análise dos dados Agropecuários," pp. 22 - 25。

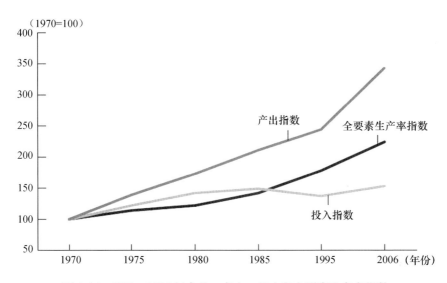

图 4.16　1970—2006 年农业：产出、投入和全要素生产率指数

资料来源：Gasques et al. 2010，p. 31。

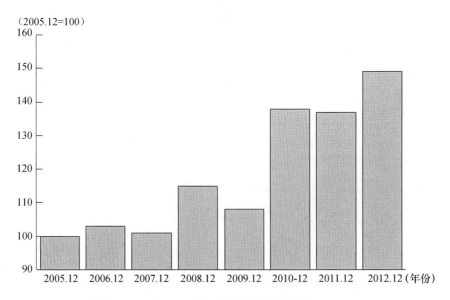

图 4.17　2005—2012 年农牧产品价格指数 – IC-Br

资料来源：Banco Central do Brasil。

美元，农业贸易顺差达 736 亿美元。① 在同一时期，巴西实现了 305 亿美元的贸易顺差，这意味着农业弥补了其他经济部门的外部赤字。

分析巴西自"雷亚尔计划"实现稳定后直至今天的总体经济表现，很明显，巴西经济整体上取得了进步。但是，仍然存在一些阻碍经济增长的重要问题。尽管通货膨胀率处于货币当局设定的区间，但同包括 G20 其他国家在内的世界主要经济体的标准相比较，巴西的通货膨胀率仍然处于高位。还有一些部门仍然实行指数化，这意味着通货膨胀并未得到完全控制。最后，控制通货膨胀的代价是高利率造成的经济增速受到损害。内部不平衡依然存在，例如人口受教育水平低、基础设施落后、经济中的多个部门生产力低下。此外，巴西始终未能恢复到 20 世纪 70 年代的投资节奏，当时的经济快速增长正是得益于这样的投资。在过去的 10 年中，当出现增长迹象时，市场不平衡、通货膨胀抬头以及高利率就会使增长消失殆尽。

如果说 20 世纪前 80 年巴西的年均增长率是 5.7%，那么在过去的 31 年里，增长率已经降至 2.6%。如果仅考虑过去 10 年的表现，情况也不会好多少，年均增长率只有 3.6%（图 4.18）。在同一时期，金砖国家平均增长率为 6.1%。此外，最近几年巴西增长主要依靠国内消费。这是就业扩张、实际最低工资提高、收入转移政策和信贷大规模扩张的结果。但是这一增长周期已经出现了衰竭的迹象。② 未来似乎需要更多的投资和生产率的提高。基础设施薄弱，国家工业难以同外国公司竞争，这不仅仅是汇率问题，同时也是竞争力低下的结果。根据一项最近的研究，巴西应该将 GDP 的 5%—7% 投资于基础设施建设，从而促进经济增长并达到韩国和其他东亚工业化国家的水平。然而，巴西

---

① Portal Brasil, http：//www.brasil.gov.br/noticias/arquivos/2011/10/11/exportacoes-do-agronegocio-brasileiro-cresce – 24 – 8 – em – 12 – meses-e-soma-us – 90 – 3 – bi.

② 消费信贷和住房的强劲扩张大大加深了巴西家庭的负债水平。过去，由于信贷成本高、还款期限短以及住房贷款少等原因，巴西的消费信贷市场规模很小。近期的研究显示，当前巴西家庭的债务水平已经上升到家庭收入额难以满足还本付息额的高度，2012 年 12 月达到了收入总额的 30%。http：//www.infomoney.com.br/emprestimos-dividas-e-inadimplencia/noticia/2403899 – .

在这方面的投资仅有 2% 。①

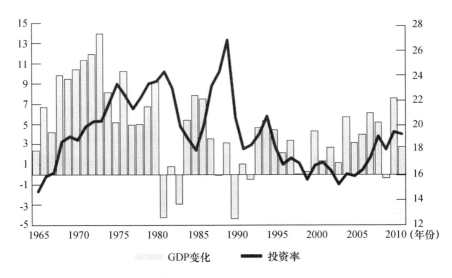

图 4.18　1965—2010 年投资率和 GDP 变化

资料来源：Ipeadata。

2013 年，对巴西经济的预期变得更加悲观，内部和外部原因各占一半。在国内，对经济政策存在众多批评，认为政府对经济的干预不断增加，却不关注财政平衡方面。低增长和严重的通货膨胀压力使经济当局无序应对。尽管向不同部门提供了奖励和补贴，但增长乏力、通货膨胀高企，尤其在服务业和市场总体价格方面。例如，在 2013 年中期，服务业价格年增长率为 8.48% ，但由于政府实行了价格管制，被管制的价格仅增长了 1.31% 。但对外部门的表现更令人担忧。在本书中，我们多次讨论了连续的外部危机如何影响巴西以及近 10 年来对外部门的异常平

---

① 根据作者的表述，"巴西在基础设施投资方面面临的两类限制是巴西成为'失败国家'的原因。"也许最为重要的是巴西的法律和管理框架，这为特定部门及其政策实施制定了规则。规则的含糊不清以及决策拖延，包括对立法解释的冲突，对投资产生了不利的影响。相反，这一经验表明了以下几个方面的重要性：界定清晰的法律框架；透明且稳定的监管制度和监管机构；技术能力；决策的灵活性。特别是在运输（公路、铁路、港口、水道和机场）方面，还存在一个额外因素：公共和私人投资之间的互补性，这意味着负责公共投资的机构的能力会对私人投资产生直接影响。Cláudio R. Frischtak，"O investimento em infra-estrutura no Brasil：Histórico recente e perspectivas"，Pesquisa e Planejamento Econômico 38，2（Agosto 2008），307 - 348.

静。从 2000 年开始，巴西积累了大量贸易盈余。但是 2013 年上半年出现的赤字令人担忧。此外，经常账户赤字在逐年增加。美国经济强劲复苏造成外部不稳定，美元对大多数国际货币升值。但由于巴西内部情况不佳，如低增长、通货膨胀压力、外部账户恶化，对巴西的影响更为强烈。因此，在 2013 年的前 8 个月，尽管政策制定者采取干预政策遏制本币贬值，但雷亚尔还是贬值了 15%。

最近的经济表现和变化还伴随着社会领域的重要变化。不可否认的是，通货膨胀的结束，特别是加重穷人沉重负担的通货膨胀税的消失，是巴西近年来社会领域取得非凡成就的关键因素之一。"雷亚尔计划"使国内需求激增，尤其是针对低收入群体的消费品。但是，开始影响所有阶层的社会流动的明显过程并不仅仅归因于"雷亚尔计划"。就业显著增加，当前巴西的失业指标远远低于巴西社会以前的正常水平。[①] 此外，近年来，正规就业的增长以牺牲非正规劳动力市场为代价。越来越多的工人享受到了社会福利和养老金计划。从费尔南多·恩里克·卡多佐政府开始，实际最低工资开始持续增长，在卢拉政府时期得到延续。从 1994 年 7 月"雷亚尔计划"开始实施到 2011 年 12 月，实际工资的净增幅达到了 123%，这显然对巴西的收入分配产生了影响（图 4.19 和图 4.20）。[②] 最后，卡多佐政府建立了一些收入转移项目，这些项目在卢拉政府时期被整合成为一个项目，当前惠及全国人口中的一个重要部分。卡多佐政府时期的"学校助学金计划"（*Bolsa Escola*）和"粮食救济金计划"（*Bolsa Alimentação*）（教育和食物补助金）针对有儿童的贫困家庭。"助学金计划"的受益者是家中有 6—15 岁儿童的低收入家庭，"食品计划"的受益者是有 7 岁以下儿童的家庭。这两个计划的结构相对类似，

---

① 根据 IBGE 对主要大城市地区 2003 年 3 月—2011 年 12 月的调查数据，在正规劳动力部门（合法登记）就业的比重从 69% 提高至 77%。当前 EAP 的数据，参见 Ipeadata。

② 根据瓦加斯基金会（Fundação Getúlio Vargas）的一项研究，2001—2010 年的 10 年中，最富裕 10% 的人的收入净增长了 10.3%，而最贫穷 50% 的人的收入增长接近 67.9%。因此，这两个极端组平均收入的差距从 2000 年 12 月的 18.2% 下降到了 2010 年 12 月的 9.76%。根据该研究，"在巴西历史上，自 1960 年有记录以来，从没出现过如 2001 年以来这样的收入不平等的降低"（46）。Marcelo Cortes Neri, ed., *Desigualdade de Renda na Década*（Rio de Janeiro: Fundação Getúlio Vargas, Centro de Políticas Sociais, 2011）.

均通过 ATM 磁卡直接支付给受益人。① 卢拉政府时期，收入转移计划发生了改变，通过实行"家庭补助金计划"（*Bolsa Família*）（家庭补助金）② 将所有收入转移计划进行了统一，并且改变了受益人的标准，家庭人均收入、儿童数量和儿童年龄成为是否享受该计划的标准。当前有 1300 万家庭享受该计划，③ "家庭补助金计划"是卢拉政府实施的最受欢迎的计划之一。④

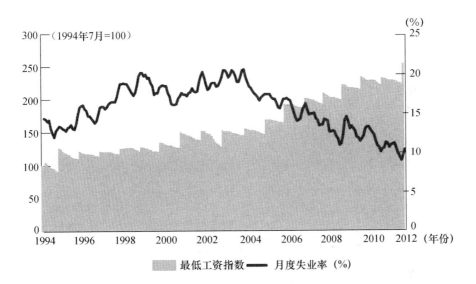

图 4. 19　1994—2012 年失业率和最低工资

资料来源：Ipeadata and IBGE，Pesquisa Mensal Emprego。

---

①　Sonia Rocha，"Impacto sobre a pobreza dos novos programas federais de transferência de renda"，n. d. http：//www. anpec. org. br/encontro2004/artigos/A04A137. pdf.

②　卢拉于 2003 年就任总统时提出了"零饥饿计划"（Programa Fome Zero），但由于实施中的困难，该计划最终也被整合进"家庭补助金计划"当中。

③　Ministério do Desenvolvimento Social，http：//www. mds. gov. br/bolsafamilia. 除收入标准外，在教育（最低出勤率）和医疗领域也存在条件，包括带儿童去医疗诊所进行检测以及接种疫苗。Marcelo Medeiros，Tatiana Britto，and Fábio Soares，*Programas focalizados de Transferência de Renda no Brasil：Contribuições para o Debate*，Texto para Discussaõ No. 1283（Brasília：IPEA，2007），8.

④　关于这些计划的分析，参见 Rocha，"Impacto sobre a pobreza dos novos programas federais"．一些学者认为，相对于其他连续的福利，如向所有年龄段的重度残疾人和 65 岁以上老人进行的月度转移支付，政府更偏好于"家庭补助金计划"，这是因为该计划能够产生更大的政治影响。Medeiros et al.，*Programas focalizados de Transferência de Renda no Brasil*，9 – 10.

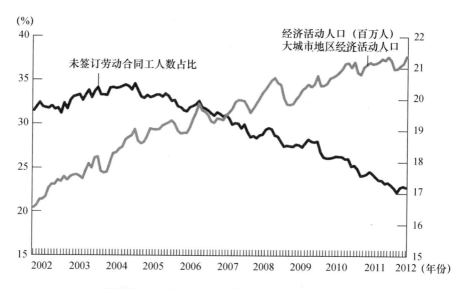

图 4.20 2002—2012 年大城市地区经济活动人口

资料来源：IBGE, Pesquisa Mensal Emprego。

    这些政策的效果可以从 20 世纪最后 20 年和 21 世纪的头十年巴西发生的深刻的社会变化中看出。1945—1980 年间的许多显著趋势得到加速。最重要的变化是贫困、人口增长、医疗和教育。尤其是自民主政府回归以来，随着地区、阶级和肤色差异的缩小以及一个更加团结的国家出现，这些发展的结果是创造出了一个更为统一的社会。近 30 年来，巴西所有的州和地区逐渐遵循着南部和东南部最发达的州的模式，而且发展速度往往比发达地区更快。因此，随着东北部各州的收入和教育水平、生育率和死亡率越来越接近发达地区，发达地区和较落后地区之间的差距逐渐缩小。昔日传统的、贫穷落后的北部地区和发达的工业化与现代化的南方地区的区分泾渭分明，如今在巴西已不再适用。20 世纪末和 21 世纪初，阶级、种族和区域仍然在巴西造成大量的不平等，但是，两个不同社会之间的地理距离已经不再遥远。所有地区的工业化、城市化和农业现代化使各地区之间的差异缩小，巴西人口跨区域的流动也因此减缓。过去 30 年中的前 20 年标志着跨区域移民达到了顶峰，此后的 10 年中，推动人口流动的因素（如地区间资源差异）在减弱，不同地区之间获得更好的生活机会变得更为平等。

　　随着所有区域进步到全国平均水平,个人的社会和经济流动性也非常大。20世纪70年代和80年代初,随着大规模的工业化,受过教育的精英阶层非常迅速地向社会上层流动。此后,在接下来的30年中,民主政府采取的收入再分配政策以及教育、医疗和社会服务领域不断扩大,伴随着经济的总体增长,降低了非正规就业率,使大量穷人成为工薪阶层和跻身下中等收入群体当中。特别是自20世纪90年代以来,巴西人口中大量的贫困"D层"人口上升至"B层"和"C层"中。营养不良已经根除,城乡生活之间的鲜明对比有所降低,小学教育已经普及到所有儿童,所有年龄组中的文盲正在慢慢消失。当前,几乎所有的巴西儿童均能接受到小学教育,因此15岁以下人口中几乎不存在文盲。最后,几乎所有的巴西人均可享受公共医疗,各种疾病的致死率都在下降。

　　起初,快速的增长和扩张导致了一个更为稳定且在某些方面却更僵化的社会。现在,随着工业和城市部门已经成熟,不再以同样的速度扩张,社会流动表现出更多的周期性而非结构性。农村人口目前较为稳定,不再像以前那样成批涌入城市成为劳动力大军。此外,所有阶层接受初等教育和中等教育的机会更为普遍。因此,20世纪70年代和80年代早期占据主导的高水平结构性流动在显著减弱。社会流动显然还在继续,由于向下层流动变得更重要,流动性在本质上变得更多是循环。事实上,相较于同样发展程度和发达的工业化社会,巴西的流动性似乎略低。① 此外,矛盾的是,大众中等教育的普及却导致这种教育质量的下降。起初,越来越多的人先是向上流动,然后向下流动,尤其在社会最高层。但从那以后,最富裕阶层的增长相对缓慢,反过来,新的教育障碍出现使进入最富裕阶层的速度放缓,还阻止了更高水平的向下流动。教育障碍即进入精英公立大学的限制,由于公立高中教育质量低,这些学校的大多数高中毕业生没有进入精英公立大学的机会。只有昂贵的私立中学的毕业生才更容易进入公立大学。对公立高中毕业生开放的私立大学体系的兴起导致了高

---

　　① 参见 José Pastore, *Inequality and Social Mobility in Brazil* (Madison: University of Wisconsin Press, 1982); Carlos Antonio Costa Ribeiro, *Estructura de classe e mobilidade social no Brasil* (Baru, SP: Educ, 2007), Chapters 3 and 5; and Maria Celi Scalon, *Mobilidade social no Brasil: padrões e tendências* (Rio de Janeiro: Revan, 1999)。

等教育的两级体系，这种体系反过来又将毕业生分流至不同层次的劳动力市场，因为私立大学毕业生所掌握的技能不及公立大学的毕业生。

近期为低收入家庭的学生提供进入私立高等院校的学费补贴（2004年设立的"所有人的大学计划"），让更多的学生得以进入大学，但这些私立营利性院校的教育质量并没有提高。以世界标准衡量，巴西建立了一种不同寻常的高等教育体系。在这种体系中，以盈利为目的的私立院校在大学入学方面占主导地位。到1970年，所有接受高等教育的学生中已有51%进入私立大学，尽管自20世纪70年代末以来，联邦、州和市级大学的数量大幅增长，但到2011年，这一比例升至74%。[1] 正如学者们所指出的那样，巴西是世界上大学私有化程度最高的国家之一，其私有化水平连美国也远远达不到。这些以盈利为目的的大学对研究不感兴趣，且入学门槛低。[2] 尽管巴西高等教育对市场的依赖程度很高，但即使在拉丁美洲，巴西年轻人接受高等教育的比例仍然最低。

虽然巴西国内的地区差异已经系统性地下降，但巴西仍然是一个传统的资本主义社会，在奴隶制的基础上发展起来。因此，在获取社会资源时，阶级和种族仍然是不平等的原因。[3] 此外，新出现的障碍阻碍了向顶部的向上流动性，社会流动集中在底层和中层。由于教育制度存在的这些僵化和不平等，巴西的收入不平等程度虽然在降低，但以世界标准衡量仍然处于非常高的水平，阶级和种族仍然会造成社会分化。因此，所有的健康和幸福指数仍然显示出强烈的阶级差异，这在大多数资本主义社会都很普遍。在这一段时间内，由于政府服务逐渐且稳定地扩展到覆盖全国所有人口，医疗方面更极端的差异已得到显著缓和。在这方面，巴西实现了免疫获取、产前保健和医疗的普及。但是一个非常全面的私人医疗保健系统也保证了一些人比其他人有更多的机会获得资源，向上

---

[1] José Marcelino de Rezende Pinto, "O acesso à educação superior no brasil", *Educação Social* (Campinas) 25, 88 (Outubro 2004), 731, Table 2; and MEC, INEP, *Censo da educação superior 2010* (Outubro 2011), 8, Table 2.

[2] Pinto, "O accesso à educação superior", 732, Table 3.

[3] 参见：例如，e. g., Carlos Hasenblad and Nelos do Valle Silva, eds., *Origens e Destinos: Desigualidades sociais ao longo da vida* (Rio de Janeiro: Topbooks, 2003); and the older study by Charles H. Wood and José Alberto Magno de Carvalho, *The Demography of Inequality in Brazil* (Cambridge: Cambridge University Press, 1988).

和向下的社会流动仍然受到肤色、教育水平和教育质量的影响。

虽然最近一段时期的人口流动有所减缓，但人口的长期变化从本质上深刻地改变了巴西社会。特别是生育方面，变化很突然，并且影响到所有地区和社会各群体，不论其阶级或肤色。直到 20 世纪 70 年代和 80 年代，人口结构才发生了真正的转变，出生率下降的速度终于快于死亡率。与其他发达工业社会的情况有所不同，生育控制最初不是通过晚婚和女性推迟生育来实现，而主要通过在晚婚时降低生育率和将生育能力转移至较年轻的时期来实现。这种模式开始于 20 世纪 70 年代，随着从绝育到使用避孕药的所有避孕方式逐渐成为女性的标准做法，这种模式开始加速。虽然在 20 世纪大部分时间里，巴西女性的生育高峰年龄在是 25—29 岁，但随着生育革命，女性生育头胎的年龄降至 20—24 岁，此后各年龄组的生育率迅速下降（图 4.21）。尽管大量女性继续接受教育和进入劳动力市场，这种在更年轻年龄段生育孩子成为巴西女性通常的选择。[1] 1991—2000 年期间，巴西母亲首次生育年龄从 23.1 岁降至 22.3 岁。[2] 相比之下，美国母亲首次生育年龄为 25 岁，英国和瑞典则为 30 岁。[3]

但很明显，这种集中在 20—24 岁年龄组的生育趋势将会慢慢改变。其中一个指标是 1980—2010 年的中位数结婚年龄一直在稳步上升。在早期，女性结婚的中位数年龄是 20—24 岁，而到了 2010 年，这一年龄已升至 25—29 岁。在 2003—2010 年的短时间内，女性的结婚年龄中位数从 24 岁升至 26 岁，这意味着这一指标长期上升。[4] 虽然婚内生育不再是总

---

[1]　尽管女性在高等教育领域似乎早就实现了平等，但在过去 10 年中，这几乎没有什么变化。因此，早在 1999 年，女性在各级大学生中所占比例为 55.6%，几乎与 2010 年的 55.4% 相同。但他们在精英大学中仍然是少数。例如，在圣保罗的精英州立大学中，尽管同期入学的学生总数几乎翻了一番，从 7.9 万人增至 15.2 万人，但在这两年中，只有 44% 的学生是女性。在该州的联邦大学中，这一比例为 44%—45%；在这一时期，他们的学生人数又增加了一倍多，从 6754 人增加到 22683 人。

[2]　IBGE, *Perfil das Mães* Comunicação Social, Maio 6, 2005, http://www.ibge.gov.br/home/presidencia/noticias/noticiaimpressao.php? idnoticia=357.

[3]　OECD, "Data for Chart SF2.3.A: Mean age of women at the birth of the first child, 2009", http://www.oecd.org/document/4/0, 3746, en_2649_37419_37836996_1_1_1_37419, 00.html. 在 OECD 数据库的 30 个国家中，只有墨西哥的 21 岁接近于巴西。

[4]　IBGE, Tabelas Série: RC63&RC46 Casamento-por faixa etária de mulheres, http://seriesestatisticas.ibge.gov.br/lista tema.aspx? op=0&no=10.

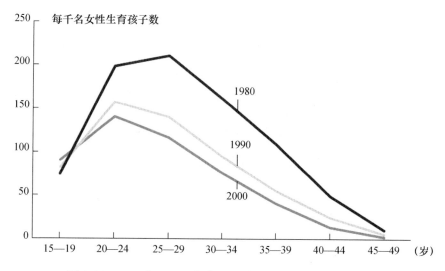

图 4.21 1980 年、1990 年和 2000 年各年龄组母亲的生育率

资料来源：IBGE，Projeção da população do Brasil por sexo e idade，1980 – 2050，Revisão 2008，Table 11。

生育率的单一指标，但考虑到 2010 年，有 36% 的人选择自由同居，[①] 可以假设所有正式结婚或未结婚的女性都受到教育和就业市场参与变化的影响。很明显，女性参加工作的人数稳步增加（图 4.22），[②] 而且与男性相比，她们接受教育的年限增加，这表明大量女性正在进入专业和高等教育领域。欧洲和美国这些比率的变化显示出这些潜在的趋势。在欧盟的 17 个国家中，到 2005 年，所有母亲的年龄中位数已达到 30 岁，并且在随后的几年中仍在上升。在美国是 28 岁。[③] 从 2003 年和 2011 年的出生

① IBGE Censo Demográfico 2010 – Resultados Preliminares da Amostra，Table 3.3，"Pessoas de 10 anos ou mais de idade，que viviam em união conjugal，por natureza da união conjugal，segundo as Grandes Regiões e as Unidades da Federação – 2010"，http：//www. ibge. gov. br/home/estatistica/populacao/censo2010/resultadospreliminares amostra/default resultados preliminares amostra. shtm.

② 2007 年，巴西女性的劳动参与率（10—60 岁女性总人数中，就业比重为 52.4%）与最初 16 个欧盟国家 EAP（15—64 岁女性总人数中就业女性的人数占比）57.8% 的比重大致相同。EUROSTAT，"Employment rate by gender，age group 15 – 64"，http：//epp. eurostat. ec. europa. eu/tgm/table. do? tab = table&init = 1&plugin = 1&language = en&pcode = tsiem010.

③ 欧洲和美国的数据来自 EUROSTAT，Table "Mean age of women at childbirth"，updated December 19，2011 http：//epp. eurostat. ec. europa. eu/tgm/table. do? tab = table&init = 1&plugin = 1&language = en&pcode = tps00017。

数据可以看出，这些新趋势最终也在巴西出现。截至 2003 年，生育高峰年龄群仍是 20—24 岁的女性，但在 2011 年 PNAD 全国家庭调查中，现在女性的首次生育年龄是 25—29 岁。此外，在同一时期，20 岁以下女性所生子女的百分比下降，30 岁以上女性所生子女的百分比上升，最终显示出与世界发达工业社会同样的明显趋势（图4.23）。[①]

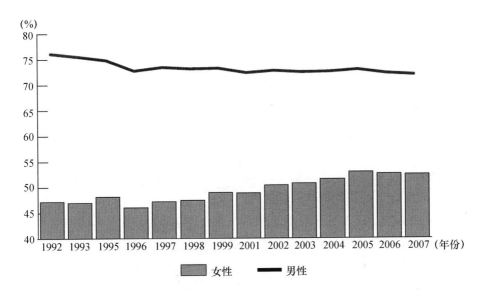

图4.22　1992—2007 年按性别划分的经济活动人口比重

资料来源：IBGE，Série：FDT212 – Taxa de atividade，por sexo-População de 10 anos ou mais de idade。

虽然当前似乎出现了女性倾向于较晚生育的明确转变，但没有任何迹象表明低生育率将在短期内改变。人口变化后生育率的下降已经并将继续影响所有区域和所有阶层，直至进入 21 世纪。这种下降目前非常普

---

① 这不是 IBGE 对其人口预测的结论。IBGE 估计直到 21 世纪中期，20—24 岁仍将是女性首次生育的主要年龄组。但是基于当前可获数据，这一估计饱受质疑。IBGE，*Projeção da população do Brasil por sexo e idade*，1980 – 2050，*Revisão* 2008（Rio de Janeiro：IBGE，2008），n. p.，Table 11. 然而，最近的研究表明，巴西女性受教育程度越高、职位越高，生育延迟的时间就越长，同时，南部地区生育头胎的女性在 25—29 岁之间的数量提高成为一种长期趋势。参阅 Cláudio Santiago Dias Júnior，"Comportamento reprodutivo：Uma análise a partir do grupo ocupacional das mulheres"（PhD thesis，Belo Horizonte：CEDELAR/UFMG，Março 2007），Chapter 1.

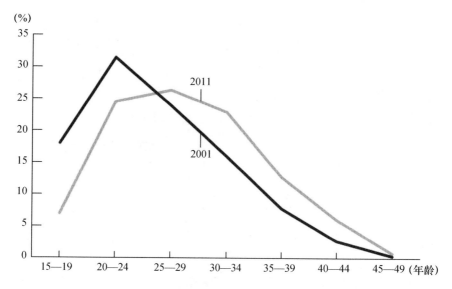

图 4.23　2001 年和 2011 年各年龄组母亲育儿数百分比（PNAD2001，2011）

资料来源：IBGE, PNAD, Table 1934. http：//www. sidra. ibge. gov. br/pnad/pnadpb. asp。

遍，现代避孕药具在各地的使用都在增加。① 虽然北部地区最初的生育率
下降速度比南部地区慢，但区域间的差距已明显缩小。东北部和东南部
地区间的差异在 1980 年达到高峰，当时两个地区之间的差异为 2.9 个儿
童。然而，在接下来的 20 年里，东北部地区的生育率下降速度快于东南
部地区，以至 2010 年这两个地区间的生育率差距只相差 0.4 个儿童（图
4.24）。因此可以说，就生育率而言，巴西基本上已经转向了低生育率模
式，这成为全国的普遍现象。种族和阶级的影响依然存在，黑人和黑白混
血女性的生育率高于白人，收入和受教育程度较低的女性的生育率始终高

---

① 1986—2006 年的 PNAD 家庭调查一项详细的研究数据显示，14—49 岁女性中使用避孕
药的比重从 66% 上升至 81%，2006 年，77% 的女性使用现代方法避孕，而在 30 年前，这一比重
只有一半。此外，绝育手术的数量明显减少，而避孕药的使用却在增加——这适用于所有年龄段
的女性。同时期内，避孕套的使用也实现了很大的增长，从 2% 上升到 12%。Flávia Alfenas
Amorim, "Mudanças recentes no uso de métodos contraceptivos no Brasil：a questão da esterilização
voluntária"（ MAthesis, Rio de Janeiro：IBGE, Escola Nacional De Ciências Estatísticas-ENCE,
2009），86, Table 4.

于收入和受教育程度较高的女性，但即便是这样，差距也比以往有限。①

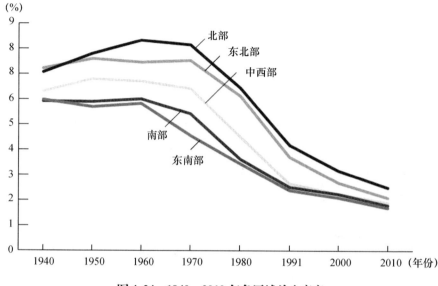

图 4. 24　1940—2010 年各区域总生育率

资料来源：IBGE，Série：POP263 – Taxa de fecundidade total and Censo 2010，Res Amsotra，Nup，fec emigracao（2010），Table 7。

尽管不同的学者对生育率的估计不同，但都认为生育率在长期内下降。② 政府的官方估计是，2005 年的总生育率低于更替率，目前 14—49 岁年龄段的女性平均生育 1. 75 个孩子。③ 由于生育率预计将继续下降，

---

① 1991 年和 2000 年根据收入水平和受教育程度划分的 TFR 数据参阅 Elza Berquó and Suzana Cavenaghi，"Mapeamento sócio-econômico e demográfico dos regimes de fecundidade no Brasil e sua variação entre 1991 e 2000". Paper presented at *XIV Encontro Nacional de Estudos Populacionais ABEP* (2004)，9 – 10，Tables 3 – 4。至于肤色差异，2011 年 PNAD 调查的分析显示，黑人和棕色人种的总生育率为 2. 15 个孩子，相比之下，14—49 岁白人女性的总生育率仅为 1. 63 个孩子。巴西的总体生育率为 1. 95 个孩子。IBGE，Síntesie de indicadores sociais. *Uma anaálise das condições de vda da população brasileira*，2012，Estudios e Pesquisas No. 29（Rio de Janeiro，2012），Table 1. 5，"Taxa de fecundidade total，por cor ou raça das mulheres，segundo as Grandes Regiões – 2011".

② 联合国、米纳斯州规划和发展中心（CEDEPLAR）、IBGE 等机构的数据不同，但趋势相同，参见 Dias Júnior，"Comportamento reprodutivo：Uma análise a partir do grupo ocupacional das mulheres"，Março 13，Table 1。

③ IBGE，*Projeção da população do Brasil por sexo e idade...*2008，Table 11.

并在 21 世纪中叶之前保持在非常低的水平，巴西人口普查部门（IBGE，巴西国家统计机构）的最新预测显示，人口增长率将继续下降，到 2039 年巴西实际居住人口数将开始下降（图 4.25）。

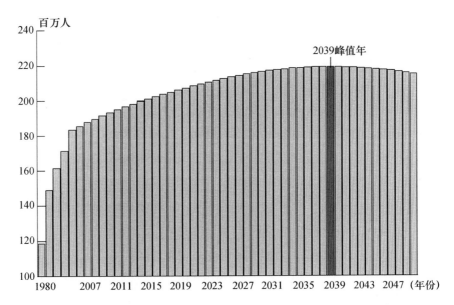

图 4.25　1980—2050 年巴西人口增长预测（IBGE2008 年预测值）

资料来源：IBGE, *Projeção da população do Brasil por sexo e idade*, 1980 – 2050, *Revisão* 2008, Table 8。

同出生率一样，自 20 世纪 80 年代起，死亡率也呈现出长期下降趋势，但速度较缓慢（图 4.26）。从 19 世纪晚期开始，城市采取了接种疫苗、净化饮用水和改善卫生条件等措施，导致从 20 世纪起死亡率开始缓慢但稳步下降。整个拉丁美洲均如此，在 1930—1950 年间死亡率出现一个特别明显的下降周期。[1] 在巴西，20 世纪 40 年代的人口粗死亡率是 20‰，此后几十年降至 14‰，1980 年仅为 6‰，[2] 这一死亡率水平一直稳

[1]　Eduardo E. Arriaga and Kingsley Davis, "The Pattern of Mortality Change in Latin America", *Demography* 6, 3 (1969), 226.

[2]　Elza Berquó, "Demographic Evolution of the Brazilian Population in the Twentieth Century", in *Population Change in Brazil: Contemporary Perspectives*, ed. David Joseph Hogan (Campinas: UNI-CAMP, 2001), 15, Table 3.

定地保持至21世纪。

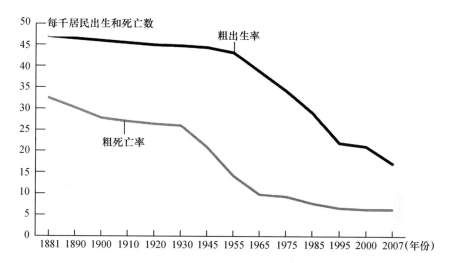

图4.26　1881—2007年巴西粗出生率和粗死亡率

资料来源：IBGE，Série：CD109 – Taxas brutas de natalidade e de mortalidade，and for 2010 DATASUS Table A.10 Taxa bruta de mortalidade. Available at http：//tabnet. datasus. gov. br/cgi/idb2011/matriz. htm#demog。

　　婴儿死亡率在这一时期的大部分时间里都非常高，虽然开始下降，从20世纪40年代的每千名活产儿有200多人死亡到1970年的每千名活产儿只有100多人死亡，但仍然是一个非常高的数字。[1] 到了1990年和2001年，这一数据分别为50人和33人，而在最近的2008年，每千名活产儿中的死亡数为18人，降幅十分显著，但不幸的是，与欧洲和亚洲标准相比，这一比率仍然很高。[2] 政府预计，巴西将在2050年达到欧洲和北美的标准，即每千名活产儿中的死亡的人数为6人。[3]

　　婴儿死亡率的构成也发生了显著变化。1983—1985年，受社会和经

---

　　[1]　唯一可获得的是城市居民的婴儿死亡率，该数字明显低于巴西平均水平。1941年，城市婴儿死亡率为每千名活产儿死亡202人，1970年降至109人。参见 Elza S. Berquó and Candido Procopio F de Camargo, eds. , *La population du Brésil* (Paris：UN/CICRED，1974)，52，Table 26。

　　[2]　1990—2001年的数据，可参见 IBGE，"Indicadores demográficos"，http：//www. ibge. gov. br/。

　　[3]　IBGE，*Projeção da população do Brasil por sexo e idade*，1980 – 2050，*Revisão 2008*，Table 17.

济条件影响最大的新生儿死亡（出生后28—364天）仍然占婴儿死亡总数的一半以上，从东北部66%到东南部48%的婴儿死亡率，差异很大。但与所有其他人口统计方面的结果一样，婴儿死亡率水平和地区间差异有所下降。到2003—2005年，婴儿死亡仅占巴西所有死亡人数的三分之一以上，东北和东南部之间的差距在36.1%—31.2%之间。① 反过来，在这一时期，围产儿死亡人数占所有婴儿死亡人数的比重从不到一半到三分之二，这一比率与美国相同。② 婴儿死亡率的构成与大多数发达工业化国家相似，大多数婴儿死亡与妊娠期问题有关。孕产妇死亡率也大幅下降。1990年，每10万个活产儿中就有143位母亲死亡。到了2008年下降到不到一半，即66人死亡。令人惊讶的是，虽然巴西的婴儿死亡率处于该地区国家的中间，但其2008年的产妇死亡率在拉美地区最低。③

随着全国范围内与婴儿和母亲相关的各种死亡率出现下降趋势，地区死亡率也实现了系统性下降，由于各地区往往是阶层和肤色的代理变量，阶层差异出现系统性下降。所有地区的婴儿和儿童死亡率都有所下降，但特别令人印象深刻的是，在过去10年中，在最差（东北部）和最好（南部）两个地区之间的指数差距均显著下降。因此，1997—2010年，东北部地区每千名活产儿中死亡的个数比南部多33，这一数字在2010年降至不足8人。反过来，在儿童死亡率（每千名活产儿中5岁以下儿童死亡个数）方面，东北部和南部的差异从2000年的29名儿童死亡下降到2010年的9名（图4.27a和图4.27b）。儿童急性腹泻是发展中国家儿

---

① Elisabeth França and Sônia Lansky, "Mortalidade infantil neonatal no Brasil: situação, tendências e perspectivas", Texto elaborado por solicitação da RIPSA para o Informe de Situação e Tendências: Demografia e Saúde, 2008 [Textos de Apoio, 3] (2008), 4, Table 1.

② 2001年，美国围产期前28天婴儿的死亡率为67%，巴西为66%。美国的数据可参见 Kenneth D. Kochanek and Joyce A. Martin, *Supplemental Analyses of Recent Trends in Infant Mortality*, http://www.cdc.gov/nchs/products/pubs/pubd/hestats/infantmort/infantmort.htm；巴西的数据可参见 REDE Interagencial de Informação para a Saúde, Indicadores básicos para a saúde no Brasil: conceitos e aplicações, 2nd ed. (Brasília: Organização Pan-Americana da Saúde, 2008), 83 (hereafter referred to as RIPSA)。

③ CEPAL, *Anuario estadístico de América Latina y el Caribe*, 2010, 58, Table 1.4.1, "Indicadores seleccionados de salud", and 59, Table 1.4.2, "Tasa de mortalidad infantil, por quinquenios, por sexo".

童最可怕的致死原因之一，在这一时期巴西的各个地区，急性腹泻成为下降程度最大的致死病因之一，5 岁以下婴儿和儿童因急性腹泻死亡的比重从 1991 年的 11% 降至 2004 年的 4%。[①]

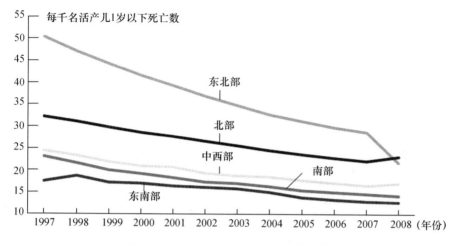

图 4. 27a　1997—2008 年各地区婴儿死亡率

资料来源：DATASUS "C. 1 Taxa de mortalidade infantile". http：//tabnet. datasus. gov. br/cgi/idb2010/c01b. htm。

在这一时期，成人死亡率的下降比婴儿和儿童死亡率下降的速度慢，这是所有国家的典型模式。从 1980 年到 2010 年，男性和女性的平均预期寿命分别增加了 10 年和 9 年，这主要是由于婴儿和儿童死亡率的下降。1980 年，男性的平均预期寿命为 59. 6 岁，女性为 66 岁。30 年后，这一数字显著上升，男性和女性分别增加了 10 年和 11 年，男性达到 69. 7 岁，女性为 77. 3 岁。[②] 但是巴西仍然远远落后于欧洲发达国家。2007 年的差

---

① 东北部地区和东南部地区之间的差距显著，急性腹泻致死比率分别为 6. 2% 和 1. 9%。RIPSA, *Indicadores básicos para a saúde no Brasil：conceitos e aplicações*, 125—127. 然而，需要指出的是，所有地区急性呼吸道感染儿童的死亡人数均大幅下降，从 1991 年占所有儿童死亡人数的 10% 降至 6%。在这种情况下，东北部的死亡率（5%）实际上比东南部地区要低。RIPSA, *Indicadores básicos para a saúde no Brasil：conceitos e aplicações*, 129.

② IBGE, *Projeção da população do Brasil por sexo e idade*, 1980 - 2050, *Revisão* 2008, Table 11.

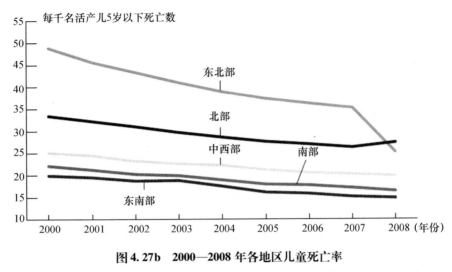

图 4. 27b 2000—2008 年各地区儿童死亡率

资料来源：DATASUS "C. 16 Taxa de mortalidade na infância". http：//tabnet. datasus. gov. br/cgi/idb2011/c01. htm。

距是，巴西比 16 个欧盟初始国家的女性平均预期寿命少 7 年，男性少 10 年。[①]

正如 20 世纪大部分时间的常态一样，女性的预期寿命超过了男性。2010 年，两性在出生时的潜在平均寿命差异为 7. 6 年，按世界先进标准，这个差异是最高的，并应随着时间的推移而下降。[②] 男性和女性在预期寿命方面的差异以老年男性存活率较低最为明显。从 20 多岁开始，女性比男性存活更多，随着年龄的增长，到 65 岁时，这种差异变得更加明显，男女存活人数比为 85：100（见后文中 2010 年的年龄金字塔）。

在出生时预期寿命提高的同时，得益于卫生服务条件的显著改善，成人死亡率也缓慢下降。例如，60 岁以上的人口，在 1980 年至 2007 年期间，女性的平均预期寿命增加了约 5 年，男性的平均预期寿命则增加了 4 年——这使得老年妇女的总寿命增加了 22. 6 年，老年男子的总寿命

---

① EUROSTAT, Table "Life expectancy at birth by gender", updated December 16, 2011 http：// epp. eurostat. ec. europa. eu/tgm/table. do? tab = table&init = 1&plugin = 1&language = en&pcode = tps00025.

② 例如在美国，男女之间的差异从 1949—1951 年的 6. 4 年下降到 2007 年的 5 年。*Statistical abstract of the USA* 2011，74，Table 104，"Selected Life Table Values".

增加了19.4 年。① 相应地，同欧盟初始 16 个成员国的数据相比较，巴西
60 岁以上女性和男性的预期寿命仅比其分别少 2 年和 3 年。② 所有年龄组
预期寿命的提高在很大程度上得益于传染病致死率的下降。③ 虽然传染病
是 20 世纪中叶最主要的致死原因，但到了 20 世纪末，已经被退行性疾病
所取代。④ 随着心脏病和癌症在 20 世纪末期成为主要的致死原因，再加
上传染病不再是死亡的主要原因，巴西最终同 20 世纪初以来世界先进工
业化国家的模式保持了一致。2004 年，最主要的致死原因是心脏病（占
所有死亡人数的32%）和癌症（13%），非疾病死亡（事故、谋杀等）
是第二大致死原因，占总死亡人数的14%。传染病致死人数仅占5%。南
北方之间的传染病致死率存在差异，北方为 7%，南方为 4%，但是所有
地区最大的致死原因相同。⑤

　　死亡率的这种变化，特别是婴儿和儿童死亡人数的急剧下降，也反
映在总死亡人数中各年龄构成的变化上。在 20 世纪中叶，15 岁以下的人
占死亡人数的 56%，而在 21 世纪的头十年死亡的人中，占比只
有16%。⑥

　　出生和死亡方面所有的变化均对巴西人口的自然增长率产生了直接
的影响。尽管死亡率从 19 世纪末开始下降，并且自 20 世纪中叶开始降速
更快，但生育率最初却没有遵循这一趋势。到 20 世纪 60 年代中期，由于
年轻女性死亡率和发病率的下降，出生总人数实际上略有增加。如同拉

　　① 1950—1955 年的预测数据参见 CELADE, *Boletín Demográfico* 67（Enero 2001），2007 年
的数据参见 IBGE, Table "Brasil：Túbua Completa de Mortalidade…2007", op. cit.。
　　② EUROSTAT, Table "Life expectancy at birth by gender", updated December 16, 2011. http：//
epp. eurostat. ec. europa. eu/tgm/table. do? tab = table&init = 1&plugin = 1&language = en&pcode =
tps00025.
　　③ 例如，2001 年，圣保罗州因传染病死亡的比重仅为 5%（婴幼儿的传染病致死率为
7%）。SEADE, Anuário Estatístico do Estado de São Paulo – 2001, Quadro 25, http：//www.
seade. gov. br.
　　④ 2001 年，圣保罗州死亡人数中约 30% 死于心脏病，其次是癌症（15%）。SEADE,
Anuário Estatístico do Estado de São Paulo –2001, Quadro 25.
　　⑤ RIPSA, *Indicadores básicos para a saúde no Brasil*, 115.
　　⑥ CELADE, "Estimaciones y Proyecciones de Población, 1950 – 2050, Brasil, Populación To-
tal, Indicadores del crecimiento demográfico estimados y proyectados por quinquenios, 1950 – 2050", ht-
tp：//www. eclac. cl/celade/proyecciones/intentoBD – 2002. htm.

丁美洲许多国家在这一时期所发生的一样，随着健康状况的改善，女性的不育率下降，更多的妇女存活到生育年龄，这些健康状况的改善最初实现了更高的出生率。高生育率和下降的死亡率相结合，导致巴西在20世纪后期人口迅速增长。从1960年到1970年，巴西人口以每年3%的惊人速度增长。[①] 正是如此，巴西人口在1950年为5200万，仅仅24年后，1974年人口翻了一番，达到1.04亿。如果1960—1970年间3%的高增长率能够继续下去，到1983年人口总数能再翻一番，达到2.08亿。但是在20世纪70年代，人口自然增长率开始下降，降至2.5%，并在80年代进一步降至1.9%，而在21世纪第一个十年内降到了1%。[②] 由于增长率的下降，到2010年人口普查时，巴西人口数仅增长到1.91亿。[③]

早期快速增长的结果是，巴西人口的平均年龄最初降至历史低点。1950年，巴西人的年龄中位数是18岁，到了1965年达到20世纪中叶的生育率高峰时，下降到17岁，年轻了整整一岁。[④] 但生育率和死亡率的下降将逐步提高人口年龄的中位数。到1991年的人口普查时，人口年龄中位数已经上升到26.5岁，2010年人口普查则再次上升到32.1岁。[⑤] 这不仅意味着年轻人口的比重在下降，而且死亡率的下降和预期寿命的延长意味着60岁以上老年人口的比重在上升（图4.28）。预计到2050年，64岁以上人口的比重将超过0—14岁儿童的比重。[⑥]

死亡率和生育率的变化影响到巴西人口年龄组别的构成。所有这一切在2010年人口普查的年龄金字塔中首次变得明显，看起来越来越像先进工业化世界的罐形金字塔，尤其是25岁以下的年龄组（图4.29）。不

---

① 根据IBGE的年中人口数估计增长率，详见Ipeadata：População residente – 1° de julho-Anual-Pessoa-IBGE Outras/Pop-DEPIS_POP。

② IBGE：*Censo Demográfico* 2010 *Sinopse do Censo e Resultados Preliminares do Universo*（Rio de Janeiro，2011），Table "Taxa média geométrica de crescimento anual 1940/2010 Brasil"。

③ IBGE：*Censo Demográfico* 2010 *Sinopse do Censo e Resultados Preliminares do Universo*，Table "População e taxa média geometrica de crescimento annual Brasil 1872/2010"。

④ 根据CELADE，*Boletín Demográfico* 66（Julio 2000）的数据计算而得。

⑤ IBGE，*Censo Demográfico* 2010 *Características da população e dos domicílios*，*Resultados do universo*，Table 5，"Idade média em anos，total…1991/2010"，n. p.

⑥ IBGE，*Projeção da população do Brasil por sexo e idade* 1980 – 2050，*Revisão* 2008，Table 14，"Projeção da população，segundo os grupos de idade-Brasil – 1980/2050"。

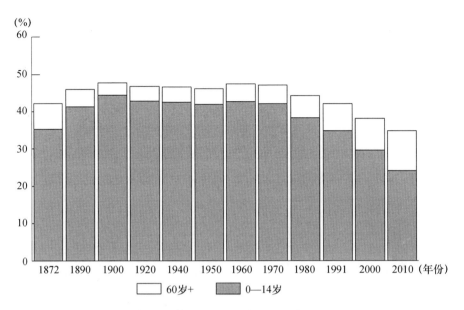

图 4.28　年轻人和老人在总人口中的比重

资料来源：Série：IBGE，POP22 – "População por grupos de idade（população presente e residente）"。

仅人口的平均年龄在上升，而且工人与儿童和成人的比重预计还将在未来 30 年内上升；[①] 这一比例最终会下降，导致人口统计学家所说的更高的抚养比率，即人口中非工作人口占工作人员的比重。目前，以欧美发达国家的标准来看，这一比重仍处于较低水平，但今后会出现问题。由于巴西在过去半个世纪的大部分时间里一直在扩大其福利体系，这意味着随着工人占总人口比重的下降，福利制度的融资将变得更加困难。这是当今发达国家的主题，未来也将成为巴西的一大主题。

　　除了对全国人口年龄结构变化的影响，自 20 世纪中叶起人口出生率和死亡率的变化也对国内移民产生了重大影响。尽管最近各地区在出生和死亡方面都趋向于国家标准，但这是最近的发展。从 20 世纪 50 年代到 90 年代，北部各州持续的高生育率，以及它们截然不同的工资和生活水平，形成了典型的国内大规模迁出移民活动的推动因素。与此同时，南部地区的工业化及巨大的经济扩张能力创造了对劳动力的需求并产生了

————————

① IBGE，*Projeção da população do Brasil por sexo e idade* 1980 – 2050，Table 14.

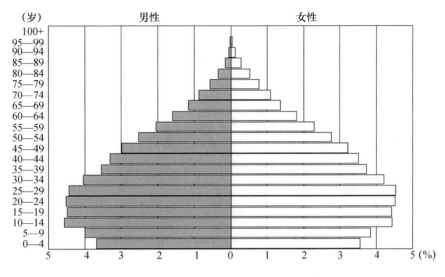

图 4.29　2010 年巴西人口年龄金字塔

资料来源：IBGE，Censo Demográfico 2010 Características da população e dos domicílios，Resultados do universo，Table 1. 1. 1 "População residente…segundo os grupos de idade-Brasil –2010"（n. p.）。

工资差距，这吸引了大量来自其他地区的非熟练和半熟练工人。[①]　因此，推动和拉动因素的完美结合，引发了人口大规模的流动。根据 1980 年的人口普查估计，巴西全国 1. 19 亿人口中，有 4600 万居住在出生城市以外的其他城市，约占总人口的 39%。[②]　尽管州内和从农村到城市的移民占绝大多数，各州之间和跨地区的移民也不在少数，在这一时期，人口迁徙距离最远的主要是从东北部到里约热内卢和圣保罗的移民。例如在 1980 年，圣保罗的居民中有约 600 万人在其他州出生，其中出生在巴伊亚州的有 100 万人，伯南布哥州 70. 2 万人，塞阿拉州 29. 5 万人，阿拉戈斯州 27. 2 万人。另一方面，里约热内卢州有 250 万移民，其中 29. 5 万人来自帕拉伊巴州，23. 9 万人来自伯南布哥州。有趣的是，圣保罗州非该州原籍居民的男女

---

①　直到 1987 年，东南部地区的家庭人均收入是东北部地区的两倍。Lena Lavinas，Eduardo Henrique Garcia，and Marcelo Rubens do Amaral，Desigualdades Regionais：Indicadores Socioeconômicos nos Anos 90，Texto para Discussão No. 460（Rio de Janeiro：IPEA，Fevereiro 1997），12，Table 2，"Evolução da Renda Familiar per capita Urbana-Ufs e Regiões"（reais de 1995）.

②　IBGE，IX Recensamento Geral do Brasil 1980，Vol. 1，Tomo 4，No. 1，"Dados geraismigração-instrução-fecundidade-mortalidade"（Rio de Janeiro，1983），Table 2. 4.

比例为 102 : 100，而在里约热内卢州，这一比例为 89 : 100。① 传统上，由于城市中心服务业规模大，能够提供大量工作岗位，因此女性占据了移民的绝大部分，里约热内卢似乎就是这种情况。另一方面，男性在圣保罗似乎有更多的工作机会，这从性别比可以看出来。

在移民时代的早期，圣保罗市的移民数量增速极快。1940—1970 年之间，圣保罗大都市区移民年均增长率为 5.6%，是巴西所有大都市区的最高值。在此后 10 年中，圣保罗的地位被贝洛奥里藏特取代，1980—1991 年，圣保罗移民年均增长率仅为 1.9%。② 增长率的下降反映出 21 世纪移民数量的下降。根据 2010 年的人口普查数据，圣保罗州 21% 的居民出生于其他州，而里约热内卢州的这一比重为 14%。此外，2000 年和 2010 年两次人口普查之间的 10 年中，巴西总移民数从 1130 万人降至 990 万人。③ 总人口中有 30%—40% 来自其他地区的州，有北部地区的朗多尼亚州、罗赖马州、阿马帕州和托坎廷斯州以及中西部地区的马托格罗索州和联邦区（巴西利亚）。④ 这些州或地区当前正吸引大量来自东北部和东南部地区的移民，绝大多数去往新开发的农业地区。⑤

即使是落后的东北部地区，最贫困和最富裕地区在工作机会、教育、

---

①　IBGE, *IX Recenseamento Geral do Brasil* 1980，Vol. 1，Tomo 4，No 1，71 – 84，Table 2. 10，"Brasileiros natos, por naturalidade e sexo, segundo as regioes e as unidades da federação".

②　George Martine, *A redistribuição espacial da população brasileira durante a década de 80*，Texto para Discussão No. 329（Brasília：IPEA, Janeiro 1994），30，Table 10.

③　IBGE, Censo Demográfico 2010, *Nupcialidade, fecundidade e migração Resultados da amostra*（Rio de Janeiro, 2010），n. p.，Table 17. 2011 年 PNAD 调查数据显示，40% 的巴西人居住地和出生地不同——这刻画出各州内部和各州之间的流动性。IBGE, *Pesquisa Nacional por Amostra de Domicílios*，*Síntese de indicadores 2011*（Rio de Janeiro, 2012），Table 2. 5.

④　IBGE, Censo Demográfico 2010 – Resultados Preliminares da Amostra，Table 2. 2，"População residente, por naturalidade em relação ao município e à Unidade da Federação, segundo as Grandes Regiões e as Unidades da Federação – 2010"，http：//www. ibge. gov. br/home/estatistica/pop-ulacao/censo2010/resultados_preliminares_amostra/default_resultados_preliminares_amostra. shtm.

⑤　这也是 2006 年最近一次 PNDA 调查的结果。590 万巴西人是州际移民，这些人从总体上说在受教育程度方面要超过非移民的巴西人，且更加年轻。性别和肤色不再是移民的决定因素，因为你移民和非移民在这两方面没有区别。当前大部分移民是区域间移民，只有圣保罗还在很大程度上吸引着本地区内（东北部人）的移民，即使是圣保罗，也存在向其他地区迁出的人。参见 Adolfo Sachsida, Paulo Furtado de Castro, Mario Jorge Cardoso de Mendonça, and Pedro H. Albuquerque, *Perfil do migrante brasileiro*，Texto para Discussão No. 1410（Rio de Janeiro：IPEA, Julho 2009），10 – 11。

医疗方面也在缓慢却稳步地靠拢，证明这是过去 10 年中总体移民减缓的关键因素之一。[①] 但是，尽管内部迁徙放缓，但影响力持久。在这 60 多年间，巴西人口重新布局，一大部分人迁徙至之前人烟稀少的、遥远的北部和中西部地区，东南部各州成为巴西人口最多的州。这可以从 1950—2010 年之间各州人口分布变化中表现出来（地图 4.1 和地图 4.2）。

地图 4.1　1950 年巴西各州人口数

① 关于工资收敛的研究，参见 Cézar Santos and Pedro Cavalcanti Ferreira, "Migração e distribuição regional de renda no Brasil", *Pesquisa e Planejamento Econômico* 37, 3 (Dezembro 2007), 405 – 426; Ricardo Paes de Barros, Samuel Franco, and Rosane Mendonça, *Discriminação e segmentação no mercado de trabalho e desigualdade de renda no Brasil*, Texto para Discussão No. 1288 (Rio de Janeiro: IPEA, Julho 2007); and Rodolfo Hoffmann, "Transferências de renda e a redução da desigualdade no Brasil e cinco regiões entre 1997 e 2004", *Econômica* 8, 1 (2006), 55 – 81。关于地区收敛的讨论，参见 André Braz Golgher, Lízia de Figueiredo, and Roberto Santolin, "Migration and Economic Growth in Brazil: Empirical Applications Based on the Solow-Swan Model", *The Developing Economies* 49, 2 (June 2011), 148 – 170。

地图 4.2　2010 年巴西各州人口数

　　但是州际和区域间的移民并不是巴西在这段时间内移民的唯一类型。在此期间,大量的农村工人涌向甚至是同一地区的城市中心。1950—1980 年期间,正是东南部和南部地区的农村向城市提供了大量迁徙劳动力,这一进程在 20 世纪 90 年代减缓。在 20 世纪 80 年代和 90 年代,最大规模的移民是人口从东北部的农村地区向城市中心迁徙。据估计,1960—1980 年期间,有 2700 万农村工人迁徙到城市中心。由于这种从农村到城市的移民,巴西的农村人口一直在缓慢而稳定地下降。整个 20 世纪以来一直在增长的农村人口在 1970 年达到 4100 万,占总人口的 44%。但在接下来的 10 年里,这个数字下降到了 3850 万(占全国人口的 32%),到了 20 世纪 90 年代末,这个数字下降到了 3380 万,只占全国总人口的 22%。① 到 2010 年的人口普查时，这一数字只有 2980 万，只占全国人口的 16%。②

据估计，在 20 世纪 70 年代，40% 的农村人口迁徙到了城市，在接下来的十年里，33% 的农村人口流入城市。20 世纪 90 年代初，又有 550 万农村人口移至城市，占当时农村人口的 28%。自 20 世纪 70 年代以来，移民中的大多数为女性，这对农村人口的性别比产生了影响，1950 年农村男女比例为 91：100，到了 20 世纪 90 年代中期，这一比例变为 109：100。在这方面，巴西与 19 世纪和 20 世纪的欧洲和拉丁美洲从农村到城市的大规模移民无异，女性成为移民的主力。同样，随着移民数量的不断增加，发生移民的高峰年龄也发生了变化，20 世纪 50 年代，男性和女性的移民高峰年龄在 30—39 岁，到了 20 世纪 90 年代，男性为 20—24 岁，女性则为 15—19 岁。③ 农村到城市移民规模最大的两个地区是东北部和东南部，1950—1995 年期间，东北部农村向城市移民达到 2160 万，东南部则为 1860 万。在 21 世纪，这一进程即使不是完全稳定下来，也已经开始放缓。2010 年，所有地区均以城市为主，东北部和东南部的城市化率分别达到 73.1% 和 92.9%，④ 农村人口似乎也最终稳定了下来。在 2000 年的人口普查中，估计只有 300 万人是农村移民，其中有三分之二经历了短距离或长距离的迁徙，从农村到城市，还有四分之一的人则迁徙到了其他农村地区。⑤

人们似乎普遍认为，这种无论是以城市还是成长中的边远农业地区

---

① Ana Amélia Camarano and Ricardo Abramovay, *Êxodo rural, envelhecimento e masculinização no brasil: panorama dos últimos 50 anos*, Texto para Discussão No. 621 (Rio de Janeiro: IPEA, Janeiro 1999), 3, Table 2.

② IBGE, *Resultados do Universo do Censo Demográfico 2010*, Table 1.1.1, "População residente, por situação do domicílio e sexo, segundo os grupos de idade-Brasil – 2010". http://www.ibge.gov.br/home/estatistica/populacao/censo2010/caracteristicas_da_populacao/caracteristicas_da_populacao_tab_brasil_zip_xls.shtm.

③ Camarano and Abramovay, *Êxodo rural, envelhecimento e masculinização no brasil*, 4 – 5.

④ IBGE, *Sinopse do Censo Demográfico 2010* (Rio de Janeiro, 2011), Table 7, "Grau de urbanização, segundo as Grandes Regiões – 1991/2010".

⑤ André Braz Golgher, "The Selectivity of Migration in Brazil: Implications for Rural Poverty", Taller Nacional sobre "Migración interna y desarrollo en Brasil: diagnóstico, perspectivas y políticas", April 30, 2007, Brasilia.

为方向的农村移民，都对减少农村贫困整体产生了影响。尽管所有研究都表明，受教育程度高的人和年轻人移民后，移出地的贫困率将有所下降。对于那些留下来的人来说，他们能得到移出人的收入转移，其工资也会因本地劳动力短缺而上涨。此外，所有这些发生于农业现代化的过程中，政府通过"家庭补助金计划"（*Bolsa Família*）和针对小型农业提供补贴的"家庭农业支持计划"（PRONAF）等项目进行资金转移，所有这些均对降低农村贫困产生了影响。[①] 通过分析最贫困的州（赤贫家庭比重超过30%）[②] 在1981年和2009年之间的变化，可以看出这种下降（图4.30）。这些地区的赤贫率大幅下降，而且最富裕和最贫困地区之间的差距在逐渐消失。

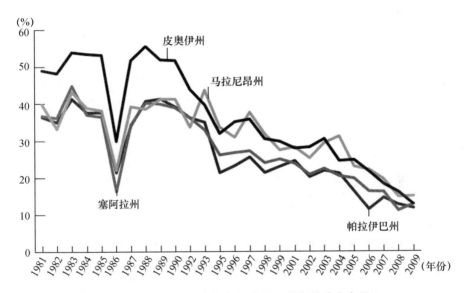

图4.30　1981年赤贫家庭超过30%的州赤贫率变化

资料来源：Ipeadata，Table "Pobreza-proporção de domicílios extremamente pobres"。

---

① 关于移民对农村贫困影响的讨论，参见 André Braz Golgher，*Diagnóstico do processo migratório no Brasil：comparação entre não-migrantes emigrantes*（Belo Horizonte：UFMG/CEDEPLAR，2006）；and "The Selectivity of Migration in Brazil：Implications for Rural Poverty"。关于支持小型农业的项目的影响，参见 Carlos E. Guanziroli，"PRONAF dez anos depois：resultados e perspectivas para o desenvolvimento rural"，*Revista de Economia e Sociologia Rural* 45，2（Brasília）（Abril-Junho 2007），301 – 328。

② 根据 IPEA 的数据，赤贫率被定义为"根据联合国粮农组织（FAO）和世界卫生组织（WHO）的建议，达到充分满足个人最低卡路里的一篮子食物的价值"。

在 1997 年 "雷亚尔计划" 控制通货膨胀、提高最低工资、收入转移支付计划系统性增加和最终绝大多数工人逐步被纳入正规劳动部门之间，巴西的贫困状况在过去十年间发生了巨大的变化。[①] 据估计，截至 2011 年，在 5400 万文职员工中（不包括军人和公共服务人员），71% 拥有正式工作合同。[②] 迟至 2000 年，在 4000 万文职员工中，当时拥有正式工作合同的只有 59%。[③]

所有这些都对巴西贫困率的显著下降产生了影响。最显著的下降发生在赤贫人口中，尤其是最近一段时期，尽管普通贫困家庭的比重也下降了，但速度较慢（图 4.31）。令人印象最为深刻的变化发生在卢拉两届总统任期。在这一时期，"家庭补助金计划" 只是几个重要的现金转移计划之一，其他还包括农村养老金计划和 1995 年建立的针对低于最低工资的退休人员按月进行补贴的 "连续现金福利计划"（Continuous Cash Benefits）。到 2005 年，所有这些非劳动收入将进入 52% 的所有巴西家庭。[④] 最近的经济学家认为，政府推出的这些收入转移支付对减少各地的农村贫困和赤贫产生了重大影响，是 2001 年开始的不平等现象急剧下降背后

① 最近一项对巴伊亚州以及整个东北部地区赤贫变化调查的研究发现，1996—1997 年雷亚尔计划实施期间，赤贫率骤然下降，而在 2003—2006 年卢拉总统扩大有条件的现金转移计划期间，代表不平等的基尼系数实现了相应的下降。Rafael Guerreiro Osorio and Pedro H. G. Ferreira de Souza，*Evolução da pobreza extrema e da desigualdade de renda na Bahia*：1995 a 2009，Textos para Discussão No. 1696（Brasilia：IPEA，Janeiro，2012）.

② "com carteira de trabalho assinada" …Censo Demográfico 2010 – Resultados Preliminares da Amostra，Table 6.2，"Pessoas de 10 anos ou mais de idade，ocupadas na semana de referência，por posição na ocupação e categoria do emprego no trabalho principal，segundo as Grandes Regiões e as Unidades da Federação – 2010"，http：//www. ibge. gov. br/home/estatistica/populacao/censo2010/resultados preliminares amostra/default resultados preliminares amostra. 关于对 20 世纪 70 年代以来正规和非正规就业相对比重变化的研究，参见 Fernando Augusto Mansor de Mattos，*Emprego público no Brasil*：*aspectos históricos*，*inserção no mercado de trabalho nacional e evolução recente*，Textos para Discussão No. 1582（Brasilia：IPEA，Fevereiro 2011）。

③ IBGE，SIDRA，Table 2031，"Pessoas de 10 anos ou mais de idade ocupadas na semana de referência por posição na ocupação e categoria do emprego no trabalho principal"，http：//www. sidra. ibge. gov. br/bda/tabela/listabl. asp？z = cd&o = 13&i = P&c = 2031.

④ Ricardo Paes de Barros，Mirela de Carvalho，and Samuel Franco，"O papel das Transferências Públicas na queda recente da desigualdade de Renda Brasileira"，in *Brasil*：*A nova agenda social*，ed. Edmar Lisboa Bacha and Simon Schwartzman（Rio de Janeiro：LTC，2011），41. 这些作者强调了 "家庭补助金计划" 和 "连续现金计划" 重要性的原因。

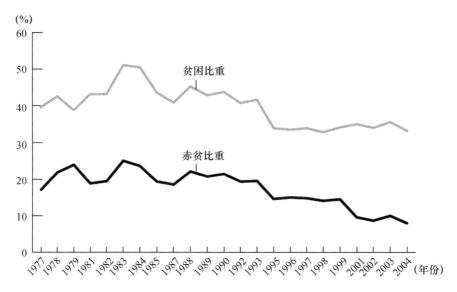

图 4.31　1977—2004 年巴西贫困和赤贫家庭比重

资料来源：Henriques，Desigualidade e Pobreza（2000），p. 24，Table 1 "& Rocha Alguns aspectos…"（2006），p. 16，Table 1。

的原因。[①] 再加上更多的工人进入正规市场和提高最低工资产生的影响，导致巴西的极端贫困大幅减少，实质上消除了营养不良和饥饿。截至 2008 年，家庭赤贫发生率仅为 8.8%，低于 2004 年的 17.4%。据估计，

---

① 关于这些计划近期的演变，参见 André Portela Souza，"Politicas de distribuição de renda no Brasil e o Bolsa Família"，in Brasil：A nova agenda social，ed. Edmar Lisboa Bacha and Simon Schwartzman（Rio de Janeiro：LTC，2011），166 - 186。有大量的研究试图解释赤贫率和基尼系数下降的原因。大多数认为，在解释这种下降的原因方面，通过公共转移支付获得的非劳动收入同教育普及和最低工资（多数收入和养老金计划均以此为主）同等重要。Ricardo Paes de Barros，Mirela de Carvalho，Samuel Franco，and Rosane Mendonça，"Markets，the State and the Dynamics of Inequality：Brazil's Case Study"，in Declining Inequality in Latin America：A Decade of Progress？ed. Luis Felipe Lopez-Calva and Nora Lustig（Washington，DC：Brookings Institution Press，2010），134 - 174；Barros et al.，"O papel das Transferências Públicas na queda recenteda desigualdade de Renda Brasileira"，41 - 85；Sergei Soares，"Análise de bem-estar e decomposição por fatores da queda na desigualdade entre 1995 e 2004"，Econômica 8，1（2006），83 - 115；and Rodolfo Hoffmann，"Transferências de renda e a redução da desigualdade no Brasil"，55 - 81. 霍夫曼（Hoffman）强调说，这种影响在地区间存在明显差异，在东北部和其他非常贫穷的地区，这种影响远远大于其他地区。少数反对强调政府收入转移对减少贫穷的影响之一，参见 Emerson Marinho and Jair Araujo，"Pobreza e o sistema de seguridade social rural no Brasil"，Revista Brasileira de Economia 64，2（2010），161 - 74。

2004—2009 年期间，超过 1590 万个家庭脱贫（即赤贫，贫困以及收入虽高于最低工资水平却脆弱的家庭）。这使非贫困家庭的比重从 2004 年的 35.8% 上升到 5 年后的 5680 万个家庭中占 51.5% （图 4.32）。[①]

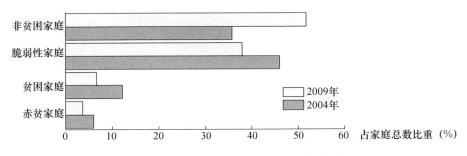

图 4.32　2004 年和 2009 年巴西家庭贫困率降低

资料来源：Osorio et al. 2011，p. 17，Table 2。

这种社会变化很大程度上通过收入的增加以及经济全面增长带来更加多样化的市场来实现。但是，医疗、教育和福利的变化在很大程度上得益于国家及其采取的措施。同世界上所有其他主要国家一样，巴西从 20 世纪 30 年代开始实行现代福利国家制度。但是，巴西花了几十年时间才实现了福利国家的规模扩张，在现代工业化社会认为理所当然的基本社会服务，巴西却经历了缓慢且艰苦的过程，直到 21 世纪才开始提供。失业保险、养老金、工人补偿和医疗保健直到最近 25 年才在全国范围内得到解决。正如西半球大多数国家的情况一样，巴西第一个正式的养老金计划始于 20 世纪 20 年代和 30 年代，覆盖特定行业的一小部分工人。在瓦加斯的领导下，养老金制度以"研究机构"（Institutos）的名义覆盖到全部行业。反过来，这些全行业的养老金机构成为一批新的专业技术

① Rafael Guerreiro Osorio, Pedro H. G. F. de Souza, Sergei S. D. Soares, and Luis Felipe Batista de Oliveira, Perfil da pobreza no Brasil e sua evolucão no período 2004 – 2009. Texto para Discussão No. 1647 （Brasilia：IPEA, Agosto 2011）, 17, Table 2.

官僚的培训中心，他们将在军政府时期扩大养老金体系。[①] 1988 年，巴西全面恢复民主，社会福利成为政府展开讨论的一个活跃领域，导致 1988年宪法起草时，社会福利成为主要章节的考量因素。不仅医疗被宣布为宪法规定的基本权利，而且社会保险和社会救助组成的综合体系也是如此。当前，所有联邦政府的员工和所有私企员工均被纳入一个社会保障体系中。该体系的融资建立在更坚实的税基上，养老金的价值现在与通货膨胀挂钩。最后，农村地区的所有男性和女性，不论是否是登记过的工人，也不论其是否已向以前任何养老金计划缴纳费用，均享有养老金权利。20 世纪 90 年代初，这些改革最终被确立为一部系统的社会保障法。救助和保险计划被重新整合并入新成立的国家社会保障局（*Instituto Nacional do Seguro Socia，INSS*）——该机构取代了 INPS、FUNRURAL 和其他分散的社会救助部门，并将所有涉及医疗卫生的职能转移给卫生部。[②]

在这方面，巴西从根本上偏离了拉丁美洲大多数国家进行的养老金自由化改革，这一波改革浪潮于 20 世纪 80 年代在智利最先进行，在 20世纪 90 年代扩展至大部分拉丁美洲国家。与许多其他国家不同的是，巴西没有将养老金计划私有化，而是巩固了"随收随付制"（pay as you go），并使之进一步合理化，尽管为私人保险计划的补充打开了大门。[③]据估计，2004 年约有 4200 万巴西工人（16—59 岁）参与到国家级、州级和市级养老金体系，约 2200 万人领取养老金，尽管仍有约 2700 万工人

① Kaizô Iwakami Beltrão, Sonoe Sugahara Pinheiro, and Francisco Eduardo Barreto de Oliveira, *Population and Social Security in Brazil: An Analysis with Emphasis on Constitutional Changes*, Texto para Discussão No. 862 (Rio de Janeiro: IPEA, 2002), 2 – 3; Celso Barroso Leite, "Da lei Elói Chaves ao Sinpas", in *Um século de previdência social: balanço e perspectivas no Brasil e no mundo*, ed. Celso Barroso Leite (Rio de Janeiro: Zahar, 1983), 39 – 44; and James Malloy, *The Politics of Social Security in Brazil* (Pittsburgh, PA: University of Pittsburgh Press, 1979), 124 – 125.

② Beltrão et al., *Population and Social Security in Brazil*, 5 – 6.

③ 关于同其他地区改革的不同点，参见 Florencia Antía and Arnaldo Provasi, "Multi-pillared Social Insurance Systems: The Post-reform Picture in Chile, Uruguay and Brazil", *International Social Security Review* 64, 1 (2011), 53 – 71; and Fabio M. Betranou and Rafael Rofman, "Providing Social Security in a Context of Change: Experience and Challenges in Latin America", *International Social Security Review* 55, 1 (2002), 67 – 82。

未能得到保障。① 到了 2009 年，估计有 59.3% 的经济活跃人口参与到养老金计划当中。②

对农村工人实现养老金全覆盖的承诺对于降低老人特别是农村地区老人的赤贫和贫困产生了深远的影响。③ 尽管这些农村养老金的初始规模很小——1985 年，约85% 的农村人口领取的养老金低于最低工资——但已经逐渐变得越来越重要。1988 年宪法将农村退休人员基本养老金提高到最低工资水平。④ 据估计，这些针对农村工人的养老金不仅降低了农村贫困，而且显著减轻了巴西农村的不平等。⑤ 在发展中国家群体中，巴西是降低农村人口贫困方面领先的国家之一。⑥ 因此，在巴西，老人和农村居民首次不再被自动与贫困联系在一起。

消除赤贫和将更多的人纳入经济中，在很大程度上是控制通货膨胀和政府提供有条件的现金转移的结果。费尔南多·恩里克·卡多佐第一届任期，政府实行了这种财政支持的新的再分配制度，建立了"根除童工计划"（Programa de Erradicação do Trabalho Infantil，PETI）——该计划最终在 2001 年被扩大成为一个更为全面的"学校奖学金计划"（Bolsa Escola），这一计划旨在根除雇佣童工并且通过有条件的现金转移鼓励儿童上学。助学金计划针对有学龄儿童的贫困家庭，如果他们让孩子在学

---

① *Informe de Previdência Social* 16，5（Maio 2004），1，18. 养老金领取人数的增长相当快。1995 年，只有 1570 万人能领取养老金，到了 2003 年，人数达到了 2170 万，增幅 40%。*Informe de Previdência Social* 16，2（Fevereiro 2004），1.

② 这比 2002 年的 53.8% 有所上升。IPEA，*Políticas sociais：acompanhamento e análise*，Vol. 19（2011），18，Table 1，"Evolução da cobertura previdenciária – 2002 – 2009"。

③ 1999 年，大约 79% 的 60 岁及以上的巴西人领取养老金。Helmut Schwarzer and Ana Carolina Querino，*Benefícios sociais e pobreza：Programas não contributivos da seguridade social brasileira*，Texto para Discussão No. 929（Brasília：IPEA，2002），7.

④ Kaizô Iwakami Beltrão and Sonoe Sugahara Pinheiro，*Brazilian Population and the Social Security System：Reform Alternatives*，Texto para Discussão No. 929（Rio de Janeiro：IPEA，2005），6.

⑤ 据估计，2002 年收入分配基尼系数（不包括养老金）为 0.56，如果将养老金考虑在内，基尼系数则为 0.52。Beltrão and Pinheiro，*Brazilian Population and the Social Security System*，12.

⑥ 2003 年领取养老金并已申报居住的人口中，约有 35% 来自农村地区，这一比重远远高于实际总人口数。Informe da Previdência Social 16，2（Fevereiro 2004），1. 甚至是按照拉丁美洲的标准，巴西为农村老年人实行的退休形式也与众不同。参见 CELADE，*Los adultos mayores en América Latina y el Caribe datos e indicadores*（Boletín Informativo，Edición Especial；Santiago de Chile，2002），Graphers 8，9，16，18。

校读书，国家便进行补贴。① 同年，政府推出"粮食救济金计划"（*Bolsa Alimentação*），鼓励对孕妇的产前护理，最后所有的现金转移计划在 2003 年被合并成一个更为全面的"家庭补助金计划"（*Bolsa Família*）。国家通过对所有受益人进行新式的人口调查（*Cadastro Único*）以及利用联邦储蓄银行（*Caixa Econômica Federal*）对受益人进行支付，使这些资源的分配合理化。这个项目和以前的所有项目都经过了经济能力测试，也就是说，这些项目是为那些收入低于最低工资或政府规定的其他贫困线的家庭设计的。此外，这些现金转移还需要这些家庭采取相应的行为以满足要求，即使其子女继续上学和（或）进行有系统的产前保健。2008 年，约 1130 万个家庭获得了这一收入，这项政府成本占 GDP 的 0.37%。② 这些收入转移对降低巴西的赤贫和贫困产生了巨大的影响，这一点现在得到了所有观察人士和巴西公众的认可，使卢拉成为美洲获得支持率最高的总统。但是，收入转移也对儿童上学和孕妇在怀孕前三个月得到就诊机会产生了很大的影响。毫无疑问，这是 21 世纪影响巴西社会的最重大的变化。

　　和养老金一样，现代公共医疗项目始于 20 世纪 20 年代，与各种专业性的养老金储蓄银行和养老金运营机构相关联，第二次世界大战后，这些项目同国家养老金计划（INSS）的联系更为密切。20 世纪 70 年代，受 1942 年英国"贝弗里奇计划"（British Beveridge plan）的影响，巴西制定出一种详细的新模式，试图为全体公民提供全面的医疗服务。首先是为无法享受社会保障医疗计划的人提供急诊服务。随后在 1988 年宪法中，由政府提供的医疗保健被规定为全体公民所享有的权利。宪法第 198 条要求建立"统一医疗体系"（*Sistema Único de Saúde*，SUS），所有公民，无论他们的正式工作状态如何，均被覆盖，相应地，医疗体系实现分权，从联邦政府下放至能够决定当地需求的州和市级政府，尽管资金主要来自联邦政府。20 世纪 90 年底，"统

---

① Schwarzer and Carolina Querino, *Benefícios sociais e pobreza*.

② 所有地方的和后续有条件现金转移计划的历史，参见 Sergei Soares and Natália Sátyro, *O programa bolsa família: desenho institucional, impactos e possibilidades futures*, Texto para Discussão No. 1424 (Brasília: IPEA, Outubro 2009)。

一医疗体系"的大多数改革开始实施，包括地方和地区以及联邦政府的新资金来源。① 此外，巴西还集中全力建立了为全体公民提供基础医疗服务的初级诊所，并且在 1994 年被纳入 SUS 下的"家庭医疗计划"（*Programa de Saúde da Família*，PSF）。小城镇和农村地区很快覆盖成功，而在大城市中，这些基础诊所的普及较为缓慢。② 到 20 世纪末，SUS 雇佣了近 50 万名卫生专业人员，管理着 5000 多家医院，拥有 43 万张床位，并在全国各地维持着约 6.3 万个门诊护理中心。③ 从此之后，医院床位数量始终保持稳定，2009 年每千人拥有床位数为 2.3 张，无论是按照拉丁美洲还是世界标准，比率都算合理。④ 随着时间的推移，SUS 的普及率越来越高。到了 2009 年，全国平均每个居民在 SUS 进行 2.7 次医疗咨询；⑤ 2009 年，90% 的巴西产妇进行了 4 次或 4 次以上的产前医疗咨询，只有 2% 的人没有做过任何产前医疗咨询。⑥ 到目前为止，巴西有 35.2 万名医生（其中 62% 为男性），即每千居民有 1.8 名医生，按世界标准衡量，这

---

① 关于向普遍体系复杂演变的详细历史，参见 Otávio Azevedo Mercadante et al. ，"Evolução das Políticas e do Sistema de Saúde no Brasil"，in *Caminhos da Saúde Pública no Brasil*，ed. Jacobo Finkelman（Rio de Janeiro：Fiocruz，2002），235 – 313。

② 2009 年，在人口不足 2 万的城市，80% 以上的人口得到了医疗保障，而在人口超过 50 万的大城市，这类诊所只覆盖了 30% 的人口。IPEA，*Políticas sociais：acompanhamento e análise*，Vol. 19 （2011），95. 关于基础医疗诊所发展的历史，参阅 Allan Claudius Queiroz Barbosa，Júnia Marçal Rodrigues，and Luis Fernando Rolim Sampaio，"De Programa a Estratégia：A Saúde da Família no Brasil em Perspectiva. Um comparativo da década de 2000". Paper presented at *Anais do XIV Seminário sobre a Economia Mineira*，2010.

③ Paulo Eduardo M. Elias and Amelia Cohn，"Health Reform in Brazil：Lessons to Consider"，*American Journal of Public Health* 93，1 （January 2003），46.

④ 世界卫生组织估计，在 21 世纪的头十年，巴西每千人拥有床位数为 2.4 张，而所有中低收入国家每千人平均拥有 2.2 张，大多数拉丁美洲国家低于巴西的比率。作为运作良好的国家卫生系统的一个例子，加拿大每千人拥有 3.4 张床位，远远低于最富裕国家 5.9 张床位的平均水平。World Health Organization，*World Health Statistics* 2011 （Geneva，Switzerland：World Health Organization，2012），Table 6，"Health workforce，infrastructure and essential medicines"，116 – 125.

⑤ DATASUS，Table F. 1，"Número de consultas médicas （SUS） por habitante...por Região，Período：2009"，http：//tabnet. datasus. gov. br/cgi/deftohtm. exe？idb2010/f01. def.

⑥ DATASUS，Table F. 6，"Cobertura de consultas de pré-natal Proporção de nascidos vivos （%）por Região e Número de consultas，Período：2009"，http：//tabnet. datasus. gov. br/cgi/tabcgi. exe？idb2010/f06. def.

也是一个合理的比率。[1]

但是,巴西仍然没有完全解决为医疗保健系统融资的所有问题。[2] SUS 及其机构主要面向较贫困的人群,而私营计划和医院主要面向中产阶层和上层患者。此外,只有 29% 的资金用于初级保健设施,其余资金则用于中级和高级医疗中心。[3] 除了国家医疗体系,1988 年宪法允许在巴西使用补充的私人医疗保险计划,尽管理想的情况是使用非营利性的供应商。很快,约有 4000 万人签署了私人医疗保险,约占总人口的四分之一,这一比重直到今天始终保持稳定。尽管在巴西居少数地位,但这个私人医疗保险体系是当今世界第二大私人医疗保险市场。[4] 总而言之,这个多层次的私人和公共医疗保健系统仍在发展之中,但毫无疑问,巴西现在已经建立了一个分散式的医疗保健系统,它能向全体人民提供至少基本的服务。

同样不容置疑的是,受教育年限和识字率与人口的福祉高度相关。人口的受教育程度越高,健康和生活水平就越高。因此,所有的经济组别,即使是那些被划入赤贫组的家庭,2009 年,7—14 岁儿童的学校出勤率都达到了 99%,[5] 表明未来所有组别家庭的生活水平都将提高。自

---

[1] 以世界标准来衡量,巴西的这一比率相对较好。2000—2010 年,加拿大每千居民拥有医生数为 1.9 人,而大多数拉美国家少于 1.5 人,只有乌拉圭、阿根廷和古巴超过了 1.5 人,其中古巴达到了 6.4 人。低收入国家平均每千居民医生数为 1 人,而上中等收入国家的平均值为 2.2 人。World Health Organization, *World Health Statistics* 2011, Table 6. 巴西的数据,参见 DATASUS, Table E. 1, "Número de profissionais de saúde por habitante … Região, Período: 2009", http: // tabnet. datasus. gov. br/cgi/deftohtm. exe? idb2010/e01. def。

[2] Jairnilson Paim, Claudia Travassos, Celia Almeida, Ligia Bahia, and James Macinko, "The Brazilian Health System: History, Advances, and Challenges", *The Lancet* 377, 9779 (2011), 1778 – 1797.

[3] DATASUS, Table E. 21, "Gasto do Ministério da Saúde com atenção à saúde per capita (em reais correntes), por componente, segundo ano Brasil: 2004 – 2009", http: //tabnet. datasus. gov. br/ cgi/idb2010/e21. htm.

[4] Mônica Viegas Andrade and Ana Carolina Maia, "Demanda por planos de saúde no Brasil", ANPEC, Anais do XXXIV Encontro Nacional de Economia 106 (2006), 3。2009 年, 全国 43 万张医院床位中, 约 65% 属于私立医院, 公立医院仅有 15.3 万张床位。DATASUS, Table E. 2, "Número de leitos hospitalares por habitante-AMS/IBGE … por Região, Período: 2009", http: // tabnet. datasus. gov. br/cgi/tabcgi. exe? idb2010/e02. def.

[5] Osorio et al. , *Perfil da pobreza*, 28.

1980 年以来，在医疗保健服务获得发展的同时，取得最大进步的是教育。根据 2010 年的人口普查，约 90% 的 15 岁人口现在能够识字，这一比例在整个 20 世纪和 21 世纪一直呈长期上升趋势（图 4.33）。识字率的变化可以从不同年龄人口中识字人数得到。虽然早期识字率超过 90%，但对于 20 多岁末的一组时，男性识字率就会低于这一比例，而女性从 30 岁出头组的识字率会下降。在 50 多岁中期年龄组之前，各个年龄段的女性比男性的识字率高。然后，当按性别分组进行比较，历史上对女性受教育的偏见就显现了出来，50—54 年龄组之后的各组中，女性的识字率低于男性。

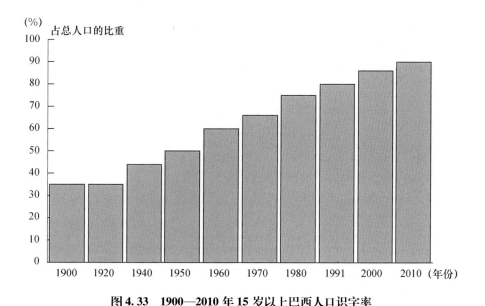

图 4.33　1900—2010 年 15 岁以上巴西人口识字率

资料来源：Souza 1999，p.7，Table 1；and IBGE，*Censo Demográfico* 2010 *Características da população e dos domicílios*，*Resultados do universo*，Gráfico 31 for 2000 and 2010。

除了超过 98.5% 的 7—14 岁儿童能够入学接受教育外，巴西当前已经能够保证全国各地区之间这一年龄组的入学率没有任何区别，即所有地区都在这一水平。即使是 15—17 岁的儿童，也有约 84% 的人在上学，而且各地区之间几乎无差异。① 此外，随着人口平均受教育年限的逐年增加，2011年已经达到7.3年。在受教育时长和识字方面，女性在最近一段时间内超过了男性。仅仅在过去的15年里，男女的受教育年限都增加了两年，但男女之间的差距依然存在。②

　　虽然对女性的偏见已不复存在，但阶层和肤色显然仍然是教育不平等的重要标志。然而，即使在这一方面，黑白混血儿和白人（这是两个最大的肤色群体）之间的识字率差异在小年龄组之间非常小，而且只是随着年龄的增长而增加，这反映出传统的劣势正在迅速消失（图4.34）。2010年人口普查中，10—14岁年龄组中，白人识字率为98％；而对于黑人和棕色人种，这一比率为95％；甚至印第安人的识字率也达到82％。③ 因此，如同对女性的偏见一样，小学教育的普及，以及稍逊一筹的中等教育的普及，也深刻地降低了不同肤色间识字率的差别。④

　　然而，教育质量仍然存在很大的不足。据估计，22％的小学生仍无

---

① 最近一次2011年PNAD调查列出了各地区的数据：

2011年不同年龄组和不同地区入学率

年龄组	巴西	北部	东北部	东南部	南部	中西部
6—14岁	98.2	96.5	98.1	98.7	98.3	98.3
7—14岁	98.5	97.4	98.2	98.9	98.8	99.0
15—17岁	83.7	83.2	83.1	84.7	82.2	85.2
18—24岁	28.9	32.6	29.3	27.0	29.1	32.2
25岁+	4.5	6.7	5.0	3.8	4.3	5.6

资料来源：PNAD 2011, Table 3.7。

② Marcelo Medeiros Coelho de Souza, *O analfabetismo no Brasil sob o enfoque demográfico*, Texto para Discussão No. 639 (Brasília: IPEA, April 1999), 7, Table 1.

③ IBGE, *Censo Demográfico 2010 Características da população e dos domicílios*, *Resultados do universo*, Table 1.3.3, "Tabela 1.3.3 Pessoas de 5 anos ou mais de idade, por cor ou raça e sexo, segundo a condição de alfabetização e os grupos de idade-Brasil – 2010", n. p.

④ 考虑到他们在教育方面起步较晚，我将印第安人排除在分析之外。此外，低年龄组在识字率方面的微小差异并没有反映出受教育年限和肤色的全部问题，也没有反映出在较高教育水平上可能存在的肤色和种族上的不平等。不幸的是，根据政府标准来源，按肤色划分的受教育年限仍然是不可获得的变量值。

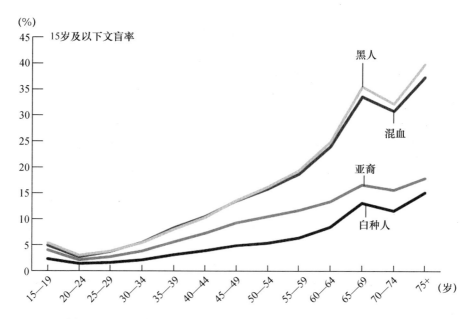

图 4.34 2010 年不同年龄、肤色和种族的文盲率（15 岁及以上）

资料来源：IBGE, SIDRA, Censo 2010, Table 3176, http：//www. sidra. ibge. gov. br/bda/ tabela/listabl. asp? c = 3176&z = cd&o = 5。

法在自己的年龄就读于合适的年级，而且这在不同地区之间的差异非常大，东北部地区为 40%，东南部则只有 16%。[1] 然而，幸运的是，小学阶段的辍学率非常低，从东北部地区的 5% 到东南部地区的 1.5%，而且在过去 10 年中一直在稳步下降。同样，不及格的小学生数量也在缓慢下降，从东北部的 13% 下降到东南部的 8%。[2] 此外，鉴于过去几十年来学校教育年限的稳步增长，功能性文盲（受教育年限在 3 年及 3 年以下）的数量也有所下降。[3]

---

[1] IBGE, Tabela Série：M16 – Distorção idade/série-Ensino Fundamental de 8 e 9 anos（série nova），http：//seriesestatisticas. ibge. gov. br/series. aspx? vcodigo = M16&sv = 57&t = distorcao-idade-serie-ensino-fundamental-de – 8 – e – 9 – anos-serie-nova.

[2] IBGE Série：M101 – Aprovação, reprovação e abandono-Ensino Fundamental（série nova），http：//seriesestatisticas. ibge. gov. br/series. aspx? vcodigo = M101&sv = 57&t = aprovacao-reprovacao-e-abandono-ensino-fundamental-serienova.

[3] 关于功能性文盲的定义，参见 IBGE, Série：PD384 – Taxa de analfabetismo functional, http：//seriesestatisticas. ibge. gov. br/series. aspx? vcodigo = PD384&sv = 8&t = taxa-de-analfabetismo-funcional。据估计，当前平均受教育年限为 7.3 年。

　　所有这些深刻的社会变化都是由文化和意识形态的变化所驱动的，而这些变化又对巴西的社会结构产生了影响。在过去 60 年里，巴西不仅信奉天主教程度降低，而且正如婚姻模式所显示的那样，巴西人的宗教信仰也在减弱。从 1950 年到 2010 年的人口普查，仅由牧师主持的婚礼在所有婚姻中所占的比重从 30% 下降到了 3%。1970 年，在民事权威和宗教权威面前结婚达 65% 的峰值，到 2010 年下降到 43%。最大的变化是，在 2010 年的人口普查中，自愿结合的比例从 1950 年的 6% 上升到 35%（图 4.35）。[①]

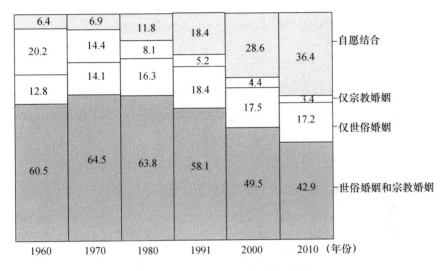

图 4.35　1960—2010 年婚姻类型

　　资料来源：IBGE, *Censo Demográfico* 2010 – *Resultados Preliminares da Amostra* and IBGE, *Tendências demográficas no período de 1950/2000*, Grafico 8。

　　在这期间，家庭类型也发生缓慢的变化，单人家庭以及有子女和没有子女的女户主家庭数量大量增加，传统的双人家庭数量下降（图4.36）。1981 年，单人家庭仅占所有家庭的 5.8%，但到 2010 年人口普查时，这一比重翻了一番，达到 12.2%。有孩子和没有孩子的单身女性家

───────────

　　① 2011 年最新的全国家庭调查（PNAD）提供的数据再次证实了人口普查的数字。IBGE, *Pesquisa Nacional por Amostra de Domicílios*…2011, Table 1.7.

庭显著增加。在 2011 年的 PNAD 最新调查中，截至 1992 年，这一比重仅占所有家庭总数的四分之一，而在 2011 年的调查中，这一比重已升至 35%。[1] 相应地，在 2009 年 PNAD 调查中，有孩子的家庭比重从 59.4% 下降到 47.3%，因为社会开始慢慢淡化标准的核心家庭模式。[2] 鉴于最近可以合法离婚，女户主家庭的数量也在稳步增加。2011 年 PNAD 的调查显示，在巴西，离婚和分居是大多数女户主家庭的根本成因，其中，

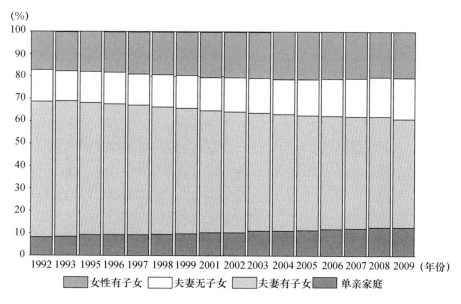

图 4.36 1992—2009 年家庭类型

资料来源：IBGE, Estatísticas históricas do Brasil, Tables FED303 and 304. http：//serieses-tatisticas. ibge. gov. br/lista tema. aspx？ op = 0&no = 6。

---

① IBGE, Pesquisa Nacional por Amostra de Domic′ılios…2011, Table 5. 1. The tabulations for the 1992 and subsequent PNAD surveys is available from the Instituto de Estudos do Trabalho e Sociedade (IETS) at http：//www. iets. org. br/rubrique. php3？ idrubrique = 94.

② IBGE, SIDRA, Table 1211, "Domicílios particulares permanentes e Moradores em domicílios particulares permanentes, por espécie de unidade doméstica", available at http：//www. sidra. ibge. gov. br/bda/tabela/listabl. asp？ z = t&c = 1211. For the 1997 and 2007 data see Elisa Hijino de Oliveira, "Arranjos unipessoais no brasil 1997 – 2007：uma análise sócio-demográfica e de gênero das pessoas que moram sozinhas" (MA thesis, Rio de Janeiro：IBGE, Escola Nacional de Ciências Estatísticas, 2009), 42, Table 1.

53%的家庭中孩子的年龄超过 16 岁。① 这种婚姻和家庭模式的演变发生在所有地区，尽管看起来在北部和东北部地区，完全宗教环境和自愿结合情况下缔结的婚姻比其他地区更为普遍。但是无论在哪里，民政—宗教婚姻均占婚姻总数的四分之三，而且在所有地区，单身家庭和女户主家庭的数量都在增加。在这类家庭方面，巴西似乎遵循了先进工业化世界的模式。

但令人惊讶的是，在同一时期，单亲妈妈数量的增长要小得多。1992 年，这类家庭占家庭总数的 15.1%，而在 2009 年的 PNAD 调查中，这一比重仅增加到 17.4%。② 虽然国际文献中强调，相较于有孩子的双亲家庭，单亲妈妈的经济状况更为不利，但在巴西，这种情况似乎并不严重。尽管研究很少，且可用的数据也很有限（单亲妈妈家庭似乎只比正常家庭略穷），但这种差别并不极端。因此，在 2010 年的人口普查中，16.5%的双亲家庭的收入达到或超过了最低工资的两倍以上，而 14.6%的单亲妈妈家庭也达到了这一标准。相反，这两类家庭中，低于一个最低工资的家庭数量比例相差无几③巴西家庭（有孩子或没有孩子）的女户主往往比男性受教育程度高，尽管她们在就业方面略逊一筹。④ 这些婚姻模式清楚地表明，罗马天主教婚姻已经失去了对婚姻市场的控制，目前它以任何身份参与的婚姻只占 46%，但这也是它在巴西社会中失去成员的另一个迹象。巴西一度是世界上最大的天主教国家，但随着新教福音运动的兴起和非信徒的增加，这种情况正在发生变化。直到 1970 年，罗马天主教徒占总人口的 92%，到 2000 年，这一数字下降到 74%，新教徒现在占总

---

① IBGE, Síntesie de indicadores sociais…2012, Graph 2.11, "Proporção de arrranjos familiares monoparentais com filhos, por sexo da pessoa de referência, segundo os grupos de idade dos filhos-Brasil – 2011".

② IBGE, Síntese de indicadores sociais. *Uma análise das condições de vida da população brasileira* 2010 (Rio de Janeiro, 2012), Table 4.1, "Arranjos familiares residentes em domicílios particulares, total e respectiva distribuição percentual, por tipo, segundo as Grandes Regiões, as Unidades da Federação e as Regiões Metropolitanas –2009".

③ IBGE, *Censo Demográfico* 2010 *Famílias e domicílios Resultados da Amostra* (Rio de Janeiro, 2010), Table 1.1.4, "Famílias únicas e conviventes principais residentes em domicílios particulares, por classes de rendimento nominal mensal familiar per capita, segundo a situação do domicílio e o tipo de composição familiar-Brasil – 2010".

④ PNAD 调查中，户主在 15 岁以上的家庭数据显示出如下结果:

人口的 15%，福音派是增长最快的群体，现在占总人口的 10%。另有 7% 的人正式宣布他们没有宗教信仰，而 1950 年这一比重还不到 0.5%。[①]

（接上页）

2009 年巴西按性别划分的户主特征

		女性 2009a	男性 2009a
文盲（%）		13.0	12.3
		7.1	6.9
接受教授（%）	未完成一年级	50.2	52.4
	完成一年级	9.3	9.7
	未完成二年级	4.7	4.6
	完成二年级	22.1	21.6
	未完成高年级或更高	13.7	11.8
种族（%）	白种人	49.0	49.5
	黑人或混血	51.0	50.5
年龄（%）	15—24 岁	7.3	5.6
	25—49 岁	47.0	56.4
	50 岁以上	45.7	38.1
劳动力市场状况（%）	就业人口	53.4	81.5
	失业人口	5.4	2.6
	非职业活动人口	41.2	15.9
职业地位	有劳动合同	33.2	38.6
	军人	0.0	0.4
	公务员	11.1	5.9
	无劳动合同	25.9	15.7
	自雇职业	19.9	28.6
	雇主	3.2	7.2
	自给自足	4.3	3.0
	无收入	1.3	0.5

资料来源：IETS base on PNAD surveys。

备注：一年级和二年级代表 Ensino Fundamental 1&2（years 1 – 4 and 5 – 8）

a. 估计值包括南部农村家庭的缺失数据。

① IBGE, SIDA, Table 2470, "Pessoas de 10 anos ou mais de idade por estado civil, condição de conviv^encia, sexo e religião", http：//www. sidra. ibge. gov. br/bda/tabela/listabl. asp? z = cd&o = 17&i = P&c =2470. 早期宗教调查数据可参见 IBGE, Tendências demográficas no período de 1950/2000, Graph 5, http：//www. ibge. gov. br/home/estatistica/populacao/censo2000/tendenciasdemograficas/comentarios. pdf。

根据 2009 年的最新估计，罗马天主教徒现在占总人口的 68%，新教徒占 20%，而没有宗教信仰的人则稳定在 7%，其他宗教信徒在总人口中所占比重缓慢上升。[①]

　　降低赤贫和贫困、提高识字率、提供全民医疗、将大多数工人纳入正规劳动力市场，这些都对降低基尼系数产生了重要影响。直到卡多佐时期通货膨胀结束、卢拉时期政府的社会福利项目进入成熟时期，收入分配的僵化才终于实现了历史性的突破。反映巴西收入不平等程度的基尼系数终于显示出大幅下降的迹象（图 4.37）。[②] 但是，尽管取得了进步，巴西仍然是世界上最不平等的社会之一。虽然地区、阶级和肤色的差异降低，国家教育和医疗模式向全国普及，但阶级差异仍然巨大并仍然在收入、福利和流动性方面有所体现。最近的研究表明，与社会上的其他群体相比，受过教育的白人精英家庭的子女向下流动性非常低。相比之下，黑人精英家庭将自己的精英地位留给儿子的能力要小得多。同样，与富裕地区和白人地区相比，贫穷地区和有色人种较多的地区向上流动性低。[③] 不同种族和肤色群体的平均收入存在显著差异，与社会中的所有其他群体相比，白种人和亚裔的平均收入最高，作为第二大种族（肤色）群体，混血人的平均收入比白人低 45%，比亚裔低 43%。[④] 此外，收入的变化也因肤色而异。白人和亚裔比黑人和混血人种收入增速快。尽管许多黑人和混血人在近 5 年内摆脱了贫困，但从底层爬入中层

　　① Marcelo Côrtes Neri, ed., *Novo Mapa das Religiões* (Rio de Janeiro: Fundação Getulio Vargas, Centro de Politicas Sociais, 2011), 8.

　　② 最近的一项关于巴西各地区不平等下降的重要研究显示，各地区明显趋向于全国标准，该研究认为："自 20 世纪 80 年代以来，非大都市地区的实际人均收入增速更快，这由占增长 60% 以上的劳动力市场的繁荣所推动。另一方面，大都市地区约三分之二的收入增长来自于社会保障福利的扩大。1981—2009 年，大都市地区和非大都市地区之间收入差距的缩小占收入差距缩小总额的 51%，1995—2009 年间为 20%。如果这种趋同没有发生，2009 年的人均收入不平等将比观察到的高 10%。" Pedro Herculano Guimarães Ferreira de Souza and Rafael Guerreiro Osorio, *A redução das disparidades regionais e a queda da desigualdade nacional de renda* (1981–2009), Texto para Discussão No. 1648 (Brasília: IPEA, Agosto 2011), 1.

　　③ Sérgio Guimarães Ferreira and Fernando A. Veloso, "Intergenerational Mobility and Education in Brazil", *Brazilian Review of Econometrics* 26, 2 (November 2006), 183.

　　④ IBGE, *Censo Demográfico 2010 Características da população e dos domicílios*, *Resultados do universo*, Table 1.8.8.

和上层的速度要慢得多。此外，对于黑人和混血人来说，达到高级层次之后保证代际之间传承的难度要高于白人。

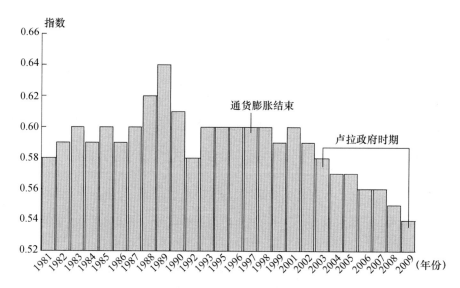

图 4.37　巴西的不平等基尼系数

资料来源：Ipeadata Tabela Renda-desigualdade-coeficiente de Gini。

　　阶级仍然是社会和收入不平等的主要标志。收入和受教育程度较低的人，预期寿命低于国家标准，发病率较高。生活机会越来越少，流动性也越来越有限。甚至在物质资源的分配中，阶级和居住地继续发挥着重要作用。尽管有摆脱赤贫的行动，但一些阶级生存条件仍然欠缺。尽管彩色电视机几乎普及，[1] 但现代卫生设施的普及仍十分有限。只有 79% 的城市房屋有化粪池或与现代化的收集系统相连，但很少有城市真正处理污水并将其转化为可再次利用的水资源。[2] 因此，直到 2010 年，每 10

---

　　[1]　2009 年，约 95% 的巴西家庭有彩色电视机。IBGE, Série：PD282 – Domicílios particulares permanentes, por posse de televisão, http：//seriesestatisticas. ibge. gov. br/series. aspx？vcodigo = PD282&sv = 14&t = domicilios-particulares-permanentes-por-posse-de-televisao.

　　[2]　IBGE, Série：IU28 – Acesso ao esgotamento sanitário-área urbana, http：//seriesestatisticas. ibge. gov. br/series. aspx？vcodigo = IU28&t = acesso-aoesgotamento-sanitario-area-urbana. 农村地区，这一比重仅为 25%。

万居民中就有 265 人因粪便水相关的疾病住院。[1]

　　尽管小学教育已经普及，并且性别、肤色和收入在完成小学教育（*escola fundamental*）方面几乎没有差别，但是中等教育显示出收入水平的显著差异，种族上的差异较小。2003 年，只有人均收入达到最低工资一到两倍之间或更高的家庭，才能负担得起一半或以上 18—24 岁的年轻人完成中等教育（*escola média*），相应地，只有人均收入达到最低工资两倍或以上的家庭能够保证这些年轻人中的一半上大学。在所有 18—24 岁的人群中，只有 32% 的人能上大学，而且不同肤色的人上大学的比例有显著差异。尽管在所有群体中，收入和入学率高度相关，但只有约 40% 的白人青年和 19% 的非洲裔巴西人（黑人或混血）能够上大学。[2] 这些差异在早期更为明显，可以在肤色和完成学业年限之间的关系中看到。直到最近几年，白人和有色人种之间还存在着非常重要的差异。由于白人以更大的领先优势开始，并继续增加教育年限，直到 21 世纪第一个 10 年结束，黑人和混血人才能够比白人更快地增加其受教育年限，从而降低两个群体之间的差距（图 4.38）。

　　民主的回归带来了一系列政治和社会价值观以及制度变革，这些变革在巴西创造了一个有基础稳固的民主国家。新的民主政府很快就着手解散军政府建立的更具镇压性的机构。他们开启了一个长期的分权过程，提高了民众参与，并致力于民主稳定和人权保护。所有这些思想和价值观都写入了 1988 年的新宪法，新宪法成为建立完善的现代民主福利国家的基本宪章。

　　但是后军政府时期建立的新政权继承了极其不稳定的经济状况。强行工业化的代价在无法控制和无休止的通货膨胀中充分显现出来。涉及货币改革、价格控制或价格冻结在内的改革方案，无论是正统的还是异端的，都无法遏制困扰巴西几十年的高企、不断增长的长期通货膨胀。高通货膨胀在经济中造成了许多扭曲，给人民造成了沉重的负担，他们

---

[1]　IBGE, Série：AM38 – Doenças relacionadas ao saneamento ambiental inadequado（DRSAI），http：//seriesestatisticas. ibge. gov. br/series. aspx? vcodigo = AM38&sv = 95&t = doencas-relacionadas-ao-saneamento-ambiental-inadequadodrsai.

[2]　Cibele Yahn de Andrade and J. Norberto W. Dachs, "Acesso à educação por faixas etárias segundo renda e raça/cor", *Cadernos de Pesquisa* 37, 131（Maio-Agosto 2007），409, 411, Tables 3 – 4.

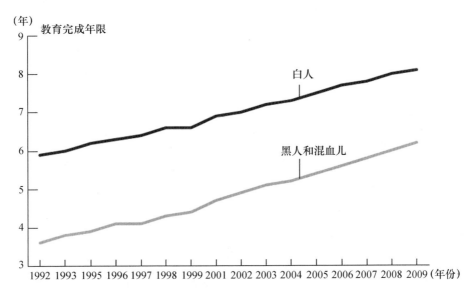

图 4. 38 1992—2009 年 25 岁及以上人口按肤色划分的平均受教育年限

资料来源：IBGE, tabela Série: IU36。

要缴纳所谓的通货膨胀税，特别是穷人，他们没有多少资源来保护自己的收入不受通货膨胀的侵蚀。

20 世纪 90 年代推行了两项重要发展举措，最终使经济局势得到控制，但这导致了工业政策和工业活动发生了根本变化。一是科洛尔时期开始的经济开放，这一举措也得到卡多佐政府的全力支持。由于巴西经济已经达到了高度复杂性和纵向一体化，经济开放和加速对接全球化进程导致经济特别是工业部门巨大的变化。企业要生存就必须提高生产率，这导致了业务广泛集中以及外资在经济中参与度提高。二是"雷亚尔计划"，该计划成功控制了巴西自 20 世纪 40 年代后期以来失控的通货膨胀。通货膨胀税的结束使广大民众特别是穷人的收入更加稳定，大大增加了对消费品的需求。"雷亚尔计划"成功实现了价格稳定，与之相伴的是新货币——雷亚尔的长期升值。开放且全球化的经济受到高汇率的不利影响，造成巴西工业在与外部世界竞争时肩负着额外的负担。如果在"雷亚尔计划"实施后的最初几年中，高估的雷亚尔是该计划的可靠的支持之一，那么该政策的延续则是巴西工业近年来表现不佳的原因之一。最后，应该强调的是，在过去 10 年里实现并保持的稳定，以及自"雷亚尔计划"实施以来经济政策的连续性，对国民经济的稳定具有至关重要的作用。这种稳定促进了正规劳动力市场的扩张、实际工资的增长、重要福利政策的维持和扩大、从住房抵押贷款到汽车贷款等各种消费信贷的大幅扩张。所有这些变化伴随着收入高度不平等程度的下降。

在 20 世纪 70 年代末和 80 年代初，巴西完成了人口转型，生育率急剧下降，从而使人口增长减缓到新的历史低点。与此同时，儿童和婴儿死亡率也迅速下降，巴西现在已跻身于拉丁美洲健康国家之列。巴西人的预期寿命在一次又一次的人口普查中系统地增长，死亡率方面巴西的表现更像是一个先进的第一世界国家，癌症和心脏病是当前最大的致死病因，传染病致死率在下降。

更强大的新联邦政府现在坚定地致力于扩大所有公民的医疗和养老金福利。结果是越来越分散化的医疗体系，越来越多的工人通过正规劳动力市场加入社会保障体系，老人可获得养老金，不在养老金体系内的人当前也能受益于有条件的现金转移。这些政府项目非常有效，到了 21 世纪的第二个十年，巴西历史上首次几乎消灭了赤贫和饥饿。所有这一切的发生均伴随着劳动者和中等收入阶层的爆发式增长。在现代历史上，代表不平等程度的基尼系数在这个最不平等的国家终于开始下降。

不可否认，这些政府项目中存在的低效率和阻滞。但总体而言，这些项目的影响相当积极，巴西现在绝大多数的人口均识字、受过教育，完全融入了市场经济。这个国家目前城市化程度极高，城市化率可比肩其他主要发达国家。同样，医疗教育和财富方面的地区差异正在逐步消失，巴西正在朝着各地区统一发展的模式前进。

农业领域发生了一场悄无声息但意义深远的革命，这成为 1980 年之后各届政府经济增长的新引擎。今天的巴西农业和其他任何发达国家的农业一样高效和现代化，今天的巴西同美国、加拿大、阿根廷和澳大利亚一样是世界上最大的农业生产国之一。巴西是世界上最高效和最大的蔗糖生产国，是世界上包括橙汁和鸡肉在内的多种产品的主要供应国之一，并且正在全国各地迅速扩张。这场农业革命是新西部地区爆炸性增长的背景，该地区现在几乎在所有社会和经济指标上都与南部和东南部最发达的地区相当。巴西还重新评估了封闭地区的价值，该地区一直延伸到巴西东北部，现在是全国农业的中心地带。

正是由于农业和现代矿业部门的发展，巴西成为一个重要的全球参与者，并成为所谓的金砖国家中的关键成员，金砖国家已经成为同旧经济集团抗衡的力量。在飞机制造等少数制造业领域，巴西已经成为国际重要参与者，巴西工业在南方共同市场区域内占主导地位。

在一次又一次自由有效的选举中，巴西从中产阶级政党过渡到工人阶级政党，军队现在完全被控制，巴西可以被视为民主的典范。显然，仍有一些根本问题需要进行深刻的改革。这包括改革税制、重组政党、改变军政府遗留下来的扭曲的众议院代表形式。同时，还需要彻底改革效率极低的司法制度和养老金体系。港口、机场、公路、铁路、电力等基础设施建设存在严重问题。此外，还需要提高公共部门的效率和私营部门的生产力。但是，人们会对自 1980 年以来巴西发生的重大变化表示惊叹，对巴西感觉到未来可能终于已经到来所表现出的非凡团结而惊叹。

附 表

附表1 1870—1990年巴西咖啡经济基本指标

年份	巴西出口 百万英镑	巴西出口 百万美元	世界出口 百万美元	巴西出口 百万袋	NY价格 Rio 7	NY价格 Santos4	百万袋咖啡 世界 产量	百万袋咖啡 巴西 产量	百万袋咖啡 圣保罗 产量	百万袋咖啡 巴拉那 产量	百万袋咖啡 世界 存量	百万袋咖啡 巴西 存量	百万袋咖啡 世界 消费量	咖啡树 巴西	咖啡树 圣保罗
1870	6.0		93	3.5	16.3		7.2	3.8					6.9		
1871	7.8		112	3.9	15.9		6.0	2.3					7.1		
1872	7.2		137	3.8	18.4		7.5	3.5					7.2		
1873	12.0		156	3.1	20.0		6.4	2.8					7.4		
1874	12.0		166	3.3	21.1		8.0	3.9					7.6		

续表

年份	巴西出口 百万英镑	巴西出口 百万美元	世界出口 百万美元	巴西出口 百万袋	NY价格 Rio 7	NY价格 Santos4	百万袋咖啡 世界 产量	巴西 产量	圣保罗 产量	巴拉那 产量	世界 存量	巴西 存量	世界 消费量	咖啡树 巴西	圣保罗
1875	13.5		162	3.6	19.0		7.6	3.4					7.7		
1876	13.4		163	3.5	18.0		7.8	3.6					7.9		
1877	11.8		170	3.7	19.7		7.3	3.5					8.1		
1878	11.3		166	4.4	16.5		9.2	4.9					8.4		
1879	12.8		138	3.8	14.9		8.6	4.1					8.9		
1880	11.2		129	3.1	15.1		9.8	5.6	1.2				9.3		
1881	11.6		125	3.9	10.6		9.7	5.5	1.5				9.8		
1882	9.6		120	5.4	8.8		10.3	6.7	2.0				10.3		
1883	10.8		122	6.0	9.3		9.2	5.1	1.9		5.2		10.7		
1884	11.7		116	5.8	9.3		11.1	6.2	2.1		5.4		11.2		
1885	13.1		103	5.8	8.1		9.8	5.6	1.7		5.1		11.2		
1886	9.7		117	5.8	11.4		10.3	6.1	2.6		4.0		11.1		
1887	21.5		145	4.7	14.6		7.0	3.0	1.1		4.1		9.1		
1888	10.9		129	3.4	14.0		11.1	6.8	2.6		2.3		10.3		

续表

年份	巴西出口 百万英镑	巴西出口 百万美元	世界出口 百万美元	巴西出口 百万袋	NY价格 Rio 7	NY价格 Santos4	世界 产量	巴西 产量	圣保罗 产量	巴拉那 产量	世界 存量	巴西 存量	世界 消费量	咖啡树 巴西	咖啡树 圣保罗
1889	19.0		186	5.6	14.7		7.6	4.3	1.9		3.6		10.5		
1890	17.9		199	5.1	17.9		9.0	5.4	2.9		2.4		9.8	416667	200000
1891	17.6		187	5.4	16.7		11.7	7.4	3.7		1.9		10.8	461117	221336
1892	22.0		255	7.1	14.3		11.0	6.2	3.2		2.9		11.0	510310	244949
1893	21.7		202	5.3	17.2		8.7	4.3	1.7		3.1		10.6	564751	271081
1894	20.9		205	5.6	16.5	16.6	11.2	6.7	4.0		2.2		11.2	625500	300000
1895	22.4		218	6.7	15.9	15.6	10.1	5.5	3.1		3.1		11.1	712765	342127
1896	19.7		191	6.7	12.3	13.0	13.5	8.7	5.1		2.6	1.3	12.2	812853	390170
1897	16.5		174	9.5	7.9	7.4	15.4	10.5	6.2		4.0	2.6	14.6	926997	444958
1898	13.8		129	9.3	6.3	6.4	13.1	8.8	5.6		5.4	3.7	13.5	1057169	507441
1899	14.5		124	9.8	6.0	6.1	13.9	9.0	5.7		6.2	4.1	15.0	1205620	578697
1900	18.9		123	9.2	8.2	9.0	18.1	13.9	8.9		5.8	3.6	14.3	1374917	659960
1901	24.0		170	14.8	6.5	6.0	19.3	15.1	10.2		6.9	4.7	15.5	1389720	667066
1902	20.3		146	13.2	5.9	5.5	18.5	13.6	8.4		11.3	9.4	16.0	1404683	674248

续表

年份	巴西出口 百万英镑	巴西出口 百万美元	世界出口 百万美元	巴西出口 百万袋	百万袋咖啡									咖啡树	
					NY价格 Rio 7	NY价格 Santos4	世界产量	巴西产量	圣保罗产量	巴拉那产量	世界存量	巴西存量	世界消费量	巴西	圣保罗
1903	19.1		155	12.9	5.6	5.4	16.7	11.2	6.4		11.9	9.7	16.1	1419808	681508
1904	20.0		144	10.0	7.8	7.3	15.6	11.2	7.4		12.4	9.6	16.2	1435095	688845
1905	21.4		163	10.8	8.3	7.1	16.0	11.7	7.0		11.3	8.7	16.7	1438353	690409
1906	27.6		194	14.0	8.1	7.9	25.2	20.6	15.4		9.6	7.5	17.5	1441619	691977
1907	28.6		199	15.7	6.6	6.4	15.6	11.6	7.2		16.4	14.8	18.1	1444892	693548
1908	23.0		165	12.7	6.3	6.4	18.8	14.0	9.5		16.4	12.6	19.3	1448173	695123
1909	33.5		212	16.9	7.8	7.5	20.2	15.6	12.1		14.1	11.1	19.0	1451461	696701
1910	26.7		163	9.7	9.5	8.5	16.2	11.5	8.5		12.8	11.9	18.1	1451460	696701
1911	40.4		238	11.3	13.4	13.3	19.0	14.0	10.6		13.7	9.4	18.4	1451460	696701
1912	46.6		294	12.1	14.6	14.8	19.0	13.5	9.5		11.1	9.4	17.9	1502021	720970
1913	40.8		318	13.3	11.1	13.2	18.7	13.8	10.1		10.3	8.6	19.3	1505044	722421
1914	27.0		242	11.3	8.2	11.5	20.5	15.2	9.2		11.3	9.5	22.2	1532175	735444
1915	32.2		294	17.1	7.5	9.6	21.6	15.8	11.7		7.5	6.1	20.7	1573804	755426
1916	29.3		249	13.0	9.4	10.6	19.2	14.0	9.9		7.3	5.7	15.4	1648450	791256

续表

年份	巴西出口 百万英镑	巴西出口 百万美元	世界出口 百万美元	巴西出口 百万袋	NY价格 Rio 7	NY价格 Santos4	世界产量	巴西产量	圣保罗产量	巴拉那产量	世界存量	巴西存量	世界消费量	咖啡树 巴西	咖啡树 圣保罗
							百万袋咖啡								
1917	23.1		203	10.6	9.0	10.2	21.1	15.6	12.2		7.8	6.3	14.9	1737894	834189
1918	19.0		190	7.4	9.9	12.7	18.1	11.9	7.3		8.8	6.6	15.9	1725740	828355
1919	66.1		576	13.0	17.8	24.8	15.8	9.7	4.2		10.0	6.1	18.5	1708419	823943
1920	40.5		467	11.5	11.5	18.6	23.9	16.8	10.2		6.9	1.3	18.5	1780856	843593
1921	27.1		282	12.4	7.3	10.0	21.9	15.2	8.2		8.6	3.9	19.8	1832359	871897
1922	39.5		348	12.7	10.1	14.1	20.1	12.5	7.0		8.6	4.2	19.1	1883724	899239
1923	44.2		394	14.5	11.4	14.5	25.7	17.3	10.4		5.3	0.8	22.0	1956917	949149
1924	65.7		525	14.2	17.3	21.0	24.8	17.0	9.2		9.6	1.4	20.5	2021343	951288
1925	74.0		630	13.5	20.3	24.3	27.1	17.9	10.1		6.8	2.1	21.7	2099643	966143
1926	69.6		647	13.8	18.0	22.1	26.9	18.4	9.9		7.3	4.1	21.3	2253181	1047496
1927	62.7		589	15.1	14.6	18.5	39.5	29.6	18.0		7.7	5.6	23.5	2381604	1123233
1928	69.7		676	13.9	16.4	23.0	26.6	16.1	8.8		18.2	16.4	22.2	2482584	1152521
1929	67.3		644	14.3	15.8	21.9	41.4	30.8	19.5		14.3	13.9	23.6	2587846	1188058
1930	41.2		446	15.3	8.6	12.9	30.9	19.2	10.1		31.4	24.4	25.2	2697571	1265152

续表

年份	巴西出口 百万英镑	巴西出口 百万美元	世界出口 百万美元	巴西出口 百万袋	NY价格 Rio 7	NY价格 Santos4	百万袋咖啡							咖啡树	
							世界 产量	巴西 产量	圣保罗 产量	巴拉那 产量	世界 存量	巴西 存量	世界 消费量	巴西	圣保罗
1931	34.1		373	17.9	6.1	8.7	43.0	31.0	18.7		28.7	24.9	23.7	2811948	1438916
1932	26.2		272	11.9	8.0	10.7	35.8	22.6	15.0		31.7	29.6	22.9	2978400	1475000
1933	26.2		275	15.5	7.8	9.0	44.5	32.4	21.9		23.1	25.4	24.5	2846311	1384520
1934	21.5		293	14.1	9.8	11.1	33.8	21.0	11.7		27.1	26.7	22.7	2899094	1420556
1935	17.4		272	15.4	7.1	8.9	38.1	23.8	13.5		24.1	15.2	25.9	2788991	1366605
1936	17.8		281	14.5	7.4	9.8	44.1	29.3	17.8		28.9	7.0	24.9	2800623	1372305
1937	17.9		297	12.1	8.9	11.0	41.0	26.4	15.9		3.5	9.3	25.5	2760207	1352501
1938	16.2		274	17.1	5.2	7.6	40.3	26.2	15.6		23.3	3.7	26.7	2696769	1321417
1939	14.9		266	16.4	5.4	7.3	36.8	22.1	12.4		23.0	5.3	26.7	2593653	1270890
1940		96	185	12.0	5.4	7.1	32.1	19.5	10.2	0.9	23.5	7.6	28.6	2532471	1240911
1941		122	204	11.1	7.9	11.1	32.8	18.9	9.3	0.8	17.4	9.7	27.9	2576417	1262445
1942		106	267	7.3	9.4	13.4	31.3	16.8	8.5	0.6	14.7	12.5	25.7	2588323	1268278
1943		151	344	11.1	9.4	13.4	29.5	15.5	5.9	0.2	18.7	15.4	24.7	2039674	1002192
1944		209	415	13.6	9.4	13.4	27.0	12.4	4.7	0.6	17.9	15.2	20.4	2078287	1000587

续表

年份	巴西出口 百万英镑	巴西出口 百万美元	世界出口 百万美元	巴西出口 百万袋	NY价格 Rio 7	NY价格 Santos4	百万袋咖啡							咖啡树	
							世界 产量	巴西 产量	圣保罗 产量	巴拉那 产量	世界 存量	巴西 存量	世界 消费量	巴西	圣保罗
1945		229	464	14.2	9.4	13.4	31.1	16.1	6.1	0.7	17.5	10.4	24.9	2099096	1007986
1946		350	669	15.5	12.4	23.1	35.6	17.5	8.9	1.1	16.4	8.2	27.1	2078538	1004168
1947		414	911	14.8	14.2	26.7	34.6	17.2	6.5	1.6	17.1	7.0	25.6	2105352	995464
1948		491	1065	17.5	14.5	22.3	40.5	20.7	11.2	1.9	13.3	4.5	27.9	2147326	1015763
1949		632	1230	19.4	18.7	31.7	37.6	20.0	7.4	2.3	10.8	3.8	30.5	2241348	1070125
1950		865	1727	14.8	37.7	50.5	38.2	20.6	8.1	4.0	9.3	3.2	30.7	2313278	1079091
1951		1059	2125	16.4	45.7	54.2	38.5	18.9	6.3	2.8	7.7	3.4	31.0	2376340	1086365
1952		1045	2177	15.8	48.9	54.0	41.5	20.2	7.2	5.0	6.5	2.1	31.6	2451900	1109580
1953		1090	2415	15.6	51.1	58.0	44.0	19.3	6.2	3.2	6.0	3.2	32.7	2431049	1166200
1954		948	2599	10.9	63.0	78.9	42.2	18.8	7.3	1.3	6.5	4.0	29.2	2410375	1185800
1955		844	2326	13.7	43.4	57.1	50.4	26.5	9.3	6.3	11.2	2.7	38.3	2389876	1205100
1956		1030	2599	16.8	44.5	58.1	45.4	17.1	6.0	2.2	16.5	7.8	36.2	2369552	1230100
1957		846	2376	14.3	44.2	56.9	55.0	26.3	9.5	4.7	15.0	5.4	37.3	2349401	1255000
1958		688	2119	12.9	40.5	48.3	61.7	31.7	10.7	8.6	23.9	13.4	39.0	2329422	1279700

续表

年份	巴西出口 百万英镑	巴西出口 百万美元	世界出口 百万美元	巴西出口 百万袋	NY价格 Rio 7	NY价格 Santos4	世界 产量	巴西 产量	圣保罗 产量	巴拉那 产量	世界 存量	巴西 存量	世界 消费量	咖啡树 巴西	咖啡树 圣保罗
1959		733	2008	17.5	33.4	36.9	78.9	44.1	15.6	20.7	36.9	24.0	42.4	2309612	1321600
1960		713	1930	16.8	34.1	36.6	65.8	29.8	8.2	14.3	59.5	44.3	42.9	2289970	1240800
1961		710	1876	17.0		36.2	72.0	35.9	11.3	21.4	65.9	52.0	46.1	2270496	1168500
1962		643	1862	16.4		34.1	67.4	28.7	5.2	18.0	74.9	57.3	46.9	2251187	960900
1963		748	1959	19.5		34.1	71.0	23.2	10.1	9.5	81.3	62.6	51.1	2232043	757100
1964		760	2449	15.0		46.7	50.6	18.1	1.8	3.6	78.0	59.7	41.9	2213061	750200
1965		707	2234	13.5		44.8	81.6	37.8	11.2	20.4	72.2	57.7	50.0	2194241	772100
1966		774	2269	17.0		40.8	60.6	17.5	6.2	7.7	86.8	70.8	49.0	2175581	694000
1967		733	2407	17.3		39.8	68.6	23.4	8.5	12.9	82.2	66.8	55.7	2157079	631800
1968		797	2394	19.0		37.4	61.1	16.8	4.6	8.3	80.2	64.8	53.6	2138735	632730
1969		846	3099	19.6		41.0	66.4	15.2	6.1	12.3	71.0	54.9	55.0	2152997	653000
1970		982	2882	17.1		55.8	58.3	11.0	4.4	1.6	64.5	45.7	51.7	2058301	637000
1971		822	3294	18.4		44.7	71.8	24.6	9.8	12.8	53.8	31.6	58.7	2030864	630000
1972		1057	4496	19.2		52.5	76.6	24.5	9.4	9.7	53.8	31.8	61.2	2048219	631900

续表

年份	巴西出口 百万英镑	巴西出口 百万美元	世界出口 百万美元	巴西出口 百万袋	NY价格 Rio 7	NY价格 Santos4	百万袋咖啡							咖啡树	
							世界 产量	巴西 产量	圣保罗 产量	巴拉那 产量	世界 存量	巴西 存量	世界 消费量	巴西	圣保罗
1973		1344	4282	19.8		69.3	62.5	14.3	7.0	4.1	55.1	31.8	60.6	2045480	640000
1974		980	4192	13.3		73.3	81.7	27.5	9.8	11.5	40.3	20.8	55.4	2086362	657190
1975		934	9057	14.6		82.6	73.5	22.8	7.0	11.7	49.5	28.2	59.6	2059990	678000
1976		2398	7259	15.6		149.5	61.2	9.0	1.9	0.0	44.8	29.9	56.3	1952940	551600
1977		2625	10303	10.1		308.0	69.6	17.1	7.6	1.8	29.6	12.5	48.7	2043782	613500
1978		2394	12199	12.6		165.5	74.5	19.1	8.3	4.6	32.7	14.0	64.6	2179928	726200
1979		2326	10929	12.0		147.2	81.9	20.9	8.4	2.0	30.5	14.6	62.1	2309855	698110
1980		2771	6696	15.1		102.9	86.3	17.4	6.0	3.0	32.7	16.5	59.8	2590696	730000
1981		1754	8018	16.0		179.6	98.2	33.7	11.0	8.3	34.6	9.3	65.3	2649601	746660
1982		2108	9719	17.1		143.7	84.5	16.2	5.5	1.6	52.4	20.0	65.1	2681970	818366
1983		2339	10997	17.8		142.8	88.7	30.4	7.4	5.9	52.0	13.9	68.2	2855704	784470
1984		2851	1445	19.4		149.7	93.6	21.8	6.5	4.0	54.9	16.7	72.0	2869078	653805
1985		2621	15267	19.2		151.8	96.5	32.6	8.9	5.4	48.3	11.1	69.8	2928884	658394
1986		2327	10329	9.9		231.2	79.6	13.9	1.6	2.0	45.2	16.4	66.0	3109879	635117

续表

年份	巴西出口（百万英镑）	巴西出口（百万美元）	世界出口（百万美元）	巴西出口（百万袋）	NY价格 Rio 7	NY价格 Santos4	百万袋咖啡 世界产量	巴西产量	圣保罗产量	巴拉那产量	世界存量	巴西存量	世界消费量	咖啡树 巴西	咖啡树 圣保罗
1987		2169	10499	18.3		106.4	103.1	38.0	12.7	10.0	42.6	14.5	66.7	3380385	711358
1988		2222	9660	17.1		121.8	93.6	25.0	4.4	2.3	64.0	31.0	69.1	3424823	674531
1989		1781	6800	18.3		98.8	97.1	26.0	4.7	4.6	65.2	28.6	78.1	3482408	618589
1990		1284	6488	17.0		999.0	99.7	31.0	6.0	3.0	56.8	26.9	78.4		

资料来源：IBGE-Estatísticas Históricas Retrospectivas，Delfim Netto，pp. 346－348，and Bacha and Greenhill，tables 1.1－1.2，1.6，1.8，2.12－2.13。

附表 2

1870—2011 年对外部门的经济指标

年份	出口（千英镑）	进口（千英镑）	出口（百万美元）	进口（百万美元）	国际收支（百万美元）	汇率（2006＝100）	外债（百万英镑）	总外债（百万美元）	国际储备（百万美元）
1870	15453	13195				96	13		
1871	15439	14925				98	16		
1872	19089	15045				90	15		
1873	22392	16516				119	15		
1874	20620	16609				133	15		

续表

年份	出口（千英镑）	进口（千英镑）	出口（百万美元）	进口（百万美元）	国际收支（百万美元）	汇率（2006＝100）	外债（百万英镑）	总外债（百万美元）	国际储备（百万美元）
1875	22392	17995				124	19		
1876	20820	19522				148	19		
1877	20573	16504				141	19		
1878	19063	16728				132	18		
1879	19508	15631				131	17		
1880	19789	15454				161	17		
1881	21249	16529				144	16		
1882	19138	16621				116	15		
1883	17378	16782				92	19		
1884	19493	18187				110	18		
1885	19504	15381				110	18		
1886	15110	15306				103	24		
1887	32205	16120				119	23		
1888	21714	19724				167	30		
1889	28552	24002	139	117		164	31		
1890	26382	24019	128	117		159	31		
1891	27136	25565	132	124		150	31		

续表

年份	出口（千英镑）	进口（千英镑）	出口（百万美元）	进口（百万美元）	国际收支（百万美元）	汇率（2006=100）	外债（百万英镑）	总外债（百万美元）	国际储备（百万美元）
1892	30854	26302	150	128		153	30		
1893	32007	26215	156	127		182	33		
1894	30491	27145	148	132		166	33		
1895	32586	29212	158	142		160	40		
1896	28333	27880	138	136		140	40		
1897	25883	22990	126	112		110	40		
1898	25019	23536	122	115		105	40		
1899	25545	22563	124	110		102	42		
1900	33163	21409	161	104		103	44		
1901	40622	21377	198	89		93	60		
1902	36437	23279	177	97		93	60		
1903	36833	24208	179	102		95	68		
1904	39430	25915	192	109		116	70		
1905	44643	29830	217	126		120	78		
1906	53059	33204	258	139		110	88		
1907	54177	40528	263	170		99	91		
1908	44155	35491	215	149		96	112		

续表

年份	出口（千英镑）	进口（千英镑）	出口（百万美元）	进口（百万美元）	国际收支（百万美元）	汇率（2006＝100）	外债（百万英镑）	总外债（百万美元）	国际储备（百万美元）
1909	63724	37139	310	156		121	114		
1910	63092	47872	307	201		145	128		
1911	66839	52822	325	221		144	132		
1912	74649	63425	363	261		146	132		
1913	65451	67166	319	274		111	144		
1914	46803	35473	229	146		91	161		
1915	53951	30088	257	115		76	162		
1916	56462	40369	269	148		76	162		
1917	63031	44510	300	159		60	159		
1918	61168	52817	292	194		57	154		
1919	117388	71867	581	280		83	152		
1920	82346	88369	408	382		60	150		
1921	45411	46033	224	201		45	169		
1922	61317	43609	366	232		62	185		
1923	68562	47441	337	208		83	183		
1924	86737	62502	423	283		111	182		
1925	102875	84443	497	359		121	183		

续表

年份	出口 (千英镑)	进口 (千英镑)	出口 (百万美元)	进口 (百万美元)	国际收支 (百万美元)	汇率 (2006=100)	外债 (百万英镑)	总外债 (百万美元)	国际储备 (百万美元)
1926	94254	79876	458	340		117	210		
1927	88689	79634	431	335		99	234		
1928	97426	90669	474	389		113	255		
1929	94831	86653	460	368		111	252		
1930	65746	53619	319	226	-116	73	266		
1931	49544	28756	244	117	16	70	276		
1932	36630	21744	179	93	36	84	268		
1933	35790	28132	217	148	-12	73	266		
1934	35240	25467	293	185	-12	80	264		
1935	33012	27431	270	197	23	72	259		
1936	39069	30066	321	196	-51	82	253		
1937	42530	40608	347	279	0	78	243		
1938	35945	35916	294	247	75	57	243		
1939	37298	31801	300	218	-1	59	243		
1940			273	227	4	54	241		
1941			370	253	60	63	240		
1942			401	210	150	76	232		

续表

年份	出口（千英镑）	进口（千英镑）	出口（百万美元）	进口（百万美元）	国际收支（百万美元）	汇率（2006＝100）	外债（百万英镑）	总外债（百万美元）	国际储备（百万美元）
1943			467	275	253	75	226		
1944			575	360	157	79	187		
1945			655	389	62	83	173		863
1946			985	584	96	79	160		959
1947			1152	1056	136	86	154		929
1948			1180	973	-67	83	146		883
1949			1096	957	33	83	116		875
1950			1355	942	-30	138	107		821
1951			1769	1725	-81	124			584
1952			1418	1720	-27	113			482
1953			1539	1145	-40	117			421
1954			1562	1415	11	148			372
1955			1423	1104	12	120			442
1956			1482	1075	183	121		2736	608
1957			1392	1285	-161	119		2491	474
1958			1243	1177	-30	115		2870	465
1959			1282	1210	-25	111		3160	366

续表

年份	出口（千英镑）	进口（千英镑）	出口（百万美元）	进口（百万美元）	国际收支（百万美元）	汇率（2006＝100）	外债（百万英镑）	总外债（百万美元）	国际储备（百万美元）
1960			1269	1293	-14	104		3738	345
1961			1403	1292	178	104		3291	470
1962			1214	1304	-118	97		3533	285
1963			1406	1294	-37	96		3612	215
1964			1430	1086	-2	118		3294	244
1965			1595	941	218	119		3823	483
1966			1741	1303	-9	109		3771	421
1967			1654	1441	-262	107		3440	198
1968			1881	1855	97	102		4092	257
1969			2311	1993	531	106		4635	656
1970			2739	2507	534	117		6240	1187
1971			2904	3247	537	110		8284	1723
1972			3991	4232	2538	111		11464	4183
1973			6199	6192	2380	124		14857	6416
1974			7951	12641	-1041	103		20032	5269
1975			8670	12210	-1064	98		25115	4040
1976			10128	12383	2688	110		32145	6544

续表

年份	出口（千英镑）	进口（千英镑）	出口（百万美元）	进口（百万美元）	国际收支（百万美元）	汇率（2006＝100）	外债（百万英镑）	总外债（百万美元）	国际储备（百万美元）
1977			12120	12023	714	128		37951	7256
1978			12659	13683	4262	110		52187	11895
1979			15244	18084	-3215	102		55803	9689
1980			20132	22955	-3472	82		64259	6913
1981			23293	22091	625	72		73963	7507
1982			20175	19395	-4542	70		85487	3994
1983			21899	15429	-24	70		93745	4563
1984			27005	13916	7027	74		102127	11995
1985			25639	13153	-457	71		105171	11608
1986			22349	14044	-3836	90		111203	6760
1987			26224	15051	1015	80		121188	7458
1988			33789	14605	1249	86		113511	9140
1989			34383	18263	886	82		115506	9679
1990			31414	20661	481	75		123439	9973
1991			31620	21040	-369	79		123910	9406
1992			35793	20554	14670	80		135949	23754
1993			38555	25256	8709	81		145726	32211

续表

年份	出口（千英镑）	进口（千英镑）	出口（百万美元）	进口（百万美元）	国际收支（百万美元）	汇率（2006＝100）	外债（百万英镑）	总外债（百万美元）	国际储备（百万美元）
1994			43545	33079	7215	93		148295	38806
1995			46506	49972	12919	103		159256	51840
1996			47747	53346	8666	103		179935	60110
1997			52994	59747	-7907	109		199998	52173
1998			51140	57714	-7970	107		241644	44556
1999			48011	49210	-7822	93		241468	36342
2000			55086	55783	-2262	96		236156	33011
2001			58223	55572	3307	96		226067	35866
2002			60362	47240	302	95		227689	37823
2003			73084	48290	8496	93		235414	49296
2004			96475	62835	2244	94		220182	52935
2005			118308	73606	4319	95		187987	53799
2006			137807	91351	30569	100		199372	85839
2007			160649	120617	87484	102		240495	180334
2008			197942	173107	2969	106		262910	206806
2009			152995	127705	46651	103		277563	239054
2010			201915	181768	49101	120		351941	288575
2011			256040	226233	58637	129		402385	352012

资料来源：Ipeadata。

附表 3

1870—2011 年对内部门经济指标

年份	政府预算盈余/收入（%）	M1（%）	汇率便士/1000雷斯	年度变化（%） GDP	年度变化（%） GDP农业	年度变化（%） GDP工业	投资% GDP	人均GDP（美元）	人均GDP（2011年美元）	年度变化 生活成本（%）	年度变化 通货膨胀（IGP-DI）（%）
1870	-49	1	22.1							4	
1871	-4	4	24.0							-6	
1872	1	-1	25.0							0	
1873	-10	0	26.1							4	
1874	-18	-2	25.8							0	
1875	-20	-6	27.2							-6	
1876	-26	4	25.3							12	
1877	-37	3	24.6							15	
1878	-39	12	22.9							-4	
1879	-62	6	21.4							-1	
1880	-25	-1	22.1							0	
1881	-8	-1	21.9							2	
1882	-7	-2	21.2							4	
1883	-18	-3	21.6							0	
1884	-16	5	20.7							-10	
1885	-30	2	18.6							15	

续表

年份	政府预算盈余/收入（%）	M1（%）	汇率 便士/1000雷斯	年度变化（%）			投资 %GDP	人均GDP（美元）	人均GDP（2011年美元）	年度变化	
				GDP	GDP农业	GDP工业				生活成本（%）	通货膨胀（IGP-DI）（%）
1886	-21	-6	18.7							-20	
1887	-4	1	22.4							-4	
1888	2	2	25.3							-6	
1889	-16	7	26.4							10	
1890	-13	99	22.6							8	
1891	4	51	14.9							28	
1892	-23	-11	12.0							44	
1893	-16	2	11.6							7	
1894	-41	7	10.1							-3	
1895	-12	2	9.9							-5	
1896	-7	2	9.1							28	
1897	-25	2	7.7							18	
1898	-106	8	7.2							6	
1899	8	3	7.4							-2	
1900	-41	-5	9.5					0.034	0.79	-13	
1901	-10	-16	11.4	14.4	21.0	2.7	4.2	0.039	0.87	-18	

续表

年份	政府预算盈余收入 (%)	M1 (%)	汇率 便士/1000 雷斯	年度变化 (%)				人均 GDP (美元)	人均 GDP (2011 年美元)	年度变化	
				GDP	GDP 农业	GDP 工业	投资 % GDP			生活成本 (%)	通货膨胀 (IGP-DI) (%)
1902	13	-2	12.0	-0.5	-4.3	3.5	6.0	0.042	0.84	-8	
1903	13	-1	12.0	1.9	1.9	2.6	6.5	0.043	0.84	2	
1904	-5	10	12.2	1.4	0.6	5.0	8.1	0.046	0.82	6	
1905	7	-4	15.7	3.3	3.1	2.4	10.1	0.043	0.82	-11	
1906	2	8	16.2	12.7	18.3	5.4	9.9	0.073	0.90	22	
1907	3	15	15.2	0.8	-7.4	8.8	13.6	0.068	0.88	-5	
1908	-16	-4	15.2	-3.2	-1.4	0.0	12.7	0.063	0.82	2	
1909	-15	15	15.2	10.3	6.1	21.6	11.2	0.064	0.88	-5	
1910	-19	15	16.2	2.6	-3.9	4.4	12.3	0.073	0.87	-7	
1911	-21	13	16.1	5.8	2.7	9.0	14.0	0.074	0.90	12	
1912	-28	2	16.2	6.9	4.5	10.7	15.5	0.083	0.93	8	
1913	-17	-10	16.1	2.9	4.3	0.9	20.3	0.074	0.93	-2	
1914	-81	-9	14.8	-1.3	1.0	-8.7	9.6	0.058	0.89	-6	
1915	-70	11	12.6	0.3	4.1	12.9	5.9	0.053	0.87	42	
1916	-44	24	12.1	0.9	-2.8	11.4	7.8	0.060	0.86	6	
1917	-49	18	12.8	9.4	11.9	8.7	7.0	0.075	0.92	21	

续表

年份	政府预算盈余/收入（%）	M1（%）	汇率便士/1000雷斯	年度变化（%）			投资% GDP	人均GDP（美元）	人均GDP（2011年美元）	年度变化	
				GDP	GDP农业	GDP工业				生活成本	通货膨胀（IGP－DI）
1918	－40	31	13.0	－2.0	－7.4	－1.1	5.5	0.078	0.88	19	
1919	－49	6	14.2	7.9	3.0	14.8	9.7	0.094	0.93	32	
1920	－33	－1	14.6	12.5	19.0	5.2	10.2	0.101	1.02	10	
1921	－33	41	8.4	1.9	4.1	－1.8	15.3	0.052	1.03	－16	
1922	－47	23	7.2	7.8	0.5	18.8	12.6	0.060	1.09	－4	
1923	－12	12	5.4	8.6	3.9	13.3	7.7	0.064	1.16	35	
1924	－6	10	6.0	1.4	1.0	－1.1	9.0	0.076	1.16	23	
1925	－1	－12	6.2	0.0	－3.2	1.1	9.6	0.099	1.14	8	
1926	－11	2	7.2	5.2	3.2	2.4	9.1	0.099	1.19	－10	
1927	2	15	5.9	10.8	10.8	10.8	11.2	0.087	1.30	2	
1928	9	14	6.0	11.5	18.4	7.0	9.3	0.105	1.43	0	
1929	7	－6	5.9	1.1	0.3	－2.2	11.0	0.101	1.42	5	
1930	－50	－15	4.9	－2.1	1.2	－6.7	8.8	0.079	1.38	－18	
1931	－17	16	3.8	－3.3	－6.3	1.2	6.9	0.043	1.31		
1932	－63	17	5.0	4.3	6.0	1.4	6.6	0.046	1.35		
1933	－15	－1	4.6	8.9	12.0	11.7	7.9	0.054	1.45		

续表

年份	政府预算盈余/收入（%）	M1（%）	汇率便士/1000雷斯	年度变化（%）			投资% GDP	人均GDP（美元）	人均GDP（2011年美元）	年度变化	
				GDP	GDP农业	GDP工业				生活成本	通货膨胀（IGP-DI）
1934	-21	13	4.0	9.2	6.2	11.1	9.6	0.056	1.56		
1935	-5	5	4.1	3.0	-2.5	11.9	11.8	0.048	1.59		
1936	-3	11	4.1	12.1	9.5	17.2	12.1	0.054	1.75		
1937	-20	11	4.2	4.6	0.1	5.4	12.9	0.066	1.81		
1938	-22	21	4.2	4.5	4.2	3.7	13.6	0.063	1.86		
1939	-14	-4	3.4	2.5	-2.3	9.3	13.1	0.065	1.87		
1940	-15	2		-1.0	-1.8	-2.7	13.8		1.82		
1941	-20	27		4.9	6.3	6.4	11.8	0.066	1.87		
1942	-31	23		-2.7	-4.4	1.4	11.3	0.073	1.79		
1943	-9	53		8.5	7.3	13.5	9.4	0.091	1.90		
1944	-1	25		7.6	2.4	10.7	8.9	0.118	2.00		
1945	-11	19		3.2	-2.2	5.5	9.1	0.137	2.02		11
1946	-23	10		11.6	8.4	18.5	11.0	0.175	2.20		24
1947	3	-2		2.4	0.7	3.3	14.9	0.199	2.20		2
1948	0	8		9.7	6.9	12.3	12.7	0.225	2.35		7
1949	-16	18		7.7	4.5	11.0	13.0	0.256	2.46		12

续表

年份	政府预算盈余/收入（%）	M1（%）	汇率便士/1000雷斯	年度变化（%）			投资%GDP	人均GDP（美元）	人均GDP（2011年美元）	年度变化	
				GDP	GDP农业	GDP工业				生活成本（%）	通货膨胀（IGP-DI）（%）
1950	-22	31		6.8	1.5	12.7	12.8	0.290	2.56		13
1951	10	16		4.9	0.7	5.3	15.4	0.349	2.61		12
1952	7	15		7.3	9.1	5.6	14.8	0.398	2.72		11
1953	-8	19		4.7	0.2	9.3	15.1	0.218	2.77		22
1954	-6	24		7.8	7.9	9.3	15.8	0.192	2.90		25
1955	-14	16		8.8	7.7	11.1	13.5	0.190	3.06		12
1956	-44	22		2.9	-2.4	5.5	14.5	0.236	3.05		26
1957	-38	32		7.7	9.3	5.4	15.0	0.263	3.19		5
1958	-26	23		10.8	2.0	16.8	17.0	0.185	3.42		26
1959	-17	43		9.8	5.3	12.9	18.0	0.225	3.65		38
1960	-14	39		9.4	4.9	10.6	15.7	0.244	3.87		31
1961	-32	52		8.6	7.6	11.1	13.1	0.239	4.08		50
1962	-42	64		6.6	0.5	8.1	15.5	0.261	4.22		54
1963	-34	65		0.6	1.0	-0.2	17.0	0.304	4.12		82
1964	-38	82		3.4	1.3	5.0	15.0	0.265	4.14		86
1965	-23	79		2.4	12.1	-4.7	14.7	0.277	4.12		36

续表

年份	政府预算盈余/收入（%）	M1（%）	汇率 便士/1000雷斯	年度变化（%）			投资 %GDP	人均GDP（美元）	人均GDP（2011年美元）	年度变化	
				GDP	GDP 农业	GDP 工业				生活成本（%）	通货膨胀（IGP-DI）（%）
1966	-2	14		6.7	-1.7	11.7	15.9	0.339	4.27		37
1967	-11	46		4.2	5.7	2.2	16.2	0.362	4.33		24
1968	2	39		9.8	1.4	14.2	18.7	0.384	4.63		25
1969	5	33		9.5	6.0	11.2	19.1	0.410	4.93		19
1970	6	33		10.4	5.6	11.9	18.8	0.454	5.30		19
1971	3	31		11.3	10.2	11.9	19.9	0.511	5.75		19
1972	3	38		11.9	4.0	14.0	20.3	0.595	6.27		16
1973	4	47		14.0	0.1	16.6	20.4	0.830	6.97		16
1974	5	34		8.2	1.3	7.8	21.8	1.067	7.35		34
1975	-3	44		5.2	6.6	3.8	23.3	1.222	7.54		30
1976	2	38		10.3	2.4	12.1	22.4	1.413	8.12		47
1977	2	38		4.9	12.1	2.3	21.3	1.589	8.32		38
1978	0	41		5.0	-2.7	6.1	22.3	1.762	8.53		42
1979	4	73		6.8	4.7	6.9	23.4	1.902	8.89		79
1980	3	77		9.2	9.6	9.1	23.6	2.001	9.52		111
1981	4	88		-4.3	8.0	-10.4	24.3	2.125	8.91		95

续表

年份	政府预算盈余/收入 (%)	M1 (%)	汇率 便士/1000雷斯	年度变化 (%)			投资 %GDP	人均GDP (美元)	人均GDP (2011年美元)	年度变化	
				GDP	GDP农业	GDP工业				生活成本 (%)	通货膨胀 (IGP-DI) (%)
1982	3	66		0.8	-0.2	-0.2	23.0	2.183	8.77		102
1983	6	98		-2.9	-0.5	-5.8	19.9	1.491	8.32		212
1984	7	202		5.4	2.6	6.2	18.9	1.447	8.57		228
1985	3	304		7.8	9.6	8.4	18.0	1.586	9.04		243
1986	3	307		7.5	-8.0	11.3	20.0	1.889	9.52		61
1987	5	127		3.5	15.0	1.0	23.2	2.042	9.66		432
1988	1	570		-0.1	0.8	-3.4	24.3	2.179	9.47		1118
1989	-6	1384		3.2	2.8	2.9	26.9	2.868	9.58		2013
1990	0	2336		-4.3	-3.7	-9.5	20.7	3.172	9.01		1217
1991	0	331		1.0	1.4	0.1	18.1	2.735	8.95		497
1992	4	867		-0.5	5.4	-4.2	18.4	2.577	8.76		1167
1993	9	2129		4.7	1.0	9.3	19.3	2.846	9.02		2851
1994	3	2586		5.3	7.4	8.1	20.7	3.492	9.36		908
1995	3	25		4.4	5.7	4.9	18.3	4.840	9.62		15
1996	3	5		2.2	3.0	0.1	16.9	5.205	9.68		9
1997	6	59		3.4	0.8	2.5	17.4	5.319	9.85		7

续表

年份	政府预算盈余收入(%)	M1(%)	汇率便士/1000雷斯	年度变化(%) GDP	年度变化(%) GDP农业	年度变化(%) GDP工业	投资%GDP	人均GDP(美元)	人均GDP(2011年美元)	年度变化 生活成本(%)	年度变化 通货膨胀(IGP-DI)(%)
1998	2	7		0.0	3.4	-4.8	17.0	5.076	9.71		2
1999	3	24		0.3	6.5	-1.9	15.7	3.478	9.59		20
2000	5	19		4.3	2.7	5.7	16.8	3.763	9.86		10
2001	1	13		1.3	6.1	0.7	17.0	3.187	9.84		10
2002	7	29		2.7	6.6	2.4	16.4	2.870	9.96		28
2003	5	2		1.1	5.8	1.9	15.3	3.090	9.94		7
2004	3	17		5.7	2.3	8.5	16.1	3.664	10.37		12
2005	5	13		3.2	0.3	1.2	15.9	4.808	10.56		1
2006	1	20		4.0	4.8	1.0	16.4	5.868	10.85		4
2007	2	33		6.1	4.8	5.6	17.4	7.281	11.38		8
2008	-3	-3		5.2	6.3	3.0	19.1	8.717	11.85		9
2009	7	12		-0.3	-3.1	-8.7	18.1	8.469	11.69		-1
2010		13		7.5	6.3	10.1	19.5	11.083	12.46		11
2011	7	1		2.7	3.9	0.1	19.3	12.689	12.69		5

资料来源：Ministério da Fazenda, Secretaria do Tesouro Nacional, and Ipeadata。

附表 4

1821—1939 年主要农产品出口

（单位：千英镑）

年份	咖啡	蔗糖	可可	马黛茶	烟草	皮棉	橡胶	皮革和皮	合计	总出口
1821	704	1096	31		191	921		596	3539	4324
1822	789	741	18		118	991		654	3311	4030
1823	878	1779	16		103	941		460	4177	4358
1824	704	904	25		156	902		394	3085	3851
1825	623	1058	36		102	1421		583	3823	4622
1826	690	984	33		37	363		642	2749	3319
1827	774	1365	28		67	584	1	504	3323	3662
1828	659	1989	6		103	683	3	381	3824	4142
1829	705	1282	6		71	579	6	590	3239	3441
1830	663	1228	2		40	684	7	510	3134	3348
1831	964	852	4	10	69	774	6	440	3119	3373
1832	1832	1383	14	16	145	555	10	445	4400	4677
1833	1383	828	14	20	88	483	8	278	3102	3263
1834	2775	1039	13	23	169	812	15	321	5167	5632
1835	2435	1092	13	17	69	468	15	454	4563	5328
1836	2555	1891	24	39	83	534	17	540	5683	6776
1837	2237	1182	26	34	74	477	18	615	4663	5476
1838	2197	1064	56	30	58	312	15	93	3825	4129

续表

年份	咖啡	蔗糖	可可	马黛茶	烟草	皮棉	橡胶	皮革和皮	合计	总出口
1839	2494	1033	62	25	100	358	30	323	4425	4863
1840	2657	1434	54	30	87	525	34	397	5218	5688
1841	2300	1536	50	37	84	506	26	350	4889	5384
1842	2311	1057	59	34	115	407	11	372	4366	4936
1843	1909	1117	41	35	85	386	9	408	3990	4584
1844	1933	1109	47	34	83	392	8	500	4106	4708
1845	1838	1504	37	40	105	344	16	553	4437	4941
1846	2259	1681	57	38	103	309	22	610	5079	5685
1847	2465	1659	61	45	105	354	29	624	5342	5885
1848	2936	1648	55	69	87	419	26	457	5697	6760
1849	2242	1655	60	75	93	364	27	411	4927	5865
1850	2462	1610	70	70	114	622	40	394	5382	5932
1851	3906	1890	70	68	204	682	125	540	7485	8121
1852	3997	1638	67	108	218	520	105	547	7200	8083
1853	3874	2084	56	63	134	582	161	556	7510	8418
1854	4207	1879	93	101	249	580	424	693	8226	9121
1855	5581	1920	48	99	233	539	326	669	9415	10439
1856	5512	2171	71	204	238	647	262	735	9840	10831

续表

年份	咖啡	蔗糖	可可	马黛茶	烟草	皮棉	橡胶	皮革和皮	合计	总出口
1857	6211	2967	169	303	395	802	183	1087	12117	13150
1858	4824	2518	184	230	263	738	138	784	9679	10669
1859	5340	2947	141	186	325	588	201	764	10492	11372
1860	6289	1624	134	221	420	672	357	993	10710	11793
1861	8564	1172	159	168	256	503	313	977	12112	13241
1862	6257	2449	135	150	520	829	260	925	11525	12857
1863	6201	2051	150	166	680	1843	359	795	12245	13424
1864	6144	2230	128	171	399	3385	419	902	13778	14892
1865	7151	1816	131	98	325	3519	404	806	14250	15733
1866	6377	2003	125	154	542	4889	482	799	15371	16370
1867	7044	1280	143	187	427	3379	590	953	14003	15786
1868	7818	2070	153	292	480	2996	711	927	15447	17326
1869	6409	942	99	189	384	2498	555	916	11992	14351
1870	6039	2294	165	242	554	3452	556	958	14260	15453
1871	7766	1660	143	344	583	2224	926	1001	14647	15439
1872	7172	2814	190	403	681	4649	1050	1178	18137	19089
1873	12013	2891	157	348	712	2816	1049	1551	21537	22392
1874	11976	1918	148	253	584	2625	1149	1259	19912	20620

续表

年份	咖啡	蔗糖	可可	马黛茶	烟草	皮棉	橡胶	皮革和皮	合计	总出口
1875	13512	2484	256	245	643	2138	1102	1351	21731	22392
1876	13414	1593	311	279	868	1236	1147	1348	20196	20820
1877	11752	3158	362	251	723	1270	1161	1059	19736	20573
1878	11299	2748	285	338	708	703	1201	713	17995	19063
1879	12813	2085	298	260	686	947	1082	847	19018	19508
1880	11237	2789	288	224	682	462	1090	799	17571	19789
1881	11604	2386	336	249	695	471	1091	761	17593	21249
1882	9553	3324	384	246	722	881	1095	720	16925	19138
1883	10817	2049	391	93	432	1090	1251	385	16508	17378
1884	11681	3514	357	80	428	1144	849	395	18448	19493
1885	13140	1957	391	59	481	943	916	442	18329	19504
1886	9671	1091	239	171	546	502	886	587	13693	15110
1887	21501	2250	449	424	827	1805	2160	752	30168	32205
1888	10857	2118	404	388	634	976	4024	983	20384	21714
1889	18983	1582	385	442	721	767	2788	1183	26851	28552
1890	17850	1636	249	398	547	635	2550	959	24824	26382
1891	17561	2674	365	274	381	1095	2686	757	25793	27136
1892	22028	2423	276	226	270	547	3012	659	29441	30854

续表

年份	咖啡	蔗糖	可可	马黛茶	烟草	皮棉	橡胶	皮革和皮	合计	总出口
1893	21712	1946	470	168	611	1906	3403	487	30703	32007
1894	20884	2038	341	410	290	1208	3554	477	29202	30491
1895	22385	1833	320	425	389	477	5055	526	31410	32586
1896	19663	1686	263	374	330	355	3774	630	27075	28333
1897	16506	1235	360	460	909	599	4232	635	24936	25883
1898	13830	1450	553	443	1118	314	5325	707	23740	25019
1899	14459	642	589	475	688	147	6126	1091	24217	25545
1900	18889	1431	732	676	1310	1147	6499	1018	31702	33163
1901	23979	1551	847	936	1655	451	8627	1069	39115	40622
1902	20327	936	1022	1084	1206	1204	7294	1529	34602	36437
1903	19076	199	1012	677	949	1324	9734	1821	34792	36833
1904	19958	93	1096	971	839	826	11220	2385	37388	39430
1905	21421	406	1040	1247	825	1158	14416	1852	42365	44643
1906	27616	606	1386	1857	932	1657	14056	2476	50586	53059
1907	28559	136	2013	1610	1284	1735	13690	2379	51406	54177
1908	23039	306	1977	1650	841	206	11785	2021	41825	44155
1909	33475	671	1599	1658	1329	592	18926	2792	61042	63724
1910	26696	679	1383	1959	1607	893	24646	2428	60291	63092

续表

年份	咖啡	蔗糖	可可	马黛茶	烟草	皮棉	橡胶	皮革和皮	合计	总出口
1911	40401	409	1641	1983	965	979	15057	2447	63882	66839
1912	46558	56	1531	2103	1434	1037	16095	2770	71584	74649
1913	40779	66	1594	2372	1652	2308	10375	3378	62524	65451
1914	27000	373	1901	1668	1553	1864	7063	2432	43854	46803
1915	32191	756	2894	1862	1179	287	7040	4032	50241	53951
1916	29281	1306	2500	1885	1551	120	7496	5042	49181	56462
1917	23054	3860	2536	1818	1296	793	7484	5190	46031	63031
1918	19041	5459	2158	2151	2263	524	3998	4592	40186	61168
1919	66081	3106	5025	2829	3887	1978	5686	7970	96562	117388
1920	40456	4973	3038	2376	1974	3792	2742	5156	64507	82346
1921	27067	2507	1263	1153	1464	1220	954	1978	37606	45411
1922	39549	3030	1795	1409	1265	2725	1282	2762	53817	61317
1923	44182	2951	1937	1146	1212	2477	1688	3370	58963	68562
1924	65747	680	2204	1975	1679	875	1778	3126	78064	86737
1925	74032	55	2624	2864	2349	3307	5058	3791	94080	102875
1926	69582	226	2949	3323	1959	1181	3359	3481	86060	94254
1927	62689	636	4560	2677	1718	1023	2799	4386	80488	88689
1928	69701	571	3656	2821	1709	893	1448	6768	87567	97426

续表

（单位：千美元）

年份	咖啡	蔗糖	可可	马黛茶	烟草	皮棉	橡胶	皮革和皮	合计	总出口
1929	67307	222	2577	2613	1628	3783	1501	4148	83779	94831
1930	41179	577	2040	2139	1676	1920	764	3204	53499	65746
1931	34104	62	1396	1348	956	826	375	2338	41405	49544
1932	26238	295	1656	1274	585	25	155	1388	31616	36630
1933	26168	174	1340	807	379	369	263	1396	30896	35790
1934	21541	148	1337	735	518	4666	342	1364	30651	35240
1935	17373	361	1302	543	514	5223	292	1243	26851	33012
1936	17786	342	2077	511	529	7455	543	1667	30910	39069
1937	17887	2	1924	552	732	8018	630	2551	32296	42530
1938	16192	20	1502	419	603	6559	329	1474	27098	35945
1939	14892	156	1494	420	643	7645	377	1633	27260	37298

资料来源：IBGE Estatísticas históricas do Brasil Vol. 3。

附表 5 1953—2010年主要农产品出口值

（单位：千美元）

年份	咖啡	蔗糖	可可	马黛茶	烟草	皮棉	橡胶	皮革和皮	大豆	大豆粉	牛肉	鸡肉	橙汁
1953	1088270	22411	75223	7246	16468	101756	1667	14668	3304		545		
1954	948077	12380	135606	12832	18386	223116	1825	11351	3003				
1955	843937	46911	90907	13567	18464	131365	1616	10123	5756		453		

续表

年份	咖啡	蔗糖	可可	马黛茶	烟草	皮棉	橡胶	皮革和皮	大豆	大豆粉	牛肉	鸡肉	橙汁
1956	1029782	1604	67207	15103	20433	85944	1190	10488	4097		3241		
1957	845531	45871	69693	14144	17627	44207	1867	10407	1809		8851		
1958	687515	57367	89415	15096	15375	24768	1219	10534	3690		11433		
1959	733040	42771	59447	12650	15543	35541	1894	18493	4890		9158		
1960	712714	57815	69181	8983	18735	45586	2958	14300			3203		
1961	710386	65611	45923	9484	26864	109682	5308	12611	6872		7082		
1962	642671	39495	24227	7476	23831	112166	5208	10224	8376		5236		84
1963	748284	72412	35030	7664	24239	114241	1500	9042	3107	3969	5143		2167
1964	759703	33134	34816	7776	28535	108259	2632	11719		2852	11115		1437
1965	706587	56727	27689	6940	26359	95651	5007	23913	7343	7225	20942		1884
1966	763983	80535	50731	6876	22329	111004	3797	30323	13028	13489	10338		4737
1967	704725	80426	59161	4984	20486	90844	3888	25557	29243	10023	3959		6693
1968	774474	101577	46098	4890	18938	130817	3036	23262	6291	18160	14494		11631
1969	812955	115045	105490	4910	26715	196008	3706	44498	29249	22001	31682		10910
1970	939266	726657	77679	4784	31591	154435	4421	41084	27084	40654	68686		14736
1971	772479	152951	61681	5662	36953	137140	4406	31722	24309	78070	98707		35859
1972	989218	403548	59156	3226	47132	188702	3804	63771	127928	145920	169211		41499
1973	1244272	558686	88522	3475	59160	218068	3882	56311	494153	418636	148547		63622

续表

年份	咖啡	蔗糖	可可	马黛茶	烟草	皮棉	橡胶	皮革和皮	大豆	大豆粉	牛肉	鸡肉	橙汁
1974	864313	1321932	210002	7522	99637	90934	1784	49822	586271	301539	29532		59170
1975	854513	1099773	220369	9955	143374	97794	1749	53196	684901	463742	8530	3290	82213
1976	2172687	306537	218757	12025	163544	6957	2075	93335	788538	791746	16021	19565	100882
1977	2298942	462704	435467	13370	189079	40894	1476	95258	709606	1145709	39560	31572	177040
1978	1946509	350064	453813	14810	242562	52759	1442	99721	169886	1047725	17155	46872	332638
1979	1917618	363809	486873	17470	291199	499	498	164986	179506	1136933	8041	81148	281452
1980	2486055	1288253	291688	37422	289596	11226	91	100644	393930	1449013	18399	206690	338714
1981	1516646	1061732	241618	28276	362223	41497	107	—	403672	2136176	123568	354291	659206
1982	1857526	580007	215978	15041	470882	61769	76	—	123457	1619165	188287	285475	574972
1983	2095526	526803	283773	17633	465991	188510	13	—	308571	1793219	210318	242212	607931
1984	2564136	586293	249035	15649	460480	41556	140	122100	454116	1460179	213910	263538	1414981
1985	2369178	367954	360796	14088	449764	76754	19	113035	762683	1174857	262683	242873	748927
1986	2005902	381406	273322	17007	404249	16756	15	91035	241897	1253440	164749	224235	678453
1987	1959196	324616	265587	19562	415587	160179	7	158543	570277	1449966	207665	215909	830671
1988	2008945	345119	215495	34595	522785	31287		311500	728356	2020917	374313	235028	1144556
1989	1560391	306198	134324	22298	569378	157741		170219	1153709	2136528	137716	323769	
1990	1105788	525860	127785	22344	623607	127938		248106	910016	1610450	100253	387036	1468568
1991	1382064	398087	88452	26552	818362	147724		272386	448168	1369415	178439	424639	900521
1992	970366	599421	83513	30717	981604	28976		386870	808566	1886000	283312	542275	1047125

续表

年份	咖啡	蔗糖	可可	马黛茶	烟草	皮棉	橡胶	皮革和皮	大豆	大豆粉	牛肉	鸡肉	橙汁
1993	1064898	786675	97640	35444	900782	3772		394886	946466	2121000	—	313125	827578
1994	2218689	992205	107835	34362	1030708	4496		459764	1315979	2808000	268090	585248	987734
1995	1969847	1919460	25041	39695	1174961	91543		574269	770425	3028000	180780	627518	1108371
1996	1718579	1611494	46557	39773	1515392	2419		677809	1017918	3440000	194305	835720	—
1997	2746213	1773984	7865	34608	1664806	361		740058	2452427	3277000	196296	867863	1006661
1998	2332080	1943434	9273	34077	1558990	4245		671189	2178475	2577000	276595	733743	1266424
1999	2230111	1910693	4758	30174	961237	4588		594483	1593293	2175000	443835	872620	1239034
2000	1559125	1199111	2004	28170	841321	—		744721	2187879	2007000	786300	828747	943745
2001	1207574	2279060	3785	27720	944316	—		863192	2725508	2571000	1022500	1333800	837704
2002	1195000	2093644	7000	21100	1008169	—		930239	3031984	2977000	1107300	1392816	1050836
2003	1302292	2140022	3074	16040	1090219	—		1036098	4290443	3835000	1509700	1798953	1111272
2004	1749810	2640229	1875	18050	1425763	—		1241190	5394907	4653000	2457300	2594883	1149389
2005	2516093	3918850	1783	25750	1706520	449600		1320783	5345047	4132000	3032800	3508548	1104734
2006	2928193	6167015	830	32500	1751784	337300		1810021	5663424	3618000	3800000	3203414	1610935
2007	3378038	5100530	1709	36030	2262374	543600		2165938	6709381	4613000	4500000	4217500	2291106
2008	4131465	5483037	1581	45847	2752032	727700		1854923	10952197	7035000	5500000	5821900	1872168
2009	3761267	8377828	936	42746	3046032	664700		1144136	11424283	5816000	4950000	4817900	1597827
2010	5181628	12761731	1052		2762246	821600		1729790	11043000	6071000	3861100	5789500	1913405

资料来源：IBGE，Estatísticas históricas do Brasil；Ipeadata，Ministério do Desenvolvimento，Indústria e Comércio Exterior（aliceweb.desenvolvimento.gov.br）；CEPLAC（www.ceplac.gov.br）；and AFIC（www.afic.com.br）。

附表6　　　　　1964—2011 年按产品类型分类的巴西出口额

（单位：百万美元（FOB））

年份	初级产品	半成品	制成品	总计
1964	1221	115	89	1430
1965	1301	154	130	1595
1966	1444	141	152	1741
1967	1302	147	196	1654
1968	1492	178	202	1881
1969	1796	211	284	2311
1970	2049	249	416	2738
1971	1988	241	581	2904
1972	2649	399	898	3991
1973	4030	574	1434	6199
1974	4577	917	2147	7951
1975	5027	849	2585	8670
1976	6129	842	2776	10128
1977	6959	1044	3840	12120
1978	5978	1421	5083	12659
1979	6553	1887	6645	15244
1980	8488	2349	9028	20132
1981	8920	2116	11884	23293
1982	8238	1433	10253	20175
1983	8535	1782	11276	21899
1984	8706	2872	15132	27005
1985	8538	2758	14063	25639
1986	7280	2491	12404	22349
1987	8022	3175	14839	26224
1988	9411	4892	19187	33789
1989	9549	5807	18634	34383
1990	8746	5108	17011	31414
1991	8737	4691	17757	31620

年份	初级产品	半成品	制成品	总计
1992	8830	5750	20754	35793
1993	9366	5445	23437	38555
1994	11058	6893	24959	43545
1995	10969	9146	25565	46506
1996	11900	8613	26413	47747
1997	14474	8478	29194	52994
1998	12977	8120	29387	51140
1999	11828	7982	27329	48011
2000	12562	8499	32528	55086
2001	15342	8244	32901	58223
2002	16952	8964	33001	60362
2003	21179	10943	39654	73084
2004	28518	13431	52948	96475
2005	34721	15961	65144	118308
2006	40285	19523	75018	137807
2007	51596	21800	83943	160649
2008	73028	27073	92682	197942
2009	61957	20499	67349	152995
2010	90005	28207	79563	201915
2011	122457	36026	92929	256040

资料来源：Ministério do Desenvolvimento, Indústria e Comércio Exterior, Secretaria de Comércio Exterior-SECEX。

附表7 **1907—1938年各州工业产值** （单位：康托雷斯）

年份	康托雷斯			1914年康托雷斯（1）		
	巴西	圣保罗	其他	巴西	圣保罗	其他
1907	741536	118087	623449	—	—	—
1914	956557	293663	662894	956557	293663	662894

年份	康托雷斯			1914 年康托雷斯（1）		
	巴西	圣保罗	其他	巴西	圣保罗	其他
1915	1215820	379336	836484	1215820	379336	836484
1916	1571698	496025	1074973	1347170	425164	921405
1917	2424193	778166	1646027	1887540	605900	1281639
1918	2370000	770445	1600155	1644490	534594	1110312
1919	2989176	986110	2003066	2005894	661732	1344163
1920	2948531	987758	1960773	1800899	603301	1197598
1921	3020631	1023994	1996637	1791304	607252	1184052
1922	3840031	1320971	2519060	2083421	716697	1366724
1923	5895551	2051652	3843899	2905054	1010959	1894095
1924	4411835	1557378	2854457	1859534	656416	1203118
1925	4326070	1544407	2781663	1710307	610580	1099727
1926	4822046	1745581	3076465	1849055	669358	1179697
1927	5566663	2037399	3529264	2079852	761226	1318626
1928	7149210	2652357	4496853	2710853	1005726	1705126
1929	6723442	2521291	4202151	2568506	963190	1605316
1930	5906826	2244594	3662232	2479408	942175	1537233
1931	5806406	2229660	3576746	2530997	971903	1559094
1932	5561939	2219214	3342725	2414118	963233	1450885
1933	5953045	2339547	3613498	2606054	1024179	1581875
1934	6805743	2708686	4097057	2765680	1100741	1664939
1935	8438728	3392369	5046359	3248114	1305742	1942372
1936	9653085	3928806	5724279	3238864	1318218	1920646
1937	11234610	4617425	6617185	3603554	1481061	2122493
1938	12000000	5000000	7000000	3589443	1495601	2093842

资料来源：Anuário Estatístico do Brasil, 1939－1940, Apêndice Quadros Retrospectivos, p. 1318。

附表 8　　1971—2000 年按产品类型划分的工业生产年度指数 (1991—100)

年份	1971	1972	1973	1974	1975	1976	1977	1978	1979	1980
工业	—	—	—	—	72.11	80.69	82.42	87.48	93.57	102.17
采掘业	—	—	—	—	37.91	38.95	37.60	40.42	45.29	51.10
制造业	49.58	56.51	65.88	71.00	73.71	82.65	84.53	89.69	95.84	104.57
非金属矿物	46.75	53.31	62.00	71.17	77.58	87.20	93.43	98.65	104.45	112.53
冶金业	52.80	59.29	65.34	68.23	74.50	81.66	87.05	91.80	99.34	111.74
机械	57.57	69.05	88.75	99.08	114.08	124.57	116.21	118.16	127.21	145.63
电气及通信设备	34.48	42.10	53.86	59.38	59.67	70.22	70.41	82.36	88.71	99.62
运输材料	54.58	66.87	85.32	101.40	101.92	110.93	110.60	122.11	130.27	136.14
木材	—	—	—	—	—	—	—	—	—	—
家具	—	—	—	—	—	—	—	—	—	—
纸和纸板	40.16	43.17	47.22	49.24	41.95	50.73	51.96	57.79	65.41	72.74
橡胶	39.42	44.55	54.50	64.42	67.47	74.93	73.42	78.99	84.69	92.61
皮革和皮	—	—	—	—	—	—	—	—	—	—
化学制品	39.95	46.73	57.64	60.74	62.26	72.31	75.96	81.77	89.42	93.97
药品	—	—	—	—	81.21	91.90	77.03	78.12	82.44	92.06
香水、肥皂和蜡烛	28.04	30.61	32.61	36.36	37.70	43.44	42.00	46.79	53.84	58.71
塑料材料	34.05	40.29	51.67	63.64	66.90	80.75	80.99	88.55	94.34	107.96
纺织品	79.46	82.45	88.13	85.08	87.06	91.31	93.19	99.27	107.69	114.70

续表

年份	1971	1972	1973	1974	1975	1976	1977	1978	1979	1980
衣服和鞋	83.35	87.53	99.90	101.99	109.31	120.74	120.04	129.24	135.88	150.38
食品	48.82	56.73	62.19	65.58	65.50	73.87	78.76	77.90	77.59	84.10
饮料	30.37	31.82	37.49	40.61	42.84	48.51	54.79	58.67	61.39	62.64
烟草	37.33	39.56	42.09	47.48	51.23	55.94	60.55	64.03	68.85	66.19

年份	1981	1982	1983	1984	1985	1986	1987	1988	1989	1990
工业	91.77	91.80	87.05	93.23	101.14	112.20	113.18	109.51	112.71	102.68
采掘业	49.96	53.43	61.68	80.48	89.82	93.13	92.43	92.78	96.45	99.09
制造业	93.72	93.56	88.08	93.52	101.32	112.77	113.84	109.96	113.12	102.41
非金属矿物	106.74	103.71	86.81	86.67	93.57	109.70	112.26	107.57	111.68	99.36
冶金业	92.74	89.36	87.03	99.02	106.27	118.96	119.47	115.59	121.39	106.07
机械	117.16	96.95	84.00	99.76	110.08	134.28	139.70	127.68	134.04	111.44
电气及通信设备	84.32	86.67	77.09	78.63	93.60	114.74	112.18	107.20	113.28	107.04
运输材料	105.00	101.90	95.11	99.47	111.14	125.06	112.36	122.57	119.12	100.23
木材	—	—	—	—	—	—	—	—	—	—
家具	—	—	—	—	—	—	—	—	—	—
纸和纸板	67.73	72.62	73.84	78.90	84.02	92.81	96.18	94.66	99.98	93.73
橡胶	78.71	74.00	76.82	82.78	89.82	101.99	105.68	107.94	105.90	101.26
皮革和皮	—	—	—	—	—	—	—	—	—	—

续表

年份	1981	1982	1983	1984	1985	1986	1987	1988	1989	1990
化学制品	91.78	99.25	97.76	107.11	113.79	115.45	121.83	118.16	117.81	108.30
药品	94.43	95.10	87.69	95.46	100.46	123.41	126.34	108.43	113.50	102.48
香水、肥皂和蜡烛	59.50	61.62	62.42	61.73	71.57	85.88	96.40	88.84	99.08	93.45
塑料材料	85.83	93.65	84.11	87.72	97.80	118.93	113.94	105.71	118.78	100.24
纺织品	98.95	103.92	92.89	89.53	101.63	115.37	114.68	107.67	108.20	97.25
衣服和鞋	149.45	153.96	133.84	136.80	145.55	156.11	141.11	131.55	133.99	115.23
食品	85.93	87.04	89.87	89.26	89.45	89.77	95.89	93.62	94.81	96.54
饮料	57.90	56.53	53.68	53.40	59.29	73.03	70.53	72.22	82.84	84.73
烟草	68.62	71.53	70.30	72.62	81.13	87.18	89.01	89.87	94.47	93.19

年份	1991	1992	1993	1994	1995	1996	1997	1998	1999	2000
工业	100.00	96.27	103.50	111.37	113.41	115.37	119.85	117.42	116.66	124.28
采掘业	100.00	100.77	101.40	106.20	109.69	120.39	129.09	145.16	158.35	177.25
制造业	100.00	95.92	103.66	111.77	113.70	114.98	119.13	115.25	113.39	120.13
非金属矿物	100.00	92.32	96.85	99.82	103.91	110.48	118.63	118.20	114.51	116.57
冶金业	100.00	99.36	107.02	117.91	115.81	117.66	124.72	119.96	118.66	127.72
机械	100.00	90.52	106.23	128.61	122.77	107.05	114.74	110.12	102.22	120.67
电气及通信设备	100.00	87.35	99.80	118.73	136.06	142.48	139.95	126.18	111.76	125.11
运输材料	100.00	97.84	118.16	134.04	139.47	139.00	153.84	132.02	125.22	148.71

续表

年份	1991	1992	1993	1994	1995	1996	1997	1998	1999	2000
木材	100.00	98.80	105.55	102.80	99.35	101.45	105.38	98.88	105.79	109.04
家具	100.00	88.44	106.48	107.72	114.42	130.13	128.17	117.70	115.13	124.04
纸和纸板	100.00	97.99	102.73	105.59	106.04	109.16	112.28	112.66	119.72	124.60
橡胶	100.00	99.92	109.17	113.56	113.21	112.66	117.33	108.36	113.38	126.72
皮革和皮	100.00	96.89	107.09	102.48	85.37	83.72	82.33	71.16	68.61	63.08
化学制品	100.00	99.54	103.81	110.69	110.15	115.67	121.54	126.38	127.53	129.65
药品	100.00	88.75	99.73	97.28	114.93	105.08	117.02	121.72	121.22	118.80
香水、肥皂和蜡烛	100.00	99.40	103.82	106.37	112.01	116.60	122.64	126.53	135.63	139.15
塑料材料	100.00	88.66	95.50	99.44	109.14	121.50	125.87	122.81	115.10	112.05
纺织品	100.00	95.49	95.06	98.67	92.99	87.61	81.89	76.30	77.94	82.62
衣服和鞋	100.00	92.35	102.11	99.96	93.09	90.75	84.69	80.77	78.08	82.57
食品	100.00	99.92	100.47	102.71	110.62	116.46	117.62	119.18	122.94	119.81
饮料	100.00	83.35	90.59	100.03	117.19	113.29	112.93	110.46	110.44	114.59
烟草	100.00	117.72	122.91	104.74	99.39	111.80	136.67	105.61	98.09	90.45

资料来源：IBGE, Estatísticas do século XX, Table "7_25u_ind1971_00"。

附表9　　　　1872—2010 年巴西人口普查中按州和地区划分的人口分布

（单位：人）

地区和国家 \ 年份	1872	1890	1900	1920	1940	1950	1960	1970	1980	1991	2000	2010
巴西	9930478	14333915	17438434	30635605	41236315	51944397	70992343	94508583	121150573	146917459	169590693	190755799
北部	332847	476370	695112	1439052	1627608	2048696	2930005	4188313	6767249	10257266	12893561	15864454
朗多尼亚州	—	—	—	—	—	36935	70783	116620	503125	1130874	1377792	1562409
阿克里州	—	—	—	92379	79768	114755	160208	218006	306893	417165	557226	733559
亚马孙州	57610	147915	249756	363166	438008	514099	721215	960934	1449135	2102901	2813085	3483985
罗赖马州	—	—	—	—	—	18116	29489	41638	82018	215950	324152	450479
帕拉州	275237	328455	445356	983507	944644	1123273	1550935	2197072	3507312	5181570	6189550	7581051
阿马帕州	—	—	—	—	—	37477	68889	116480	180078	288690	475843	669526
托坎廷斯州	—	—	—	—	165188	204041	328486	537563	738688	920116	1155913	1383445
东北部	4638560	6002047	6749507	11245921	14434080	17973413	22428873	28675110	35419156	42470225	47693253	53081950
马拉尼昂州	359040	430854	499308	874337	1235169	1583248	2492139	3037135	4097231	4929029	5642960	6574789
皮奥伊州	202222	267609	334328	609003	817601	1045696	1263368	1734894	2188150	2581215	2841202	3118360
塞阿拉州	721686	805687	849127	1319228	2091032	2695450	3337856	4491590	5380432	6362620	7418476	8452381

续表

地区和国家	1872	1890	1900	1920	1940	1950	1960	1970	1980	1991	2000	2010
北里奥格兰德州	233979	268273	274317	537135	768018	967921	1157258	1611606	1933126	2414121	2771538	3168027
帕拉伊巴州	376226	457232	490784	961106	1422282	1713259	2018023	2445419	2810032	3200677	3439344	3766528
伯南布哥州	841539	1030224	1178150	2154835	2688240	3395766	4138289	5253901	6244275	7122548	7911937	8796448
阿拉戈亚斯州	348009	511440	649273	978748	951300	1093137	1271062	1606174	2011875	2512991	2819172	3120494
塞尔希培州	176243	310926	356264	477064	542326	644361	760273	911251	1156642	1491867	1781714	2068017
巴伊亚州	1379616	1919802	2117956	3334465	3918112	4834575	5990605	7583140	9597393	11855157	13066910	14016906
东南部	4016922	6104384	7824011	13654934	18345831	22548494	31062978	40331969	52580527	62660700	72297351	80364410
米纳斯吉拉斯州	2039735	3184099	3594471	5888174	6763368	7782188	9960040	11645095	13651852	15731961	17866402	19597330
圣埃斯皮里图州	82137	135997	209783	457328	790149	957238	1418348	1617857	2063679	2598505	3094390	3514952
里约热内卢州	1057696	1399535	1737478	2717244	3611998	4674645	6709891	9110324	11489797	12783761	14367083	15989929
圣保罗州	837354	1384753	2282279	4592188	7180316	9134423	12974699	17795693	25375199	31546473	36969476	41262199

续表

年份 地区和国家	1872	1890	1900	1920	1940	1950	1960	1970	1980	1991	2000	2010
南部	721337	1430715	1796495	3537167	5735305	7840870	11892107	16683551	19380126	22117026	25089783	27386891
巴拉那州	126722	249491	327136	685711	1236276	2115547	4296375	6997682	7749752	8443299	9558454	10444526
圣卡塔琳娜州	159802	283769	320289	668743	1178340	1560502	2146909	2930411	3687652	4538248	5349580	6248436
南里奥格兰德州	434813	897455	1149070	2182713	3320689	4164821	5448823	6755458	7942722	9135479	10181749	10693929
中西部	220812	320399	373309	758531	1093491	1532924	2678380	4629640	7003515	9412242	11616745	14058094
南马托格罗索州	—	—	—	—	238640	309395	579652	1010731	1401151	1778741	2074877	2449024
马托格罗索州	60417	92827	118025	246612	193625	212649	330610	612887	1169812	2022524	2502260	3035122
戈亚斯州	160395	227572	255284	511919	661226	1010880	1626376	2460007	3229219	4012562	4996439	6003788
联邦区	—	—	—	—	—	—	141742	546015	1203333	1598415	2043169	2570160

资料来源：IBGE_Censo Demográfico, 2010, Sinopse found at http：//www. sidra. ibge. gov. br/cd/cd2010sp. asp？ o = 5&i = P。

附表 10　　　　　　　　**1820—1972 年巴西跨洋移民来源**　　　　（单位：人）

年份	葡萄牙	意大利	西班牙	德国	日本	其他	合计
1820	—	—	—	—	—	1682	1682
1821	—	—	—	—	—	—	—
1822	—	—	—	—	—	—	—
1823	—	—	—	—	—	—	—
1824	—	—	—	—	—	126	126
1825	—	—	—	—	—	909	909
1826	—	—	—	—	—	828	828
1827	—	—	—	—	—	1088	1088
1828	—	—	—	1261	—	799	2060
1829	—	—	—	723	—	1689	2412
1830	—	—	—	—	—	—	—
1831	—	—	—	—	—	—	—
1832	—	—	—	—	—	—	—
1833	—	—	—	—	—	—	—
1834	—	—	—	—	—	—	—
1835	—	—	—	—	—	—	—
1836	—	180	—	—	—	1000	1180
1837	—	—	—	207	—	277	484
1838	—	—	—	—	—	396	396
1839	141	—	—	—	—	248	389
1840	206	—	—	63	—	—	269
1841	159	—	10	191	—	195	555
1842	48	—	—	332	—	188	568
1843	—	—	—	—	—	694	694
1844	—	—	—	—	—	—	—
1845	—	—	—	53	—	—	53
1846	—	—	—	—	—	435	435
1847	78	5	—	1500	—	767	2350
1848	—	—	—	—	—	28	28
1849	—	—	—	—	—	40	40
1850	178	—	122	643	—	1129	2072
1851	53	—	5	400	—	3967	4425
1852	231	2	17	1221	—	1260	2731

续表

年份	葡萄牙	意大利	西班牙	德国	日本	其他	合计
1853	8329	22	—	2214	—	370	10935
1854	7384	—	—	846	—	959	9189
1855	9839	—	—	532	—	1427	11798
1856	9159	—	37	1822	—	2990	14008
1857	9340	—	—	2639	—	2265	14244
1858	9327	—	—	2333	—	6869	18529
1859	9342	—	—	3165	—	7607	20114
1860	5914	—	—	3748	—	6112	15774
1861	6460	—	—	2211	—	4332	13003
1862	5625	431	—	4037	—	4202	14295
1863	4420	—	—	367	—	2855	7642
1864	5097	2092	83	234	—	2072	9578
1865	3784	500	—	275	—	1893	6452
1866	4724	—	—	360	—	2615	7699
1867	4822	—	—	1128	—	4952	10902
1868	4425	841	218	3779	—	2052	11315
1869	6347	1052	332	375	—	3421	11527
1870	4458	7	38	6	—	649	5158
1871	8124	1626	510	296	—	1875	12431
1872	12918	1808	727	1103	—	2663	19219
1873	1310	—	—	1082	—	12350	14742
1874	6644	5	—	1435	—	12248	20332
1875	3692	1171	39	1308	—	8380	14590
1876	7421	6820	763	3530	—	12213	30747
1877	7965	13582	23	2310	—	5588	29468
1878	6236	11836	929	1535	—	3920	24456
1879	8841	10245	911	2022	—	764	22783
1880	12101	12936	1275	2385	—	1658	30355
1881	3144	2705	2677	1851	—	1171	11548
1882	10621	12428	3961	1804	—	775	29589
1883	12509	15724	2660	2348	—	774	34015
1884	8683	10502	710	1719	—	1960	23574
1885	7611	21765	952	2848	—	1548	34724

年份	葡萄牙	意大利	西班牙	德国	日本	其他	合计
1886	6287	20430	1617	2114	—	2202	32650
1887	10205	40157	1766	1147	—	1657	54932
1888	18289	104353	4736	782	—	3910	132070
1889	15240	36124	9712	1903	—	2186	65165
1890	25174	31275	12008	4812	—	33550	106819
1891	32349	132326	22146	5285	—	23133	215239
1892	17797	55049	10471	800	—	1789	85906
1893	28986	58552	38998	1368	—	4685	132589
1894	17041	34872	5986	790	—	1493	60182
1895	36055	97344	17641	973	—	12818	164831
1896	22299	96505	24154	1070	—	13395	157423
1897	13558	104510	19466	930	—	6402	144866
1898	15105	49086	8024	535	—	4112	76862
1899	10989	30846	5399	521	—	5855	53610
1900	8250	19671	4834	217	—	4835	37807
1901	11261	59869	212	166	—	11608	83116
1902	11606	32111	3588	265	—	2902	50472
1903	11378	12970	4466	1231	—	2896	32941
1904	17318	12857	10046	797	—	3688	44706
1905	20181	17360	25329	650	—	4968	68488
1906	21706	20777	24441	1333	—	4075	72332
1907	25681	18238	9235	845	—	3920	57919
1908	37628	13873	14862	2931	830	20412	90536
1909	30577	13668	16219	5413	31	18182	84090
1910	30857	14163	20843	3902	948	16038	86751
1911	47493	22914	27141	4251	28	31748	133575
1912	76530	31785	35492	5733	2909	25438	177887
1913	76701	30886	41064	8004	7122	26556	190333
1914	27935	15542	18945	2811	3675	10324	79232
1915	15118	5779	5895	169	65	3307	30333
1916	11981	5340	10306	364	165	3089	31245
1917	6817	5478	11113	201	3899	2769	30277
1918	7981	1050	4225	1	5599	937	19793

年份	葡萄牙	意大利	西班牙	德国	日本	其他	合计
1919	17068	5231	6627	466	3022	3613	36027
1920	33883	10005	9136	4120	1013	10885	69042
1921	19981	10779	9523	7915	840	9438	58476
1922	28622	11277	8869	5038	1225	9976	65007
1923	31866	15839	10140	8254	895	17555	84549
1924	23267	13844	7238	22168	2673	26862	96052
1925	21508	9846	10062	7175	6330	27626	82547
1926	38791	11977	8892	7674	8407	42945	118686
1927	31236	12487	9070	4878	9084	31219	97974
1928	33882	5493	4436	4228	11169	18920	78128
1929	38879	5288	4565	4351	16648	26455	96186
1930	18740	4253	3218	4180	14076	18143	62610
1931	8152	2914	1784	2621	5632	6362	27465
1932	8499	2155	1447	2273	11678	5442	31494
1933	10695	1920	1693	2180	24494	5099	46081
1934	8732	2507	1429	3629	21930	7800	46027
1935	9327	2127	1206	2423	9611	4891	29585
1936	4626	462	355	1226	3306	2798	12773
1937	11417	2946	1150	4642	4557	9965	34677
1938	7435	1882	290	2348	2524	4909	19388
1939	15120	1004	174	1975	1414	2981	22668
1940	11737	411	409	1155	1268	3469	18449
1941	5777	89	125	453	1548	1946	9938
1942	1317	3	37	9	—	1059	2425
1943	146	1	9	2	—	1150	1308
1944	419	3	30	—	—	1141	1593
1945	1414	180	74	22	—	1478	3168
1946	6342	1059	203	174	6	5255	13039
1947	8921	3284	653	561	1	5333	18753
1948	2751	4437	965	2308	1	11106	21568
1949	6780	6352	2197	2123	4	6388	23844
1950	14739	7342	3808	2725	33	6845	35492
1951	28731	8285	9636	2858	106	12978	62594

续表

年份	葡萄牙	意大利	西班牙	德国	日本	其他	合计
1952	40561	15254	14082	2326	261	12236	84720
1953	30675	16379	17010	2149	1255	12602	80070
1954	30062	13408	11338	1952	3119	12369	72248
1955	21264	8945	10738	1122	4051	9046	55166
1956	16803	6069	7921	844	4912	8257	44806
1957	19471	7197	7680	952	6147	12166	53613
1958	21928	4819	5768	825	6586	9913	49839
1959	17345	4233	6712	890	7123	8217	44520
1960	13105	3431	7662	842	7746	7721	40507
1961	15819	2493	9813	703	6824	7937	43589
1962	13713	1900	4968	651	3257	6649	31138
1963	11585	867	2436	601	2124	6246	23859
1964	4249	476	616	323	1138	3193	9995
1965	3262	642	550	365	903	4116	9838
1966	2708	643	469	377	937	3041	8175
1967	3838	747	572	550	1070	4575	11352
1968	3917	738	743	723	597	5803	12521
1969	1933	477	568	524	496	2615	6613
1970	1773	357	546	535	435	3241	6887
1971	807	254	281	354	260	4422	6378
1972	493	193	122	161	—	1354	2323
	1790194	1629249	717424	260478	248007	955904	5601256

注：来自奥地利的移民被划入德国。

资料来源：1872 - 1972，from Levy 1974，"O Papel da Migracao Internacional na evolucao da populacao brasileira (1872 a 1972)"，Table 1，pp. 71 - 73；1820 - 1871 from Directoria Geral de Estatistica，Boletim Commemorativo da Exposicao Nacional de 1908，pp. 82 - 85。

附表 11　　1980—2050 年巴西人口变化估计值（IBGE 2008 年预测数据）

年份	人口数	平均几何增长率 （%）	粗出生率 （每千人）	粗死亡率 （每千人）
1980	118562549	—	32. 13	8. 57
1981	121381328	2. 350	31. 85	8. 42

年份	人口数	平均几何增长率（%）	粗出生率（每千人）	粗死亡率（每千人）
1982	124250840	2.337	31.54	8.24
1983	127140354	2.299	30.73	8.05
1984	130082524	2.288	30.94	7.87
1985	132999282	2.217	28.99	7.68
1986	135814249	2.094	28.08	7.49
1987	138585894	2.020	27.16	7.34
1988	141312997	1.949	26.36	7.20
1989	143997246	1.882	25.56	7.08
1990	146592579	1.786	24.21	6.95
1991	149094266	1.692	23.42	6.83
1992	151546843	1.632	22.79	6.74
1993	153985576	1.596	22.55	6.67
1994	156430949	1.576	22.23	6.60
1995	158874963	1.550	21.93	6.55
1996	161323169	1.529	21.72	6.51
1997	163779827	1.511	21.49	6.47
1998	166252088	1.498	21.37	6.42
1999	168753552	1.493	21.30	6.38
2000	171279882	1.486	21.13	6.34
2001	173808010	1.465	20.84	6.33
2002	176303919	1.426	20.33	6.32
2003	178741412	1.373	19.76	6.30
2004	181105601	1.314	19.12	6.29
2005	183383216	1.250	18.45	6.28
2006	185564212	1.182	17.75	6.27
2007	187641714	1.113	17.06	6.27
2008	189612814	1.045	16.38	6.27
2009	191480630	0.980	15.77	6.27
2010	193252604	0.921	15.20	6.27
2011	194932685	0.866	14.68	6.29

年份	人口数	平均几何增长率（%）	粗出生率（每千人）	粗死亡率（每千人）
2012	196526293	0.814	14.22	6.32
2013	198043320	0.769	13.82	6.34
2014	199492433	0.729	13.48	6.37
2015	200881685	0.694	13.19	6.41
2016	202219061	0.664	12.96	6.46
2017	203510422	0.637	12.76	6.52
2018	204759993	0.612	12.59	6.59
2019	205970182	0.589	12.43	6.65
2020	207143243	0.568	12.29	6.71
2021	208280241	0.547	12.16	6.79
2022	209380331	0.527	12.03	6.86
2023	210441362	0.505	11.89	6.94
2024	211459352	0.483	11.73	7.03
2025	212430049	0.458	11.57	7.11
2026	213348475	0.431	11.39	7.22
2027	214209414	0.403	11.20	7.32
2028	215008982	0.373	11.01	7.44
2029	215743582	0.341	10.80	7.55
2030	216410030	0.308	10.59	7.68
2031	217004993	0.275	10.38	7.81
2032	217526053	0.24	10.18	7.95
2033	217972789	0.205	9.98	8.10
2034	218345419	0.171	9.79	8.25
2035	218644711	0.137	9.61	8.41
2036	218870898	0.103	9.44	8.58
2037	219024784	0.07	9.29	8.75
2038	219108650	0.038	9.15	8.93
2039	219124700	0.007	9.02	9.10
2040	219075130	−0.023	8.91	9.28
2041	218960969	−0.052	8.81	9.47

续表

年份	人口数	平均几何增长率 （%）	粗出生率 （每千人）	粗死亡率 （每千人）
2042	218783084	−0.081	8.71	9.67
2043	218543546	−0.11	8.62	9.86
2044	218244527	−0.137	8.54	10.05
2045	217888409	−0.163	8.47	10.23
2046	217476404	−0.189	8.39	10.42
2047	217009177	−0.215	8.32	10.60
2048	216488045	−0.24	8.25	10.78
2049	215913883	−0.266	8.17	10.96
2050	215287463	−0.291	8.10	11.13

注：2050 年 7 月 1 日巴西人口预测值（2008 年版本）以 1980 年 7 月 1 日的人口年龄结构（5 岁为一组）为基础，总生育率限定为 1.5；无国际移民，以 1980 – 2000 年官方死亡率为准，IBGE/CELADE；2001 – 2050 PROJEÇÃO IBGE。

资料来源：IBGE, Projeção da População do Brasil por Sexo e Idade para o Período 1980 – 2050 – Revisão 2008；available at ftp：//ftp. ibge. gov. br/Estimativas_ Projecoes_ Populacao/Revisao – 2008 Projecoes_ 1980_ 2050/。

附表 12　　　　　　　　1872—2010 年巴西人口宗教组成　　　　　　（单位：人）

年份	罗马天主教	新教	通灵派	无宗教信仰	未知或其他	总人口
1872	9902712	—	—	—	27766	9930478
1890	14179615	143743	—	7257	3300	14333915
1940	39177880	1074857	463400	189304	330874	41236315
1950	48558854	1741430	824553	412042	407518	51944397
1960	65329520	2824775	977561	388126	1472361	70992343
1970	85472022	4814728	1178293	715056	2328484	94508583
1980	105861113	7885846	1538230	2252782	3612602	121150573
1991	122366692	13189284	2292819	7542246	1526418	146917459
2000	124980132	26184941	2262401	12876356	3286863	169590693
2010	123280172	42275440	3848876	15335510	6015801	190755799

资料来源：IBGE, Table "POP60 População por religião", available at http：//seriesestatisticas. ibge. gov. br/lista_ tema. aspx? op =0&no =10, Table 2094, "População residente por cor ou raça e religião", available at http：//www. sidra. ibge. gov. br/cd/cd2010CGP. asp? o =13&i = P。

附表 13 　　　　　　　1960—2010 年各类高等院校招生人数 　　　　（单位：人）

| 年份 | 合计 | 入学人数 | | | | 私立 |
| | | 公立 | | | | |
		小计	联邦	州	市	
1960	93000	52000				41000
1970	425478	210613				214865
1975	1072548	410225	248849	107111	54265	662323
1980	1377286	492232	316715	109252	66265	885054
1985	1367609	556680	326522	146816	83342	810929
1990	1540080	578625	308867	194417	75341	961455
1995	1759703	700540	367531	239215	93794	1059163
2000	2694245	887026	482750	332104	72172	1807219
2001	3036113	944584	504797	360537	79250	2091529
2002	3520627	1085977	543598	437927	104452	2434650
2003	3936933	1176174	583633	465978	126563	2760759
2004	4223344	1214317	592705	489529	132083	3009027
2005	4567798	1246704	595327	514726	136651	3321094
2006	4883852	1251365	607180	502826	141359	3632487
2007	5250147	1335177	641094	550089	143994	3914970
2008	5808017	1552953	698319	710175	144459	4255064
2009	5954021	1523864	839397	566204	118263	4430157
2010	6379299	1643298	938656	601112	103530	4736001

资料来源：2000 年之前的数据，参见 Pinto 2004，"O acesso à educação superior no Brasil"，Table 2，p. 731；2001－2010 年数据，参见 MEC，INEP，Censo da Educação Superior 2010（Out-ubro 2011），Table 2，p. 8。

参考文献

官方出版物

Anuário Estatístico do Brasil (Rio de Janeiro: IBGE, various years).

Anuário Estatístico de Crédito Rural de 1999 (Brasília: Banco Central do Brasil, 1999).

Banco do Brasil, Diretoria de Agronegócios, "Evolução histórica do crédito rural", *Revista de Politica Agricola* XII. 4 (Outubro-Dezembro 2004), 10 – 17.

Banco Central. Available at www. bcb. gov. br/? RELRURAL.

Banco Central do Brasil. Available at http: //www. bcb. gov. br/? INDECO.

_____. Anuário Estatístico de Crédito Rural de 2010 (Brasília: Banco Central do Brasil, 2010).

CELADE. *Los adultos mayores en América Latina y el Caribe datos e indicadores* (Boletín Informativo, Edición Especial; Santiago de Chile, 2002).

_____. *Boletín Demográfico*, various years.

_____. "Estimaciones y Proyecciones de Población, 1950 – 2050, Brasil, Populación Total, Indicadores del crecimiento demográfico estimados y proyectados por quinquenios, 1950 – 2050". Available at http: //www. eclac. cl/celade/proyecciones/intentoBD – 2002. htm.

CENSO 1872: Quadros do Império. As reproduced and recalculated by NEPO/UNICAMP.

CEPAL. Anuario estadístico de América Latina y el Caribe, various years.

Comissão Mista Brasil-EEUU. Brasileiros e Americanos Estudam Problemas do Brasil. As soluções indicadas pela Comissão Mista Brasil-EEUU. Um capítulo da história econômica do nosso país (Rio de Janeiro: CPDOC/FGV). Available at http: //www. centrocelsofurtado. org. br/arquivos/image/201109 231638540. MD2 0 277 1. pdf.

DATASUS. Available at http: //www2. datasus. gov. br/DATASUS/.

Directoria General de Estatistica. *Recenseamento do Brazil realizado em* 1 *de Setembro de* 1920 (Rio de Janeiro: Typ. da Estatistica, 1922).

_____. *Sexo, raça e estado civil, nacionalidade, filiação culto e analfabetismo da população recensada em* 31 *em Dezembro de* 1890 (Rio de Janeiro: Officina da Estatística, 1898).

Discourse of the Assuming the Presidency of Janio Quadros. Available at http: //brasilrepublicano. com. br/fontes/30. pdf.

Dívida Pública Mobilia' ria Reestruturada. Tesouro Nacional. Available at http: //www. stn. fazenda. gov. br/divida publica/downloads/div r bib. pdf.

EUROSTAT. "Employment rate by gender, age group 15 −64" . Available at http: //epp. eurostat. ec. europa. eu/tgm/table. do? tab = table&init = 1&plugin = 1&language = en&pcode = tsiem010.

_____. Table " Life expectancy at birth by gender". Updated December 16, 2011 and available at http: //epp. eurostat. ec. europa. eu/tgm/table. do? tab = table&init = 1&plugin = 1&language = en&pcode = tps00025.

_____. Table " Mean age of women at childbirth" . Updated December 19, 2011 and available at http: //epp. eurostat. ec. europa. eu/tgm/table. do? tab = table&init = 1&plugin = 1&language = en&pcode = tps00017.

FAO. *State of the World's Forests* 2011 (Rome: Food and Agriculture Organization of the United Nations, 2011).

Fundação Getú lio Vargas, *Conjuntura Econômica* 25, 9 (Rio de Janeiro, Setiembre, 1991).

IBGE. *Pesquisa Nacional por Amostra de Domicílios, Síntese de indicadores* 2011 (Rio de Janeiro: IBGE, 2012).

_____. *Síntesie de indicadores sociais. Uma análise das condições de vda da população brasileira,* 2010 (Rio de Janeiro: IBGE, 2012).

_____. *Censo Demográfico* 2010 *Características da população e dos domicílios, Resultados do universo* (Rio de Janeiro: IBGE, 2011).

_____ . *Censo Demográfico* 2010 *Sinopse do Censo e Resultados Preliminares do Universo* (Rio de Janeiro： IBGE， 2011).

_____ . *Sinopse do Censo Demográfico* 2010 (Rio de Janeiro： IBGE， 2011).

_____ . *Censo Demográfico* 2010 *Famílias e domicílios Resultados da Amostra* (Rio de Janeiro： IBGE， 2010).

_____ . *Censo Demográfico* 2010， *Nupcialidade， fecundidade e migração Resultados da amostra* (Rio de Janeiro： IBGE， 2010).

_____ . *Censo Demográfico* 2010 – *Resultados Preliminares da Amostra* (Rio de Janeiro： IBGE， 2010).

_____ . *Pesquisa Nacional por Amostra de Domicílios，PNAD* 2008 (Rio de Janeiro： IBGE， 2008).

_____ . *Projeção da população do Brasil por sexo e idade* 1980 – 2050， *Revisão* 2008 (Rio de Janeiro： IBGE， 2008).

_____ . *Perfil das Mães* Comunicação Social， Maio 6， 2005. Available at http：// www. ibge. gov. br/home/presidencia/noticias/noticia_impressao. php？ id_noticia = 357.

_____ . *Estatísticas do século XX* (Rio de Janeiro： IBGE， 2003).

_____ . *Censo Demográfico* 2000： *Resultados Do Universo， Características Da População e Dos Domicílios* (Rio de Janeiro： Instituto Brasileiro de Geografia e Estatística， 2001).

_____ . *Estatísticas históricas do Brasil， Séries Estatísticas Retrospectivas*， Vol. 3， *Séries Econômicas， Demogra'ficas e Sociais de* 1550 *a* 1988 (2nd ed. rev. and updated， 1990).

_____ . *IX Recenseamento Geral do Brasil* 1980 (Rio de Janeiro： IBGE， 1983).

_____ . *Sinopse Preliminar do Censo Demográfico， IX Recenseamento geral –* 1980 (Rio de Janeiro： IBGE， 1981).

_____ . *Recenseamento Geral do Brasil de* 1950 (Rio de Janeiro： IBGE， 1953).

_____ . *Recenseamento Geral do Brasil， 1. de Setembro de* 1940 (*Rio de Janeiro： IBGE， 1950 – 1952)， various volumes.*

_____ . *Recenseamento Geral do Brasil， 1. de Setembro de* 1940： *Sinopse do Censo Demografico， Dados Gerais* (Rio de Janeiro： ServiçoGráfico do Instituto

Brasileiro de Geografia e Estatistica, 1946).

———. *Anuário Estatístico do Brasil* (1939 – 1940) (Rio de Janeiro: IBGE, 1941).

———. *Estatística do Século XX*. Available at http: //www. ibge. gov. br/seculoxx/arquivos xls/populacao. shtm.

INEP. *Sinopse Estatística do Ensino Superior Graduação* – 1999, and *Censo da Educação Superior* 2010. Both available at http: //portal. inep. gov. br/superior-censosuperior-sinopse.

Infomoney: Pesquisa sobre endividamento das famílias.

Informe de Previdência Social, various years and issues.

IPEA. *Políticas sociais: acompanhamento e análise*, Vol. 19 (2011).

Ipeadata. Available at http: //www. Ipeadata. gov. br/.

MEC, INEP. *Censo da educação superior* 2010 (Outubro 2011).

Ministério da Agricultura. Available at www. agricultura. gov. br.

Ministério da Agricultura, Indú stria e Comércio. *Indú stria assucareira no Brazil* (Rio de Janeiro: Directoria Geral de Estatística, 1919).

Ministério do Desenvolvimento Social. Available at http: //www. mds. gov. br/bolsafamilia.

OECD. "Data for Chart SF2. 3. A: Mean age of women at the birth of the first child, 2009 ". Available at http: //www. oecd. org/document/4/0, 3746, en_2649_37419_37836996_1_1_1_37419, 00. html.

Prounancement of the Minister Ministro Martus Tavares. "Forum Internacional sobre Responsabilidade e Transparência no Setor Público", Brasília, December 5, 2001. Available at http: //www. bndes. gov. br/SiteBNDES/export/sites/default/bndes pt/Galerias/Arquivos/bfbancos/e0001733. pdf.

Recenseamento do ... 1920. IV, Part 1 (população), Table 1, "População brasileira e estrangeira dos estados, 1872, 1890, 1900, 1920", lxiii.

REDE Interagencial de Informação para a Saúde. *Indicadores básicos para a saúde no Brasil: conceitos e aplicações*, 2nd ed. (Brasília: Organização Pan-Americana da Saú de, 2008). *Relatório apresentado ao Presidente dos Estados Unidos do Brazil pelo Ministério de Estado dos Negócios da Fazenda no anno de* 1900（Rio de Janeiro：Imprensa Nacional）.

Relatório do Ministério da Fazenda de 1949（Rio de Janeiro, 1949）.

Relatório do Ministério dos Negócios do Império 1871 Apresentado Em Maio De 1872.

São Paulo, Censo Agrícola de 1905. Available in digital format from the Núcleo de Estudos de População（NEPO）, of the Universidade de Campinas.

SEADE. Anuário Estatístico do Estado de São Paulo, various years.

Statistics of Railways in the United States（Washington, DC：Government Printing Office, 1894）. Available at http：//archive. org/stream/sixthannualrepo00govegoog#page/n6/mode/2up.

Tesouro Nacional. Available at http：//www. tesouro. fazenda. gov. br/estatistica/index. asp.

World Bank. *Management of Agriculture, Rural Development and Natural Resources. 2 vols.*（Washington, DC：World Bank, 1994）.

World Health Organization. *World Health Statistics* 2011（Geneva, Switzerland：World Health Organization, 2012）.

书目和文章

Abranches, Sérgio H. "Governo, empresa estatal e política siderúrgica：1930 – 1975", in *As origens da crise：Estado autorit ário e planejamento no Brasil*, e-d. Olavo Brasil de Lima Jr. and Sérgio H. Abranches（São Paulo：IUPERJ/Vértice, 1987）, 158 – 193.

Abreu, Marcelo de Paiva. "Os Funding Loans Brasileiros, 1898 – 1931", *Pesquisa e Planejamento Econômico* 32, 3（December 2002）, 515 – 540.

_____. "Inflação, estagnação e ruptura：1961 – 1964", in *Aordem do Progresso*, ed. Marcelo de Paiva Abreu（Rio de Janeiro：Editora Campus, 1992a）, 197 – 212.

_____. "Crise, crescimento e modernização autorit ária, 1930 – 1945", in *Aordem do Progresso*, ed. Marcelo de Paiva Abreu（Rio de Janeiro：Editora Campus, 1992b）, 73 – 104.

_____. "A dívida externa do Brasil, 1824 – 1931", *Estudos Econômicos* 15,

2 (1985), 168 – 189.

Adesse, Leila, andMário F. G. Monteiro. "Magnitude do aborto no Brasil: aspectos epidemiológicos e sócio-culturais". Available at http: //www. aads. org. br/wp/wp-content/uploads/2011/06/factsh mag. pdf.

Afonso, José Roberto, Guilherme L. N. P. de Carvalho, and Kleber Pacheco de Castro. "Desempenho comparado dos principais governos brasileiros depois de dez anos da LRF", *Revista Técnica dos Tribunais de Contas* (Belo Horizonte) I, 0 (Setembro 2010), 13 – 48. Available at http: //www. joserobertoafonso. com. br/attachments/article/1429/ATRICON – 10AnosLRF. pdf.

Albuquerque, C. R. "A liberalização comercial brasileira recente: uma leitura a partir das matrizes de relações intersetoriais de 1985, 90 e 95". MA thesis, Belo Horizonte, CEDEPLAR/UFMG, 1999.

Almeida, Paulo Roberto de. *Formação da diplomacia econômica no Brasil: as relações econômicas internacionais do Império* (São Paulo: Editora Senac-Funag, 2001).

Alves, Eliseu. *Dilema da política agrícola brasileira: produtividade ou expansão da área agricult ável* (Brasília: Embrapa, 1983).

_____. *A Embrapa e a pesquisa agropecuária no Brasil* (Brasília: Embrapa, 1980).

Alves, Maria Helena Moreira. *Estado e oposição no Brasil*, 1964 – 1984 (Petrópolis: Vozes, 1984).

Alvim Zuleika. *Brava Gente!: Os Italianos em São Paulo* 1870 – 1920 (S ão Paulo: Brasiliense, 1986).

Amed, Fernando José, and Plínio J. L. C. Negreiros. *História dos Tributos no Brasil* (S ão Paulo: Sinafresp, 2000).

Amorim, Fl ávia Alfenas. "Mudanças recentes no uso de métodos contraceptivos no Brasil: a questão da esterilização voluntária". MA thesis, Rio de Janeiro: IBGE, Escola Nacional De Ciências Estatísticas-ENCE, 2009.

Andrade, Cibele Yahn de, and J. Norberto W. Dachs. "Acesso à educação por faixas et árias segundo renda e raça/cor", *Cadernos de Pesquisa* 37, 131 (Maio-Agosto 2007), 399 – 422.

Andrade, Eli Iôla Gurgel. "Estado e previdência no Brasil: uma breve história", in *Aprevidência social no Brasil*, ed. Rosa María Marques et al. (São Paulo: Editora Fundação Perseu Abramo, 2003).

Andrade, Mônica Viegas, and Ana Carolina Maia. "Demanda por planos de saúde no Brasil", ANPEC, *Anais do XXXIV Encontro Nacional de Economia* 106 (2006).

Antía, Florencia, and Arnaldo Provasi. "Multi-pillared Social Insurance Systems: The Post-reform Picture in Chile, Uruguay and Brazil", *International Social Security Review* 64, 1 (2011), 53–71.

Antunes, Ricardo, and Arnaldo Gonçalves. *Por um novo sindicalismo* (São Paulo: Editora Brasiliense, 1980).

Araújo, Gisele Silva. "Tradição Liberal, positivismo e pedagogia. A síntese derrotada de Rui Barbosa", *Perspectivas* (São Paulo) 37 (Janeiro-Junho 2010), 113–144.

Arida, Pérsio, and André Lara Resende. "Inertial Inflation and Monetary Reform in Brazil", in *Inflation and Indexation: Argentina, Brazil and Israel*, ed. J. Williamson (Cambridge, MA: MIT Press, 1985), 27–45.

Arriaga, Eduardo E. *New Life Tables for Latin American Populations in the Nineteenth and Twentieth Centuries*. Population Monograph Series, No. 3 (Berkeley: University of California, 1968).

Arriaga, Eduardo E. , and Kingsley Davis. "The Pattern of Mortality Change in Latin America", *Demography* 6, 3 (1969), 223–242.

Averbug, André. "Abertura e Integração Comercial Brasileira na Década de 90", in *A Economia Brasileira nos Anos* 90, ed. Fabio Giambiagi and Maurício Mesquita Moreira (Rio de Janeiro: BNDES, 1999), 43–84.

Bacha, Edmar L. "Além da Tríade: há como reduzir os juros?", Texto para Discussão No. 17 (Rio de Janeiro: Instituto de Estudos de Política Econômica, Setembro 2010). Available at http://iepecdg.com.br/uploads/texto/TPD17Bacha.pdf.

————. "Moeda, inércia e conflito: reflexões sobre políticas de estabilização no Brasil", *Pesquisa e Planejamento Econômico* 18, 1 (1988), 1–16.

Bacha, Edmar L., and Robert Greenhill. *150 anos de café*. 2nd ed., rev. ed. (Rio de Janeiro: Marcelino Martins & E. Johnston Exportadores, 1992).

Bacha, Edmar L., and Herbert S. Klein, ed. *Social Change in Brazil* 1945 – 1985: *The Incomplete Transformation* (Albuquerque: University of New Mexico Press, 1989).

Bacha, Edmar L., and Simon Schwartzman, eds. *Brasil*: *Anova agenda social* (Rio de Janeiro: LTC, 2011).

Bacha, Edmar L., and Lance Taylor. "Brazilian Income Distribution in the 1960s: 'Facts', Model Results and the Controversy", in*Models of Growth and Distribution for Brazil*, ed. Lance Taylor et al. (New York: Oxford University Press, 1980), 296 – 342.

Baer, Werner. *A economia brasileira* (São Paulo: Nobel, 2002).

Bahia, Luiz Bias, and Edson Paulo Domingues. *Estrutura de inovações na indústria automobilística brasileira*. Texto para Discussão No. 1472 (Brasília: IPEA, 2010).

Baleeiro, Aliomar, and Barbosa Lima Sobrinho. *Constituições Brasileiras*: 1946 (Brasília: Senado Federal e Ministério de Ciência e Tecnologia, 2001).

Banerjee, Onil, Alexander J. Macpherson, and Janaki Alavalapati. "Toward a Policy of Sustainable Forest Management in Brazil: A Historical Analysis", *The Journal of Environment & Development* 18, 2 (June 2009), 130 – 153.

Barbosa, Allan Claudius Queiroz, Júnia Marçal Rodrigues, and Luis Fernando Rolim Sampaio. "De Programa a Estratégia: A Saúde da Família no Brasil em Perspectiva. Um comparativo da década de 2000". Paper presented at*Anais do XIV Seminário sobre a Economia Mineira*, 2010.

Barbosa, Rui. *Finanças e política da República. Discursos e escritos* (Rio de Janeiro: Cia. Impressora, 1892).

Barros, Octavio de, and Robson Rodrigues Pereira. "Desmitificando a tese da desindutrialização: reestrutração da indústria brasileira em uma época de transformações globais", in *Brasil Globalizado*, ed. Octavio de Barros and Fabio Giambiagi (Rio de Janeiro: Elsevier/Campus, 2008), 299 – 330.

Barros, Ricardo Paes de, Mirela de Carvalho, and Samuel Franco. "O papel das Transferências Públicas na queda recente da desigualdade de Renda Brasileira", in *Brasil: Anova agenda social*, ed. Edmar Lisboa Bacha and Simon Schwartzman (Rio de Janeiro: LTC, 2011), 41 – 85.

Barros, Ricardo Paes de, Samuel Franco, and Rosane Mendonça. *Discriminação e segmentação no mercado de trabalho e desigualdade de renda no Brasil*. Texto para Discussão No. 1288 (Rio de Janeiro: IPEA, Julho 2007).

Barros, Ricardo Paes de, Mirela de Carvalho, Samuel Franco, and Rosane Mendonça. "Markets, the State and the Dynamics of Inequality: Brazil's Case Study", in *Declining Inequality in Latin America: A Decade of Progress?*, ed. Luis Felipe Lopez-Calva and Nora Lustig (Washington, DC: Brookings Institution Press, 2010), 134 – 174.

Bastos, Pedro Paulo Zahluth, and Pedro Cezar Dutra, eds. *A Era Vargas. Desenvolvimento, economia e sociadade* (S ão Paulo: Editora UNESP, 2012).

_____. "Desenvolvimento incoerente? Comentários sobre o projeto do segundo governo Vargas e as ideias econ ômicas de Horário Lafer (1948 – 1952)", *Economia* (Brasíla) 6, 3 (Dezembro 2005), 191 – 222. Available at http: //www. anpec. org. br/revista/vol6/vol6n3p191 222. pdf.

Bassanezi, Maria, Sílvia C. Beozzo, and Priscila M. S. Bergamo Francisco, eds. , *Estado de São Paulo: estatística agrícola e zootécnica*, 1904 – 1905 (Campinas: NEPO/UNICAMP, 2003).

Batalha, Claudio. *OmovimentoOpera' rio na Primeira República* (Rio de Janeiro: Jorge Zahar Editor, 2000).

Bello, José Maria. *História da República* (São Paulo: Cia EditoraNacional, 1976). Beltrão, Kaizô Iwakami, and Sonoe Sugahara Pinheiro. *Brazilian Population and the Social Security System: Reform Alternatives*. Texto para Discussão No. 929 (Rio de Janeiro: IPEA, 2005).

Beltrão, Kaizô Iwakami, Sonoe Sugahara Pinheiro, and Francisco Eduardo Barreto de Oliveira. *Population and Social Security in Brazil: An Analysis with Emphasis on Constitutional Changes*. Texto para Discussão No. 862 (Rio de Janeiro: IPEA, 2002).

Benevides, Maria Victoria deMesquita. *Ogoverno Kubitschek. Desenvolvimento Econômico e Estabilidade Política* (Rio de Janeiro: n. p. , 1977).

Benjamin, Antonio Herman De Vasconcellos E. "O Meio Ambiente na Constituição Federal de 1988", *Informativo Jurídico da Biblioteca Ministro Oscar Saraiva* 19, 1 (Janeiro-Junho 2008), 37 – 80.

Berquó, Elza. "Brasil, um Caso Exemplar-anticoncepção e parto cirúrgicos-à espera de uma ação exemplar", *Estudos feministas* 1, 2 (2008), 366 – 381. "Demographic Evolution of the Brazilian Population during the Twentieth Century", in *Population Change in Brazil: Contemporary Perspectives*, ed. David Joseph Hogan (Campinas: UNICAMP, 2001), 13 – 33.

Berquó, Elza, and Candido Procopio F de Camargo, eds. *La population du Brésil* (Paris: UN/CICRED, 1974).

Berquó, Elza, and Suzana Cavenagh. "Increasing Adolescent and Youth Fertility in Brazil: A New Trend or a One-Time Event?", Paper presented at the Annual Meeting of the Population Association of America (2005), 4. Available at http://www.abep.nepo.unicamp.br/docs/PopPobreza/BerquoelzaeCavenaghiSuzana.pdf.

_____. "Mapeamento sócio-econ ômico e demográfico dos regimes de fecundidade no Brasil e sua variação entre 1991 e 2000". Paper presented at*XIV Encontro Nacional de Estudos Populacionais*, *ABEP* (CaxambuMG-Brasil, Setembro 20 – 24, 2004).

Betranou, Fabio M. , and Rafael Rofman. "Providing Social Security in a Context of Change: Experience and Challenges in Latin America", *International Social Security Review* 55, 1 (2002), 67 – 82.

Binswanger, Hans. "Brazilian Policies That Encourage Deforestation". Environment Department Paper No. 16 (Washington, DC: World Bank, 1988).

Bojunga, Claudio. *JK: o artista do impossível* (Rio de Janeiro: Objetiva, 2001).

Bonelli, Regis, and Armando Castelar Pinheiro. "Abertura e crescimento econ ômico no Brasil", in*Globalizado*, ed. Octavio de Barros and Fabio-

Giambiagi (Rio de Janeiro: Campus, 2008), 89 – 124.

Bonelli, Regis, and Pedro Malan. "Os limites do possível: notas sobre balanço de pagamento e indú stria nos anos 70", *Pesquisa e Planejamento Econômico* 6, 2 (1976), 355 – 406.

Bourn, Richard Getúlio. *Vargas of Brazil*, 1883 – 1954: *Sphinx of the Pampas* (London: Knight, 1974).

Brito, Fausto. "Final de século: a transição para um novo padrão migratório?", Paper presented at the *XII Encontro Nacional de Estudos Populacionais*, *ABEP* (2000).

Brito, Fausto, Ricardo Alexandrino Garcia, and Renata G. Vieira de Souza. "As tendências recentes das migrações interestaduais e o padrão migratório". Paper presented at the *XIV Encontro Nacional de Estudos Populacionais*, *ABEP* (2004).

Britto, Marcelo, Tatiana Medeiros, and Fábio Soares. *Programas focalizados de Transferência de Renda no Brasil: Contribuições para o Debate*. Texto para Discussão No. 1283 (Brasília: IPEA, 2007).

Buarque de Holanda, Sérgio, ed. "O Brasil Mona' rquico", in *História Geral da Civilização Brasileira*, II: 5 (Rio de Janeiro: Bertrand Brasil, 1997).

Bueno, Miguel, and MarceloDiasCarcalholo. "Inserção externa e vulnerabilidade da econômica brasileira no governo Lula", in *Os anos Lula-contribuições para um balanço critico* 2003 – 2010, ed. J. P. A. Magalhães (Rio de Janeiro: Editora Garamond, 2010), 109 – 132.

Bunker, Stephen G. *Underdeveloping the Amazon: Extraction, Unequal Exchange, and the Failure of the Modern State* (Urbana: University of Illinois Press, 1985).

Caldeira, Ant ônio Prates, Elizabeth França, Ignez Helena Oliva Perpetuo, and Eugênio Marcos Andrade. "Evolução da mortalidade infantil por causas evita'veis, Belo Horizonte, 1984 – 1998", *Revista de Saúde Pública* 39, 1 (2005), 67 – 74.

——. "Evolução da mortalidade infantil por causas evit áveis, Belo Horizonte, 1984 – 1998", *Revista de Saúde Pública* 39, 1 (2005), 1 – 8.

Calógeras, João Pandiá. *A política monetária do Brasil* (S ão Paulo: Cia Editora Nacional, 1960).

Camarano, Ana Amélia, and Ricardo Abramovay. *Êxodo rural*, *envelhecimento e masculinização no brasil: panorama dos ú ltimos 50 anos.* Texto para Discussão No. 621 (Rio de Janeiro: IPEA, Janeiro 1999).

Campos, André Luiz Vieira de. *Políticas internacionais de saúde na era Vargas: O Serviço Especial de Saúde Pública*, 1942 – 1960 (Rio de Janeiro: Editora Fiocruz, 2006).

Canabrava, Alice P. *O algodão no Brasil*, 1861 – 1875 (S ão Paulo: T. A. Queiróz Editor, 1984).

_____ . "A grande Lavoura", in *História da civilização brasileira*, II: 4, ed. Sérgio Buarque de Holanda (S ão Paulo: Difusão Europeia do Livro, 1971), 85 – 140.

Cano, Wilson. *Raízes da Concentração Industrial em São Paulo* (São Paulo: Difel, 1977).

Cano, Wilson, and Ana Lúcia Gonçalves da Silva. "Política Indústrial do Governo Lula", in *Os anos Lula: contribuições para um balanço crítico* 2003 – 2010 (Rio de Janeiro: Garamond, 2010), 181 – 208.

Caputo, Ana Cl áudia, and Hildete Pereira de Melo. "A industrialização brasileira nos anos de 1950: Uma análise da Instrução 111 da Sumoc", *Estudos Econômicos* 39, 3 (Julho-Setembro 2009), 513 – 538.

Cardoso, Adalberto. "Transições da Escola para o Trabalho no Brasil: Persistência da Desigualdade e Frustração de ExExpectativas", *DADOS*, *Revista de Ciências Sociais* 51, 3 (2008), 569 – 616.

Cardoso, Adauto Lucio. "O Programa Favela-Bairro-Uma Avaliação". Habitação e meio ambiente: assentamentos urbanos precários. IPT-Instituto de Pesquisas Tecnológicas; Programa Tecnologia de habitação (São Paulo: Habitare, 2002).

Cardoso, Fernando Henrique. "Dos Governos Militares a Prudente-Campos Sales", in *História Geral da Civilização Brasileira*, III: 1, ed. Boris Fausto (Rio de Janeiro: Ed. Bertrand Brasil, 1989), 15 – 50.

_____ . *Mudanças Sociais na América Latina* (São Paulo: Difusão Européia do

Livro, 1969).

Cardoso, Fernando Henrique, and Enzo Faletto. *Dependência e Desenvolvimento na América Latina-Ensaios de interpretação sociológica* (Rio de Janeiro: Zahar, 1970).

Cardoso de Mello, João Manoel. *O capitalismo tardio* (São Paulo: Brasiliense, 1982).

Carli, Gileno de. *O açú car na formação econômica do Brasil* (Rio de Janeiro: Annuário Açucareiro, 1937).

Carneiro, Dionísio Dias. "Crise e esperança: 1974 – 1980", in *A ordem do Progresso*, ed. Marcelo de Paiva Abreu (Rio de Janeiro: Editora Campus, 1992), 295 – 322.

Carneiro, Dionísio Dias, and Eduardo Modiano. "Ajuste externo e desequilíbrio interno: 1980 – 1984", in *A ordem do Progresso*, ed. Marcelo de Paiva Abreu (Rio de Janeiro: Editora Campus, 1992), 323 – 346.

Carneiro, Ricardo. *Desenvolvimento em crise*. A economia brasileira no ú ltimo quarto do século XX (São Paulo: Editora UNESP, 2002).

Carone, Edgard. *A segunda República* (São Paulo: Difusão Européia do Livro, 1973).

Castro, Antonio Barros de, and Francisco Eduardo Pires de Souza. *A economia brasileira em marcha forçada* (Rio de Janeiro: Paz e Terra, 1985).

CELADE. *Boletín demográfico* 34, 74 (Julio 2004).

Centro de Estudos Avançados em Economia aplicada-Esalq/USP the agrobusiness had a participation of 22. 74% of the GNP in 2010. Available athttp: // www. cepea. esalq. usp. br/pib/.

Chesnais, Jean-Claude. *The Demographic Transition, Stages, Patterns and Economic Implications* (Oxford: Clarendon Press, 1991).

CNI-Confederação Nacional da Indústria. "Pesquisa sobre popularidade do Presidente Lula". Available at http: //igepri. org/news/2010/12/popularidade-de-lula-e-recorde/.

Cole, Célio Alberto. "A cadeia produtiva do trigo no Brasil: contribuição para geração de emprego e renda". MA thesis, Porto Alegre: Iepe-UFRGS,

1998.

Coelho, Alexandre Bragança. "A cultura do Algodão e a questão da integração entre preços internos e externos". MA thesis, Universidade de São Paulo, 2002.

Coelho, Carlos Nayro. "70 anos de política agrícola no Brasil, 1931 – 2001", *Revista de Política Agrícola* 10, 3 (Julho-Setembro 2001), 695 – 726.

Cohn, Amélia. *Previdência social e processor político no Brasil* (São Paulo: Editora Moderna, 1981).

Conceição, Junia Cristina P. R. da. *A política dos preços mínimos e a política alimentar*. Texto para Discussão No. 993 (Brasília: IPEA, 2003).

Conjuntura Econômica, Fundação Getúlio Vargas. Available at http://www.docpro.com.br/BibliotecaVirtual/Conjuntura/Pesquisalivre.html.

Committee on Population and Demography. *Levels and Recent Trends in Fertility and Mortality in Brazil*. Report No. 21 (Washington, DC: National Academy Press, 1983), 15.

Corazza, Gentil. *O Banco Central do Brasil-Evolução Histórica e Institucional*. Available at http://www.net.fee.com.br/sitefee/download/jornadas/1/s3a4.pdf.

Cordeiro, Hésio. "Instituto de Medicina Social e a luta pela reforma sanitária: contribuição à história do SUS", *Physis* 14, 2 (2004), 343 – 362.

Costa, Maria da Conceição Nascimento, Eduardo Luiz Andrade Mota, Jairnilson Silva Paim, Lígia Maria Vieira da Silva, Maria da Glória Teixeira, and Carlos Maurício CardealMendes. "Mortalidade infantil no Brasil em períodos recentes de crise econômica", *Revista de Saúde Pública* 37, 6 (2003), 699 – 706.

Costa, Valeriano Mendes Ferreira. "A dinâmica Institucional da Reforma do Estado: um balanço do período FHC", in *O Estado Numa Era de Reformas: os Anos FHC* (Brasília: 2002), Part 2, 9 – 56.

Coutinho, Mauricio C., and Cláudio Salm. "Social Welfare", in*Social Change in Brazil* 1945 – 1985: *The Incomplete Transformation*, ed. Edmar L. Bach and Herbert S. Klein (Albuquerque: University of New Mexico

Press, 1989), 233 – 262.

Couto, Ronaldo Costa. *Juscelino Kubitschek* (Brasília, Edições Senado: Camara Federal, 2011).

D'Araujo, Maria Celina. *O segundo governo Vargas* 1951 – 1954: *democracia, partidos e crise política*. 2nd ed. (São Paulo: A' tica, 1992), 156 – 167. Available at http: //www. cpdoc. fgv. br.

da Silva Dias, Guilherme Leite, and Cicely Moitinho Amaral. *Mudanç-asestruturaisna agricultura brasileira*, 1980 – 1998 (Naciones Unidas, CEPAL, Red de Desarrollo Agropecuario, Unidad de Desarrollo Agrícola, Divisi ón de Desarrollo Productivo y Empresarial, 2001).

Davatz, Thomaz. *Memórias de um colono no Brasil* (1850) (Belo Horizonte, Itatiaia; São Paulo: Ed. Universidade de São Paulo, 1980).

Dean, Warren. *With Broadaxe and Firebrand: The Destruction of the Brazilian Atlantic Forest* (Berkeley: University of California Press, 1995).

_____. *Rio Claro: A Brazilian Plantation System*, 1820 – 1920 (Stanford, CA: Stanford University Press, 1976).

_____. *The Industrialization of São Paulo* (Austin: University of Texas Press, 1969).

Deerr, Noel. *The History of Sugar* (London: Chapman and Hall, 1949).

Delfim Netto, Antonio. *Oproblema do café no Brasil* (S ão Paulo: IPE-USP, 1981).

_____. "Análise do comportamento recente da economia brasileira: diagnóstico" (S ão Paulo: mimeo, 1967).

Delgado, Guilherme. "Expansão e modernização do setor agropecuário no pósguerra: um estudo da reflexão agrária", *Estudos Avançados USP* 15, 43 (Setembro-Dezembro 2001), 157 – 172.

Delgado, Lucila de Almeida Neves. "O governo João Goulart e o golpe de 1964: memória, história e historiografia", *Tempo* (Niterói) 14, 18 (Junho 2010), 123 – 143.

Dias Júnior, Cl áudio Santiago. "Comportamento reprodutivo: Uma análise a partir do grupo ocupacional das mulheres". PhD thesis, Belo Horizonte:

CEDELAR/UFMG, March 2007.

Dias, Fernando Á lvares Correia. *O Refinanciamento dos Governos Subnacionais e o ajuste fiscal* 1999 – 2003. Texto para Discussão No. 17 (Brasília: Consultoria Legislativa do Senado Federal, 2004).

Diniz, Debora, and Marcelo Medeiros. "Aborto no Brasil: uma pesquisa domiciliar com técnica de urna", *Ciência & Saúde Coletiva* 15, 1 (2010), 959 – 966.

Diniz, Eli. "O Estado novo: estutura de poder e relações de classe", in *História Geral da Civilização Brasileira*, ed. Boris Fausto (São Paulo: Difel, 1981). Tomo 3: O Brasil Republicano. Vol. 3: *Sociedade e política* (1930 – 1964), 77 – 119.

Draibe, S ôniaMiriam. "O Welfare State in Brazil: Caracteristicas e Perspectivas", *Cardeno de Pesquisa* 8 (Campinas: UNICAMP, NEPP, 1993).

_____. *Rumos e Metamorfoses. Estado e Industrialização no Brasil*: 1930 – 1960 (Rio de Janeiro: Paz e Terra, 1985).

Dulles, John W. F. *Vargas of Brazil*: *A Political Biography* (Austin: Universitiy of Texas Press, 1967).

Dutra, Pedro Cezar. *Vargas*: *o Capitalismo em Construção* (S ão Paulo: Brasiliense, 1986).

Eisenberg, Peter. *The Sugar Industry in Pernambuco*: *Modernization without Change*, 1840 – 1910 (Berkeley: University of California Press, 1974).

Elias, Paulo Eduardo M. , and Amelia Cohn. "Health Reform in Brazil: Lessons to Consider", *American Journal of Public Health* 93, 1 (January 2003), 46.

Faleiros, Rogério Naques. *Fronteiras do Café* (São Paulo: Fapesp-Edusc, 2010).

Faria, Lina. *Saúde e Política*: *a Fundação Rcokefeller e seus parceiros em São Paulo* (Rio de Janeiro: Editora Fiocruz, 2007).

Faoro, Raymundo. *Os donos do Poder. Formação do Patronato político brasileiro*. 2 vols. (Porto Alegre: Ed. Globo; São Paulo: Ed. Universidade São Paulo, 1975).

Fausto, Boris. "Populismo in the Past and Its Resurgence". Paper presented at the Conference in Honor of Boris Fausto, Stanford, CA, May 21, 2010.

———. *Trabalho urbano e conflito social* (S ão Paulo: DIFEL, 1997).

———. *A revolução de* 1930 (S ão Paulo: Brasiliense, 1975).

Fearnside, P. M. , and W. F. Laurance. "Tropical Deforestation and Greenhouse Gas Emissions", *Ecological Applications* 14, 4 (2004), 982 – 986.

Fernandes, Eduardo, Bruna Almeida Guimarãães, and Ramalho RomuloMatheus. *Principais Empresas e Grupos Brasileiros no Setor de Fertilizantes.* Available at http: //funcex. org. br/material/redemercosul bibliografia/ biblioteca/ESTUDOSBRASIL/BRA 160. PDF.

Fernandes Filho, J. F. "A política brasileira de fomento à produção de trigo, 1930 – 1990", in *Anais do XXXIII Congresso Brasileiro de Economia Rural*, *Vol.* 1 (Brasília: Sober, 1995), 443 – 474.

Ferraro, Alceu Ravanello. "Analfabetismo e níveis de letramento no Brasil: o que dizem os censos?" *Revista Educação&Sociedade* (Campinas) 23, 81 (Dezembro 2002), 21 – 47. Available at http: //www. scielo. br/pdf/es/ v23n81/13930. pdf.

Ferreira, Jorge. "1946 – 1964: A experiência democrática no Brasil", *Revista Tempo* 28 (Junho 2010), 11 – 18. Available at http: //www. historia. uff. br/tempo/site/? cat = 57.

———. "O nome e as coisas: o populismo na política brasileira", in *O populismo e sua história*, ed. Jorge Ferreira (Rio de Janeiro: E. Civilização Brasileira, 2000), 59 – 124.

Ferreira, Jorge, and Lucília de Almeida Neves (Rio de Janeiro: Civilização Brasileira, 2003), 2: 241 – 285.

Ferreira, Sérgio Guimarães, and Fernando A. Veloso. "Intergenerational Mobility of Wages in Brazil", *Brazilian Review of Econometrics* 26, 2 (November 2006), 181 – 211.

Filgueiras, Luiz. *História do Plano Real* (São Paulo: Boitempo, 2000).

Filomeno, Felipe Amin. "A crise Baring e a crise do Encilhamento nos quadros da economia-mundo capitalista", *Economia e Sociedade* 19, 1 (Abril 2010),

135 – 171.

Fishlow, Albert. "Origens e conseq ̈uências da substituição de importações no Brasil", in *Formação Econômica do Brasil. A experiência da industrialização*, ed. Flavio Rabelo Versiani and José Roberto Mendonça de Barros（S ão Pau-lo：Saraiva, 1977）, 7 – 41.

_____ . "A distribuição de renda no Brasil", in *A controvérsia sobre a distribuição de renda e desenvolvimento*, ed. R. Tolipan and A. C. Tinelli（Rio de Janeiro：Zahar, 1975）, 159 – 189.

_____ . "Algumas reflexões sobre a política brasileira após 1964", *Estudos Ce-brap* 6（Janeiro-Março 1974）, 5 – 66.

_____ . "Brazilian Size Distribution of Income", *American Economic Review* 62, 1 – 2（March 1972）, 391 – 402.

Fonseca, CristinaM. Oliveira. *Saúde noGoverno Vargas*（1930 – 1945）：*duali-dade institucional de um bem público*（Rio de Janeiro：Editora Fiocruz, 2007）.

Fonseca, Pedro Cezar Dutra. *Vargas：o capitalismo em construção*（1906 – 1954）（S ão Paulo：Brasiliense, 1989）.

Fonseca, Pedro Cezar Dutra, and Sergio Marley Modesto Monteiro. "O Estado e suas raz？oes：o II PND", *Revista de Economia Política* 28, 1（109）（Janeiro-Março 2007）, 28 – 46.

Fonseca, R. , M. C. Carvalho Jr. , and H. Pourchet. *A orientação externa da indú stria de transformação brasileira após a liberalização comercial.* Texto para Discussão No. 135（Rio de Janeiro：IPEA, Abril 1998）.

Fontanari, Rodrigo. "O problema do financiamento：uma análise histórica so-bre o crédito no complexo cafeeiro paulista. Casa Branca（1874 – 1914）". MA thesis, Franca, UNESP, 2011.

França, Elisabeth, and S ônia Lansky. "Mortalidade infantil neonatal no Bra-sil：situação, tendências e perspectivas". Texto elaborado por solicitação da RIPSA para o Informe de Situação e Tendências：Demografia e Saúde［Tex-tos de Apoio 3］（2008）：83 – 112.

Franco, Gustavo. *O Desafio Brasileiro：ensaios sobre desenvolvimento, globali-*

zação e moeda (S ão Paulo: Editora 34, 1999).

_____ . *O Plano Real e outros ensaios* (Rio de Janeiro: Francisco Alves, 1995).

_____ . "A Primeira década republicana", in *A ordem do Progresso*, ed. Marcelo de Paiva Abreu (Rio de Janeiro: Editora Campus, 1992), 11 – 30.

_____ . "Reforma Monetária e instabilidade durante a transição republican". MA thesis, Economics, Rio de Janeiro: PUC/Rio, 1982.

Frank, Zephyr, and Aldo Musacchio. "Overview of the Rubber Market, 1870 – 1930" (posted in 2010). Available at http: //eh. net/encyclopedia/article/frank. international. rubber. market.

Freitas, Vladimir Passos de. "A constituição federal e a efetividade das normas ambientais". PhD thesis, Faculdade de Direito da Universidade Federal do Paraná, 1999.

French, John D. "Proclamando Leis, metendo o pau e lutando por direitos", in *Direitos e Justiças no Brasil*, *Ensaios de História Social*, ed. Silva Hunold Lara and Joseli M. N. Mendonça (Campinas: Ed. UNICAMP, 2006), 379 – 416.

_____ . *The Brazilian Workers' ABC: Class Conflict and Alliances in Modern São Paulo* (Chapel Hill: University of North Carolina Press, 1992).

Frischtak, Cláudio R. "O investimento em infra-estrutura no Brasil: Histórico recente e perspectivas", *Pesquisa e Planejamento Econômico* 38, 2 (Agosto 2008), 307 – 348.

Fritsch, Wilton. "Apogeu e crise na primeira república: 1900 – 1930", in *Aordem do Progresso*, ed. Marcelo de Paiva Abreu (Rio de Janeiro: Campus, 1992), 31 – 72.

_____ . "A crise cambial de 1982 – 83 no Brasil: origens e respostas", in *A América Latina e a crise internacional*, ed. C. A. Plastino and R. Bouzas (Rio de Janeiro: Graal, 1988), 105 – 143.

Fritscher, André Martínez, Aldo Musacchio, and Martina Viareng. "The Great Leap Forward: The Political Economy of Education in Brazil, 1889 – 1930". Working Papers No. 10 – 075 (Cambridge, MA: Harvard Business School, 2010).

Furtado, Celso. *Análise do modelo brasileiro* (Rio de Janeiro: Civilização Brasileira, 1972).

_____. *Formação Econômica do Brasil* (São Paulo: Cia Editora Nacional, 1968a).

_____. *Um projeto para o Brasil* (Rio de Janeiro: Saga, 1968b).

Gaspari, Elio. *A ditadura encurralada* (São Paulo: Companhia das Letras, 2004).

_____. *A ditadura derrotada* (São Paulo: Companhia das Letras, 2003).

_____. *A ditadura envergonhada* (São Paulo: Companhia da Letras, 2002a).

_____. *A ditadura escancarada* (São Paulo: Companhia das Letras, 2002b).

Gasques, José Garcia, José Eustáquio, R. V. Filho, and ZanderNavarro, eds. *Agricultura brasileira: desempenho, desafios e perspectivas* (Brasília: IPEA, 2010).

_____, et al. *Condicionantes da produtividade da agropecuária brasileira*. Texto para Discussão No. 1017 (Brasília: IPEA, 2004a).

_____, et al. *Desempenho e crescimento do agronegócio no Brasil*. Texto para Discussão No. 1009 (Brasília: IPEA, Fevereiro 2004b).

Gasques, José Garcia, and Humberto Francisco Silva Spolador. *Taxas de juros e políticas de apoio interno à agricultura*. Texto para Discussão No. 952 (Brasília: IPEA, 2003).

Gasques, José Garcia, and Carlos Monteiro Villa Verde. *Gastos públicos na agricultura: evolução e mudança*. Texto para Discussão No. 948 (Brasília: IPEA, 2003).

Gasques, José Garcia, Eliana T. Bastos, Mirian R. P. Bacchi, and Constanza Valdes. "Produtividade total dos fatores e transformações da agricultura brasileira: análise dos dados dos censos agropecuários", in *A agricultura brasileira: desempenho, desafios e perspectivas*, ed. José G. Gasques, José E. R. Vieira Filho, and Zander Navarro (Brasília: IPEA, 2010), 19–44.

Giambiagi, Fabio, and Lavinia Barros de Castro. "Previdência Social: Diagnósticos e propostas de reforma", *Revista do BNDES* 10, 19 (Junho 2003), 265–292.

Giambiagi, Fabio, and Maurício Mesquita Moreira. *A economia brasileira nos anos* 90 (Rio de Janeiro: BNDES, 1990).

Giannotti, Vito. *Historia das lutas dos trabalhadores no Brasil* (Rio de Janeiro: Mauad X, 2007).

Goldsmith, Raymond W. *Brasil* 1850 – 1984. *Desenvolvimento Financeiro Sob um Século de Inflação* (São Paulo: Editora Harper & Row do Brasil, 1986).

Golgher, André Braz. "The Selectivity of Migration in Brazil: Implications for Rural Poverty", Taller Nacional sobre "Migraci ón interna y desarrollo en Brasil: diagnóstico, perspectivas y políticas", Abril 30, 2007, Brasília.

———. *Diagnóstico do processo migratório no Brasil: comparação entre nãomigrantes e migrantes* (Belo Horizonte: UFMG/CEDEPLAR, 2006).

Golgher, André Braz, Lízia de Figueiredo, and Roberto Santolin. "Migration and Economic Growth in Brazil: Empirical Applications Based on the Solow-Swan Model", *The Developing Economies* 49, 2 (June 2011), 148 – 170.

Gomes, Angela de Castro. "O populismo e as ciências sociais no Brasil: notas sobre a trajetória de um conceito", in *O populismo e sua história*, ed. Jorge Ferreira (Rio de Janeiro: Civilização Brasileira, 2000), 17 – 57.

———. *A invenção do Trabalhismo* (São Paulo: Vértice, 1988).

Goulding, Michael, Nigel J. H. Smith, and Dennis J. Mahar. *Floods of Fortune: Ecology and Economy along the Amazon* (New York: Columbia University Press, 1996).

Graham, Richard. *Patronage and Politics inNineteenth-Century Brazil* (Stanford, CA: Stanford University Press, 1990).

———. *Britain and the Onset of Modernization in Brazil* 1850 – 1914 (London: Cambridge University Press, 1968).

Grandin, Greg. *Fordlandia: The Rise and Fall of Henry Ford's Forgotten Jungle City* (New York: Metropolitan Books, 2009).

Guanziroli, Carlos E. "PRONAF dez anos depois: resultados e perspectivas para o desenvolvimento rural", *Revista de Economia e Sociologia Rural* 45, 2 (Brasília) (Abril-Junho 2007), 301 – 328.

Guimarães, Alberto Passos. *Quatro séculos de latifúndio* (Rio de Janeiro: Paz e Terra, 1977).

Haber, Stephen H. "Business Enterprise and the Great Depression in Brazil: A Study of Profits and Losses in Textile Manufacturing", *The Business History Review* 66, 2 (Summer 1992), 335 – 363.

Haguenauer, L., R. Markwald, and H. Pourchet. *Estimativas do valor daprodução industrial e elaboração de coeficientes de exportação e importação da indú stria brasileira* (1985 – 96). Texto para Discussão No. 563 (Rio de Janeiro: IPEA, Julho 1998).

Hanley, Anne G. *Native Capital: Financial Institutions and Economic Development in São Paulo, Brazil*, 1850 – 1920 (Stanford, CA: Stanford University Press, 2005).

Hasenblad, Carlos, and Nelos do Valle Silva, eds. *Origens e Destinos: Desigualidades sociais ao longo da vida* (Rio de Janeiro: Topbooks, 2003).

Henriques, Affonso. *Ascensão e Queda de Getú lio Vargas.* 2 vols. (Rio de Janeiro and São Paulo: Distribuidora Record, s/d).

Hoffmann, Rodolfo, "Transferências de renda e a redução da desigualdade no Brasil e cinco regiões entre 1997 – 2004", *Econômica* 8, 1 (2006), 55 – 81.

_____. "Evolução da distribuição da posse de terra no Brasil no período 1960 – 80", *Reforma Agr ária* 12, 6 (Novembro-Dezembro 1982), 17 – 34.

Hoffmann, Rodolfo, and Marlon Gomes Ney. *Evolução recente da estrutura fundiária e propriedade rural no Brasil* (Brasília: Ministério do Desenvolvimento Agrário, 2010). Available at http: //www. nead. gov. br/portal/nead/publicacoes/download orig file?

Holloway, Thomas H. *Immigrants on the Land: Coffee and Society in São Paulo*, 1886 – 1934 (Chapel Hill: University of North Carolina Press, 1980).

Homem de Melo, Fernando B. "Composição da produção no processo de expansão da fronteira agrícola brasileira", *Revista de Economia Política* 5, 1 (Janeiro-Março 1985), 86 – 111.

_____. *O problema alimentar no Brasil* (Rio de Janeiro: Paz e Terra, 1983).

_____. *Agricultura de exportação e o problema da produção de alimentos.* Texto para Discussão No. 30 (S ão Paulo: FEA-USP, 1979).

Homem de Melo, Fernando B. , and Eduardo Giannetti. *Proálcool, energia e transportes* (S ão Paulo: Fipe/Pioneira, 1981).

Horta, Cl áudia Júlia Guimarães, José Alberto Magno de Carvalho, and Luís Armando de Medeiros Frias. "Recomposição da fecundidade por geração para Brasil e regiões: atualização e revis ão". Paper presented at Anais do ABEP 2000.

Jank, Marcos S. , et al. "Exportações: existe uma 'doença brasileira'?", in *Brasil Globalizado*, ed. Fabio Giambiagi and Octávio de Barros (Rio de Janeiro: Campus, 2008), 331 –352.

Kalmanovitz, Salomón. "Las conseq ''uências econ ômicas de la Independencia en América Latina", in *Institucionalidade y desarrollo econômico en América Latina*, ed. Luis Bértola and Pablo Gerchunoff (Santiago de Chile: Cepal, 2012), 62 –63.

Keck, Margaret E. "The Politics of Sustainable Development: Environmental Policy Making in Four Brazilian States", *Journal of Interamerican Studies and World Affairs* 39, 4 (Winter 1997 –1998), 1 –40.

_____ . "Social Equity and Environmental Politics in Brazil: Lessons from the Rubber Tappers of Acre", *Comparative Politics* 27, 4 (July 1995), 409 – 424.

_____ . *The Workers' Party and Democratization in Brazil* (New Haven, CT: Yale University Press, 1992).

Klein, Herbert S. *The Atlantic Slave Trade.* 2nd ed. , rev. ed. (New York and Cambridge: Cambridge University Press, 2010).

_____ . "A Participação politíca no Brasil do século XIX: Os votantes de São Paulo em 1880", *Dados. Revista de Ciências Sociais* (Rio de Janeiro) 38, 3 (1995), 527 –544.

_____ . "The Supply of Mules to Central Brazil: The Sorocaba Market, 1825 – 1880", *Agricultural History* 64, 4 (Fall 1990), 1 –25.

Klein, Herbert S. , and Francisco Vidal Luna. "Mudanças Sociais no Período Militar (1964 –1985)", in *Cinquenta Anos A ditadura que mudou o Brasil*, ed. Daniel Aar ão, Marcelo Ridenti, and Rodrigo Patto Sá Motta (Rio de Janeiro: Zahar Editora, forthcoming 2014).

Kochanek, Kenneth D. , and Joyce A. Martin. *Supplemental Analyses of Recent Trends in Infant Mortality.* [NIH, CDC] . Available at http: //www. cdc. gov/nchs/products/pubs/pubd/hestats/infantmort/infantmort. htm.

Kubitschek de Oliveira, Juscelino. *Juscelino Kubitschek I (depoimento de 1974)*, DPDOC, 1979, and Juscelino Kubitschek I (depoimento de 1976), DPDOC, 1979.

Lafer, Betty Mindlin, ed. *Planejamento no Brasil* (Sao Paulo: Perspectiva, 1987).

Lafer, Celso. "O planejamento no Brasil: Observações sobre o Plano deMetas", in *Planejamento Econômico no Brasil*, ed. Betty Mindlin (São Paulo: Perspectiva, 1973), 29 – 49.

Lago, Luiz Aranha Correa do. "A retomada do crescimento e as distorções do 'milagre': 1967 – 1973", in *A ordem do Progresso*, ed. Marcelo de Paiva Abreu (Rio de Janeiro: Editora Campus, 1992), 233 – 294.

Lamounier, Bolivar. "O 'Brasil autorit ário' revisitado: o impacto das eleições sobre a ditadura", in *Democratizando o Brasil*, ed. Alfred Stepan (Rio de Janeiro: Paz e Terra, 1985), 83 – 134.

Langoni, Carlos G. *Distribuição de renda e desenvolvimento econômico no Brasil* (Rio de Janeiro: Expressão e Cultura, 1973).

Lattes Zulma Recchini de, and Alfredo E. Lattes. *La Poblacio'n de Argentina* (Buenos Aires: C. I. C. R. E. D. Series, 1974).

Laurance, William F. , et al. "The Fate of Amazonian Forest Fragments: A 32 – Year Investigation", *Biological Conservation* 144 (2011), 56 – 67.

Laurance, William F. , Heraldo L. Vasconcelos, and Thomas E. Lovejoy. "Forest Loss and Fragmentation in the Amazon: Iimplications for Wildlife Conservation", *Oryx* 34, 1 (2000), 39 – 45.

Lavinas, Lena, Eduardo Henrique Garcia, and Marcelo Rubens do Amaral. *Desigualdades Regionais: Indicadores Socioeconômicos nos Anos 90.* Texto para Discussão No. 460 (Rio de Janeiro: Fevereiro 1997).

Leite, Celso Barroso. "Da lei Elói Chaves ao Sinpas", in *Um século de previdência social: balanço e perspectivas no Brasil e no mundo*, ed. Celso Barroso Leite (Rio de Janeiro: Zahar, 1983), 39–44.

Leite, Cristiane Kerches da Silva. *Federalismo, processo decisório e ordenamento fiscal: a criação da Lei de Responsabilidade Fiscal.* Texto para Discussão No. 1593 (Brasília: IPEA, 2011).

Leopoldi, Maria Antonieta Parahyba. "A economia política do primeiro governo Vargas (1930–1945): a política econômica em tempos de turbulência", in *O tempo do nacional-estadismo: do início da década de 1930 ao apogeu do Estado Novo*, 2 vols., ed.

Lessa, Carlos. *Quinze anos de política econômica* (São Paulo: Brasiliense/UNICAMP, 1975).

Lessa, Carlos, and José Luiz Fiori. "Houve uma política nacional-populista", *Encontro Nacional da ANPEC* (São Paulo: ANPEC, 1984).

Levine, Robert M., *Father of the Poor? Vargas and His Era* (New York: Cambridge University Press, 1998).

Levy, Maria Ba'bara. *A indú stria do Rio de Janeiro através de suas sociedades anonimas* (Rio de Janeiro: Prefeitura do Município do Rio de Janeiro, 1994).

Levy, Maria Stella Ferreira. "O Papel da Migração Internacional na evolução da população brasileira (1872 a 1972)", *Revista de Saúde Publica* 8 (Suppl.) (1974), 71–73, Table 1.

Lima, José Luiz. "*Estado e desenvolvimento do setor elétrico no Brasil: das origens à criação da Eletrobrás*". MA thesis, São Paulo, Faculdade de Economia e Administração, USP, 1983.

Lima, Ruy Cirne. *Pequena História Territorial do Brasil. Sesmarias e Terras Devolutas* (São Paulo: Secretaria do Estado da Cultura, 1990).

Limoncic, Fl ávio. "The Brazilian Automotive Industry in International Context: From European to American Crisis", Michigan, "New Perspectives on Latin American and US Noon Lectures Series", January 2009, 8 pp.

Linz, Juan J. "The Future of an Authoritarian Situation or the Institutionalization of an Authoritarian Regime: The Case of Brazil", in *Authoritarian Brazil*, ed. Alfred Stepan (New Haven, CT: Yale University Press, 1976), 233 – 254.

Loewenstein, Karl. *Brazil under Vargas* (New York: The Macmillian Company, 1942).

Lopes, Francisco L. *O choque heterodoxo: combate à inflação e reforma monetária* (Rio de Janeiro: Campus, 1986).

Lopes, José Cláudio Bittencourt. "O Proálcool: uma avaliação". MA thesis, Universidade Federal de Viçosa, 1992.

Lopes de Souza, Marcelo. "Metropolitan Deconcentration, Socio-political Fragmentation and Extended Suburbanisation: Brazilian Urbanisation in the 1980s and 1990s", *Geoforum* 32, 4 (2001), 437 – 447.

Lourenço Filho, Manoel Bergstr öm. *Tendências da educação brasileira.* 2nd ed. (Brasília: Inep/MEC, 2002).

Love, Joseph LeRoy. *The Revolt of the Whip* (Stanford, CA: Stanford University Press, 2012).

____. *São Paulo in the Brazilian Federation*, 1889 – 1937 (Stanford, CA: Stanford University Press, 1980).

Love, Joseph LeRoy, and Werner Baer, eds. *Brazil under Lula: Economy, Politics, and Society under the Worker-President* (New York: Palgrave/Macmillan, 2009).

Luna, Francisco Vidal. "O Programa de Estabilização e os Sal ários", *Revista de Economia Politica* 6, 3 (Julho-Setembro 1986), 129 – 131.

Luna, Francisco Vidal, and Thomaz de Aquino Nogueira Neto. *Correção monetária e mercado de capitais: a experiência brasileira* (S ão Paulo: Bovespa, 1978).

Luna, Francisco Vidal, and Herbert S. Klein. *Brazil since* 1980 (New York: Cambridge University Press, 2006).

Luna, Francisco Vidal, Herbert S. Klein, and William R. Summerhill. "A agricultura paulista em 1905", *Estudos Econômicos* (São Paulo), forthcoming.

Lupu, Noam, and Susan C. Stokes. "The Social Bases of Political Parties in Argentina, 1912 – 2003", *Latin American Research Review* 44, 1 (2009), 58 – 87.

Luz, Nícia Vilela. *A luta pela industrialização do Brasil* (São Paulo: Editora Alfa Omega, 1978).

Macarini, José Pedro. "A política econômica do Governo Sarney: os Planos Cruzado os Planos Cruzado (1986) e Bresser (1987)". Texto para Discussão No. 157 (Campinas: IE/UNICAMP, March 2009).

Macedo, Roberto. "Dilma e suas circunstâancias", *Jornal O Estado de São Paulo* (São Paulo) (Julho 19, 2012).

_____. "Plano Trienal de Desenvolvimento Econômico e Social", in *Planejamento no Brasil*, ed. Betty Mindlin (São Paulo: Perspectiva, 2001), 51 – 68.

Machado, Carlos José Saldanha. "Mudanças conceituais na administração pública do meio ambiente", *Ciência e Cultura* 55, 4 (2003), 24 – 26.

Maddison, Angus. *The World Economy: A Millennial Perspective* (Geneva, Switzerland: OCDE, 2001).

Mahar, Dennis J. *Government Policies and Deforestation in the Brazilian Amazon* (Washington, DC: World Bank, 1989).

Maia, Rosane de Almeida. "Estado e Industrialização no Brasil: Estudo dos Incentivos ao setor privado, nos quadros do Programa de Metas do Governo Kubitschek". MA thesis, São Paulo, FEA-USP, 1986.

Malloy, James. *The Politics of Social Security in Brazil* (Pittsburgh, PA: University of Pittsburgh Press, 1979).

Marcondes, Renato Leite. "O Financiamento Hipotecário da Cafeicultura no Vale do Paraíba Paulista (1865 – 87)", *Revista Brasileira de Economia* 56, 1 (Janeiro-Março 2002), 147 – 170.

Margulis, Sergio. "Causes of Deforestation of the Brazilian Amazon". World Bank Working Papers No. 22 (Washington, DC: World Bank, 2004).

_____. "O Desempenho ambiental do Governo Brasileiro e do Banco Mundial em Projetos Co-financiados pelo Banco". Textos para Discussão No. 194

(Brasilia: IPEA, 1999).

Marichal, Carlos, and Steven Topik. "The State and Economic Growth in Latin America: Brazil and Mexico, Nineteenth and Early Twentieth Centuries", in *Nation, State and the Economy in History*, ed. Alice Teichova and Herbert

Matis (Cambridge: Cambridge University Press, 2002), 349 – 372.

Marinho, Emerson, and Jair Araujo. "Pobreza e o sistema de seguridade social rural no Brasil", *Revista Brasileira de Economia* 64, 2 (2010), 161 – 174.

Marini, Miguel Angelo, and Federico Innecco Garcia. "Bird Conservation in Brazil", *Conservation Biology* 19, 3 (June 2005), 665 – 671.

Marques, Maria Silva Bastos. "O Plano Cruzado: teoria e pr ática", *Revista de Economia Política* 8, 3 (Julho-Setembro 1983), 101 – 130.

Martine, George. *A redistribuição espacial da população brasileira durante a década de* 80. Texto para Discussão No. 329 (Brasília: IPEA, Janeiro 1994).

Martinelli, Luiz A., and Solange Filoso. "Expansion of Sugarcane Ethanol Production in Brazil: Environmental and Social Challenges", *Atmospheric Environment* 18, 4 (2008), 885 – 898.

Martinelli, Luiz A., Rosamond Naylor, Peter M Vitousek, and Paulo Moutinho. "Agriculture in Brazil: Impacts, Costs, and Opportunities for a Sustainable Future", *Current Opinion in Environmental Sustainability* 2 (2010), 431 – 438.

Martines-Filho, J., H. L. Burnquist, and C. E. F. Vian. "Bioenergy and the Rise of Sugarcane-based Eethanol in Brazil", *Choices* 21, 2 (2006), 91 – 96.

Martínez Fritscher, André, Aldo Musacchio, and Martina Viareng. "The Great Leap Forward: The Political Economy of Education in Brazil, 1889 – 1930", Working Papers No. 10 – 075 (Cambridge, MA: Harvard Business School, 2010), 2. Available at http://www.hbs.edu/research/pdf/10 – 075.pdf.

Martins, Carlos Benedito. "O ensino superior brasileiro nos anos 90", *São*

Paulo em Perspectiva 14, 1 (2000), 41 – 60.

Martone, Celso. "Análise do Plano de Ação Econômica do Governo, PAEG (1964 – 1966)", in *Planejamento no Brasil*, ed. Betty Mindlin (São Paulo: Perspectiva, 2001), 69 – 90.

Matos, Odilon Nogueira de. *Café e ferrovias: a evolução ferrovi ária de São Paulo e o desenvolvimento da cultura cafeeira* (São Paulo: Alfa-Omega, 1974).

Matos, Raquel Silvério, and Ana FáviaMachado. "Diferencial de rendimento por cor e sexo no Brasil (1987 – 2001)", *Econômica* (RJ) 8, 1 (Junho 2006), 5 – 27.

Mattoon Jr., Robert H. "Railroads, Coffee, and the Growth of Big Business in Sao Paulo, Brazil", *The Hispanic American Historical Review* 57, 2 (May 1977), 273 – 295.

Mattos, Fernando Augusto Mansor de. *Emprego público no Brasil: aspectos históricos, inserção nomercado de trabalho nacional e evolução recente.* Textos para Discussão No. 1582 (Brasília: IPEA, Fevereiro 2011).

Medeiros, Marcelo, Tatiana Britto, and Fábio Soares. *Programas focalizados de Transferência de Renda no Brasil.* Texto para Discussão No. 1283 (Brasília: IPEA, Junho 2007).

Mello, Pedro Carvalho de. "The Economics of Labor in Brazilian Coffee Plantations, 1850 – 1888". PhD thesis, Department of Economics, University of Chicago, 1977.

Meneguello, Rachel. *Partidos e governos no Brasil contemporâneo (1985 – 1997)* (Rio de Janeiro: Paz e Terra, 1998).

Menezes, Greice, and Estela M. L. Aquino. "Pesquisa sobre o aborto no Brasil: avanços e desafios para o campo da saú de coletiva", *Cadernos de Saúde Pública* 25 (Suppl. 2) (2009), 193 – 204.

Mercadante, Aloízio, ed., *O Brasil pós-Real: a política econômica em debate* (Campinas: UNICAMP, 1997).

Mercadante, Otávio Azevedo, et al. "Evolução das Politicas e do Sistema de Saúde no Brasil", in *Caminhos da Saúde Pública no Brasil*, ed. Jacobo

Finkelman（Rio de Janeiro：Fiocruz，2002），235 – 313.

Merrick，Thomas，and Douglas Graham. "População e desenvolvimento no Brasil：Uma perspectiva histórica"，in *Economia Brasileira：Uma Vis ão Histórica*，ed. Paulo Nauhaus（Rio de Janeiro：Editora Campus，1980），45 – 88.

_____ . *Population and Economic Development in Brazil*，1800 *to the Present*（Baltimore，MD：Johns Hopkins University Press，1979）.

Miller，Shawn W. *An Environmental History of Latin America*（Cambridge：Cambridge University Press，2007）.

_____ . *Fruitless Trees：Portuguese Conservation and Brazil's Colonial Timber*（Stanford，CA：Stanford University Press，2000）.

Milliet，Sérgio. *Roteiro do Café e outros ensaios*（S ão Paulo：Hucitec，1982）.

Mineiro，Adhemar S. "Desenvolvimento e inserção externa：Algumas considerações sobre o período 2003 – 2009 no Brasil"，in *Os anos Lula：contribuições para um balanço crítico* 2003 – 2010，ed. J. P. A. Magalhães（Rio de Janeiro：Garamond，2010），133 – 160.

Modiano，Eduardo. "Aópera dos três cruzados：1985 – 1989"，in *A ordem do Progresso*，ed. Marcelo de Paiva Abreu（Rio de Janeiro：Editora Campus，1992），347 – 386.

Monbeig，Pierre. *Pioneiros e Fazendeiros de São Paulo*（São Paulo：Hucitec-Polis，1984）.

Monteiro，Sérgio. "Política econ ômica e credibilidade：uma análise dos governos J ânio Quadros e João Goulart". Available at http：//www8. ufrgs. br/ppge/pcientifica/1999 13. pdf.

Moreira，Maurício Mesquita. "Estrangeiros em uma Econ ômica Aberta：Impactos recentes sobre a produtividade，a concentração e o comércio exterior"，in *A Economia Brasileira nos Anos* 90，ed. Fabio Giambiagi andMaurício Mesquita Moreira（Rio de Janeiro：BNDES，1999），333 – 374.

Mortara，Giorgio. "The Development and Structure of Brazil's Population"，*Population Studies* 8，2（November 1954），121 – 139.

Motta，José Flavio. "Escravos daqui，dali e de mais além：o tr áfico interno de escravos em Constituição (Piracicaba), 1861 – 1880", *Revista Brasileira de História* 26, 52 (2006), 15 – 47.

Motta, José Flavio, and Renato L. Marcondes. "O comércio de escravos no Vale do Paraíba paulista: Guaratinguet á e Silveiras na década de 1870", *Estudos Econômicos* 30, 2 (Abril-Junho 2000), 267 – 299.

Moura, Gerson. *O alinhamento sem recompensa: a política externa do governo Dutra* (Rio de Janeiro: Fundação Getúlio Vargas. Centro de Documentação de História Contemporânea, 1990). Available at http://bibliotecadigital. fgv. br/dspace/bitstream/handle/10438/6613/792. pdf? sequence = 1.

Mueller, Charles, and George Martine. "Modernização agropecuária, emprego agrícola e êxodo rural no Brasil-a década de 1980", *Revista de Economia Política* 17, 3 (Julho-Setembro 1997), 85 – 104.

Murilo de Carvalho, José. *A construção da Ordem: a elite política imperial; Teatro das sombras: a política imperial* (Rio de Janeiro: Civilização Brasileira, 2003).

Nassif, Maria Ines. "Previdência Social", in *A Era FHC. Um Balanço*, ed. Bolivar Lamounier and Rubens Figueiredo (São Paulo: Cultura Associados, 2002), 569 – 598.

Nepstad, Daniel C. , ClaudiaM. Stickler, Britaldo Soares-Filho, and Frank Merry. "The End of Deforestation in the Brazilian Amazon", *Science* 326 (December 2009), 1350 – 1351.

_____, et al. "Interactions among Amazon Land Use, Forests and Climate: Prospects for a Near-term Forest Tipping Point", *Philosophical Transactions of the Royal Society B* 363 (2008), 1737 – 1746.

Neri, Marcelo Cô rtes, ed. *Novo Mapa das Religiões* (Rio de Janeiro: Fundação Getúlio Vargas, Centro de Políticas Sociais, 2011a).

_____, ed. *Desigualdade de Renda na Década* (Rio de Janeiro: Fundação Getúlio Vargas, Centro de Políticas Sociais, 2011b).

Neto, Lira. *Getú lio 1882 – 1830. Dos anos de formação a` conquista do poder* (São Paulo: Cia. das Letras, 2012).

_____. *Castelo: a marcha para a ditadura* (S ão Paulo: Contexto, 2004).

Nicol, Robert N. V. C. "A agricultura e a Industrialização no Brasil (1850 – 1930)". PhD thesis, Economics, Universidade de São Paulo, FFLCH-USP, 1974. Oberacker Jr., Carlos H. "A colonização baseada no regime de pequena propriedade agrícola", in História Geral da Civilização Brasileira, II: 3, ed. Sérgio Buarque de Holanda (S ão Paulo: Difusão Europeia do Livro, 1969), 220 – 245.

Oliveira, ElisaHijino de. "Arranjos unipessoais no brasil 1997 – 2007: uma análise sócio-demográfica e de gênero das pessoas que moram sozinhas". MA thesis, Rio de Janeiro: IBGE, Escola Nacional de Ciências Estatísticas, 2009.

Oliveira, Francisco Eduardo Barreto de, Kaizô Iwakami Beltrão, and Antonio Carlos de Albuquerque David. Dívida da Uni ão com a Previdência Social: uma perspectiva histórica, Texto para Discussão No. 638 (Rio de Janeiro: IPEA, 1999).

Oliveira, Gesner de, and Frederico Turolla. "Política Econômica do segundo governo FHC: mudança em condições adversas", Tempo Social (S ão Paulo) 15, 2 (Novembro 2003), 195 – 217. Available at http: //www. scielo. br/scielo. php? script = sci arttext&pid = S0103 – 20702003000200008.

Oliveira, Juarez de Castro, and Fernando Roberto P. de C. e Albuquerque. "A mortalidade no Brasil no período 1980 – 2004: desafios e oportunidades para os próximos anos", Rio de Janeiro: IBGE, Diretoria de Pesquisas, Coordenação de População e Indicadores Sociais, December 2005.

Oliveira Júnior, Marcio de. A Liberação Comercial Brasileira e os Coeficientes de Importação – 1990 – 1995. Texto para Discussão No. 703 (Rio de Janeiro: IPEA, Fevereiro 2000).

Oliveira, Wilson José Ferreira de. "Gênese e redefinições do militantismo ambientalista no Brasil", DADOS Revista de Ciências Sociais 51, 3 (2008), 751 – 777.

Orenstein, Luiz, and Antonio Claudio Sochaczewski. "Democracia com Desenvolvimento: 1956 – 1961", in A ordem do Progresso, ed. Marcelo de Paiva Abreu (Rio de Janeiro: Editora Campus, 1992), 171 – 212.

Osorio, Rafael Guerreiro, and Pedro H. G. Ferreira de Souza. *Evolução da po-breza extrema e da desigualdade de renda na Bahia*: 1995 – 2009. Textos para Discussão No. 1696 (Brasília: IPEA, Janeiro 2012).

Osorio, Rafael Guerreiro, Pedro H. G. F. de Souza, Sergei S. D. Soares, and Luis Felipe Batista de Oliveira. *Perfil da pobreza no Brasil e sua evolução no período 2004 – 2009*. Texto para Discussão No. 1647 (Brasília: IPEA, Agosto 2011).

Paes de Barros, Ricardo, Ricardo Henriques, and Rosane Mendonça. "Desigualdade e Pobreza no Brasil. Retrato de uma estabilidade inaceit ável". *Revista Brasileira de Ciências Sociais* 15, 42 (February 2000), 123 – 142.

Paim, Jairnilson, Claudia Travassos, Celia Almeida, Ligia Bahia, and James Macinko. "The Brazilian Health System: History, Advances, and Challenges", *The Lancet* 377, 9779 (2011), 1778 – 1797.

Paiva, RuyMuller. "Reflexões sobre as tendências da produção, da produtividade e dos preços do setor agrícola no Brasil", in *Agricultura subdesenvolvida*, ed. F. Sá (Petrópolis: Vozes, 1968), 167 – 261.

Palloni, Alberto. "Fertility and MortalityDecline in Latin America", *Annals of the American Academy of Political and Social Science* 510 (Julho 1990): 126 – 144.

Pamuk, Ayse, and Paulo Fernando A. Cavallieri. "Alleviating Urban Poverty in a Global City: New Trends in Upgrading Rio-de-Janeiro's Favelas". *Habitat International* 22, 4 (1998), 449 – 462.

Pastore, Affonso Celso. "A resposta da produção agrícola aos preços no Brasil". PhD thesis, Economics, USP, 1969.

Pastore, Affonso Celso, Maria Pinotti, and Leonardo Porto de Almeida. "Cambio e crescimento: o que podemos aprender?", in *Brasil Globalizado*, ed. Fabio Giambiagi and Oct ávio de Barros (Rio de Janeiro: Elsevier, 2008), 268 – 298.

Pastore, José. *Inequality and Social Mobility in Brazil* (Madison: University of Wisconsin Press, 1982).

Pastore, José, Guilherme L. Silva Dias, and Manoel C. Castro. "Condicionantes da produtividade da pesquisa agrícola no Brasil", *Estudos Econômicos* 6, 3 (1976), 147 – 181.

Paula, Marilena de, ed. *"Nunca antes na História desse país"* ...? *Um Balanço das Políticas do Governo Lula* (Rio de Janeiro: Fundação Heinrich Böll, 2011).

Peláez, Carlos Manuel. *História da Industrialização Brasileira. Crítica a` Teoria Estruturalista no Brasil* (Rio de Janeiro: Apec, 1972).

Peláez, Carlos Manuel, and Wilson Suzigan. *História Moneta' ria do Brasil* (Brasília: Universidade de Brasília, 1981).

Pereira, Lia Valls. *Brazil Trade Liberalization Program.* UNCTAD. Available at http://www. unctad. info/upload/TAB/docs/TechCooperation/brazil stud-y. pdf.

Pereira, Luiz Carlos Bresser. "Heterodoxia e Ortodoxia no Plano Bresser", *Revista Conjuntura Econômica* (Feburary 1993), 52 – 54.

_____. "Inflação inercial e o Plano Cruzado", *Revista de Economia Política* 6, 3 (Julho-Setembro 1986), 9 – 24.

Perissinotto, Renato Monseff. *Estado e Capital Cafeeiro em São Paulo* (1889 – 1930) (S ão Paulo: Fapesp; Campinas: UNICAMP, 1999).

Perlman, Janice. *The Myth of Marginality: Urban Poverty and Politics in Rio de Janeiro* (Berkeley: University of California Press, 1980).

Petrone, Maria Thereza Schorer. "Imigração assalariada", in *História Geral da Civilização Brasileira*, ed. Sérgio Buarque de Holanda, Tomo 2, Vol. 3 (São Paulo: Difel, 1985), 274 – 296.

Picanço, Felícia. "O Brasil que sobe e desce: Uma análise da mobilidade so-cioocupacional e realização de êxito no mercado de trabalho urbano", *DA-DOS-Revista de Ciências Sociais* 50, 2 (2007), 393 – 433.

Pinheiro, Armando Castelar. *A experiência brasileira de privatização: o que vem a seguir.* Texto para Discussão No. 87 (Rio de Janeiro: IPEA, 2002).

Pinho Neto, Demosthenes Madureira de. "A Estratégia brasileira em perspectiva internacional", in *O BNDES e o Plano de Metas* (Rio de Janeiro: BNDES, Junho 1996). Available at http://www. bndes. gov. br/SiteBNDES/export/

sites/default/bndes pt/Galerias/Arquivos/conhecimento/livro/plametas. pdf.

Pinto, Adolpho Augusto. *História da viação pública de São Paulo* (São Paulo: Governo do Estado de São Paulo, 1977).

Pinto, José Marcelino de Rezende. "O acesso à educação superior no brasil". *Educação Social* 25, 88 (Outubro 2004), 727–752.

Portes, Alejandro. "Housing Policy, Urban Poverty, and the State: The Favelas of Rio de Janeiro, 1972–1976", *Latin American Research Review* 14, 2 (1979), 3–24.

Prado Junior Caio. , *História Econômica do Brasil* (São Paulo: Brasiliense, 1972).

Prado, Maria Lígia Coelho. *A democracia ilustrada. O Partido Democrático de São Paulo*, 1926–1934 (São Paulo: Ática, 1986).

Prado, Maria Lígia, and MariaHelena Rolim Capelato. "A borracha na economia brasileira na primeira repú blica", in *História geral da civilização brasileira*, ed. Boris Fausto, Tomo III, Vol. 1 (Rio de Janeiro: Bertrand Brasil, 1989), 285–307.

Prata, Pedro Reginaldo. "A Transição Epidemiológica no Brasil", *Cadernos de Saúde Pública* 8, 2 (Abril-Junho 1992), 168–175.

Prebisch, Raúl. "O desenvolvimento econômico da América Latina e seus principais problemas", *Revista Brasileira de Economia* 3 (1949), 49–111.

Queiroz, Maria Isaura Pereira de. *O mandonismo local na vida política brasileira* (São Paulo: Alfa-Omega, 1976).

Quine, Maria Sophia. *Italy's Social Revolution: Charity and Welfare from Liberalism to Fascism* (New York: Palgrave, 2002).

Ramos, Lauro R. A. , and José Guilherme Almeida Reis. "Distribuição da renda: aspectos teóricos e o debate no Brasil", in *Distribuição de renda no Brasil*, ed. José Marcio Camargo and Fabio Giambiagi (Rio de Janeiro: Paz e Terra, 2000), 21–45.

Redwood II, John. *World Bank Approaches to the Brazilian Amazon: The Bumpy Road toward Sustainable Development.* LCR Sustainable Development Working Paper No. 13 (Washington, DC: World Bank, November 2002).

Rego, J. M. *Inflação inercial*, *teoria sobre inflação e o Plano Cruzado* (Rio de Janeiro: Paz e Terra, 1986).

Resende, André Lara. "Em plena crise: uma tentativa de recomposição analítica", *Estudos Avançados* (Universidade de São Paulo) 65 (2009), 73 - 87.

_____ . "Estabilização e reforma", in *A ordem do Progresso*, ed. Marcelo de Paiva Abreu (Rio de Janeiro: Editora Campus, 1992), 213 - 232.

Rezende, Gervazio Castro de. *A política de preços mínimos e o desenvolvimento agrícola da região Centro-Oeste*. Texto para Discussão No. 870 (Brasília: IPEA, 2002).

Ribeiro, Carlos Antonio Costa. *Estructura de classe e mobilidade social no Brasil* (Baru, SP: Educ, 2007).

Ribeiro, Milton, Cezar Jean Paul Metzger, Alexandre Camargo Martensen, Flávio Jorge Ponzoni, and Márcia Makiko Hirota. "The Brazilian Atlantic Forest: How Much Is Left, and How Is the Remaining Forest Distributed? Implications for Conservation", *Biological Conservation* 142 (2009), 1141 - 1153.

Rocha, Sonia. "Alguns aspectos relativos à evolução 2003 - 2004 da pobreza e da indigência no Brasil", Janeiro 2006. Available at http://www. iets. org. br/biblioteca/Alguns aspectos relativos a evolucao 2003 - 2004. pdf.

_____ . "Impacto sobre a pobreza dos novos programas federais de transferência de renda", n. d. Available at http://www. anpec. org. br/encontro2004/artigos/A04A137. pdf.

Rodrigues, Roberto, and Ivan Wedekin. "Uma estratégia para o agronegócio brasileiro", in *O novo governo e os desafios do desenvolvimento*, ed. Antonio Dias Leite and João Paulo Reis Velloso (Rio de Janeiro: Fórum Nacional, 2002), 549 - 570.

Rossi Jr. , José Luiz, and Pedro Cavalcanti Ferreira. *Evolução da produtividade industrial brasileira e a abertura comercial*. Texto para Discussão No. 651 (Rio de Janeiro: IPEA, 1999).

Sachsida, Adolfo, Paulo Furtado de Castro, Mario Jorge Cardoso de Mendonça, and Pedro H. Albuquerque. *Perfil do migrante brasileiro*. Texto para Discussão No. 1410 (Rio de Janeiro: IPEA, Julho 2009).

Saes, Flávio A. M. "A controvérsia sobre a Industrialização na Primeira Republica", *Estudos Avançados* 3, 7 (Setembro-Dezembro 1989), 20 – 39.

_____. *A grande empresa de serviços públicos* (São Paulo: Hucitec, 1986).

_____. *As ferrovias de São Paulo*, 1870 – 1940 (São Paulo: Hucitec-INL-MEC, 1981).

Sánchez-Albornoz, Nicolás. "The Population of Latin America, 1850 – 1930", in *The Cambridge History of Latin America*, Vol. IV, ed. Leslie Bethell (Cambridge: Cambridge University Press, 1986), 121 – 152.

Santos, Cézar, and Pedro Cavalcanti Ferreira. "Migração e distribuição regional de renda no Brasil", *Pesquisa e Planejamento Econômico* 37, 3 (December 2007), 405 – 426.

Saretta, Fausto. "O Governo Dutra na Transição Capitalista no Brasil", in *História Econômica do Brasil Contemporâneo*, ed. Tamáz Szrecsányi and Wilson Suzigan (São Paulo: Edusp/Hucitec/Imprensa Oficial SP, 1996), 99 – 120.

Sayad, Jõao. *Planos Cruzado e Real: acertos e desacertos.* Seminários Dimac (Rio de Janeiro: IPEA, Setembro 30, 2000).

Scalon, Maria Celi. *Mobilidade social no Brasil, padrões e tendências* (Rio de Janeiro: Revan, 1999).

Schmitter, Philippe C. "The 'Portugalization' of Brazil", in *Authoritarian Brazil*, ed. Alfred Stepan (New Haven, CT: Yale University Press, 1976), 179 – 232.

Schulz, John. *A crise financeira da abolição* (São Paulo: Ed. Universidade de São Paulo, Instituto Fernando Braudel, 1966).

Schwarcz, Lilia Moritz. *As Barbas do Imperador. D. Pedro II, um monarca nos tro'picos* (São Paulo: Cia. das Letras, 1999).

Schwartzman, Simon. *A Space for Science-The Development of the Scientific Community in Brazil* (College Station: Pennsylvania State University Press, 1991).

Schwartzman, Simon, Helena M. B. Bomeny, and Vanda M. R. Costa. *Nos tempo de Capanema* (São Paulo: Editora da Universidade de São Paulo and Ed. Paz e Terra, 1984).

Schwarzer, Helmut, and Ana Carolina Querino. *Benefícios sociais e pobreza: Programas não contributivos da seguridade social brasileira.* Texto para Discussão No. 929 (Brasília: IPEA, 2002).

Schulz, John. *The Financial Crisis of Abolition* (New Haven, CT, and London: Yale University Press, 2008).

Sedgh, Gilda, Stanley Henshaw, Susheela Singh, Elisabeth Ahman, and Iqbal H Shah. "Induced Abortion: Estimated Rates and Trends Worldwide", *Lancet* 370 (October 13, 2007), 1338 – 1345.

Senado Federal. *A Abolição no Parlamento: 65 anos de luta, 1823 – 1888* (Brasília: Subsecretaria de Arquivo, 1988).

Serra, José, and José Roberto Afonso. "Mais pr ática do que discurso", *Valor Econômico* (Maio 5, 2010). Available at http: //www. joserobertoafonso. com. br/index. php? option = com _ content&view = article&id = 1187: mais-pratica-quediscursos-valor-&catid = 36: assuntos-fiscais&itemid = 37.

Silber, Simão. "Análise da política econ ômica e do comportamento da economia brasileira durante o período 1929 – 1939", in *Formação Econômica do Brasil. A experiência da industrialização*, ed. Flavio Rabelo Versiani and José Roberto

Mendonça de Barros (São Paulo: Saraiva, 1977), 173 – 207.

_____ . "*Política econômica. Defesa no nivel de renda e industrialização no período* 1929 – 1939". MA thesis, São Paulo, FEAUSP, 1973.

Silva, Ana Rosa Cloclet da. "Tráfico interprovincial de escravos e seus impactos na concentração da população da província de São Paulo: século XIX", *VIII Encontro da ABEP*, *Associação Nacional de Estudos Populacionais*, 1992.

Silva, André Luis Corrêa da. " ' João Ferrador na República de São Bernardo': O impacto do 'novo' movimento sindical do ABC Paulista no processo de transição democrática (1977 – 1980)". MA thesis, Porto Alegre, Universidade Federal do Rio Grande do Sul, 2006.

Silva, Iliane Jesuina da. "Estado e agricultura no primeiro governo Vargas

(1930 – 1945)". PhD thesis, Campinas, Universidade Estadual de Campinas, 2010.

Silva, José Graziano da. "Velhos e novos mitos do rural brasileiro", *Estudos Avançados USP* 43 (Setembro-Dezembro 2001), 37 – 50.

_____. *A nova din âmica da agricultura brasileira* (Campinas: Instituto de Economia da UNICAMP, 1996).

Silva, Sérgio. *Expansão cafeeira e origens da indú stria no Brasil* (São Paulo: Alfa-Omega, 1995).

Simonsen, Mario Henrique. "Inflação brasileira: lições e perspectivas", *Revista Brasileira de Economia* 5, 4 (Outubro-Dezembro 1985), 15 – 31.

_____. *Inflação, gradualismo x tratamento de choque* (Rio de Janeiro: Apec, 1970).

Simonsen, Mario Henrique, and Roberto Campos. *A nova economia brasileira* (Rio de Janeiro: José Olympio, 1979).

Singer, Paul. *A crise do "Milagre"* (Rio de Janeiro: Paz e Terra, 1977).

Singh, Susheela, and Gilda Sedgh. "The Relationship of Abortion to Trends in Contraception and Fertility in Brazil, Colombia and Mexico", *International Family Planning Perspectives* 23, 1 (March 1997), 4 – 14.

Siqueira, Arnaldo Augusto Franco de, Ana Cristina d'Andretta Tanaka, Renato Martins Santana, and Pedro Augusto Marcondes de Almeida. "Mortalidade materna no Brasil, 1980", *Revista de Saúde Pública* 18 (1984), 448 – 465.

Skidmore, Thomas E. *The Politics of Military Rule in Brazil*, 1964 – 85 (New York: Oxford University Press, 1988).

_____. "Politics and Economic Policy Making in Authoritarian Brazil, 1937 – 1971", in *Authoritarian Brazil*, ed. Alfred Stepan (New Haven, CT: Yale University Press, 1976), 3 – 46.

_____. *Politics in Brazil*, 1930 – 1964: *An Experiment in Democracy* (New York: Oxford University Press, 1967).

Soares, Sergei. "Análise de bem-estar e decomposição por fatores da queda na desigualdade entre 1995 – 2004", *Econômica* 8, 1 (2006), 83 – 115.

Soares, Sergei, and Nat ália Sátyro. *O programa bolsa família: desenho insti-*

tucional, *impactos e possibilidades futuras*. Texto para Discussão No. 1424 (Brasília: IPEA, Outubro 2009).

Soares-Filho, Britaldo Silveira, et al. "Modelling Conservation in the Amazon Basin", *Nature* 440, 23 (March 2006), 520 – 523.

Sochaczewski, Antonio Claudio. *O desenvolvimento econômico e financeiro do Brasil*, 1952 – 1968 (São Paulo: Trajetória Cultural, 1993).

Sola, Lourdes, ed. *O Estado e a transição: política e economia na Nova República* (S ão Paulo: Vértice, 1988).

_____. "O Golpe de 37 e o Estado Novo", in *Brasil em Perspectiva*, ed. Carlos Guilherme Motta (São Paulo: Difusão Européia do Livro, 1969), 257 – 284.

Sorj, Bila, and Adriana Fontes. "Children in Female Household Headship in Brazil: Are They More Vulnerable?", Paper presented at the XXVI IUSSP International Population Conference 2009. Available at http: //iussp2009. princeton. edu/papers/90368.

Sorj, Bila, Adriana Fontes, and Danielle Carusi Machado. "Políticas e pr áticas de conciliação entre família e trabalho no Brasil", *Cadernos de pesquisa* 37, 132 (2007), 573 – 594.

Souza, André Portela. "Politicas de distribuição de renda no Brasil e o Bolsa Família", in *Brasil: A nova agenda social*, ed. Edmar Lisboa Bacha and Simon Schwartzman (Rio de Janeiro: LTC, 2011), 166 – 186.

Souza, Marcelo Medeiros Coelho de. *O analfabetismo no Brasil sob o enfoque demográfico*. Texto para Discussão No. 639 (Brasília: IPEA, April 1999).

Souza, Maria do Carmo Campello de. "A Nova República sob a espada de Dâmocles", in *Democratizando o Brasil*, ed. Alfred Stepan (Rio de Janeiro: Paz e Terra, 1985), 568 – 591.

Souza, Pedro Herculano Guimarães Ferreira de, and Rafael Guerreiro Osorio. *A redução das disparidades regionais e a queda da desigualdade nacional de renda* (1981 – 2009). Texto para Discussão No. 1648 (Brasília: IPEA, Agosto 2011).

Spalding, Rose J. "Welfare Policymaking: Theoretical Implications of a Mexican Case Study", *Comparative Politics* 12, 4 (July 1980), 419 – 438.

Stefani, Célia Regina Baider. "O sistema ferroviário paulista: um estudo sobre a evolução do transporte de transporte de passageiros sobre trilhos". MA thesis, FFLCH-USP, São Paulo, 2007.

Stein, Stanley J. *The Brazilian Cotton Manufacture: Textile Enterprise in an Underdeveloped Area*, 1850 – 1950 (Cambridge, MA: Harvard University Press, 1957a).

_____. *Vassouras, a Brazilian Coffee County*, 1850 – 1900 (Cambridge, MA: Harvard University Press, 1957b).

Stepan, Alfred. "As prerrogativas militares nos regimes pós-autoritários: Brasil, Argentina, Uruguai e Espanha", in *Democratizando o Brasil*, ed. Alfred Stepan (Rio de Janeiro: Paz e Terra, 1985), 521 – 572.

_____, ed. *Authoritarian Brazil: Origins, Policies and Future* (New Haven, CT: Yale University Press, 1973).

Summerhill, William R. *Order against Progress: Government, Foreign Investment, and Railroads in Brazil*, 1854 – 1913 (Stanford, CA: Stanford University Press, 2003).

Suzigan, Wilson. *Indústria Brasileira. Origens e Desenvolvimento* (São Paulo: Brasiliense, 1986).

Sweigart, Joseph Earl. "Financing and Marketing Brazilian Export Agriculture: The Coffee Factors of Rio De Janeiro, 1850 – 1888". PhD thesis, University of Texas at Austin, 1980.

Szmrecsányi, Tamáz. "O Desenvolvimento da Produção Agropecuária (1930 – 1970)", in *História da civilização brasileira* III. O Brasil Replicano, 4. Economia e cultura (1930 – 1964), ed. Boris Fausto (Rio de Janeiro: Beltrand Brasil, 1995), 107 – 207.

Tavares, Maria da Conceição. *Destruição não-criadora* (Rio de Janeiro: Record, 1990).

_____. "Sistema financeiro e o ciclo de expansão recente", in *Desenvolvimento capitalista no Brasil: ensaios sobre a crise*, Vol. 2, ed. Luís Belluzzo and Renata Coutinho (São Paulo: Brasiliense, 1982), 107 – 138.

_____. "Auge e Declínio do processo de substituição de importações no Brasil", in *Da substituição de importações ao capitalismo financeiro*, ed. Maria da Conceição Tavares (Rio de Janeiro: Zahar, 1973), 27 – 115.

Tavares, Maria da Conceição, and José Serra. "Mais além da estagnação", in *Da substituição de importações ao capitalismo financeiro*, ed. Maria da Conceição Tavares (Rio de Janeiro: Zahar, 1972), 155 – 207.

Távora, Fernando Lagares. "História e economia dos biocombustíveis no Brasil", Textos para Discussão No. 89 (Brasilia: Centro de Estudos da Consultoria do Senado, Abril 2011).

Teodoro, Rodrigo da Silva. "O crédito no mundo dos senhores do café. Franca 1885 – 1914". MA thesis, Campinas, Instituto de Economia, UNICAMP, 2006.

Tomasini, Roque Silvestre Annes, and Ivo Ambrosi. "Aspectos econômicos da cultura do trigo", *Cadernos de Ciência e Tecnologia* (Brasilia) 15, 2 (Maio-Agosto 1998), 59 – 84.

Topik, Steven. *The Political Economy of the Brazilian State*, 1889 – 1930 (Austin: University of Texas Press, 1987).

———. "State Enterprise in a Liberal Regime: The Banco do Brasil, 1905 – 1930", *Journal of Interamerican Studies andWorld Affairs* (Special Issue) 22, 4 (November 1980), 401 – 422.

———. "The Evolution of the Economy Role of the Brazilian State, 1889 – 1930", *Latin American Studies* 11, 2 (November 1979), 325 – 342.

Triner, GailD. *Mining and the State in BrazilianDevelopment* (London: Pickering & Chatto, 2011).

———. *Banking and Economic Development: Brazil*, 1889 – 1930 (New York: Palgrave, 2000).

Triner, Gail D. , and K. Wandschneider. "The Baring Crisis and the Brazilian Encilhamento, 1889 – 1891: An Early Example of Contagion among Emerging Capital Markets", *Financial History Review* 12, 2 (2005), 199 – 225.

Vargas, Getúlio. *A Nova política do Brasil: O Estado Novo* (10 *de novembro de* 1937 *a* 15 *de julho de* 1938) (Rio de Janeiro: José Olympio, 1944).

Veiga, José Eli da. "O Brasil rural ainda não encontrou seu eixo de desenvolvimento", *Estudos Avançados USP* 43 (Setembro-Dezembro 2001), 101 – 119.

Velasco Jr. , Licínio. *Privatização*: *mitos e falsas percepções* (Rio de Janeiro: BNDES).

Velloso, João P. dos Reis. "A fantasia política: a nova alternativa de interpretação do II PND", *Revista de Economia Política* 18, 2 (70) (1998), 133 – 144.

Versiani, Fl ávio Rabelo, and Maria Tereza R. O. Versiani. "A industrial-ização brasileira antes de 1930: uma contribuição", in *Formação Econômica do Brasil. A experiência da industrialização*, ed. Flavio Rabelo Versiani and José Roberto Mendonça de Barros (S ão Paulo: Saraiva, 1977), 121 – 142.

Vianna, Sérgio Besserman. "Duas Tentativas de Estabilização: 1951 – 1954", in *A ordem do Progresso*, ed. Marcelo de Paiva Abreu (Rio de Ja-neiro: Editora Campus, 1992a), 123 – 150.

_____ . "Política econ ômica externa e industrialização: 1946 – 1951", in *A ordem do Progresso*, ed. Marcelo de Paiva Abreu (Rio de Janeiro: Editora Campus, 1992b), 105 – 122.

_____ . "A Política Econ ômica no Segundo Governo Vargas (1951 – 1954)". MA thesis, Rio de Janeiro, PUC/RJ, 1987.

Vieira, Dorival Teixeira. *Evolução do Sistema Monetário Brasileira* (São Paulo: IPE-USP, 1981).

Vilardo, Franceschina. "A burguesia cafeeira paulista e a política econ ômica na Primeira República". MA thesis, Campinas, Departamento de Ciências Sociais, UNICAMP, 1986.

Villa, Marco Antonio. *A História das Constituições Brasileiras* (São Paulo: Edi-tora Leya, 2011).

Villela, Annibal Villanova, andWilson Suzigan. *Política do governo e crescim-ento da econômica brasileira* – 1889 – 1945 (Brasília: IPEA, 2001).

Viola, Eduardo J. "The Ecologist Movement in Brazil (1974 – 1986): From Environmentalism to Ecopolitics", *International Journal of Urban and Re-gional Research* 12, 2 (June 1988), 211 – 228.

Wahrlich, BeatrizM. de Souza. *Reforma administrativa da era de Vargas* (Rio de Janeiro: Fundação Getúlio Vargas, 1983).

Weffort, Francisco. *Opopulismo na política brasileira* (Rio de Janeiro: Paz e terra S/A, 1980).

Weidnmier, Marc D. "The Baring Crises and the Great Latin American Meltdowns of the 1890s". Available at http: //emlab. berkeley. edu/ ~ webfac/ eichengreen/e211_fa06/Mitchener. pdf.

Weinstein, Barbara. *For Social Peace in Brazil: Industrialists and the Remaking of the Working Class in São Paulo*, 1920 – 1964 (Chapel Hill: University of North Carolina Press, 1996).

_____. "The Industrialists, the State, and the Issues of Worker Training and Social Services in Brazil, 1930 – 1950", *Hispanic American Historical Review* 70, 3 (August 1990), 379 – 404.

_____. *The Amazon Rubber Boom*, 1850 – 1920 (Stanford, CA: Stanford University Press, 1983).

Werneck, Rogério. *Empresas estatais e política macroeconômica* (Rio de Janeiro: Campus, 1987).

_____. "Poupança estatal, dívida externa e crise financeira do setor público", *Pesquisa e Planejamento Econômico* 16, 3 (December 1986), 551 – 574.

Wirth, John D. *The Politics of Brazilian Development* 1930 – 1954 (Stanford, CA: Stanford University Press, 1970).

Wood, Charles H. and José Alberto Magno de Carvalho. *The Demography of Inequality in Brazil* (Cambridge: Cambridge University Press, 1988).

Xavier, Marcus Renato S. "The Brazilian Sugarcane Ethanol Experience" (Washington, DC: Competitive Enterprise Institute, February 17, 2007).